Collection Dépe

Connirae et Steve ANDREAS

Au Coeur de l'Esprit

Traduit de l'américain par Myriam ZEGHOUANI.

Relecture d'Elisabeth et de Bernard FRIT.

LA TEMPÉRANCE

Ce livre est paru à l'origine en anglais, aux Etats-Unis, sous le titre :

Heart of the Mind

en 1989 aux éditions Real People Press, Box F, Moab, Utah 84532.
ISBN: 0-911226-30-3 édition reliée.
ISBN: 0-911226-31-1 édition brochée.

ISBN 2-9505753-2-3

LA TEMPÉRANCE, BP 12, F 63250 CHABRELOCHE
Tél 73.94.27.76 - Fax 73.94.27.14

Ce livre est dédié à

***Richard* BANDLER**

et

***John* GRINDER**

qui ont conjointement développé

la Programmation Neuro Linguistique

ainsi qu'à

***Leslie* CAMERON-BANDLER** *et* ***Judith* DE LOZIER**

et

***Robert* DILTS** *et* ***David* GORDON**

Nos enseignants pendant tant d'années.

Table des matières

Préface

à l'édition française

«*Au coeur de l'esprit*». Le titre du livre résume bien le rôle spécifique de Steve et Connirae ANDREAS dans l'univers de la Programmation Neuro-Linguistique aux Etats-Unis : donner un coeur à cette technologie de découverte et de changement des cartes mentales.

Les ANDREAS sont des rassembleurs. Rassembleurs de personnes, ils sont l'âme de cette communauté informelle de passionnés de la PNL et de chercheurs de pointe dans ce domaine. Chaque année la Conférence de trois jours organisée par NLP Compréhensive, leur Institut, donne à ceux-ci l'occasion de se retrouver pour partager leurs dernières découvertes et explorer de nouvelles possibilités.

Rassembleurs d'information, Steve et Connirae ont patiemment collationné les comptes rendus des séminaires que les inventeurs de la PNL, BANDLER et GRINDER, ont donnés lors des débuts héroïques de la PNL dans le cadre de leur institut nouvellement crée. Et ils sont ainsi devenus les éditeurs des premiers livres sur la PNL destinés au grand public. Enfin ces passionnés d'idées nouvelles ont mis leurs propres découvertes par écrit et sont devenus auteurs eux-mêmes.

La position privilégiée de Steve et de Connirae ANDREAS dans le monde de la PNL, toujours mus par la curiosité et l'intérêt, mais jamais empreints de jugement, leur a permis de participer à un brassage d'idées unique aux Etats-Unis. Les plus grands formateurs de PNL ont animé dans leur institut, un endroit où il fait bon avoir des idées nouvelles. La synthèse des différents courants de la PNL ainsi générée est incomparable, bien plus vaste que la simple addition des différentes approches.

«*Au coeur de l'esprit*» constitue une excellente introduction pratique à l'univers de la PNL. L'ouvrage couvre un large éventail de situations du quotidien qui peuvent nous concerner : la réaction aux critiques, l'expérience du trac, la dépendance dans les relations... et donne des réponses qui utilisent les outils de la PNL. A ce titre, il intéressera tous ceux qui, se sentant concernés par leur fonctionnement, aiment avoir en main les outils de leur propre transformation. La profonde humanité des ANDREAS, alliée ici à un sens pédagogique aigu et à un souci du détail, rend cet ouvrage passionnant pour le praticien de la PNL tout en restant accessible au néophyte.

Anne PIERARD.
Institut Ressources

Introduction

L'ouvrage du Docteur Bernie SIEGEL *«Amour, Médecine et Miracles»* est le fruit de ses expériences acquises dans ses thérapies avec des patients exceptionnels : certains ont vécu plus longtemps, d'autres ont complètement guéri de maladies dites terminales. Le docteur Bernie SIEGEL a appris comment ces personnes ont réussi à transformer leur vie pour guérir.

De la même manière, la programmation neuro-linguistique s'est développée à partir d'études menées sur les processus mentaux chez les personnes qui sont performantes dans leur domaine ou qui réussissent à surmonter leurs difficultés. La plupart du temps, on pense que les facultés et qualités exceptionnelles d'un individu sont innées. La PNL démontre que lorsqu'on considère ces qualités comme le résultat d'un apprentissage, on peut les comprendre plus facilement et les transmettre à autrui.

La PNL s'appuie sur la constatation selon laquelle nous créons notre vécu à partir de nos sensations visuelles, auditives et sensorielles qui s'enregistrent dans notre cerveau et notre corps et qui caractérisent généralement ce que l'on appelle le «mode de penser». Ainsi, par exemple, une personne peut être terrorisée à l'idée de devoir parler en public ou de proposer un rendez-vous à quelqu'un, alors que, dans la même situation, une autre personne sera ravie et très motivée.

La PNL est un domaine innovateur car nous savons aujourd'hui *comment* explorer avec précision le mode de penser d'un individu, ce qui nous permet de travailler à partir de ses qualités et capacités. En apprenant à penser comme autrui, nous induisons les mêmes réactions en nous-mêmes et éprouvons des sentiments similaires. Face aux difficultés de la vie, cette capacité à explorer notre mode de penser et nos sentiments nous donne la clé qui permet de trouver les solutions.

Cet ouvrage vous propose d'être «l'observateur privilégié» de l'application de la PNL avec des personnes qui ont vu leur vie transformée pour un plus grand bien-être. Les personne citées sont soit des participants à des séminaires soit des patients privés. Pour préserver l'anonymat des personnes concernées, tous les noms ont été changés.

Dans chaque cas, nous présentons les aspects principaux de notre travail, puis nous indiquons les idées et techniques qui guident notre démarche thérapeutique. Mais notre but n'est pas de transmettre un enseignement détaillé. Nous encourageons le lecteur à expérimenter ce qu'il apprend tout au long de l'ouvrage et, *surtout, nous vous invitons à la plus grande prudence et à la bienveillance à l'égard de vous-même et des autres. La PNL propose toute une gamme de méthodes et de techniques extrêmement puissantes qui peuvent s'avérer très dangereuses si elles sont mal utilisées. Si vous désirez apprendre ces méthodes, nous ne saurions trop vous recommander de suivre une formation de base avant d'envisager une application trop ambitieuse.*

Trois objectifs ont guidé la réalisation de cet ouvrage. Premièrement, nous souhaitons transmettre un message d'espoir en offrant un aperçu de l'éventail des problèmes que la PNL peut résoudre rapidement et facilement. Comme pour beaucoup de choses, changer est un processus lent et difficile quand on ne sait pas comment s'y prendre.

Deuxièmement, nous présentons différents types d'intervention qui permettent de résoudre certains problèmes et d'enrichir la qualité de la vie. Certaines interventions n'existaient pas avant la publication de ce livre. Quand il sera publié, de nouvelles problématiques auront reçu de nouvelles solutions.

Notre troisième objectif est de proposer une nouvelle manière de concevoir le fonctionnement de notre cerveau et de vous montrer comment utiliser ces informations pour guider votre mode de penser pour rendre votre vie plus agréable et plus satisfaisante et probablement plus longue aussi.

Steve et Connirae ANDREAS.

1 Vaincre le trac

Joan travaille pour un député et s'occupe de l'organisation des campagnes électorales. Aussi doit-elle souvent parler en public lors de rassemblements de taille plus ou moins variable. Bien qu'elle ait les compétences pour ce métier, elle ressent toujours un malaise qui l'incommode considérablement. A chaque fois qu'elle doit se lever pour parler, son corps se contracte, sa gorge se noue et sa voix devient plus aiguë. Elle dit qu'elle se sent «coupée» du public. Par contre elle aime parler en petits groupes avec les gens une fois la présentation terminée. «A ce moment-là, je me sens reliée à ces gens en tant qu'individus, et c'est facile de répondre à leurs questions; c'est ce que j'aime le plus dans mon travail.»

Comment son mode de penser génère le trac

Quand j'ai demandé à Joan, si elle avait une idée de ce qui pouvait provoquer son malaise et sa gêne, elle a répondu «Non». Comme l'information que j'attendais d'elle relevait de «l'inconscient», je lui ai donc proposé de s'imaginer revivre la situation pour voir ce qu'elle pourrait découvrir.

«Replacez-vous dans la situation, où vous avez eu ce problème, mais imaginez la scène juste avant l'instant où vous vous levez pour parler. Regardez ce que vous avez vu alors, sentez le contact de la chaise où vous êtes assise, écoutez les bruits qui vous entourent. Faites un signe de la tête quand vous serez de nouveau entièrement plongée dans le contexte...» (1)

Lorsqu'elle fit le signe, je poursuivis : «Maintenant imaginez que vous vous levez et que vous vous dirigez à l'endroit de la salle où vous allez prendre la parole. Observez en même temps ce que vous ressentez et ce qui provoque les tensions...»

Tandis qu'elle revivait la scène, je vis ses épaules se hausser et sa poitrine se contracter. Lorsqu'elle parla, sa voix était effectivement plus aiguë et plus pointue. Je savais qu'elle était vraiment en train de revivre le problème.

(1) Tout le long du livre, les trois points de suspension (...) indiquent une pause.

Lorsqu'elle rapporta son expérience, elle décrivit en détail ses sensations de tension et de malaise, mais elle n'avait toujours pas la moindre idée de la cause. Elle avait besoin que je l'aide davantage.

«Fermez les yeux et retournez à cette place face au public. Ne bougez pas et observez ce que vous vous dites intérieurement ou les images qui traversent votre esprit.

... Essayez de regarder les gens du groupe et observez si vous remarquez quelque chose d'inhabituel sur leur visage ou dans leur regard.»

Comme j'ai déjà travaillé sur le problème du trac, je sais qu'il s'agit souvent d'une réaction lorsque l'on s'imagine être observé, jugé ou rejeté par le public. Cela se révèle avec le plus d'évidence par notre manière de percevoir les regards et les expressions de visage du public.

Après quelques instants, Joan fit un léger soubresaut et dit; «Oh !, ils ont tous des yeux de marionnettes ! Tous ces yeux qui me fixent, vides de toute expression !»

Mettez-vous à la place de Joan, face à une salle pleine de marionnettes grandeur nature qui vous fixent de leurs yeux vides et inexpressifs. On comprend facilement qu'elle puisse se sentir tendue et «coupée» du groupe ! Maintenant que je savais comment elle générait le problème, il fallait passer à l'étape suivante et transformer le processus.

Réapprendre à se sentir à l'aise.

«Comme vous vous tenez face à ce groupe, au-delà du regard de marionnettes, regardez leurs *vrais yeux*. Commencez par une personne jusqu'à ce que vous perceviez ses véritables yeux, puis déplacez votre regard vers un autre visage pour découvrir l'expression de ses yeux et répétez l'opération ainsi avec chaque personne du groupe, à votre propre rythme, pour établir le contact avec chaque regard, puis dites-moi comment votre sensation change...»

Pendant l'exercice, Joan relâcha ses épaules et sa poitrine se détendit, un léger sourire apparut sur ses lèvres. A peine une minute plus tard, elle se mit à parler et sa voix avait à nouveau son timbre pratiquement normal : «C'est bien mieux maintenant. Je peux voir les gens, et je suis plus détendue. Mais je me sens toujours coupée d'eux.»

Je lui ai alors demandé comment elle créait ce sentiment; elle a répondu lentement, l'air pensif : «C'est quelque chose qui vient du fait que je suis plus haute qu'eux. Même si je ne suis pas sur une estrade, je suis toujours debout et eux sont assis, donc je suis toujours plus haute. Je n'aime pas devoir baisser le regard vers les gens. On ne peut pas se regarder dans les yeux, face à face.»

Dans l'exercice de son métier, Joan devra toujours être debout pour parler au public et elle sera donc toujours plus haute que lui. Il fallait que je trouve un moyen qui lui permette de *se sentir* en train de communiquer sur le même plan, en face à face avec les gens, et ce, malgré la différence physique de hauteur. Tout d'abord, je devais la convaincre que c'était possible.

«Joan, avez-vous déjà assisté à une conférence où vous aviez l'impression que l'orateur s'adressait directement à vous, alors qu'il ou elle parlait depuis une estrade, donc en étant plus haut ?»

Pensive, Joan répondit : «Oui, cela m'est déjà arrivé.»

«Bien, donc vous savez que c'est *possible*. Je veux que vous fermiez les yeux et que vous retourniez dans cette conférence-là. Examinez l'orateur, regardez ce qu'il fait pour établir le contact avec chaque personne, même en étant à une hauteur différente.»

Quelques minutes plus tard, Joan ouvrit les yeux, souriante et dit : «Il a regardé tout le public et lui a souri et certaines personnes ont souri à leur tour.

... A chaque fois que j'ai fait une conférence, j'étais terrorisée et mon visage était beaucoup trop tendu et crispé pour avoir envie de sourire.»

«Très bien. Maintenant que vous vous sentez plus à l'aise face au groupe, vous pourrez facilement leur sourire, n'est-ce pas ? Essayons. Fermez les yeux et imaginez que vous allez sur la scène pour commencer votre discours. Avant de commencer, essayez de leur sourire, et regardez s'il y a des personnes qui vous sourient à leur tour. Certaines oui, d'autres non; mais quoi qu'il en soit, c'est comme cela que vous commencerez à établir le contact et que vous créerez l'interaction avec le groupe.»

Quelques instants plus tard, Joan sourit franchement et déclara : «Ça marche. Certaines personnes m'ont souri et je me sens reliée à elles. Comment cela pouvait-il être si simple ?»

L'important n'était pas seulement d'inciter Joan à sourire, mais de lui permettre de trouver quelque chose qui lui fasse ressentir le lien de personne à personne qu'elle désirait établir avec le public.

Cette séance avec Joan dura environ quinze minutes. Quelques semaines plus tard, Joan déclara que, lors de ses dernières conférences, elle s'était sentie à l'aise, détendue et reliée au groupe.

D'autres types de trac.

Chez certaines personnes, le trac sera généré de la même manière que chez Joan, mais, en plus, elles créent quelque chose en elles qui sera la cause de leur malaise. Elles imaginent par exemple être dans l'incapacité absolue de parler; d'autres ont peur que l'assemblée s'ennuie très vite, ricane et quitte la salle. Certaines se souviennent d'une expérience humiliante parce qu'elles étaient mal préparées à la situation.

Dès que l'on comprend comment la personne crée son problème, sa manière de réagir prend tout son sens. Nos réactions ne sont pas le fruit du hasard; elles sont tout simplement la conséquence de la façon dont nous utilisons notre cerveau.

Peu importe en fait ce que chacun fait pour créer un problème. Dès que l'on sait ce qui se passe, on peut commencer à changer le processus pour en faire quelque chose de plus constructif.

Dans le cas de Joan, nous avons changé directement des éléments de son vécu intérieur. On peut obtenir le même résultat en observant ce qu'une personne utilise comme présupposés et intervenir uniquement sur un plan verbal pour modifier sa manière de penser. L'exemple suivant en est une illustration.

Le cas de Betty.

«Je veux me sentir à l'aise lorsque j'anime un séminaire ou que je fais une conférence» : tel était son désir, vaincre le trac.

Je lui ai demandé :»Qu'est-ce qui vous empêche d'être tout naturellement à l'aise lorsque vous tenez une conférence ?»

«Et bien, ils en savent plus que moi.»

Je répétai en appuyant : «Ils en savent plus que vous ?» «Comment pouvez-vous le savoir ? Vous savez donc tellement de choses, que vous savez même ce qu'ils savent ou pas ?» lui demandai-je en riant légèrement. Ici, j'ai essayé d'employer sa manière de penser pour que Betty parvienne à reconnaître que son problème était en fait le résultat de sa *propre* connaissance, de son *propre* raisonnement, de son *propre* savoir, et non de celui des autres. Mais cela ne changea en rien ses sensations.

«Non, je n'en sais rien.»

«Donc, vous *imaginez* qu'ils en savent plus que vous.»

Là, Betty s'est trouvée confrontée à un dilemme intéressant. Ou bien elle reconnaît qu'elle en sait suffisamment pour savoir ce que les autres pensent, ou bien elle admet que non. Dans l'un comme l'autre cas, sa supposition - les autres savent plus de choses que moi- perd de sa réalité.

Betty a ajouté : «C'est cela, tout a déjà été dit, tout a déjà été présenté.»

«Alors, vous êtes une de ces personnes, qui, si elle était écrivain, n'écrirait pas parce que tous les mots de la langue ont déjà été utilisés ?» Cette métaphore permettait de pousser son raisonnement à l'absurde.

Betty a répondu d'un ton amusé, ne prenant pas ma remarque très au sérieux :

« Oui, c'est cela.»

«Dans ce cas, qu'est-ce qui vous pousse même à vouloir faire une conférence, si tout a déjà été dit et si tout le monde en sait plus que vous ? Pourquoi est-ce que vous vous tracassez donc tant ?» Ici, je pousse à approfondir sa contradiction apparente entre la motivation de présenter son exposé et le présupposé selon lequel «tout a déjà été fait et dit», et par conséquent que cela ne sert à rien.

Betty, d'un air pensif a répondu : «C'est une bonne question. Je découvre à présent que je peux dire quelque chose à ma manière, avec mes mots et que les autres peuvent en retirer quelque chose, même si cela a déjà été dit.»

«Bien, vous vous rendez donc compte que parfois, pour l'auditeur, c'est intéressant de voir les choses présentées sous un autre angle. Vous le savez à présent. Y-a-t-il autre chose qui vous motive à faire une conférence ?»

«Si je suis passionnée par le sujet, alors, ça ne devrait pas avoir d'importance, car lorsque j'ai cette passion et cette conviction au fond de moi...»

«Qu'est-ce qui n'aurait pas d'importance ?»

«Et bien qu'ils en sachent plus que moi et que tout ait déjà été dit. Parce que de toute façon ce serait exaltant pour moi de le faire, et je me sentirais tout à fait à l'aise.»

A ce stade Betty a pris conscience de ce que cela *pourrait* être, si elle n'avait pas le trac, mais manifestement elle n'en faisait pas encore l'expérience. Elle me disait comment les choses *pourraient* être et non pas comment elles *sont*. Je savais donc qu'il fallait aller plus loin encore.

«Cela me paraît bien. Maintenant, pensez au public qui vous écoute. Qu'est-ce que les gens ne savent pas que *vous*, vous savez ?» Betty pensait toujours la problématique dans le rapport inverse. Ici, il fallait qu'elle élargisse sa manière de penser pour considérer la question sous un autre angle : que savait-elle de plus que le public ?

Betty a réfléchi quelques instants. Puis, dans un éclat de rire, convaincue à demi seulement :«*Tout*, ils savent tout plus que moi».

Je répétai pour la taquiner :«VRAIMENT TOUT ? Bon, alors si vous êtes si douée pour imaginer ce que les autres savent tant, vous devriez être tout aussi douée pour imaginer ce que vous savez de plus qu'eux.»»Bon, très bien.» Betty redevint sérieuse. «Je vais vous donner une réponse...

...Ce que je pense, c'est que beaucoup de gens savent peu de chose sur leur existence, sur eux-mêmes. Sur ce qui fait leur valeur, leur mérite, l'estime et le respect de soi.» Le ton de sa voix était hésitant, Betty ne semblait pas entièrement convaincue.

«Donc, c'est un domaine où vous connaissez plus de choses que la plupart des gens. J'ai remarqué que vous sembliez hésitante en le disant.... Je ne sais pas si vous vous rendez déjà compte qu'il y a des domaines où vous savez plus de choses et inversement des domaines où les gens savent plus de choses que vous, cela est vrai pour chaque personne....»

Comme je ne réussissais que très lentement à lui faire lâcher cette manière de penser «du tout ou rien», je décidai de tenter une démarche différente. «Laissez-moi maintenant vous poser la question autrement. Pensez-vous que les gens qui viennent assister aux réunions seraient assez stupides de venir s'ils ne pensaient pas y apprendre quelque chose ?» Au lieu de continuer à vouloir *changer* sa conviction, je l'*utilisai* au contraire pour contrecarrer sa peur de parler en public.

Betty s'est mise à rire et j'ai vu chez elle une réaction physiologique très forte. Son visage a rougi, ses muscles sont devenus plus détendus et plus souples, calmes et en même temps plus vivants. Cette sorte de manifestation physique est généralement la preuve qu'un changement d'attitude s'est produit - ce qui n'est pas le cas quand la compréhension est uniquement intellectuelle. «Bravo ! Merci. Merci beaucoup. Tout s'ajuste très bien ensemble maintenant» déclara Betty avec satisfaction et confiance. «Il me plaît cet argument, je me le rappellerai.»

Cette brève interaction avec Betty, qui a duré environ dix minutes, lui a apporté une nouvelle façon de considérer le fait de parler en public. Une chose a été très importante : il ne s'agissait pas pour moi de la *convaincre* ni de lui *conseiller* d'appréhender la problématique sous un autre angle ni de revoir sa manière de penser. Mais plutôt de pénétrer dans son propre monde pour lui montrer que dans sa propre logique, dans son système de croyances personnelles, il y avait une solution, la solution à son problème.

Betty croyant fermement que les «autres sont si intelligents», je me suis servi de cette base pour modifier sa manière de penser. Puisque les autres sont si intelligents, ils *doivent* donc être parfaitement capables de décider s'ils peuvent ou non apprendre et retirer des enseignements de ses exposés; ainsi Betty pouvait se sentir plus à l'aise en public. La *seule* alternative qui s'offrait à elle, c'était de réviser son point de vue sur les autres «si intelligents», ce qui devait *ainsi* l'amener à modifier ses sensations intérieures et être plus détendue pendant ses conférences !

Cet exemple montre comment on peut adopter un point de vue différent et penser sa vie d'une manière qui apporte automatiquement le sentiment de se sentir bien dans ce que l'on fait et offre en même temps tout un éventail de possibilités, de richesses intérieures dans lesquelles on peut puiser. Après cette brève séance de travail, prendre la parole en public était devenu pour Betty une toute autre expérience : motivation et assurance ont remplacé le malaise et la gêne. C'était sans effort - ses sensations positives étaient tout simplement là, naturellement et de façon aussi automatique que ses réactions négatives précédentes.

Je tiens à souligner que la nouvelle perspective que je proposais à Betty n'était pas de montrer «une confiance trompeuse» qui aurait masqué ses incompétences. Si j'avais réussi à ce que Betty ait confiance sans tenir compte de la composition du public, elle aurait sans doute uniquement appris à ignorer l'environnement et les réactions des participants.

Au contraire, je lui ai montré l'attitude que j'adopte toujours quand j'enseigne. Je pars toujours de l'hypothèse que *chaque personne* présente connaît, dans *un domaine* donné, davantage de choses que moi. Parfois même certaines personnes en savent plus que moi sur le sujet que j'enseigne. C'est inévitable, et en même temps c'est l'occasion, la chance pour moi d'apprendre des choses de leur part, que je transmettrai ensuite à d'autres publics qui en bénéficieront à leur tour. J'ai également confiance dans le public qui est suffisamment intelligent pour savoir choisir et décider s'il a envie ou non de retirer quelque chose de mes enseignements. J'ai confiance dans le jugement du public qui a décidé d'apprendre quelque chose de moi ou avec moi et de venir assister aux séminaires.

Quand on est engagé dans la PNL, soit dans des recherches, soit dans son application, soit pour apprendre, on rencontre de nombreuses surprises : la première, c'est de constater combien on change vite, comme pour Betty. Cela ne signifie pas, bien entendu, que nous pouvons tous nous transformer complètement en l'espace de dix minutes. Parfois, cela prend *beaucoup plus de temps* de rassembler toutes les informations qui permettent de savoir comment engager la démarche. Chez Betty, il a suffi de changer une seule chose, mais pour d'autres personnes ce sera tout un système de croyances qui devra être bousculé pour obtenir le résultat escompté.

La PNL offre une variété infinie de possibilités qui permettent de découvrir comment nous générons, par notre mode de penser, nos propres limitations et comment nous pouvons également créer les solutions adéquates. Si une première solution ne fonctionne pas, on en prend note et on propose une autre alternative.

Les mots ne véhiculent aucune énergie tant qu'ils ne sont pas l'étincelle d'où jaillit une image. Le mot, en tant que tel, n'est rien, rien du tout. Il est une chose que je garde toujours présente à l'esprit : «Quels sont les mots qui provoquent des images chez les gens ?» Alors seulement les gens adhèrent au sentiment inhérent à l'image.

Virginia Satir

2 Se réconcilier avec l'orthographe

Ben est étudiant à l'université et a toujours eu des difficultés en orthographe tout au long de sa scolarité. Il aimerait trouver un travail mais craint que son niveau en orthographe ne soit un obstacle s'il devait être amené à rédiger beaucoup de rapports. L'orthographe est en soi une chose très simple, mais comme beaucoup de choses simples, cela peut être une source de problèmes quand on ne peut y parvenir.

Lorsque j'ai demandé à Ben s'il pouvait épeler le mot «accueil», il a levé les yeux vers la droite et a dit de façon hésitante «Je crois que oui». Cela m'a donné toutes les informations dont j'avais besoin pour savoir comment le processus générait ses difficultés à orthographier. Quand les gens lèvent les yeux vers la droite, cela indique qu'ils activent la partie de leur cerveau qui visualise les choses de façon créatrice. Si l'on demande à quelqu'un d'imaginer quelque chose qu'il n'a jamais vu auparavant - comme par exemple un hippopotame violet avec des gros pois jaunes- ses yeux se dirigeront presque systématiquement en haut à droite. (Un très faible pourcentage de personnes, environ 5%, font l'inverse, et regardent systématiquement en haut à gauche. Voir en annexe I les explications sur les mouvements des yeux.)

La visualisation créatrice est une compétence extraordinaire, indispensable dans de nombreux domaines d'activités. Mais en matière d'orthographe, elle n'est d'aucune utilité, puisque c'est un pur exercice de mémoire. Pour bien orthographier les mots, il faut reproduire ce qui existe depuis toujours, que l'assemblage des lettres soit logique ou non. Pour ce faire, il faut activer notre partie du cerveau qui visualise les images mémorisées et non pas celle qui crée les images.

Si vous demandez à quelqu'un de visualiser le visage d'un ami, ou de décrire l'entrée de sa maison, la réaction quasi systématique sera de porter son regard en haut à gauche, car cela facilite l'accès aux images mémorisées. Les images mémorisées apparaissent de façon typique toutes d'un seul coup, et elles ressemblent exactement à ce que la personne a vu lorsque l'événement s'est produit. Les faibles et les forts en orthographe disposent des mêmes capacités; mais les premiers n'utilisent pas la bonne partie de leur cerveau. De même, quelqu'un veut préparer une pâtisserie et cherche dans la partie «légumes» de son livre de cuisine : de toute évidence, il ne trouvera pas ce dont il a besoin. Pour bien orthographier, nous devons chercher dans la partie de notre cerveau qui se souvient des images des mots, pour ensuite tout simplement les recopier. Lorsqu'on apprend à une personne faible en orthographe comment se servir de cette partie-là du cerveau, elle sait très vite où puiser l'information nécessaire et devient bientôt très bonne en orthographe.

Ben m'avait donné une information importante : il ne savait pas s'il pouvait épeler le mot. Quand une personne bonne en orthographe regarde l'image mémorisée d'un mot, elle ressent immédiatement une certaine familiarité qui lui indique que le mot est correct. Comme Ben était hésitant pour chaque mot, il ne pouvait donc éprouver cette sensation de familiarité, et ne savait par conséquent jamais si l'orthographe était correcte ou non.

Dans le cas de Ben, tout était une simple question d'entraînement et de pratique. Je devais lui apprendre à utiliser la partie de son cerveau qui visualise les images mémorisées, pour lui permettre de contacter cette sensation de familiarité, preuve que l'image est correcte. Pour cela, il suffit de trouver une situation dans laquelle Ben effectue déjà naturellement ce que je voudrais qu'il réussisse en orthographe.

«Ben, pensez à un ami qui vous est très familier.»...

Ben a levé son regard vers la gauche, j'ai continué : «Prenez conscience du sentiment de familiarité qui vous signale que c'est effectivement quelqu'un que vous connaissez bien...

Ce que vous venez de faire, c'est exactement la même méthode qu'emploient les personnes bonnes en orthographe, quand elles doivent épeler un mot. Elles vont chercher une image mémorisée (j'accompagne mon explication d'un geste de la main dans la direction où Ben avait porté son regard quand il s'est souvenu de son ami) et le sentiment de familiarité leur indique que le mot est juste. Votre cerveau sait en fait déjà comment bien orthographier, mais il n'a pas appliqué cette compétence-là en matière d'orthographe.

Maintenant, faites la même chose avec le mot «chat». Vos yeux se dirigent à nouveau en haut vers la gauche (avec le geste) et vous voyez le mot qui apparaît tout d'un coup. Dès que vous voyez le mot nettement, notez ce sentiment de familiarité.»

Puis, je lui ai expliqué que ses problèmes d'orthographe n'avaient aucun lien avec le fait d'être lent ou stupide. Ses professeurs n'avaient sans doute eux-mêmes jamais appris comment enseigner l'orthographe. Il y a de nombreuses écoles dont la pédagogie n'est pas à la hauteur des matières enseignées. Trop souvent les «incapacités à apprendre» ne sont autre que des «incapacités à enseigner».

Comme Ben avait lu de nombreux ouvrages, il avait déjà emmagasiné beaucoup d'images de mots orthographiés correctement. Tout ce qu'il doit faire, c'est regarder dans la bonne direction et retrouver les images mémorisées à l'aide de l'oeil de son esprit.

J'ai poursuivi cet entraînement avec Ben pour encore une douzaine de mots, accompagnant à chaque fois la parole au geste. Puis je lui ai demandé de continuer à visualiser des mots, sans les gestes, afin de m'assurer qu'il regardait toujours dans la bonne direction et ce, de façon automatique. Ben avait intégré l'automatisme, la méthode avait marché.

J'ai délibérément choisi de commencer l'exercice avec des mots simples et courts. Avant d'aborder des mots plus longs, je lui ai expliqué que le principe était le même et que la difficulté n'était pas proportionnelle à la longueur du mot.

«Ben, dans l'oeil de votre esprit, pouvez-vous fabriquer une image de la maison ou de l'appartement dans lequel vous habitez ?»

«Oui.»

«Bien. Pouvez-vous voir à présent de la même manière des montagnes que vous connaissez ?

«Oui.»

«Bien. C'est tout aussi facile pour vous de créer une image interne de quelque chose de petit ou de grand, n'est-ce pas ?»

«Je pense que oui. Je n'y ai jamais pensé avant.»

«Et de la même manière, c'est aussi facile de créer une image d'un mot court que d'un mot long. C'est toujours une seule et même image. Je vais vous demander maintenant de procéder de façon identique pour des mots plus longs.»

Avant de poursuivre, je lui ai demandé s'il avait des questions, bonne occasion de faire une pause et d'éclaircir en même temps certains points. Puis, je lui ai demandé :

«Comment épelez-vous «rythme» ?» Il a regardé automatiquement et immédiatement en haut à gauche. S'il ne l'avait pas fait, j'aurais repris avec lui des exercices d'entraînement avec d'autres mots jusqu'à ce que cela devienne automatique et inconscient. Le processus a duré environ quinze minutes.

Informations complémentaires.

Remarquez que je ne lui ai jamais demandé d'épeler les mots à haute voix. Pour moi, là n'est pas le but. Dès qu'il aura acquis la faculté de chercher les images mémorisées et de vérifier le sentiment de familiarité, il deviendra très vite excellent en la matière.

Puisque depuis des années, il a pratiqué l'orthographe de façon «créative», il conservera certes dans son esprit beaucoup d'images de mots qu'il a mémorisées de façon erronée. Pendant quelques temps encore, il commettra des fautes d'orthographe. Mais, au fur et à mesure qu'il enrichira son vocabulaire au fil de ses lectures, sa mémoire sera de plus en plus efficace. Puis, plus il aura confiance en ses images mémorisées et en ses sentiments de certitude du mot juste, ses hésitations disparaîtront progressivement. (Avant, il était pratiquement toujours dans le doute). Ou tout du moins pourra-t-il plus facilement prendre conscience de ses doutes. Cela l'incitera à vérifier tel mot dans le dictionnaire. A chaque fois, son stock de vocabulaire augmentera avec les images mémorisées et son niveau d'orthographe s'améliorera.

Lorsque Ben se servait de son imagination pour épeler les mots, vérifier l'orthographe dans un dictionnaire ne lui était d'aucune utilité, parce que la fois suivante, il était à nouveau hésitant. Demandez à des personnes bonnes en orthographe. Dès qu'elles voient des mots mal orthographiés, elles sont saisies d'une terrible envie de les corriger; et si elles sont prises d'un doute sur l'orthographe d'un mot, elles remueront ciel et terre pour en trouver la bonne orthographe !

Un adulte comme Ben avait déjà appris tout ce dont il avait besoin pour être bon en orthographe, sauf ce que je viens de lui enseigner. Avec les enfants, cela prend un peu plus de temps, parce qu'il faut leur apprendre les lettres, les mots, etc. Avec cette méthode, aucun enfant n'aura de difficultés en orthographe. Tant que les enfants disposent de beaucoup de livres à lire, ayant appris à se fier aux images mémorisées, l'orthographe n'aura aucun mystère pour eux. Ce dont nous avons surtout besoin pour être bons en orthographe, c'est uniquement d'apprendre à nous servir de cette partie de notre cerveau qui emmagasine les images mémorisées, et de disposer de beaucoup de temps à consacrer à la lecture.

Autres types de difficultés.

L'autre difficulté, c'est de chercher dans sa mémoire auditive. Ceux qui font appel à ce type de mémoire, prononcent les mots. Comme beaucoup de mots ne s'écrivent pas comme ils se prononcent, la méthode n'est pas très fiable.

Et pourtant certaines méthodes pédagogiques enseignent la phonétique comme référence à l'orthographe. Cette erreur méthodologique est d'autant plus ironique qu'on ne peut épeler «phonétique» de façon phonétique !

Une femme à qui nous avons enseigné la méthode d'orthographe en PNL nous a envoyé plus tard la lettre suivante : «J'ai appris l'orthographe presque uniquement par la phonétique. C'est vraiment extraordinaire, aujourd'hui, à l'âge de 63 ans, je m'aperçois de mes fautes pratiquement seulement par la vue - un véritable miracle de la PNL.»

En espagnol, chaque mot s'écrit comme il se prononce. Aussi une méthodologie auditive peut-elle fonctionner. Néanmoins, nous avons rencontré en Amérique du sud, des hispanisants qui utilisaient également des images visuelles mémorisées, et étaient très bons en orthographe. (La seule personne rencontrée qui avait des difficultés, essayait de ressentir les mots de façon kinesthésique !). Nous supposons qu'il est beaucoup plus rapide d'épeler des mots en se servant d'images visuelles que de sons. Les images sont quasiment instantanées; les sons sont séquentiels. Quand vous entendez un chant, vous entendez les mots et les sons en séquence. Lorsque vous voyez les partitions de musique de ce même chant, vous voyez tout d'un coup.

Certaines personnes, bien sûr, associent les deux difficultés majeures : tout d'abord, elles prononcent une partie du mot, puis par un exercice de visualisation créatrice, elles tentent de convertir ces sons en lettres !

Un jour, j'ai rencontré quelqu'un qui avait beaucoup de difficultés en orthographe. Chaque fois qu'il devait épeler un mot, il se sentait mal. Quand je lui ai demandé de le faire, il a regardé en haut à gauche, puis il a eu ce sentiment de malaise. J'étais tout d'abord très intrigué, car la succession de la séquence paraissait tout à fait juste : rappel d'une image visuelle, suivi par un sentiment. Toute personne bonne en orthographe procède de la sorte. Je lui ai donc demandé ce qu'il avait vu en haut à gauche. Il a eu l'air très surpris et a répondu : «J'ai vu mon professeur qui me regardait en fronçant les sourcils.» Il n'en avait jamais eu conscience auparavant.

Je lui ai demandé si cette partie de lui-même qui avait fabriqué l'image du professeur serait prête à lui montrer au contraire l'image du mot qu'il devait épeler. La réponse était affirmative. (Voir chapitre 8 pour un travail approfondi sur les «parties» d'un individu.) Je lui ai ensuite proposé d'épeler un autre mot. Il a regardé en haut à gauche et a épelé le mot sans aucun problème à haute voix. Bien qu'il utilisât déjà la partie adéquate de son cerveau, le contenu (l'image du professeur) ne correspondait pas du tout à ce qui lui était demandé.

Nous avons rencontré une femme qui avait mis au point son propre système orthographique : enfant, elle avait spontanément décidé d'attribuer à chaque lettre de l'alphabet une couleur code. (Elle avait également procédé de la sorte avec les chiffres de 1 à 10) Quand elle épelait un mot, elle voyait tout d'abord toutes les lettres séparément avec les couleurs correspondantes. Puis, elle savait que l'orthographe était correcte, lorsque toutes les lettres se transformaient en une même couleur ! Bien que cette méthode fût tout à fait efficace, elle était très lente. Cette fillette avait échoué à tous les tests d'orthographe par manque de temps.

Certains départements scolaires et professeurs commencent à utiliser la méthode PNL en orthographe pour renforcer leur efficacité. June Jackson enseigna la méthode PNL aux professeurs d'une école du district de l'Idaho, et les résultats de 1800 étudiants progressèrent en une année. Le Directeur des Services Spéciaux déclara : «Les résultats des tests d'orthographe ont gagné 15 points, passant de 62 à 77 % ! Avant les ateliers de PNL, aucune autre méthode ne nous avait permis de transformer les résultats.»

Nancy Gaudette, professeur dans un collège à Washington, utilise la méthode PNL en orthographe dans sa classe et l'enseigne également aux autres professeurs; elle a prononcé le commentaire suivant : « Cette méthode a renversé la vapeur, les nuls en orthographe sont devenus excellents, et ils adorent l'orthographe. C'est fascinant de voir qu'ils aiment maintenant ce qu'ils détestaient auparavant. Les résultats des tests d'orthographe ont tellement changé dans notre école, que le département d'état s'en est aperçu et s'intéresse à notre programme d'orthographe.»

Bien que l'orthographe soit un exercice simple, il existe diverses manières de procéder pour être maître en la matière. Cette même variété se retrouve quand on observe comment les gens apprennent, prennent les décisions, ou trouvent leurs motivations. Leur succès ou leur échec dans ces tâches plus complexes découle directement de la séquence mentale qu'ils utilisent, et cette séquence peut, elle aussi, être modifiée pour rendre la tâche plus aisée. (Voir chapitres 15 et 16.)

3 Devenir plus indépendant dans ses relations

Ann et Bob sont mariés depuis sept ans. Bien que tout aille plutôt bien dans leur relation, ils sont venus me consulter pour un problème qui est une source d'irritation depuis leur rencontre. D'après la description de Bob, Ann a sans cesse besoin d'être rassurée car elle ne se sent pas très en confiance dans leur relation. Aussi Bob doit-il lui répéter huit ou dix fois par jour combien il l'aime. S'il ne le fait pas, Ann le lui demande et renouvelle sa question tant que Bob ne le lui a pas dit avec douceur et tendresse.

Bob trouve cela agaçant, parfois même un peu vexant. Il lui exprime son amour de différentes manières et manifeste des gestes d'amour de nombreuses fois au cours de la journée. S'ils se querellent, Ann pense que Bob ne l'aime pas, et pendant les jours qui suivent la dispute, elle a besoin d'être encore davantage rassurée.

Apparemment, dans cette situation il s'agit simplement des différentes manières de prouver son amour. Ann a besoin d'*entendre* des mots d'amour pour être convaincue que Bob l'aime, alors que de son côté Bob a besoin de *voir* Ann sourire et de la *sentir* à travers ses gestes d'affection. Beaucoup de couples fonctionnent de façon différente pour savoir qu'ils sont aimés. Les paroles de Bob à ce sujet sont une bonne illustration : «Je sais qu'elle m'aime simplement par la façon qu'elle a de regarder ou par ce qu'elle ressent; je ne sais pas pourquoi il lui faut m'entendre lui répéter que je l'aime dix fois par jour. N'importe qui peut le dire; ce sont les actes qui comptent.» Pour Ann, au contraire, les paroles de Bob comptent bien davantage que ses gestes.

Bien que cela ne lui semble pas très naturel et spontané, Bob a pris, au fil des ans, l'habitude de dire à Ann plusieurs fois par jour combien il l'aime. Et cela a beaucoup aidé dans la relation. Mais, lorsqu'ils se disputent - comme cela arrive à tous les couples- il trouve que c'est difficile de se montrer aimant. Et si, malgré tout, il parvient à lui dire qu'il l'aime, le ton de sa voix reste peu convaincant tant que le désaccord n'est pas complètement résorbé. Pour Ann, ces disputes ont un effet dévastateur.

Ann reconnaît que Bob la touche souvent avec tendresse et se montre plein d'attentions à son égard, mais elle ne se sent vraiment aimée que lorsque Bob le lui dit clairement. «Je me sens merveilleusement bien quand il me dit qu'il m'aime comme il sait si bien le faire avec sa voix grave et chaude; alors je me sens en sécurité, épanouie.» Tandis qu'elle parlait, Ann se mit à sourire, son visage se détendit et ses épaules se relâchèrent légèrement. « Cette sensation de bonheur dure quelque temps, puis cela s'estompe et je recommence à douter.»

Ce point est une information importante pour moi. Le problème ne provient pas seulement des différentes manières de se prouver l'un à l'autre leur amour. Pour Ann, le sentiment d'être aimée dure peu de temps, et elle se retrouve donc à chaque fois dans une position plus fragile, plus vulnérable. Lorsque Bob se montre affectueux et le déclare, tout va bien pour Ann, mais que se passe-t-il s'il ne l'*est* pas et ne le *dit* pas ?

Image de soi - Connaissance de soi.

Souvent on cherche chez les autres ce que l'on trouve rarement ou jamais en soi. Si l'on n'est pas soi-même convaincu d'être capable de faire quelque chose, d'être sexy, séduisant, aimable, digne d'estime, on attend sans cesse des autres qu'ils nous le disent. Il est important de développer en soi le sentiment intérieur d'avoir toutes ces qualités, pour ne pas être obligé d'en chercher désespérément la confirmation à l'extérieur. Je décidai alors de travailler dans cette direction avec Ann.

Je lui ai demandé si elle se considérait comme une personne digne d'amour. Ann m'a regardé un peu déconcertée et confuse, puis a répondu : «L'amour, ce n'est pas quelque chose que l'on *est* ! L'amour, on le *reçoit* des autres.»

De toute évidence, cette notion ne faisait pas partie de l'image qu'Ann avait d'elle-même. J'étais donc sur la bonne piste. Si elle considérait cette qualité comme une caractéristique de sa personne, ses sensations de bien-être ne disparaîtraient probablement pas.

A ma question «Et si vous imaginiez être quelqu'un d'aimable, digne d'amour ?» elle a répondu : «L'idée est vraiment bizarre !»

Sa réponse a confirmé que le travail avec elle devait s'orienter dans cette direction : réussir à ce qu'elle se considère comme une personne digne d'amour.

Garder l'équilibre au sein des couples.

A ce stade certains lecteurs se demandent peut-être si le fait de m'intéresser uniquement à Ann ne risque pas de l'amener à penser qu'elle est «responsable», de la culpabiliser. C'est effectivement un aspect à ne pas perdre de vue en thérapie de couple. Si le processus de changement *n'est pas* enclenché avec prudence et précaution, un des deux partenaires peut en effet percevoir l'information «que c'est lui le coupable». Afin d'éviter cela, j'ai fait le point avec Ann et Bob sur ma démarche en travail de couple.

«Quand un couple se forme et que la relation dure, je suppose que chaque personne dans le couple dispose d'un éventail de ressources *différent* - c'est ce qui attire les gens - et également de la même *quantité* de ressources potentielles. *Chacun* de nous possède des zones dans lesquelles nous pouvons retirer plus de ressources. Plus nous profitons des occasions qui se présentent à nous pour explorer ces ressources, plus nous pouvons réaliser notre vie comme nous le souhaitons. Je souhaite vous aider *tous les deux* à accomplir les nouveaux choix que vous désirez, et surtout qu'aucun de vous n'ait l'impression «d'être délaissé». C'est un domaine dans lequel, me semble-t-il, Ann, vous désirez avoir un plus grand potentiel de choix. Est-ce juste ? (Ann acquiesce d'un mouvement de la tête). Et pendant que j'avance avec Ann, j'aimerais que vous, Bob, vous gardiez présente à l'esprit la question suivante « Où dans la relation est-ce que *je* veux pouvoir disposer de davantage de choix ?» cela vous permettra, vous aussi, d'être sûr d'obtenir ce que vous désirez.»

Créer une image de soi durable.

La manière la plus simple pour moi d'aider Ann à créer le sentiment durable qu'elle est une personne digne d'amour est de trouver comment elle procède avec autre chose. En lui demandant de réfléchir à quelque chose qui fait partie intégrante de l'image d'elle-même, je peux poursuivre en explorant comment elle se positionne vis-à-vis d'une de ses caractéristiques.

«Ann, donnez-moi un exemple d'une de vos caractéristiques, un trait de vous-même que vous considérez comme tout à fait vrai, sans tenir compte de l'opinion des autres.»

«Et bien, je crois que je suis persévérante.... Je suis intelligente.... Je sais que je suis gentille.»

Ann a employé «je crois» pour parler de sa persévérance, alors qu'elle a exprimé sa gentillesse avec certitude en utilisant «je sais».

«Comment savez-vous que vous êtes gentille, Ann ? Quelle sensation intérieure vous permet de savoir que vous êtes gentille ?»

«Et bien, quand je pense que je suis gentille, je me sens douce et chaleureuse.»

«C'est la sensation que vous associez à cela, mais je vous pose une autre question. Comment *savez-vous* que vous êtes gentille ?»

Ann a réfléchi quelques instants. «Je pense aux fois où j'ai été gentille.» En même temps qu'elle parlait, Ann a regardé à gauche et a fait un bref mouvement de sa main gauche. Pour moi, c'est une indication qui me permet de savoir où elle place dans son espace personnel les images associées au fait d'être gentille.

«Bon. De quelle façon pensez-vous à ces moments-là ? Dialoguez-vous avec vous-même ? Voyez-vous des images ou ressentez-vous les gestes que vous avez faits ?»

«Je vois des images de ces moments-là.» Ann accompagna à nouveau ses paroles de mouvements de sa main gauche. « Il y a tout plein d'images; une sorte d'alignement. Elles sont assez petites, à portée de mains.»

«Bien. C'est l'information que vous utilisez pour savoir que vous êtes une personne gentille. Maintenant, qu'en est-il de cette qualité et du sens que vous en avez, si vous constatez que vous avez manqué de gentillesse à l'égard de quelqu'un, soit par accident, soit parce que vous étiez en colère, soit pour une toute autre raison ?» Cette question me permet de tester si le sens qu'elle a de cette qualité persiste ou non même dans les cas où sa gentillesse ne se manifeste pas.

«Bien sûr, cela m'ennuie, et je fais tout mon possible pour régler la situation, mais je sais quand même que je suis quelqu'un de gentil.»

«Bien. Le fait que vous essayez d'arranger les choses, alors que vous ne vous êtes pas montrée très gentille apporte bien la preuve supplémentaire que vous êtes une personne gentille, n'est-ce pas ?»

Ann m'a regardé pensive. «Je n'avais jamais pensé à cela de cette manière. Je suppose que c'est vrai. Je pense qu'habituellement je me rappelle seulement toutes les fois où j'ai été gentille.»

«Voyez-vous un inconvénient à penser à vous comme à une personne digne d'amour, et ce de la même manière que lorsque vous pensez à vous en tant que personne gentille ?»

«Cela me paraît toujours bizarre.... Je n'y ai jamais pensé en ces termes-là auparavant. Je suppose que si j'avais le même sentiment intérieur profond d'être aimée, je n'attacherais pas autant d'importance au fait que Bob me dise ou non qu'il m'aime, n'est-ce pas ?... Non, je n'ai aucune objection. Ce pourrait être une bonne idée.» Comme Ann réfléchissait aux implications de ma question, je ne remarquai aucune indication non verbale d'objection. Ann était effectivement plongée dans sa réflexion.

«Bien. Fermez les yeux et pensez à un exemple d'une situation où vous avez été aimable et aimante, une expérience où vous avez donné de l'amour et où vous en avez reçu.»... (Ann fait un signe de la tête) «Maintenant placez cette image au même endroit qu'une des images où vous êtes gentille. Mettez-la vraiment exactement à la même place, c'est la même taille, la même distance entre vous et l'image, etc.»... (Ann bouge sa tête vers la gauche, ce qui indique qu'elle déplace l'image au bon endroit, puis elle fait un nouveau signe de la tête.) «A présent, pensez à une autre situation où vous avez été aimée et aimante, peut-être cette fois-ci avec une autre personne, dans un autre contexte.»... (Ann fait un nouveau signe de la tête.) «Placez cette deuxième image avec la première. Continuez ainsi jusqu'à ce que vous obteniez tout plein d'images, comme un alignement, assez petit, à portée de main.» J'ai employé délibérément le même vocabulaire qu'Ann au début de l'exercice, quand il s'agissait pour elle de retrouver la mémoire d'images associées à sa gentillesse, afin de l'aider à créer le même processus intérieur que celui qui lui permet de savoir qu'elle est quelqu'un de gentil. «Dites-moi si vous avez besoin d'aide, et dites moi quand vous avez terminé.»...

Au bout d'une minute ou deux Ann dit « Ca y est, j'ai terminé.»

«Très bien. Ouvrez les yeux. Cela semble s'être bien passé. Avez-vous des questions ?»

«Non. C'était intéressant. Au début c'était toujours un peu bizarre, mais ça a marché. Au fur et à mesure que je plaçais chaque image à l'endroit désigné, je me sentais à chaque fois un peu plus confortée dans ce sentiment. Je ne sais pas pourquoi, mais c'était plus facile de penser que je suis *aimante* plutôt qu'aimable. Je me sens plus impliquée si j'aime et je *ne peux aimer* si je ne suis pas d'une certaine manière également *aimable.*»

«Donc, vous êtes une personne aimante et digne d'être aimée ?» Cette question est un premier test qui permet de vérifier que le changement est ancré.

Ann tourna les yeux brièvement vers la gauche : «Oui, je le vois bien maintenant.»

Comme toujours, son comportement non verbal - le mouvement de ses yeux vers la gauche et le ton ferme de sa voix - sont des indications plus significatives que ses réponses verbales.

«Maintenant Bob, dans un instant, je voudrais que vous disiez à Ann que vous l'aimez. Et vous Ann, quand il va le faire, je voudrais que vous observiez si quelque chose a changé. Allez-y, Bob.»

(Tendrement et doucement) «Ann, je t'aime.»

Ann sourit, sa tête s'inclina légèrement. «C'est toujours très agréable de l'entendre, mais c'est comme si je le savais depuis toujours. C'est comme certaines fois, où je sais que j'ai fait du bon travail et que quelqu'un me complimente. C'est très agréable que quelqu'un remarque ce qui a été bien fait, mais en fait je le sais déjà.»

«Maintenant, Ann, fermez les yeux, et imaginez que vous êtes un mois plus tard. Durant cette période, Bob s'est comporté de la même manière à votre égard, mais il ne vous a pas dit une seule fois «je t'aime» pendant ces trois semaines. Quel effet cela a-t-il pour vous ?»

Ann sourit largement. «C'est drôle. J'ai entendu une voix intérieure qui disait presque un peu fâchée «Et bien, il est grand temps qu'il le fasse !» Mais c'était une sorte de plaisanterie. Ce n'est pas très important.»

Trois années se sont écoulées depuis cette séance, qui n'avait duré qu'une demi-heure. Bob et Ann reconnaissent tous deux que ce n'est plus un problème. Bob lui dit son amour quelques fois par semaine et Ann ne le lui demande pratiquement jamais. Puisqu'elle sait au fond d'elle-même qu'elle est aimée, elle n'est plus dépendante de Bob et n'a plus besoin d'être rassurée, et tous deux s'apprécient encore davantage. Quand ils se disputent, bien sûr c'est toujours un moment désagréable, mais Ann est beaucoup moins bouleversée et sait réagir en mettant à profit ses ressources intérieures.

Développer le sens de soi.

Nous avons poursuivi la thérapie avec Bob et Ann, pour les aider à réaliser d'autres changements et ainsi leur permettre de parfaire encore leur relation. Dans cet exemple, c'est Ann qui a gagné en choix supplémentaires. En thérapie de couple, il est important de conserver un équilibre en offrant *aux deux* la possibilité d'élargir leurs choix potentiels, et ce, pour plusieurs raisons. Si nous nous intéressions uniquement à Ann, tous deux pourraient en conclure que le «problème» dans leur relation c'était Ann. Ce point de vue pourrait les empêcher de développer une meilleure relation. Par ailleurs cela pourrait entraîner d'autres conséquences : Ann, ayant acquis et exploré d'autres ressources, sans que Bob se soit ouvert à d'autres choix, pourrait se sentir insatisfaite de son partenaire du fait du décalage de l'évolution. La plupart des partenaires perçoivent très vite les avantages qu'ils peuvent retirer pour *eux-mêmes* en s'ouvrant à de nouveaux choix et ils se rendent très vite compte de la manière dont leur relation peut s'enrichir.

Tout le monde ne dispose pas d'une série d'images qui défilent quand le regard s'oriente à gauche, comme c'était le cas pour Ann, mais chacun a sa manière de penser et de se référer à ses qualités ou caractéristiques personnelles. C'est cette structure intérieure qui nous transmet le sens que nous avons de nous-même et qui continue au fil du temps. Dans le cas d'Ann, nous l'avons aidée à construire une représentation d'une qualité qu'elle n'avait pas auparavant.

Bien que cela ne soit pas toujours aussi facile de changer l'image de soi, comme c'était le cas pour Ann, le principe reste identique : trouver d'abord comment la personne élabore sa représentation d'elle-même, puis la changer. Nous avons utilisé ce procédé de nombreuses fois avec succès.

Ann *ne disposait d'aucun moyen* de se représenter comme étant une personne digne d'amour. D'autres personnes peuvent combiner dans leur représentation d'elles-mêmes plusieurs aspects négatifs : ainsi par exemple, elles ne se considèrent *ni* comme ceci, *ni* comme cela. Elles entretiennent une image d'elles-mêmes qui est alimentée d'échecs, d'erreurs, d'humiliations, etc. Qu'il s'agisse d'un enfant prétendant échouer à coup sûr à l'école ou d'un adulte qui se croit incapable d'avoir des relations épanouissantes, «une image de soi misérable et médiocre» conduit typiquement à un comportement défaitiste. Dans ce cas, il ne s'agit pas seulement de construire une image positive de soi, mais il est essentiel de changer ces représentations négatives avant de proposer à la personne des images de soi positives et constructrices. Richard Bandler présente au chapitre 7 de son livre «Un Cerveau pour Changer» une méthode qui permet de changer directement les croyances limitatives.

D'un autre côté, certaines personnes sont convaincues d'être merveilleuses, mais les autres ne sont pas du tout d'accord. Elles ont des représentations d'elles-mêmes qui persistent dans le temps, mais qui sont inappropriées, qui ne correspondent pas aux réactions obtenues en retour.

Un individu peut s'estimer très gentil, et agir avec méchanceté sans s'en rendre compte. Un autre pensera être un plaisantin très drôle, mais jamais personne ne rira de ses plaisanteries. Pour aider ces personnes-là, on peut employer le même procédé mais l'appliquer différemment. C'est un peu plus difficile, surtout que les personnes qui en ont le plus besoin, sont souvent celles qui sont le moins disposées à demander de l'aide !

Lorsque nous reconnaissons ce qui se passe en nous, nous pouvons utiliser ce procédé avec efficacité pour *réduire* l'importance que nous accordons à ce trait de notre personnalité dans notre représentation de nous-mêmes. Nous pouvons trouver une qualité dont nous *ne sommes pas* tant convaincus et y ajuster les images relatives au trait de personnalité exacerbé. On peut également observer les réactions des autres quand nous sommes «drôles ou non» pour reprendre l'exemple du plaisantin.

L'image de soi influence notre comportement de façon considérable. Il s'agit, et c'est là le point crucial, d'observer *comment* le fait de procéder à un ajustement des deux éléments affecte notre comportement, et d'effectuer uniquement les ajustements qui nous rendent la vie meilleure. *Le fait de savoir que vous êtes digne d'être aimée* vous rend-il plus aimante, plus expressive, plus apte à puiser dans vos ressources ? Ou bien cela vous transforme-t-il en «princesse», imbue d'elle-même, qui dédaigne les remarques de sa famille ou de ses amis ? *Le fait de savoir que vous êtes sexy* vous permet-il de vivre votre sexualité avec plus de bonheur et de satisfaire davantage votre partenaire ? Ou bien n'accordez-vous aucune attention aux souhaits de votre partenaire et cela vous conduit-il à des querelles ? Quand cette connaissance intérieure nous conduit à réaliser davantage la personne que nous souhaitons être et donc à améliorer nos relations, la démarche est alors enrichissante et utile. Lors du travail avec Ann, j'ai observé attentivement si le changement qu'elle opérait allait réellement enrichir *ses* ressources et donc avoir un impact positif dans sa relation avec Bob.

La codépendance.

Selon un effet-miroir étrange, beaucoup de gens sont en réalité dépendants d'une personne qui est elle-même dépendante. Ce comportement «codépendant» se remarque souvent chez les femmes ou les enfants de personnes alcooliques ou toxicomanes. D'une certaine façon, l'étiquette «codépendant» rend le problème encore plus difficile à résoudre. Par exemple pour les «adolescents», «délinquants», etc., un schéma de comportement qui peut être changé, peut *apparaître* du fait de cette catégorisation comme une caractéristique immuable. A cet égard, nous pensons qu'il est généralement facile d'acquérir de nouveaux choix, lorsque l'on comprend la structure de toute difficulté, y compris celle de la codépendance.

Avec Ann, nous avons travaillé directement sur la structure mentale de son image d'elle-même. Mais il est néanmoins possible d'obtenir les mêmes changements sans consacrer du temps à l'analyse détaillée de la structure mentale.

Sarah est une personne très sensible et très chaleureuse qui déteste blesser les sentiments d'autrui. Durant la majeure partie de sa vie conjugale, elle s'est montrée très compréhensive à l'égard de son mari, qui souffre d'alcoolisme. Sarah nous a demandé de l'aider, afin de profiter davantage de sa vie, plutôt que de se mettre toujours au service des autres.

«Je voudrais continuer à avoir des relations avec certaines personnes, mais je voudrais pouvoir séparer ma vie privée de ma vie sociale.»

«Qu'est-ce qui vous empêche de le faire ?»

«Je ne veux pas être désagréable et les vexer. Il arrive toujours un moment où ces personnes passent chez moi, et cela m'est très pénible de leur dire non.... Je me rends aussi très bien compte si ces personnes sont bien centrées ou non. J'ai une bonne intuition de ces choses-là. Si je sais que quelqu'un peut s'occuper d'elles, je ne réagis pas comme ça.»

Je lui ai répondu avec ironie mais sérieux : «Oh, je vois. Vous vous comportez ainsi uniquement avec les personnes faibles et dépendantes !» (Sarah acquiesça de la tête) «Donc, ce sont les personnes *déjà* faibles que vous rendez encore *plus* dépendantes, c'est cela ?» (Sarah s'est mise à rire, a confirmé d'un signe de tête et a posé ses mains sur la poitrine.) «Donc, vous n'agissez pas ainsi avec ceux qui ne l'accepteraient pas.»

«Oui, c'est exact.»

«Vous le faites juste avec les personnes qui ne peuvent pas réagir.»

«Oui. Tout à fait !» Sarah rit et fait un signe d'approbation de la tête.

«Bon, pensez à toutes les personnes que vous avez blessées en agissant ainsi dans le passé.... Combien d'entre elles se sont mises à ramper, à pleurnicher et sont devenues complètement dépendantes et incapables ? Peut-être avaient-elles commencé d'elles-mêmes, mais vous les avez aidées à poursuivre dans ce sens-là.»

«Ce n'est *pas* si grave que cela !» répondit-elle en riant. «C'est juste que parfois, il y a des moments où ...»

«C'est grave comment alors ?»

(Toujours riant) «C'est,... cela va mieux, déjà *à l'instant même !*»

«Donc comment allez-vous faire maintenant pour respecter davantage les gens en posant vos propres limites,... d'une façon plus respectueuse, en les considérant vraiment comme des êtres humains qui peuvent prendre soin d'eux-mêmes,... plutôt que de les rendre encore plus dépendants ?»...

«Oui, je ne suis pas très claire à ce sujet.»

«Vous ne savez pas comment. Donc, *consciemment* vous ne savez pas encore comment cela va se passer.»

«Non.»

«Combien de fois allez-vous le faire encore avant de comprendre ce qui vous y a conduit ?»

(Riant) «*Une* fois encore !»

« Lorsque vous regardez en arrière, pensez-vous que vous allez comprendre comment le déclic s'est produit ?... Ou bien est-ce quelque chose de nature plus intuitive qui restera à jamais pour vous une sorte de mystère ?»

«Non, ça ne restera pas un mystère pour toujours. Il y a une partie de moi-même qui prend plus conscience de ce que je fais, qui réalise comment l'interaction s'opère.»

«Très bien. Maintenant, comment une personne peut-elle être blessée alors que vous l'aidez dans une perspective à long terme et que vous contribuez à son devenir d'être humain plus fort et meilleur ?» Malgré la question, mon ton était ferme et emphatique.

Sarah a hoché la tête et a respiré profondément. «Eurêka ! Oui ! Oui, c'est cela. Voilà l'élément clé. Car tout s'éclaircit.» Sarah a changé d'expression, son regard s'est détendu, elle est devenue plus calme, ce qui indique qu'elle voit les choses différemment.

«Soyez gentille et vos actions d'aujourd'hui deviendront néfastes plus tard, parce que vous aurez conduit les gens à une vie de dépendance. Beaucoup de parents agissent de la sorte. Ils essaient d'être gentils envers leurs enfants et ils élèvent des enfants qui ne sauront pas comment devenir adultes. Ces parents ont cru bien faire, mais ils n'ont pas préparé leurs enfants à se débrouiller seuls, à avoir les pieds bien sur terre, à être indépendants.»

(Hochant la tête et riant) « Je ne suis pas très gentille avec mes enfants.»

«Je suis heureuse que vous soyez au moins une bonne mère, même si vous n'avez pas toujours été une bonne amie pour certaines personnes.»

«C'est tout bon ! Youpie ! « (hochant la tête)

«Donc, vous êtes bien déterminée ?»

«*Oui !*»

«Je suis content que vous en soyez si sûre. A présent, pensez à une de ces personnes, une de celles qui s'accrochent vraiment. Imaginez cette personne dans le futur. Y-a-t-il quelque chose qui vous inciterait à agir à nouveau avec la même attitude inappropriée que par le passé ? Ou bien allez-vous adopter une attitude dans le plein respect de vous-même et des autres, pour ce qu'ils sont et pour ce qu'ils vont devenir ?...»

«La survie. Une situation de vie ou de mort pourrait me pousser à agir de façon inconsidérée et irrespectueuse à mon égard.»

«Oui, mais là, il ne s'agit pas d'irrespect !»

«Bon, d'accord alors ce n'est pas de l'irrespect. Ok. Mais la situation devrait atteindre un stade très critique.»

«Oui. Et ce sera le moment où les gens auront *vraiment* besoin de votre aide, et cela n'a rien de désobligeant. Si quelqu'un vient d'être renversé par un camion, et a les deux jambes brisées, cela n'a rien d'insultant de demander : «Puis-je vous aider à vous transporter sur la civière ?» Ce ne sera pas le moment de dire : «je suis désolée, je veux que vous vous débrouillez tout seul.» D'accord ? Si vous proposez votre aide au moment où tout va bien, alors là, vous manquez de respect.»

(Hochant la tête) «Très bien. C'est vraiment une autre façon d'envisager les choses. Merci.»

L'élément clé de l'intervention visait à élargir son champ spatio-temporel et lui faire remarquer que le fait d'être gentille sur le moment pouvait être nuisible pour les autres à long terme. Cependant, ce commentaire n'était valable qu'à la suite du travail de fond que j'avais fait précédemment pendant l'entretien : en attirant son attention sur le fait qu'elle entretenait la dépendance des autres et donc leur était nuisible en les rendant plus dépendants et moins capables de se débrouiller seuls.

«Etre gentille» est quelque chose de très important pour Sarah. Plutôt que d'essayer de changer cela, je l'ai *utilisé* pour l'amener à considérer ce qu'elle pourrait faire pour être utile aux autres à long terme, même si cela risque de les blesser dans l'instant. Ceci permet à Sarah d'avoir une vie plus personnelle, puisqu'elle se libère ainsi de l'obligation de satisfaire aux besoins et désirs des autres.

Bien que ce changement ait été très significatif pour Sarah, elle avait pu bénéficier des résultats des séances précédentes qui l'avaient soutenue et encouragée à franchir ce pas; néanmoins beaucoup de choses restaient encore à régler. Après cette séance, Sarah continua à progresser dans d'autres domaines de sa vie.

De nombreuses personnes se trouvant dans une situation similaire continuent toujours de réagir aux événements qui les ont marquées dans le passé, un mauvais traitement ou des violences subies (voir chapitre 7) et souvent elles sont envahies par la honte (voir chapitre 14) et ont une image misérable d'elles-mêmes. Pour Sarah, comme pour beaucoup d'autres, il est très utile de traiter ces autres aspects si l'on veut parvenir à résoudre le problème de façon plus complète.

Soi-même : une source sur laquelle on peut toujours compter.

Comme nous explorions ses objectifs, Gail a pris conscience d'un problème qui la rendait très tendue et très nerveuse. Elle a profondément peur d'être abandonnée. Cela l'empêche de se sentir en sécurité, de s'amuser, de manifester toute spontanéité dans de nombreuses situations. Par dessus toute chose, elle a peur de perdre son mari. Ce point a donc été la base de notre travail.

«Que perdriez-vous, si vous perdiez votre mari ?» lui ai-je demandé pour commencer. Puis, au fil des questions, Gail s'est rendu compte, que ce qui l'effrayait le plus, c'était de perdre l'amour de son mari. Quand Gail parla de son mari et des choses dont elle a besoin qu'il lui témoigne, elle fixait toujours un point particulier, légèrement à sa gauche.

«Etre aimé est effectivement quelque chose de très important. C'est suffisamment important, au point que cela vaut la peine de vous assurer que vous allez l'obtenir. Et, le meilleur moyen d'en être *sûr*, c'est de le recevoir d'une personne sur laquelle vous pouvez toujours compter, et cette personne, c'est **vous** !» Gail sourit. De toute évidence, cette idée lui plaisait.

«Maintenant, vous voyez ce point en face de vous, où vous avez vu votre mari avec les yeux de votre esprit ?...» Je lui montrai d'un geste l'endroit où elle avait regardé et Gail fit un signe approbateur de la tête. «Observez vos impressions, quand, au lieu d'y voir votre mari, vous imaginez que c'est vous, vous vous donnez l'amour que vous désirez. Que se passe-t-il en vous voyant ainsi, heureuse de recevoir cet amour ?»

Son visage se colora, ses épaules et son dos commencèrent à se relâcher. Elle répondit : «Ça me plaît.»

«Peut-être voulez-vous vous rapprocher davantage de cette autre vous-même... Maintenant vous pouvez poursuivre votre exploration progressive pour vous y fondre, devenir cette personne qui vous aime, et vous imprégner des sensations que cela produit, d'*être* cette personne, cette personne qui aime Gail.... Ressentez aussi le plaisir d'être dans cette position.»

A présent Gail a l'air d'avoir encore plus de ressources. «Je veux être encore plus proche et me prendre dans les bras» répondit-elle.

«Très bien. Et lorsque vous aurez savouré entièrement le moment, vous pourrez revenir à vous-même, en emportant avec vous tous les sentiments agréables qui ont accompagné cette expérience et en les faisant rayonner tout autour de vous.»

Après cette séance, Gail a déclaré se sentir plus sécurisée, elle était dorénavant davantage en mesure de donner plus d'amour à son mari, au lieu de focaliser sur le besoin qu'elle a de *son* amour.

Une alternative au sentiment d'abandon : donner à Soi-même.

De nombreux ouvrages ont traité le problème de la codépendance et du surattachement ou «emprisonnement affectif» qui affecte tant de personnes et qui aboutit à la peur d'être abandonné. Si nous nous considérons dépendants des autres pour quelque chose d'essentiel, comme c'était le cas pour Gail, alors la perspective de les perdre peut être très effrayante. Ce qu'il faut, c'est trouver un élément de remplacement positif qui renforce le sens de soi, comme je l'ai fait avec Gail.

Un de nos collègues, Robert McDonald, a remarqué dans ses travaux sur la codépendance que de nombreuses personnes affectées par ce problème imaginent littéralement être physiquement attachées à un parent, ou à leur conjoint ou toute autre personne importante. Un homme a déclaré qu'il sentait son père attaché à sa poitrine. Une femme voyait sa mère toute petite, enroulée sur elle-même, collée à son flanc droit comme une ventouse. D'autres imaginent être reliés par des cordes.

Bien que de prime abord, cela paraisse plutôt étrange, en fait cela se justifie parfaitement. Le sentiment de dépendance, comme tout ce que nous ressentons, est construit obligatoirement sur une structure mentale intérieure. Lorsque quelqu'un est codépendant, son besoin de ressentir un lien très étroit avec l'autre semble tout à fait cohérent. L'impression typique des personnes codépendantes se manifeste par un lien corporel ou une corde serrée.

Si ces personnes imaginent que ce lien se défait, leur peur de l'abandon se réveille systématiquement de façon typique. Afin que ces personnes puissent réaliser ce qui leur tient à coeur, Robert et moi avons développé le processus suivant que Robert a utilisé dans ses séminaires avec grand succès.

Se libérer de la codépendance : retrouver le lien avec Soi-même.

Trouvez un endroit calme, une pièce où vous ne serez pas dérangé. Dirigez votre attention à l'intérieur de vous-même pendant 15 à 20 minutes sans être distrait. Pendant la durée de cet exercice, restez debout.

1. Identifiez l'Autre.

Pensez à quelqu'un dont vous êtes codépendant ou avec qui vous êtes très impliqué. La plupart du temps, il s'agit d'un parent ou de l'être aimé. Quelle que soit l'ampleur de votre surattachement, cet exercice sera très bénéfique.

2. Devenez conscient de ce trop grand attachement à l'Autre.

Imaginez que cette personne est là avec vous dans la même pièce. Si vous ne réussissez pas à visualiser la scène, mettez vos sens en éveil pour simplement la «ressentir» ou bien faites *comme si* vous parcouriez ces différentes étapes, et cela fonctionnera tout aussi bien. Marchez tout autour de l'autre. Observez à quoi l'autre ressemble, touchez-le et soyez attentif à ce que vous ressentez en étant avec cette personne. Mais tout particulièrement soyez attentif à ce lien très fort qui vous relie à cette personne et *à la manière* dont vous en faites l'expérience. Avez-vous l'impression d'être, d'une certaine façon, physiquement attaché à cette personne ? Le lien entre votre corps et le sien est-il direct, s'agit-il d'une corde ou d'une autre forme de lien ? Notez où se trouve le point d'attache, à quel endroit est-il relié à votre corps et au corps de l'autre. Beaucoup de personnes ressentent ce lien au niveau de l'estomac, de la poitrine ou de l'aine. Faites pleinement l'expérience des sensations liées à la qualité de ce lien, sa nature, sa consistance.

3. Indépendance temporaire.

Maintenant imaginez que vous détruisiez ce lien juste pour un instant, tout simplement pour avoir l'impression de l'effet que cela produirait. Vous pouvez imaginer que votre main munie d'un couteau finement aiguisé tranche le lien, ou le détruit de la manière qui vous convient le mieux.... La plupart des gens éprouvent un profond malaise à ce stade, ce qui signifie que le lien jouait un rôle très important. Vous n'avez pas besoin de vous en défaire dès maintenant, car vous n'êtes pas encore en mesure d'accomplir la séparation de façon harmonieuse et heureuse; auparavant il vous faut mettre en place un système de remplacement solide.

4. Trouvez vos intentions positives.

A présent posez-vous la question suivante : «Qu'est-ce que je désire chez l'autre, qu'est-ce que j'attends de lui qui me donne satisfaction ?»... Puis poursuivez : «En quoi cette chose-là est-elle positive pour moi ?» Persévérez jusqu'à ce que vous obteniez une réponse concise et précise, comme par exemple la sécurité, le sentiment d'être protégé, l'amour, le sentiment d'être utile....

5. Développez votre *moi désiré.*

Maintenant tournez-vous vers votre droite (certaines personnes préfèrent se tourner vers la gauche), et créez une image tridimensionnelle de votre *moi désiré* qui a avancé dans son évolution au point de dépasser votre niveau habituel de ressources. Celui que vous venez de créer, a fait plusieurs pas en avant; il a déjà résolu le problème qui vous préoccupe aujourd'hui. Cet être, cet autre vous-même vous aime, vous apprécie, souhaite vous protéger et prendre soin de vous. C'est ce même *être* qui vous a permis d'apprendre ce que vous vouliez vraiment dans la phase 4 de l'exercice. Vous pouvez remarquer comment il se déplace, comment il s'exprime, le ton de sa voix et les sensations physiques que vous éprouvez à son contact. Si vous ne «voyez» pas cet être plein de ressources, vous pouvez simplement «sentir» ce qu'il est. Certaines personnes ressentent une onde de chaleur ou un rayon de lumière qui enveloppe et irradie cet autre vous-même.

6. Transformez ce lien avec l'autre en lien avec vous-même.

Tournez-vous à nouveau vers «l'autre» à qui vous êtes attaché. Visualisez et ressentez ce lien. Puis détruisez-le et reconnectez le immédiatement avec votre *moi désiré*. Le lien que vous venez de créer avec vous-même est de même nature que celui qui vous reliait à «l'autre». Savourez l'interdépendance que vous venez d'établir avec cette personne sur qui vous pouvez toujours compter : vous-même. Remerciez-*la* d'exister, d'être là pour vous. Soyez heureux de recevoir de la part de cet être-là ce que vous vouliez, auparavant, obtenir de «l'autre». Cet autre vous-même vous accompagnera dans le futur, vous montrant le chemin; il est votre compagnon fidèle qui s'assurera que tout se passe bien pour vous en vous apportant sa protection.

7. Respectez «l'Autre».

Regardez à nouveau «l'Autre» et observez le lien qui a été rompu. L'autre personne peut faire le choix de reconnecter ce lien à elle-même. Vous pouvez imaginer qu'elle rattache cette corde à une partie appropriée d'elle-même. Si cette corde provenait du nombril de la personne, vous pouvez imaginer qu'elle se raccorde à son coeur. S'il n'y a pas de cordon, vous pouvez visualiser que «l'Autre» se connecte physiquement à son propre *«moi désiré»*. Vous êtes à présent tous deux reliés avec votre autre vous-même. Cette constatation vous rassure et vous donne la profonde conviction que l'autre personne pourra désormais, elle aussi, développer une relation plus authentique avec elle-même. Observez combien vous êtes à présent davantage à l'écoute et plus entièrement présent à l'autre.

8. S'approprier le lien avec Soi-même.

A présent retournez vers votre *moi désiré* avec qui vous êtes maintenant relié. Mettez-vous dans la peau de cet autre vous-même, vous êtes cet autre vous-même et vous regardez le personnage en face de vous. Notez vos impressions et les sensations que vous éprouvez à être quelqu'un plein de ressources, qui sait s'apporter l'amour dont il a besoin. Après avoir savouré la sensation d'être votre *moi désiré*, revenez à vous-même en emportant avec vous toutes ces nouvelles qualités et richesses.

9. Faites un pont vers le futur.

Imaginez comment vos relations avec votre entourage vont pouvoir se développer sur une base plus solide grâce à vos nouvelles ressources. Imaginez quel sera votre avenir avec ce nouveau compagnon, votre *moi désiré*. Peut-être percevez-vous déjà comment ce nouveau compagnon va vous donner de nouvelles clés pour aborder les difficultés de la vie.

Magie ? Non, simple efficacité.

Après plusieurs séminaires, Robert a reçu de nombreux témoignages positifs des participants. Une femme qui avait fait l'expérience d'un attachement avec son mari dont le lien les reliait tous deux au niveau du coeur à l'aide d'un cordon, déclara :

«Un changement radical s'est produit dans ma vie; je ne suis plus dépendante de mon mari. Avant je me sentais abandonnée s'il devait s'absenter quelque temps. Maintenant, mon coeur s'est rempli d'amour, là où s'accumulait auparavant la souffrance à chaque fois que mon mari partait. A présent, je vois automatiquement cet être merveilleux et rayonnant en moi. Cette vision m'envahit à chaque fois que je commence à me raccrocher à mon mari.»

Becky souffrait d'un attachement à sa mère dont le lien se manifestait par une corde qui longeait son flanc gauche et sa colonne vertébrale. Sa mère était rattachée à elle de la même manière et au même endroit. Becky découvrit que cet attachement existait depuis de nombreuses générations de mère en fille, et le cordon était toujours au même endroit du corps. Quand elle en parlait à sa famille, Becky appelait ce phénomène : «le martyre héréditaire de la femme». Voici son témoignage :

«Cet exercice a été très bénéfique. Quand je me surprends à «faire la mère», je m'arrête. J'observe ce que je suis en train de faire, je repère la ligne d'attachement et je pense : «Oh, c'est elle, ce n'est pas moi.» Tous les jours je réaffirme mon lien avec cet autre moi-même, plein de ressources. Bien sûr, les problèmes existent, mais maintenant j'ai davantage de choix. Ce modèle n'est pas magique, il ne tombe pas du ciel, comme ça ! Je dois avoir une attitude responsable vis-à-vis de moi-même chaque jour. Cela a été d'une grande efficacité de pouvoir voir ce lien physique.

C'est un fait connu depuis très longtemps dans la famille : les femmes ont une sorte de déformation au niveau de la colonne vertébrale. Et moi aussi je l'avais. Quand j'en ai pris conscience, je me suis dit : «Cela s'arrêtera avec moi.» Le fait de comprendre qu'il s'agissait véritablement d'un phénomène physique transmis de générations en générations a eu des effets très puissants. Je n'ai aucunement besoin de le perpétuer. Cela prend fin avec moi.»

Les processus décrits dans ce chapitre aident à construire de meilleures capacités et des bases saines qui permettent d'être autonome et indépendant et de développer le sens de soi. Ceci ne signifie pas qu'il s'agit d'apprendre à être seul. Tout au contraire, cela nous permet d'avoir des relations humaines dans un plus grand respect de l'autre.

4 Guérir les traumatismes

Lorsque Sally se sépare de son fils de huit ans pendant plus d'une journée, elle est saisie d'angoisses dès qu'elle se met à penser à lui. Cette réaction s'amplifie si elle lui parle au téléphone. Sally souhaite changer cet état de fait et trouver une meilleure manière de réagir. Je l'ai rencontrée à un congrès professionnel et j'ai pu facilement constater ses réactions. La conférence avait lieu loin de son domicile, et lorsque je lui ai demandé de penser à son fils, tout son corps s'est contracté et sa respiration s'est bloquée quelques instants.

Je lui ai ensuite demandé de quelle manière elle pensait à son fils. Elle a répondu qu'elle voyait une image floue, lointaine «avec beaucoup d'air entre lui et moi.» En voyant cette image, elle avait l'impression qu'elle était en train de le perdre, et cela provoquait chez elle une forte angoisse. Quand je lui ai demandé de rapprocher l'image de son fils plus près d'elle, elle se sentit mieux.

J'aurais pu éliminer son angoisse en changeant directement l'image de son fils. Mais Sally m'avait déjà dit que son angoisse provenait d'une expérience traumatisante qu'elle avait eue à l'âge de 7 ans et qui continuait de l'affecter. A cette époque, son père avait soudainement disparu pendant environ cinq jours. Personne ne savait où il était, s'il reviendrait jamais, s'il était mort ou vivant. Sally s'était sentie complètement abandonnée, perdue et terrorisée. Cette expérience s'était ancrée dans sa vie émotionnelle et affective, et aujourd'hui, elle éprouve ce même sentiment lorsqu'elle est loin de son fils.

Si je n'avais fait que changer sa manière de penser à son fils, seule cette expérience aurait été concernée. Sally aurait continué à garder un souvenir désagréable de son enfance, et il est fort probable que ce souvenir soit également la cause d'autres difficultés dans sa vie. Si je réussis à intervenir sur ce souvenir d'enfance, alors tous les domaines de sa vie qui y sont associés s'en trouveront modifiés. De cette façon-là, je lui permets d'accéder au changement qu'elle réclame et en même temps d'élargir à d'autres aspects de sa vie le bénéfice qu'elle en retirera.

Comment Sally se représente une expérience d'empreinte positive.

Dans une première étape, il s'agit de trouver la manière dont Sally se remémore un souvenir *positif* puissant qui a un impact important sur son comportement. Ces expériences sont souvent appelées expériences «d'empreinte». «Sally, pensez à un souvenir qui constitue vraiment une ressource positive pour vous maintenant. Peut-être cette expérience a-t-elle été agréable ou désagréable au moment où elle s'est produite, mais en tout cas vous en avez retiré quelque chose d'important, puisque ce souvenir a un impact puissant et positif sur les actes de votre vie actuelle. Peu importe la nature de cette expérience, l'essentiel est que vous estimez aujourd'hui qu'il s'agit d'une expérience positive et puissante.... Lorsque vous en avez choisi une, je voudrais que vous y pensiez de manière à vous rendre compte de l'effet important qu'elle a sur vous. Notez ce que vous ressentez.»

Quand Sally fut en contact avec le souvenir qu'elle avait choisi, elle sourit, sa respiration devint plus profonde et son dos se redressa légèrement. C'était visiblement le type même de souvenir que je voulais qu'elle trouve.

«Maintenant, pensez à un souvenir ordinaire, très banal, sans importance. Par exemple le brossage de vos dents ce matin, ou quelque chose de ce genre là.

Puis, comparez ces deux souvenirs. Remarquez ce qui fait que l'un est puissant et l'autre ordinaire. Il est possible que le premier soit en mouvement, qu'il y ait des images en action, et que l'autre soit fixe, statique. Ou bien que l'un soit en couleur et l'autre en noir et blanc, l'un accompagné de sons, l'autre plongé dans le silence.»

«Le souvenir ordinaire est petit et statique, comme une vue en noir et blanc. Celui qui est puissant m'enveloppe complètement, comme si j'étais réellement dedans. Il est en mouvement et les couleurs sont douces, pastel comme un tableau de Monet; j'aime ces couleurs, et le son est agréable. Il n'y a aucun son dans le souvenir ordinaire.»

Créer une nouvelle empreinte positive.

«Maintenant, mettez ces expériences de côté pour un instant. Voici une question très importante. Quelle expérience *avant* la disparition de votre père, vous aurait permis de vivre plus facilement cet événement ? Quelle expérience particulière aurait pu vous y préparer, afin qu'ainsi vous n'éprouviez pas l'horrible sensation d'être abandonnée et perdue ?»

«Mon père était tout pour moi à cette époque. Je crois que si quelqu'un, en qui j'avais pleinement confiance, mon frère par exemple, m'avait dit que mon père serait toujours là et me protégerait toujours quoi qu'il arrive, cela m'aurait sans doute beaucoup aidée à traverser cette expérience difficile.»

«Bien. Cela aurait effectivement pu changer beaucoup de choses. Essayons. Fermez les yeux. Revenez en arrière. Vous êtes cette fillette de six ou sept ans, cela se passe bien longtemps *avant* la disparition de votre père. *Construisez* la scène avec tous les détails : votre frère vous parle et vous rassure. Au fur et à mesure que vous imaginez cette scène, assurez-vous que cette expérience deviendra un souvenir fort et positif. Cette expérience vous enveloppe entièrement, elle est vivante, il y a de la couleur, des pastels, des sons. Emplissez-vous de cette ambiance autant que vous le désirez, affinez-la, modelez-la, faites en sorte que cette expérience devienne le genre de souvenir fort, puissant et positif qui vous permettra plus tard de réagir de façon plus adéquate à la disparition de votre père. Prenez le temps qu'il faut pour construire cette expérience, puis quand vous aurez fini, faites un signe de la tête.»...

Lors de cet exercice, la respiration de Sally devint plus profonde, plus ample, Sally souriait, et son dos se redressa de la même manière que lorsqu'elle se rappela le souvenir positif initial. Ces signes m'indiquaient que ce nouveau souvenir serait une ressource équivalente aux effets similaires. Au bout de quelques minutes, Sally hocha la tête.

Utiliser la nouvelle empreinte pour créer un puissant changement.

«A présent, avancez dans le temps assez rapidement en emportant avec vous l'impact de cette expérience avec votre frère. Au fur et à mesure que vous traversez le temps, vous pouvez remarquer combien toutes vos expériences ultérieures se trouvent modifiées à la lumière de ce nouveau vécu avec votre frère. Ce réajustement s'opère plutôt à un niveau inconscient, il n'est donc pas nécessaire de vous y attarder. Revenez rapidement au présent. Quand vous y êtes, arrêtez-vous et anticipez l'avenir : regardez combien vous serez différente du fait de cette nouvelle expérience avec votre frère. Ici aussi, prenez tout votre temps, ouvrez les yeux quand vous êtes prête.»...

A peine quelques minutes plus tard, Sally ouvrit les yeux et dit : «C'était intéressant. Remonter le temps, puis revenir au présent aussi vite, cela m'a rappelé la fin du film «2001 ou l'Odyssée de l'espace», au moment où l'équipage tire de tous les côtés. Quand j'ai traversé la période où mon père avait disparu, j'ai eu l'impression de voguer, de la survoler.... Quand j'y pense maintenant, c'est très différent. Bien sûr cela me touchait toujours beaucoup, mais je savais que mon frère serait là, auprès de moi. Je me sens plus grande, plus forte.»

«Bon, cela semble très bien. Maintenant pensez à votre fils, et examinez comment vous vous sentez.»...

«Je me sens bien maintenant. Il ne m'apparaît pas de façon aussi lointaine. J'essaie même de voir cette image floue, toute petite et éloignée, mais cela ne me touche pas.»

Cette démarche dura environ quinze minutes. Le lendemain, Sally m'annonça qu'elle avait appelé son fils et qu'elle s'était sentie très bien. Les angoisses avaient disparu.

Bien que je n'aie pas pu suivre Sally à plus long terme, je sais que cette méthode se révèle très efficace comme j'ai pu le constater chez de nombreuses personnes, pour qui l'amélioration fut définitive et leur permit d'élargir considérablement le champ de leurs ressources.

Réaction sexuelle.

Beverly souffre de ce qu'elle appelle sa «phobie du sexe» et de sa réticence à s'engager avec un homme. Son dégoût sexuel et sa peur de s'engager sont survenus suite à une relation difficile avec un partenaire quelques années auparavant. A cette époque, elle vivait avec un homme et elle devint accidentellement enceinte. L'homme disparut, la laissant seule face à sa nouvelle situation. Bien qu'elle fût opposée à l'avortement, Beverly opta malgré tout pour cette solution-là. Cette difficile expérience conduisit Beverly à refuser toute intimité et à éviter toute relation sexuelle.

Puisque les difficultés de Beverly proviennent également d'une expérience traumatique passée, j'ai utilisé la même méthode qu'avec Sally. Quand je lui ai proposé de choisir une expérience de référence forte et positive, je fus un peu surpris de son choix : Beverly avait décidé de construire une expérience qui aurait provoqué par sa faute la mort d'un ami, mais dont elle aurait réussi à vaincre toute culpabilité et à en surmonter toutes les conséquences. Beverly était mieux placée que moi pour savoir ce qui lui convenait, et choisir l'expérience qui la préparerait au mieux à se guérir de l'expérience traumatisante de l'avortement.

Environ deux mois plus tard, elle me dit qu'elle se sentait d'une grande ouverture de coeur et d'esprit et qu'elle nourrissait une ferme volonté de s'engager dans une relation avec un homme, mais qu'à ce moment-là aucun homme ne semblait correspondre à ses attentes. Deux autres mois s'écoulèrent, et Beverly laissa le message suivant : «Le test crucial a eu lieu et je l'ai franchi portée par un arc-en-ciel de lumière.» Elle venait de rencontrer quelqu'un qu'elle aimait et avec qui elle était heureuse de partager une sincère intimité et une sexualité épanouie, sans aucune réminiscence de ses anciennes peurs.

La méthode.

Richard Bandler, un des fondateurs de la PNL, vient de concevoir ce processus appelé «destructeur de décision». Ce processus se base sur le postulat communément répandu selon lequel notre passé influence notre présent et notre avenir. Si des expériences traumatisantes passées peuvent faire apparaître des problèmes dans le futur, il est également vrai que des expériences enrichissantes positives peuvent servir de référence plus tard.

Chacun de nous bâtit ses conclusions ou ses décisions en fonction des expériences de sa vie. Ces conclusions peuvent considérablement influencer notre manière de réagir dans l'avenir face à de nouvelles expériences. Souvent nos croyances se sont forgées sous l'influence d'une seule expérience fondamentale et de première importance; d'autres se sont modelées par l'intermédiaire d'expériences moins intenses.

Sal, par exemple, avait eu une expérience qui l'avait conduit à la conclusion qu'il était incapable d'apprendre. A l'âge de trois ans, il avait attrapé un puzzle sur une étagère et essayait de le monter. Le puzzle avait un degré de difficultés adapté à des enfants de six ans, mais Sal l'ignorait. Il ne comprenait d'ailleurs pas très bien comment des enfants de trois ans ne pouvaient effectuer des choses que des enfants de six ans réussissaient sans difficultés. Il avait seulement conscience d'avoir essayé tant et tant de fois sans jamais parvenir à rassembler tous les morceaux du puzzle.

Ses parents se trouvaient également dans la pièce, observant sa frustration grandissante. Ils étaient déroutés par les geignements de leur enfant face à ce puzzle, et ne savaient que faire. Finalement, son père déclara, exacerbé lui-même par ses propres frustrations : «Range donc ce puzzle. De toute façon tu n'arrives pas à apprendre quoi que ce soit !» La fois suivante, lorsque Sal essaya de construire un puzzle et se heurta à la difficulté du jeu, il se souvint de ce que son père lui avait dit et pensa en son for intérieur : «Il a raison. Je suis incapable d'apprendre.» Sal se détourna du puzzle, sans avoir fait beaucoup d'efforts et chercha quelque chose de facile à faire.

Quelques temps plus tard, Sal était en train de démonter une vielle horloge avec un tournevis. Il aimait bien cela. Evidemment cela prend du temps de réfléchir exactement à l'ordre qu'il faut suivre pour tout dévisser. Bientôt Sal buta sur une partie de l'objet dont il ne parvenait pas à imaginer le démontage. Il se souvint instantanément de ses échecs précédents, cessa toute tentative, puis reposa l'horloge, pensant qu'il avait, une fois de plus, la preuve de son incapacité à apprendre.

Au fil du temps, Sal eut de nombreuses expériences confortant ses conclusions. Fort des expériences de son enfance, Sal avait construit les bases qui lui permettraient de faire face aux événements de sa vie future en reproduisant toujours le même mode de fonctionnement et en renforçant ses croyances concernant ses propres limites.

Glen, au contraire, avait eu une expérience qui avait marqué tout son avenir, mais d'une façon beaucoup plus positive. Alors qu'il avait quatre ans, sa famille quitta le désert pour venir s'installer dans l'Ohio, où poussaient beaucoup d'arbres. Glen n'était pas habitué à tous ces arbres, et il était pressé d'y grimper. Dès qu'il en eut choisi un, Glen se lança, heureux, de passer d'une branche à l'autre, tout excité par cette nouvelle activité. Lorsqu'il fut arrivé à un point assez élevé, il regarda autour de lui, puis, satisfait, décida qu'il était temps de redescendre. Pour la première fois, il regarda en bas, et fut terrifié. Il s'agrippa à la branche de l'arbre et appela sa mère au secours : «Au secours, je ne peux pas descendre !»

Sa mère arriva en courant, quelque peu inquiète de voir son fils si haut perché dans l'arbre. Pourtant, elle lui répondit calmement : «Glen, tu te tiens bien fort, et c'est très bien. Ecoute, tu as réussi à *monter* en haut de cet arbre, tu as su trouvé comment faire, maintenant, tu vas trouver le moyen d'en descendre. Est-ce que tu peux atteindre avec ton pied une branche qui te paraisse bien solide, suffisamment grosse pour supporter ton poids ?» Glen se calma aussitôt en entendant la voix de sa mère. Il se rendit compte de ce qu'il avait été capable de faire en *grimpant* jusqu'au faîte de cet arbre. Il entreprit donc la descente, lentement et prudemment et arriva en bas sain et sauf. Les fois suivantes, il se montra beaucoup plus prudent, mais il avait retiré de cette expérience un point très positif : il avait pris conscience de ce qu'il était capable de faire, de ses compétences, et surtout, il pouvait *lui-même* trouver la solution à un problème.

Cette expérience l'avait marqué à jamais. Lorsqu'il fut en âge d'aller à l'école, il se heurta à des objectifs et à des tâches difficiles, mais il pouvait se rappeler comment il avait pu se tirer d'affaires en haut de son arbre, et ainsi se représenter les choses, poser les questions utiles jusqu'à ce qu'il *parvînt à les résoudre lui-même*. Il s'acharnait parfois longtemps après que les autres eussent abandonné et s'obstinait jusqu'à trouver la solution. Chaque succès lui apportait la confirmation supplémentaire qu'il était capable d'apprendre et de réussir.

Lorsque nous tirons des conclusions hâtives qui nous sont préjudiciables plus tard, comme l'a fait Sal, nous ne comprenons pas, au moment où nous le faisons, que ce sont les autres qui sont limités. Le père de Sal n'avait aucunement l'intention de le placer dans l'échec. Il était frustré et ne savait pas comment il aurait pu agir autrement. Dans de telles situations, les enfants s'approprient une mauvaise image d'eux-mêmes et ne comprennent pas ce qui se passe réellement chez l'autre. Comprendre comment ces expériences formatrices fonctionnent nous donne la clé qui permet de savoir comment nous pouvons changer de façon remarquable l'impact des expériences traumatisantes de notre histoire personnelle.

Modifier directement une expérience traumatique peut se révéler une tâche ardue si la personne concernée a développé un système de réactions particulièrement rigide et solide. Cela revient à vouloir construire une maison pendant un tremblement de terre. Néanmoins, lorsque l'on crée une expérience positive *avant* l'avènement du traumatisme, il n'y a aucune interférence. Si vous construisez votre maison sur de solides fondations, elle pourra facilement résister à un tremblement de terre. C'est la même chose avec notre mémoire. Si nous l'alimentons avec des souvenirs puissants et positifs, nous lui transmettons la force d'influencer de façon positive les événements qui jalonneront notre vie. Même si la personne sait consciemment qu'elle crée ce souvenir, ses caractéristiques et ses qualités se manifesteront inconsciemment comme s'il s'agissait d'un souvenir réellement vécu. Notre cassette audio «Le destructeur de décision» présente d'autres exemples plus développés, suivis d'une discussion.

Changer un passé de violences

Cette méthode est également très appréciée chez les personnes qui ont subi de nombreuses expériences traumatiques sur une longue période de leur vie. L'élaboration d'un nouveau souvenir puissant peut pallier un vécu marqué par les souffrances, chez une personne qui a subi des mauvais traitements dans l'enfance, et permet de faire ainsi un pas pour créer un être plein de ressources.

Kristen a eu une suite d'expériences violentes dans son enfance et souhaite acquérir plus de résolution et de détermination. Lorsqu'elle essaya de penser à une nouvelle expérience d'empreinte qu'elle aurait pu recréer dans son passé, aucun souvenir ne lui apparut assez fort pour dépasser celui des violences subies.

A défaut, elle imagina être l'être avisé et plein de sagesse, cet *autre elle-même* plus évoluée qu'elle voulait devenir. Elle remonta son histoire nourrie de cette nouvelle image d'elle-même, et, lorsqu'elle fit le chemin inverse pour revenir au présent, elle venait de vivre une expérience bouleversante. Plus tard, elle remarqua que les interactions avec les autres s'étaient nettement modifiées et ce, de façon très intéressante. Auparavant, lorsqu'elle discutait avec quelqu'un, elle avait l'impression que son interlocuteur voyait à travers elle toutes les expériences de violence qu'elle avait vécues. Elle avait toujours pensé que les autres considéraient qu'elle «était cette sorte d'individu», et cela la limitait considérablement. Aujourd'hui, elle dit : «Les gens *me* voient maintenant, *comme je suis*, au travers de ce que je fais.» Kristen se sent plus libre, elle ne se limite plus à être «cette sorte d'individu».

Retrouver ses facultés auditives.

Dick porte un appareil auditif dans une oreille, et un étrier artificiel a été implanté dans son autre oreille. Même avec l'appareil auditif, Dick n'entend pas toujours certaines voix ou sons qui sont pourtant parfaitement audibles pour les autres. Son problème d'ouïe a commencé après un événement survenu quelques années plus tôt alors qu'il survolait le Golfe Persique. Son avion était à une altitude de 12 000 mètres, quand un hublot vola en éclat provoquant une chute de pression brutale. L'appareil n'était pas équipé de masques à oxygène comme le sont aujourd'hui les avions de ligne, et le pilote piqua rapidement à 3 000 mètres, à une altitude où l'air est respirable.

La chute soudaine de pression et les 9 000 mètres d'écart eurent raison des oreilles de Dick. Lors de cette descente vertigineuse, une poche d'air s'était formée dans ses trompes d'Eustache. Dick fut opéré et on lui installa un drain pour évacuer la pression de l'air. D'après Dick, les médecins lui auraient déclaré par la suite que cette opération avait été un choc supplémentaire pour son oreille et avait provoqué l'apparition anticipée d'otosclerosis : vieillissement précoce de l'oreille.

Suite aux recommandations médicales, Dick accepta l'intervention chirurgicale dans son oreille droite et on lui a implanté un étrier métallique en remplacement de l'enclume. Cette opération a permis à Dick de recouvrer une capacité auditive égale à celle qu'il avait avant le choc. Néanmoins, il souffre toujours régulièrement de douleurs aux oreilles et de bourdonnements.

Sa capacité auditive dans l'oreille gauche s'est progressivement dégradée. Il le remarqua tout d'abord lorsqu'il écoutait, au casque stéréo, des cassettes de musique. Côté gauche, il devait augmenter le volume jusqu'à 9, alors que, côté droit, la position 1 était suffisante. Dick fit un test auditif : son oreille gauche entendait à peine entre 60 et 70 décibels. Avant l'accident d'avion, Dick avait passé de nombreux examens auditifs et ses deux oreilles étaient dans la moyenne des 10 décibels, ce qui est tout à fait normal. A titre de comparaison, le niveau du son juste en face d'un haut-parleur dans un concert de musique rock se situe entre 90 et 100 décibels.

Dick avait oublié son appareil auditif chez lui, le jour où j'enseignai la méthode du «destructeur de décision» à un groupe de formation. Chaque personne doit, pour apprendre cette méthode, prendre à tour de rôle trois fonctions différentes : être patient, guide et observateur. Lorsque Dick eut le rôle de client, il était loin de penser qu'il pouvait envisager retrouver ses facultés auditives. Il aspirait plutôt à un état de santé général équilibré et harmonieux, un bien-être dans sa vie.

Tout d'abord, il choisit une époque où il était en parfaite santé, et remonta ainsi jusqu'à l'adolescence, où il rayonnait sur tous les plans, physique et émotionnel. Il était plein d'énergie, réussissait bien à se concentrer, apprenait rapidement et jouissait d'un équilibre physique et émotionnel tout à fait remarquable. Il ne rencontrait jamais de difficultés à prendre les bonnes décisions. Quand Dick remonta le temps pour revivre cette période-là, il ne voulut pas se donner d'instructions en vue de changements trop spécifiques, «...pour que tous les morceaux du puzzle puissent se rassembler. Laisser la synthèse se faire naturellement.» Dick dit qu'il visualisa cette expérience d'état en parfaite santé comme une vague. Il avait l'image d'une «sculpture» de sable que l'on peut retourner et où l'on peut voir comment le sable se dépose en formant de nouvelles figures. La santé pour lui, c'était comme «se rouler dans une vague» de sable.

Lorsque Dick fut complètement immergé dans cette expérience, il revint au présent rapidement, emportant avec lui cette expérience de parfaite santé. Il la maintint dans le présent, tout en s'imaginant l'avoir avec lui encore longtemps à l'avenir, comme un compagnon du futur.

A la fin, Dick n'en crut pas ses oreilles : il entendit le son d'une fontaine. Médusé, il regarda alentour, et constata effectivement qu'il y avait une fontaine à proximité, qu'il n'avait pas remarquée auparavant. Puis, à sa grande stupeur, il se rendit compte qu'il entendait ce son avec son oreille *gauche* ! Nous étions tous stupéfaits. Plusieurs personnes testèrent Dick en murmurant derrière lui, chose que Dick n'aurait pas pu entendre une demi-heure plus tôt. Plus tard, des tests médicaux confirmèrent cette bonne nouvelle : son oreille gauche avait une capacité auditive autour de 10 décibels - au lieu des 60-70 décibels -ce qui correspondait à son niveau d'avant l'accident d'avion.

Un an plus tard, je demandai à Dick quels changements s'étaient produits dans sa vie depuis. A présent, il n'a plus besoin d'appareil auditif, d'ailleurs il l'a perdu. Ses oreilles ne sont plus du tout douloureuses, il n'a plus aucun bourdonnement ni sifflement. «Il y a peu de temps, je suis allé assister à une conférence, et j'ai pu goûter la joie de m'asseoir au dernier rang sans manquer une seule parole. Avant, même avec mon appareil, et assis au premier rang, je n'entendais pas tout. Et puis, j'ai chanté à une représentation théâtrale où je tenais un rôle très important. C'est sûr, avant je n'aurais jamais pu le faire, n'étant pas capable de savoir si je chantais juste ou faux. Et puis maintenant, j'utilise ma voix pour communiquer de façon différente. Je me sers de la tonalité et du volume, je peux nuancer ce qui était impossible auparavant. Cela m'aide à obtenir certains résultats avec mes clients en consultation. Je n'avais pas conscience combien le son est quelque chose d'important.»

Le destructeur de décision est une des méthodes les plus précieuses que nous présentons dans cet ouvrage; elle a permis d'obtenir les résultats les plus frappants. Elle est particulièrement utile lorsqu'une personne a subi de nombreuses expériences traumatisantes, ce qui est souvent le cas pour ceux qui ont été maltraités ou violentés pendant une période de leur vie. Pendant le processus, lorsque la personne revient au moment présent, emportant avec elle cette ressource si puissante, tout d'un coup, *toutes* les expériences traumatisantes se transforment. Alors qu'avec d'autres méthodes thérapeutiques plus conventionnelles, l'individu doit les résoudre une par une. De plus, la personne acquiert une plus grande conscience de ses capacités, ce qui va beaucoup lui servir pour relever les défis de son avenir.

5 Eliminer les réactions allergiques

Lorsque Maria avait onze ans, elle fut piquée sur le pied par une abeille. Pour la plupart d'entre nous, cette piqûre aurait été anodine. Mais tel ne fut pas le cas pour la fillette. Dix minutes après la piqûre, Maria sentit des démangeaisons et des picotements dans sa gorge qui avait commencé à enfler. Bientôt, elle eut du mal à respirer. Sa famille affolée, l'emmena aux urgences. Arrivée là-bas, Maria parvenait à peine à respirer. Le médecin de service lui administra trois injections différentes pour contrecarrer les symptômes et déclara qu'elle aurait pu mourir d'étouffement sans intervention médicale immédiate. On conseilla à Maria d'éviter dorénavant les abeilles, de s'en tenir éloignée, car sa vie pouvait être réellement menacée.

Dix ans plus tard, Maria subit quelques examens médicaux pour vérifier le niveau de sa sensibilité. Le médecin qui pratiqua le test lui dit qu'elle était toujours très sensible. Il lui conseilla des injections hebdomadaires de l'antigène correspondant, afin qu'elle puisse progressivement avoir une certaine tolérance aux piqûres d'abeilles. Pour être tranquille, elle devrait faire ce traitement durant toute sa vie. Pendant les douze années qui suivirent, Maria faisait elle-même ses injections. Puis, un jour, il lui devint impossible de continuer à faire ses injections elle-même, alors Maria décida d'arrêter le traitement. C'était environ quatre ans avant que nous commençâmes à travailler ensemble.

Quand elle apprit que la PNL proposait une méthode qui élimine les réactions allergiques, Maria se montra très intéressée.

«Maria, tout d'abord, je vais vous expliquer ce que nous faisons ici. On sait depuis de nombreuses années que les allergies sont essentiellement des «erreurs» du système immunitaire. Lorsque le système immunitaire fonctionne bien, il identifie parfaitement les matières dangereuses et fabrique des anticorps qui vous protègent. De cette manière, votre corps vous défend des bactéries ou des virus dangereux.

«Mais, parfois le système immunitaire se trompe. Il identifie un produit anodin, un aliment, du pollen, de la poussière, ou du venin d'abeille comme quelque chose de dangereux, alors qu'il ne l'est pas en réalité. Si votre système immunitaire pense que quelque chose est dangereux, il provoque allergie et non pas défense. Dans votre cas, votre système immunitaire a commis une grave erreur qui a failli vous coûter la vie. Alors, bien sûr la meilleure chose à faire en cas d'erreur, c'est d'y remédier.

«Le processus que nous allons mettre en oeuvre vise tout simplement à réentraîner votre système immunitaire à réagir aux piqûres d'abeille de façon adéquate. A travers cette rééducation, votre système immunitaire va effectivement enregistrer qu'une telle piqûre n'est certes pas quelque chose d'agréable, mais rien de dramatique. Le but de votre système immunitaire est de vous protéger. Dès que votre système saura que les piqûres d'abeilles ne présentent aucun danger, vous serez beaucoup plus en *sécurité*, car vous ne subirez plus ces réactions allergiques si dangereuses. Ainsi votre système immunitaire ne réagira plus de façon démesurée aux piqûres d'abeilles, pour lui elles seront quelque chose d'inoffensif.

«Tout d'abord, je voudrais observer *un tout petit peu* votre réaction allergique et ce qui se passe en vous à ce moment-là, afin de discerner quand vous réagirez différemment.»

Il fallait que je sois extrêmement prudent à ce stade de la méthode pour lui demander de manifester sa réaction de façon partielle seulement, afin de ne pas mettre sa vie en danger. J'insistai donc sur le «tout petit peu» et me tenais prêt à interrompre la technique à la moindre alerte. «Fermez les yeux, et imaginez-vous redevenir cette fillette de 11 ans, juste après la piqûre d'abeille, les premiers symptômes se manifestent dans votre gorge - OK, stop, arrêtez, cela suffit ! *Ouvrez les yeux et regardez-moi maintenant,* tandis que votre corps revient à son état normal.»

Quand Maria a revécu cette expérience, son expression a passé par plusieurs états. Elle s'est tendue de tout son corps, son visage surtout s'est crispé et elle a pâli. D'autres symptômes de stress se sont manifestés. En ayant ravivé la mémoire de son état allergique, j'ai pu observer son apparence extérieure, ses réactions dans cet état-là. Cette information sera très précieuse plus tard, lorsque je voudrai tester si le problème a disparu ou non.

«Maria, lors de l'étape suivante de ce processus, pensez à quelque chose qui ressemble à une piqûre d'abeille, mais contre lequel votre système immunitaire *sait déjà comment faire face de façon appropriée*, sans déclencher de réaction allergique. Qu'est-ce qui vous paraîtrait semblable ? Comment réagissez-vous aux piqûres de fourmi, par exemple ?»

«Des piqûres de guêpe peut-être ?» a demandé Maria. «J'ai été piquée par des guêpes avant et après ma piqûre d'abeille et j'ai eu seulement quelques douleurs à l'endroit de la piqûre qui a rougi et enflé.»

«C'est parfait. Puisque votre corps sait déjà comment réagir correctement aux piqûres de guêpes, nous allons utiliser cette référence pour rééduquer votre système immunitaire. Fermez à nouveau les yeux, et rappelez-vous cette expérience où vous avez été piquée par une guêpe. Vous éprouvez exactement les sensations que provoque en vous cette piqûre et vous pouvez constater en même temps que votre système immunitaire sait parfaitement comment réagir à la situation. Observez les effets.»

Pendant cet exercice, l'attitude et l'expression de Maria ont changé. Son dos s'est redressé, sa respiration est devenue régulière, etc. Comme je prenais note de ces changements non verbaux, je m'approchai d'elle et posai délicatement mais fermement ma main sur son épaule, afin que ce contact soit associé à la réaction adéquate, aux piqûres de guêpe.

«Maria, je vais garder ma main sur votre épaule pour stabiliser la réaction saine et appropriée dont vous faites maintenant l'expérience. Votre corps sait déjà comment réagir correctement aux piqûres de guêpe. Ouvrez les yeux et imaginez devant vous un Plexiglas épais qui traverse toute la pièce de haut en bas. Vous, vous êtes ici, entièrement en sécurité, de ce côté-ci de l'écran, quoi qu'il arrive de l'autre côté.

«Maintenant, visualisez que vous êtes de l'autre côté du Plexiglas. Observez cette Maria-là qui réagit à une piqûre de guêpe, avec un système immunitaire qui réagit normalement, correctement....

«A présent, observez et remarquez ce qui se passe lorsque cette Maria-là réagit *de la même manière face à une piqûre d'abeille*. Comme pour une piqûre de guêpe, son système immunitaire sait exactement ce qu'il doit faire.»

J'observais attentivement Maria pour vérifier que ses réactions non verbales étaient conformes à celles provoquées par une piqûre de guêpe et ne redevenaient pas celles suscitées par une piqûre d'abeille. Si ses réactions allergiques s'étaient à nouveau déclenchées, je l'aurais interrompue, je l'aurais ramenée à l'instant présent et nous aurions recommencé l'exercice.

«Maintenant, enlevez l'écran de Plexiglas, approchez-vous de cette Maria-là que vous voyez en face de vous, intégrez-la en vous, pour que vous puissiez vous approprier sa manière correcte de réagir aux piqûres d'abeille.... A présent, avec votre système immunitaire qui sait ce qu'il doit faire, vous allez imaginer vous faire piquer par une abeille, à l'instant même, et vous observez ce qui se passe maintenant que vous avez les ressources pour réagir de façon appropriée. Vous pouvez apprécier de voir que votre système immunitaire a appris si vite quelque chose d'aussi important pour vous et vous pouvez vous réjouir de vos nouvelles réactions.»

Pendant cette partie de l'exercice, les expressions non verbales de Maria sont restées bien placées dans le nouveau champ de ressources créées. Sa réaction a été normale. Tout au long du processus, j'avais stabilisé cette réaction en gardant ma main sur son épaule. A présent, il s'agit de vérifier si elle peut réagir de la même manière sans cette assistance. J'enlève donc ma main de son épaule. Je lui demande à nouveau de fermer les yeux et de s'imaginer piquée par une abeille. Son expression non verbale reste normale. Je poursuis le test. «Maria, imaginez maintenant, que, grâce à votre système immunitaire qui sait à présent comment réagir vous allez revivre cette expérience de cette piqûre d'abeille quand vous aviez onze ans, et remarquez comment cela va se passer aujourd'hui....» Plus aucune réaction de stress ne se manifesta. Ses réactions non verbales étaient normales. Ce processus avait duré environ dix minutes.

Quand nous eûmes terminé, Maria était sceptique et absolument pas convaincue d'un possible résultat - attitude d'ailleurs très fréquente chez la plupart des gens. Cependant, j'avais pu observer un net changement dans ses expressions non verbales à la fin du processus et j'étais donc sûre que cela avait marché. Vu la gravité de ses réactions initiales, je lui proposai de faire pratiquer un test allergique afin de vérifier le résultat de la thérapie. La vie allait bientôt lui en apporter la preuve.

Environ deux mois après cette séance, Maria fut piquée par une abeille alors qu'elle était seule chez elle. Prise de panique, elle appela immédiatement le service des urgences de l'hôpital pour demander si elle pouvait utiliser un kit d'épinéphrine qu'elle avait récemment acheté. Elle ne voulait cependant pas l'utiliser tant que cela n'était pas indispensable, et téléphona à une amie, à qui elle exposa la situation et avec qui elle continua de discuter pendant une vingtaine de minutes. A part un enflement et une rougeur locale tout à fait normal suite à une piqûre d'abeille, aucune réaction particulière ne se déclencha. Maria était heureuse, mais en même temps, sceptique; par prudence et sécurité elle emporte toujours avec elle son nécessaire d'épinéphrine lors de ses ballades dans la nature.

La méthode.

Ce processus a été adapté par deux de nos collègues, Tim Hallbom et Suzi Smith, à partir d'une méthode qui a été initialement développée par Robert Dilts un des premiers disciples de Bandler et Grinder.

Des expériences cliniques plus poussées ont montré que ce processus allergique atteint une efficacité dans 80 % des cas où le facteur allergénique spécifique a été identifié. Il fonctionne également très bien pour de nombreuses «sensibilités» aux métaux, aux produits chimiques, etc qui ne sont pas vraiment considérés comme des allergies.

La cassette vidéo «Eliminer les allergies» (1) comprend trois séances complètes menées par Tim et Suzi, avec les entretiens successifs. Sur cette cassette vidéo, vous pouvez observer comment trois patients se débarrassent de leurs allergies ou sensibilités aux chats, au lait, au blé et aux produits chimiques utilisés en chambre noire.

Bien qu'il soit nécessaire pour la plupart des patients d'être assistés par une personne qualifiée, nous avons parfois été surpris de constater que certaines personnes avaient perdu leurs allergies seulement en écoutant la cassette. Un homme a rapporté son expérience :

«J'ai passé votre cassette spéciale allergie pour ma femme et deux autres personnes qui souffraient d'allergies. Juste après l'écoute de la cassette, tous trois ont constaté que leurs allergies avaient disparu ! Ma femme était allergique aux gerbes d'or et à de nombreuses autres choses encore, et elle me fit la surprise, un jour, de mettre un bouquet sur la table.»

Allergies non spécifiques.

Cette méthode fonctionne moins bien pour les «rhumes des foins» aux causes non définies et dont le facteur allergénique est inconnu. Cela vient probablement du fait qu'il est plus difficile d'identifier une situation assez ressemblante avec une réaction normale. Néanmoins, nous avons parfois obtenu de très bons résultats avec ce genre d'allergies.

Anna, qui souffre d'asthme depuis son enfance, a remarqué que ses symptômes augmentaient considérablement au printemps et à l'automne, à cause du pollen. Elle pensait que son asthme était en partie le résultat d'une réaction allergique. Lorsque j'ai appliqué le processus «allergie» avec elle, Anna fut *incapable* de penser à quelque chose dont elle était *certaine* de n'avoir *aucune* réaction allergique. Je lui ai donc demandé de penser à *une période de sa vie où elle n'avait aucun symptôme.*

«Observez cette Anna-là - elle qui sait comment réagir correctement à de nombreuses choses : au pollen, à la poussière, aux moisissures, etc. Le corps de cette Anna-là sait réagir tout à fait correctement de façon automatique.» Cela a provoqué chez elle une réaction très positive; elle avait l'air pleine de ressources en pensant à cette Anna-là.

Plusieurs jours après cette séance, Anna a pu constater avec joie que les symptômes d'asthme avaient été réduits d'un tiers, voire de la moitié. Anna était infirmière et décida donc en toute confiance de diminuer son traitement médical.

Que se passe-t-il lorsque la méthode ne fonctionne pas ?

Comme nous l'avons mentionné plus haut, cette méthode ne fonctionne pas dans 20 % des cas avec des allergies spécifiques, et nous en ignorons les raisons. La méthode dépend de l'habileté à employer des mots adéquats qui permettent de provoquer certains états chez le patient. Les aspects non verbaux sont également des facteurs très importants, comme dans tous les protocoles de PNL. Certains échecs proviennent parfois simplement des compétences limitées de la personne qui dirige la séance, dans le choix de ses expressions verbales et non verbales.

Dans d'autres cas, il s'agit d'un autre facteur, souvent appelé «bénéfice secondaire». Chaque comportement obéit à des intentions positives. Par exemple, si quelqu'un a une réaction allergique au sucre, bien souvent l'allergie remplit une fonction positive (bénéfice secondaire) qui évite à la personne concernée de prendre du poids. Si nous réussissions à éliminer l'allergie, la personne se trouverait confrontée à un nouveau problème : excès de sucre et prise de poids. Si une partie de la personne identifie le processus, elle s'opposera ardemment à toute tentative qui viserait à éliminer l'allergie.

Il existe une solution face à un tel type de conflit : apprendre à la personne à trouver *des moyens plus efficaces* qui lui permettent de contrôler son poids. Puis, lorsque l'allergie ne remplit plus aucune fonction positive, les résistances disparaissent. De la même manière, certaines personnes préfèrent inconsciemment garder leur allergie à la fumée de cigarette, parce qu'elles ne disposent d'aucun autre moyen de faire valoir auprès des fumeurs qu'ils s'abstiennent de leur vice. Ou bien l'allergie est leur seul moyen d'attirer l'attention des autres. Affirmer avec franchise «je préfère que vous ne fumiez pas en ma présence» ou «je veux que vous me prêtiez attention» peut sembler bizarre pour certains. De fait l'allergie «parle pour» la personne. Si quelqu'un ne veut pas de chats chez lui, et s'il se débarrasse de son allergie, il aura peut-être l'impression d'avoir perdu l'argument qui justifie son non-désir de chats.

Lorsque les intentions positives sont connues (bénéfices secondaires), il est généralement possible de trouver des alternatives efficaces à ces fonctions. Mais nos fonctions positives sont souvent inconscientes. Si elles ne sont pas identifiées, elles risquent de constituer des obstacles majeurs au changement, quelle que soit la méthode utilisée. Le chapitre 8 inclut une méthode qui aide à identifier ces fonctions positives d'une manière ferme et respectueuse, qui nous permet ainsi de trouver des alternatives meilleures.

L'arrière plan scientifique.

Lors de ces dernières années, de nombreuses expériences scientifiques ont mis en évidence les interrelations anatomiques et biochimiques qui existent entre le système nerveux et les réactions immunes, de telle sorte qu'elles ont conduit à la création d'un nouveau champ scientifique : la psycho-neuro-immunologie. Des rapports précédents avaient démontré que les émotions, l'humeur et le stress touchent directement la réaction immunitaire. Cependant, on avait pensé alors que le lien était seulement de nature hormonale et non spécifique.

L'ouvrage de Bernie Siegel «*Amour, Médecine et Miracles*» (2) ainsi que celui de Stephen Locke «*The Healer Within*» (3) (Le guérisseur intérieur) sont d'excellentes références qui apportent des éléments d'analyse supplémentaires - preuves à la fois d'ordre anecdotique et scientifique - sur la capacité du cerveau à influencer le système immunitaire.

Pour ceux qui désirent se référer à de plus amples sources sur l'influence des facteurs psychologiques sur l'activité du système immunitaire, nous recommandons plusieurs articles récents parus dans *Science*, la revue des AAAS. Un rapport élaboré en 1985 (4) a réuni les découvertes du Premier Congrès International sur la Modulation Neuro-Immunitaire qui s'est tenu au National Institutes of Health. Voici un extrait de cet article :

«Les chercheurs ont montré que les facteurs de stress, majeurs ou mineurs, peuvent altérer les réactions immunitaires et que le conditionnement classique de type Pavlovien, qui est une forme d'apprentissage, peut également les influencer. De plus, il existe des liens anatomiques et chimiques entre les systèmes nerveux et immunitaire qui peuvent contribuer à l'intégration de leurs activités. Non seulement le système nerveux peut influer les réactions immunitaires, mais, les nouveaux travaux apportent la preuve que les réactions immunitaires peuvent également affecter les activités des cellules nerveuses. En réalité, les cellules du système immunitaire disposent probablement dans leur fonctionnement d'une capacité sensorielle, transmettant des signaux au cerveau au sujet de stimuli, comme des éléments pathogènes étrangers agressifs, qui n'auraient pas été détectés par un système sensoriel plus classique.»

En 1984, lors d'une expérience double (5), on injecta à des cochons d'Inde une protéine étrangère pour stimuler une réaction immunitaire. Ces injections furent accompagnées d'une odeur particulière. Après avoir répété l'opération cinq fois, la réaction allergique des animaux, telle qu'elle fut mesurée par l'émission d'histamine, était déclenchée uniquement par l'odeur. Les niveaux moyens d'histamine mesurés en réaction à l'odeur du conditionnement étaient trente fois supérieurs à ceux enregistrés en réaction à une odeur neutre. Au cours d'une étude plus spécifique (6), on entraîna des rats à manifester une réaction allergique en réponse au son et à la lumière. Le niveau d'une enzyme particulière connue pour constituer un lien essentiel dans les réactions allergiques était quatre fois supérieur à celui d'animaux qui n'avaient pas subi ce conditionnement.

Certains chercheurs considèrent qu'il s'agit du même processus par lequel les êtres humains deviennent allergiques. Un événement ou une réaction émotionnelle peut déclencher une réaction immunitaire chez l'individu, alors qu'il se trouve en présence d'un chat, de fumée de cigarette, de pollen ou de tout autre agent allergénique. De la même manière que les cochons d'Inde ont appris à développer une réaction allergique en présence d'une odeur particulière, l'individu apprend à développer une réaction allergique en présence de la substance qui se trouve là au moment où se déroule l'événement en question.

La méthode décrite dans ce chapitre utilise également une technique de conditionnement simple pour changer la réaction immunitaire. Lorsque le patient imagine une situation dans laquelle son système immunitaire fonctionne normalement, il s'en suit une réaction psychologique normale, que l'on substitue ensuite à la réaction allergique inadéquate. L'étape intermédiaire qui propose la visualisation de la réaction désirée, n'est pas systématiquement nécessaire. Elle permet de faciliter l'apprentissage de la nouvelle réaction, et en même temps, de réduire le risque de récidive.

Cette méthode, en démontrant que les réactions immunitaires humaines peuvent parfois être reconditionnées en quelques minutes, met en évidence la multiplicité et l'étendue des implications dans les traitements médicaux de maladies où les réactions immunitaires sont inappropriées. En employant le même type de processus, il devient alors possible de réduire ou d'éliminer les réactions destructrices auto-immunes dans des maladies telle que la sclérose en plaque, l'arthrite rhumatoïde et le lupus. Notre expérience dans l'utilisation de cette méthode montre, de façon de plus en plus évidente, qu'il est également possible d'accroître sur un plan psychologique les réactions immunitaires et tout particulièrement en matière de cancer.

Prudence et conseil

Si vous êtes intéressés par cette méthode, nous souhaitons vous mettre en garde sur deux points. Premièrement, si l'allergie que vous désirez traiter présente un risque grave pour la vie de la personne - comme c'était le cas pour Maria -n'utilisez cette méthode que sous la surveillance d'un médecin. Ainsi, si une réaction allergique grave était accidentellement déclenchée, l'intervention médicale nécessaire serait immédiate. Nous conseillons à quiconque souffre d'une allergie de maintenir en parallèle le traitement médical au cours de la méthode.

Deuxièmement, nous vous rappelons que cette méthode se base sur la capacité du corps à conditionner et déconditionner une réaction allergique. Si on manque d'attention et de vigilance pendant l'application de cette méthode, on risque de conditionner la personne à une réaction allergique à une autre substance, au lieu de l'éliminer. C'est vraisemblablement ce qui peut se produire spontanément chez quelqu'un qui est allergique à une multitude de stimuli. Bien que cela ne soit jamais survenu depuis que nous appliquons cette méthode, la possibilité subsiste néanmoins si l'on n'est pas suffisamment entraîné.

Si, en lisant ce chapitre, ou en visionnant la cassette vidéo, votre allergie disparaît, comme cela a été le cas pour de nombreuses personnes, remerciez-en votre inconscient. Si vous souhaitez être «guidés» lors du processus d'élimination de la réaction allergique, nous vous recommandons de trouver quelqu'un qui soit parfaitement entraîné à la méthode. Avant de guider d'autres personnes dans cette méthode, nous vous encourageons vivement à suivre une formation complète afin de pouvoir garantir à vos patients les meilleurs résultats possibles tout en assurant leur sécurité.

Références

1. «Eliminer les allergies» cassette vidéo (voir Annexe II).
2. «Amour, Médecine et Miracles» de Bernie Siegel, 1986.
3. «The Healer Within» de Stephen Locke, 1986
4. «Le système immunitaire appartient au corps». Les liens anatomiques et biochimiques omniprésents entre le système immunitaire et les systèmes nerveux aident à expliquer comment l'humeur peut influencer la maladie. «Science» du 8 Mars 1985, pages 1190-1192.
5. «Emission conditionnée d'histamine» «Science, du 17 Août 1984, pages 733-734.
6. «Pavlovian Conditioning of Rat Mucosal Mast Cells to Secrete Rat Mast Cell Protease II» «Science» du 6 Janvier 1989, pages 83-85.

6 Réagir positivement aux critiques

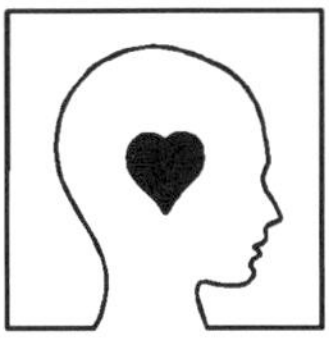

Chacun de nous subit la critique des autres; la manière dont nous gérons les critiques peut soit nous permettre d'apporter un plus à notre vie, soit nous rendre dépressifs ou aigris. Il est facile de «prendre les choses pour soi», lorsque quelqu'un critique ce que l'on fait et ainsi d'exagérer la valeur de la critique. Ce chapitre présente un processus spécifique qui a permis à de nombreuses personnes de réagir positivement aux critiques.

Randy, professeur de lycée, a remarqué que les critiques de toutes sortes l'irritaient profondément. «Je trouve généralement des moyens de les éviter. Je me suis professionnellement hissé à une place qui autorise peu les critiques. Mais ma femme n'est pas intimidée par mes diplômes, et elle est particulièrement critique. A la maison, toutes ces critiques m'exaspèrent et nous nous disputons souvent. J'ai l'impression qu'elle m'attaque, elle, elle dit qu'elle a des choses importantes à me dire et je n'écoute pas. J'espérais qu'elle viendrait vous voir aussi pour apprendre à avoir un peu plus de tact. Elle ne viendra pas, tant pis, mais je voudrais savoir si vous pouvez m'aider tout de même.»

La première chose que je dois faire, c'est démontrer à Randy qu'il est effectivement *possible* de faire quelque chose *pour lui*. Peut-être a-t-il raison d'affirmer que sa femme est trop critique et qu'elle aurait pu bénéficier d'une séance pour apprendre à gagner en tact. Mais, le fait est qu'elle n'a pas choisi de venir, ni d'élargir ses choix personnels. Par contre, Randy peut, lui, apprendre beaucoup et surtout apprendre à *réagir* différemment vis-à-vis de sa femme. Si Randy avait eu les moyens d'écouter sa femme sans prendre ses remarques pour lui, il aurait lui-même trouvé la manière de se sentir mieux et d'être plus compatissant face aux limitations de *sa* femme.

Les personnes sur qui nous avons cherché à prendre modèle, il y a déjà de nombreuses années, sont celles qui parviennent à réagir tout à fait bien aux critiques, alors que d'autres s'effondrent pour le moindre désaccord. Lorsque nous avons étudié ces personnes qui réagissent de façon positive, nous avons été très attentifs et prudents dans nos choix. Nous voulions trouver des personnes qui *cherchaient dans la critique toute trace d'information utile*. Nous ne voulions pas d'une démarche qui feint d'ignorer les critiques pour ne pas se sentir concerné. Notre objectif était d'aider les gens à se sentir bien face aux critiques tout en prenant en considération tout élément utile exprimé dans ces critiques. L'autre critère impliquait que les personnes gardent face à celles qui émettent les critiques une attitude compatissante et généreuse. Certaines personnes ne peuvent sauver leur amour-propre qu'en passant à la contre-attaque. Elles ne s'effondrent pas face aux critiques, mais elles insultent ou méprisent l'interlocuteur. En contre-attaquant, on ne tire généralement aucun bénéfice de la critique. Au contraire, on la détourne de sa finalité. Alors qu'une critique même très acerbe et dure peut être source de profit pour soi, si l'on apprend à se positionner positivement en se posant la question : «Y-a-t-il quelque chose que je puisse apprendre? Que puis-je en retirer?»

Nous avons découvert ce qui distingue les personnes qui savent réagir positivement des autres : tout réside *dans la manière de considérer le sens de la critique*. Les personnes qui restent pleines de ressources se *revoient elles-mêmes* agissantes dans l'attitude qui était la cause de la critique. La critique se situe «loin d'elles», «à distance». A cette distance, il est facile pour elles de réfléchir calmement au bien-fondé de la critique et d'élaborer leur *propre* jugement, de décider ce qui est intéressant et de considérer les choses à faire.

Au contraire, ceux qui sont bouleversés prennent les critiques «en plein visage». Certaines personnes imaginent même que «l'aspect négatif» de la critique va droit dans leur poitrine, telle une flèche qui viendrait les transpercer.

Forts de ces découvertes, nous avons développé «une Stratégie pour Réagir aux Critiques» que l'on peut facilement enseigner à autrui. Elle a été très utile pour beaucoup de personnes, et pour Randy, elle semble tout à fait convenir.

«Randy, je suppose que parfois les critiques de votre femme sont mauvaises. Et je sais que, pour celui qui les reçoit, quand il y en a beaucoup, cela peut être dur à entendre et très agaçant. Etes-vous prêt à trouver une manière de rester positif en vous-même, même si le ton de sa voix est dur ou si elle vous montre sévèrement du doigt, ou si elle adopte une attitude particulièrement désagréable?»

«Oui, bien sûr, si c'est possible.»

Nous avons ensuite guidé Randy dans le déroulement de la Stratégie pour Réagir aux Critiques, que nous décrivons plus loin, en détail dans ce chapitre. Une fois la technique terminée, Randy s'est senti différent dans sa manière d'appréhender les critiques de sa femme.

Plusieurs mois plus tard, Randy nous a déclaré qu'il était très heureux des résultats : «J'ai remarqué la différence immédiatement. Quand je suis rentré à la maison après la séance avec vous, ma femme s'est plainte que je rentrais tard et que je ne l'avais pas prévenue de mon emploi du temps pour qu'elle puisse s'organiser. Habituellement, je me serais senti gêné. Alors que cette fois-ci, j'y ai réfléchi et j'ai réalisé que je pouvais peut-être faire quelque chose pour la prochaine fois. Ma femme a été agréablement surprise quand je lui ai demandé ce qu'elle désirait savoir sur mon emploi du temps. Cette stratégie a si bien marché pour moi, que je l'ai enseignée à certains de mes étudiants. Je pense que cela peut servir à beaucoup de gens. Il y a également autre chose que j'ai remarquée. Ma femme semble plus douce dans ses critiques maintenant. Je ne sais pas si c'est moi qui l'entends différemment, ou si elle a réellement changé, mais c'est mieux comme ça.»

Randy a constaté quelque chose que beaucoup de personnes remarquent quand elles acquièrent de nouveaux choix personnels qui fonctionnent réellement : les personnes de son entourage semblent aussi tout à coup être beaucoup plus raisonnables et pleines de ressources. Parmi les commentaires, on note souvent que l'on s'entend mieux avec ses parents, ses amis ou ses collègues de travail. Cela ne se produit pas systématiquement, mais il est pourtant vrai que lorsqu'une personne acquiert des choix supplémentaires, les personnes de son entourage réagissent également très souvent de façon plus positive.

Protocole : pour réagir aux critiques.

L'apprentissage de ce processus est assez simple et immédiat. Avant de commencer, assurez-vous que vous ne serez pas interrompu pendant environ une demi-heure. Nous vous recommandons de trouver un endroit calme et confortable. Ainsi, vous pourrez apprendre plus facilement.

L'élément clé de ce processus est le suivant : maintenir entre vous et la critique une distance suffisante. Vous pouvez le réaliser de façon tout à fait concrète en interposant entre vous et les commentaires critiques une barrière physique en Plexiglas par exemple, ce qui vous permet d'adopter l'attitude d'un observateur objectif, comme si vous regardiez un film sur la vie de quelqu'un d'autre. Ceci vous évite d'éprouver systématiquement un certain malaise, et vous laisse le temps de considérer calmement le sens de la critique *avant* d'y répondre.

Au fur et à mesure que vous allez vous plonger dans ce processus, il est très important que vous gardiez présents en vous des sentiments positifs et une grande ouverture d'esprit et de coeur. Avant de commencer, pensez à une période de votre vie où vous vous sentiez regorger de capacités, ou bien où vous étiez particulièrement aimé et en sécurité, ou bien un moment de votre vie qui est une ressource importante pour vous. *Retournez dans* cette expérience et *revivez* la pendant quelques instants afin de vous ré-imprégner des sensations enrichissantes et confortables et de pouvoir les conserver avec vous tout au long de l'exercice. Si, à un moment de l'exercice, vous éprouvez un malaise, stoppez tout et retrouvez cette expérience ressourçante avant de poursuivre.

1ère étape : regardez-vous avec une certaine distance. Là-bas, en face de vous quelque part, vous pouvez vous voir. Il n'est pas nécessaire que vous vous voyiez *réellement*, il suffit que vous en ayez l'intention, ou que vous en ayez la sensation. Cette personne en face de vous, cet autre vous-même va apprendre une nouvelle manière de réagir aux critiques. Donc, tous les sentiments qui pourraient naître de ces critiques surgiront également dans cette même zone, là-bas, loin, en face de vous. Si vous le désirez, vous pouvez placer un écran transparent entre vous, qui êtes confortablement assis dans votre fauteuil, et cet autre vous-même là-bas, de l'autre côté. A travers cet écran, vous pouvez tout voir et tout entendre, et en même temps, vous êtes parfaitement protégé.

Avant de passer à l'étape suivante, vous êtes heureux de savoir que vous allez apprendre quelque chose de très précieux pour vous à l'avenir.

Assurez-vous tout au long des différentes étapes, que cet autre vous-même, là-bas, de l'autre côté de l'écran, soit bien installé, à l'aise et plein de ressources.

2ème étape : observez-vous sous les feux de la critique. Cet autre vous-même est sur le point d'être critiqué. Observez-le alors qu'il *se voit lui-même en train d'être critiqué*. Cela peut paraître quelque peu bizarre, car ce n'est pas quelque chose de très habituel. Vous *l'*observez en face de vous, et cet autre vous-même s'observe en même temps, alors qu'il est sous les feux de la critique. C'est comme si vous pouviez voir, à l'extérieur de lui-même, les images qu'il crée dans son esprit. Si, dans un premier temps, vous avez des difficultés, persévérez. Les choses que nous effectuons généralement avec le plus d'aisance ne sont pas nécessairement les plus enrichissantes pour nous. Si vous ne réussissez pas pour le moment, ce sera l'occasion d'acquérir un nouveau choix très puissant.

Assurez-vous que cet autre vous-même reste toujours dans des sentiments positifs malgré les critiques reçues. Si ce n'est pas le cas, réduisez et éloignez l'image qu'il a créée sous la critique jusqu'à ce qu'il se sente à nouveau plein de ressources.

Vous vous observez en train de vous observer alors que vous êtes sous les feux de la critique. Si vous ne parvenez pas à voir des images, imaginez en voir.

3ème étape : observez-vous en train de visualiser le sens des critiques. Vous continuez d'observer cet autre vous-même qui est en train d'effectuer une sorte de projection dans l'espace devant lui du *sens* des critiques. Pour Randy, par exemple, à qui sa femme reprochait souvent son manque de sévérité envers les enfants, il s'agissait de s'observer dans la représentation qu'il avait créée *en face de lui*, où il apparaissait en train de discipliner les enfants. Ne créez pas cette projection trop près de vous, ni d'une taille trop grande, afin de vous préserver un espace d'où vous pouvez l'observer confortablement, positivement, animé même par un brin de curiosité. Remarquez si vous pouvez construire une image complète, nette et distincte de ce que veut vous signifier la personne qui vous critique. Ou bien l'image est-elle floue et imprécise ? Si l'on vous dit «Tu es méchant» ou «Tu agis toujours comme si tu étais supérieur aux autres», vous ne pouvez pas réellement savoir ce que la critique signifie. Aussi êtes-vous dans l'incapacité de construire une image, à moins de poser des questions. Commencez donc toujours par reconnaître ce que la personne vient de vous dire : «Cela me touche.» ou «Je suis content que tu en parles.» Puis, vous pouvez poursuivre : «Qu'ai-je fait exactement que tu as trouvé méchant ?»

Observez cet autre vous-même en train de questionner l'autre personne, jusqu'à ce que cet autre vous-même ait obtenu une image précise de ce qui lui est signifié. Assurez-vous toujours que cet autre vous-même se sente à l'aise et plein de ressources tout au long de cette étape.

Faites attention de bien définir ce que votre interlocuteur veut dire et prenez garde de ne pas fabriquer vous-même votre film avec ce que vous pensez. Par exemple Randy aurait facilement pu construire une image de ce qu'*il* comprenait par «manque de sévérité», mais il devait s'enquérir exactement de ce que *sa femme* entendait par ces mots-là. Dans le passé, comme il était gêné et mal à l'aise, il ne posait aucune question. Au cours de l'exercice, aucune image précise ne se dessinait pour représenter son «manque de sévérité», il devait donc interroger sa femme. Aussi s'est-il exercé dans son imagination. «Je veux être sûr de bien comprendre ce que tu penses. Dis-moi ce que j'ai fait ou dit, ou bien ce que je n'ai pas fait ou pas dit, et dis-moi ce que tu voudrais que je fasse pour que les choses soient mieux ?» Puis, il s'est mis à imaginer quelle pouvait être la réponse de sa femme.

Que la réponse imaginée de sa femme fût juste ou non, cela importait peu lorsque Randy répéta la scène dans son imagination. L'essentiel, c'était d'apprendre le processus, car ensuite il pourrait questionner sa femme, qui lui répondrait effectivement.

4ème étape : décidez de l'opinion à défendre. Maintenant que vous avez entre vos mains toutes les informations relatives à ces critiques, vous pouvez, tout en vous sentant toujours plein de ressources, décider d'accepter, ou non, tout, ou partie, de la critique. La meilleure manière de procéder est de comparer la projection que vous venez de faire de cette critique avec le souvenir que vous avez des mêmes événements. Vous pouvez observer ce qui se passe de l'autre côté de l'écran : cet autre vous-même laisse confortablement défiler les deux «films» et fait ses comparaisons.

Vous êtes attentif au moment où il vérifie les deux versions du film. La critique est-elle acceptée ou rejetée ? Généralement, vous en approuverez une partie. Si le souvenir que vous avez des événements diffère considérablement des propos de votre interlocuteur, le moment est propice à d'autres questions. Observez toujours cet autre vous-même. Par exemple, on a pu vous reprocher : «Tu te désintéresses de mes opinions.» Après quelques questions, vous avez peut-être découvert que votre interlocuteur émettait cette critique parce que vous regardez toujours ailleurs lorsqu'il vous parle. Vous en conviendrez, mais en précisant que de cette manière vous pouvez mieux réfléchir à ce qui est dit - ce qui traduit plutôt une preuve de l'intérêt porté à l'autre.

5ème étape : décidez de l'attitude à adopter. Jusque là, vous avez seulement reconnu les propos de votre interlocuteur et recueilli des informations complémentaires sur les critiques émises, et ce, en restant dans une attitude positive. A présent, vous pouvez décider de l'attitude à adopter. Vous savez ce que vous approuvez et ce que vous désapprouvez. La réponse que choisira cet autre vous-même dépend de vos objectifs, de vos valeurs, de votre relation avec l'interlocuteur, etc. Vous remarquez combien il est plus facile maintenant de choisir une réponse qui soit plus respectueuse de vous et de l'autre, quand vous êtes dans une attitude positive au lieu de vous sentir agressé. Voici quelques réponses possibles à soumettre à votre réflexion :

a) *Faites tout d'abord savoir à votre interlocuteur les points que vous approuvez.* «Je suis content que vous ayez abordé ce sujet. Je n'avais pas réalisé l'impact que pouvait avoir mon comportement, mais dorénavant je resterai attentif.»

b) *Votre réponse peut inclure des excuses.* «Je suis vraiment désolé. Ce que j'ai fait manquait certainement de tact et ce n'était sans doute pas très futé.» Des excuses sincères peuvent aider beaucoup à rétablir le lien rompu, surtout si vous vous déclarez prêt à agir différemment à l'avenir.

c) *Après votre approbation ou vos excuses, vous souhaitez peut-être ajouter quelques éléments d'information pour que votre interlocuteur comprenne votre différence d'opinion.* «Merci de votre franchise sur ce point qui vous préoccupe. Je sais que je regarde toujours ailleurs quand on me parle. Mais cela m'aide vraiment à éclaircir mes pensées et à mieux comprendre ce que vous dites. A vrai dire, je le fais *plus* lorsque je pense que vous dites quelque chose de très important, car j'ai vraiment besoin d'un peu de temps pour comprendre.»

«Je reconnais que j'ai été trop indulgent envers les enfants. Je n'avais pas réalisé ce qui se passait. Je suis à la maison seulement le soir, et toi, tu es avec eux toute la journée. Je pense que c'est toi qui t'en occupes, en plus je ne sais pas comment la journée s'est déroulée auparavant. Ce qui pourrait m'aider, c'est de décider ensemble pour chaque soir qui doit s'en occuper. Si nous décidons que tel soir, c'est moi, qui dois m'en occuper, alors je saurai que je devrai faire preuve d'autorité si cela est nécessaire.»

d) *Demandez à votre interlocuteur ce qui permettrait de changer.* «Que voulez-vous que je fasse pour changer la situation ?» Cela ne signifie pas que vous devez le faire, mais cela peut vous donner des informations précieuses. Souvent les gens s'attendent à des choses difficiles ou déraisonnables. Puis, quand ils demandent ce qui permettrait d'arranger les choses, il s'agit souvent de quelque chose de très simple et facile à réaliser.

e) *Faites savoir à votre interlocuteur ce que vous avez l'intention de faire à l'avenir.* «Tu as raison. J'ai organisé les vacances de la famille sans te consulter. Effaçons tous ces projets et examinons ensemble la question. Et la prochaine fois, pour un projet aussi important, je ne manquerai pas de te consulter.»

f) *Si vous êtes complètement en désaccord avec votre interlocuteur, même après des échanges d'informations, vous décidez de lui en faire part.* «Merci de m'avoir fait part de votre point de vue; Voilà ce que j'en pense....» «Nous avons des opinions très différentes à ce sujet, et chacun de nous a certainement le droit d'avoir ses propres opinions.»

g) *Très occasionnellement, vous pouvez décider que la vision du monde de votre interlocuteur étant tellement loin de la vôtre, vous préférez ne pas perdre votre temps à discuter.* «Vu la divergence absolue de nos opinions, je ne pense pas que cela soit très utile de poursuivre notre discussion.»

6ème étape : entraînez-vous à vous servir des informations apprises pour vous aider à agir différemment la fois suivante. Dans l'étape numéro 5, vous avez peut-être pris la décision d'agir différemment à l'avenir. Si ce n'est pas le cas, observez cet autre vous-même et adressez-lui la question suivante :

«Est-ce que je désire utiliser l'information recueillie pour agir différemment à l'avenir ?» Dans l'affirmative, observez-le prendre la décision d'agir autrement. Puis, regardez-le en train de s'imaginer *adopter le nouveau comportement* où et quand il le désire.

Répétez ces six étapes plusieurs fois avec des exemples différents. Il est utile de renouveler le processus avec différentes personnes et des critiques de natures diverses. Ainsi, vous pouvez choisir une critique plutôt vague : cela vous entraînera à poser des questions pour mieux comprendre ce que votre interlocuteur veut signifier. Ou une critique que vous approuvez entièrement ou désapprouvez. *Assurez-vous que les exemples que vous choisissez correspondent à des critiques qui ont été difficiles pour vous dans le passé.* Pour certaines personnes, les critiques provenant d'amis proches ou de la famille semblent les plus dures à gérer, pour d'autres, ce seront celles qu'expriment des collègues, l'employeur ou des associés.

En principe, trois ou quatre répétitions suffisent à intégrer le processus pour le rendre automatique.

7ème étape : intégrez cette partie de vous-même qui a appris le nouveau processus. Cela peut sembler étrange à certaines personnes, mais c'est une étape très importante. Vous venez d'observer tout au long de l'exercice une partie de vous-même qui a appris une nouvelle manière de réagir face aux critiques. A présent, vous allez incorporer cet autre vous-même en vous afin de faire en sorte que ce processus devienne un mécanisme automatique en *vous*. Tout d'abord, faites disparaître l'écran de Plexiglas. Puis, remerciez-le d'avoir été une ressource particulière pour vous à cet égard.... Maintenant, vous pouvez toucher cet autre vous-même avec vos bras et mains, imaginer l'embrasser, et tout doucement le ramener en vous. Prenez tout le temps qu'il vous faut pour incorporer en vous toutes ces choses nouvellement apprises, afin qu'elles soient immédiatement accessibles dès que vous en aurez besoin si vous vous trouvez sous les feux de la critique.

Beaucoup de personnes qui ont appris ce processus lors de séminaires ou en lisant notre précédent ouvrage (1), ou en regardant notre cassette vidéo (2) ont apporté leurs témoignages sur la manière dont les choses ont changé pour elles. Outre le fait de mieux gérer les critiques au bureau ou à la maison, certaines ont souligné que cette stratégie s'était révélée utile pour faire face aux voix intérieures d'autocritique. Elles ont appliqué le même processus.

On peut également s'entraîner à cette méthode en réponse aux compliments, pour se désensibiliser aux flatteries des autres. Après avoir évalué le compliment, vous pouvez le reconnaître courtoisement. Si votre interlocuteur vous a complimenté sur quelque chose de très important pour vous, vous pouvez répondre en y ajoutant davantage de profondeur.

Application auprès des anciens combattants.

Peter Gregory, psychologue au «Veterans Administration Medical Center» (Centre médical de l'administration des anciens combattants), à Fort Harrison, dans le Montana, nous a contactés récemment pour nous remercier pour l'enseignement reçu sur les méthodes de PNL. En effet, ces méthodes se sont avérées d'une très grande utilité dans le travail qu'il a mené auprès d'anciens combattants. Bien qu'il ait été auparavant directeur d'équipe d'un Centre d'anciens combattants dans un autre Etat, il a travaillé depuis 1973 avec des centaines de combattants. Peter a déclaré :

«Outre la démarche relative aux phobies, j'utilise très souvent votre stratégie pour réagir aux critiques. Non seulement cela aide beaucoup les gens à se désensibiliser face à l'autorité, mais c'est réellement d'une grande utilité pour les personnes sujettes à la violence. Certains de ces hommes parviennent maintenant à écouter les critiques de leur femme sans devenir violents et agressifs. Ils sont moins facilement offusqués. De nombreux anciens combattants me disent : «Je n'avais jamais réalisé que je devenais si agressif quand je suis en colère.»

En apprenant à répondre de façon positive aux critiques, on apprend à se simplifier la vie. Chacune de ces qualités renforce le respect que l'on a de soi, tout en élargissant l'éventail de ses choix et en permettant un niveau de communication avec autrui beaucoup plus riche et authentique.

Références

1. Andreas, Steve & Andreas, Connirae. «Change Your Mind - and Keep the Change» Chapitre 8 : «Une stratégie pour répondre aux critiques.»

2. «Une stratégie pour répondre aux critiques» Cassette vidéo (voir annexe II).

La critique ne me froisse pas,
même lorsque, pour l'honneur du discours,
elle sort, instant éphémère, du cours de la réalité.
- Winston Churchill

7 *Phobies, traumatismes et agressions*

A l'âge de onze ans, Lori est tombée sur un nid de guêpes et elle fut couverte de piqûres. Son corps entier enfla tellement qu'on dut lui couper les bagues qu'elle avait aux doigts. Aucun de ses vêtements ne lui allait plus, et pendant plusieurs jours elle dut garder la robe de chambre de son père. Depuis elle a la phobie des abeilles. Voici comment elle l'exprime : «Quand une abeille est dans la maison, je ne vis plus !» Si une abeille rentre dans sa voiture, elle doit s'arrêter, descendre de voiture et attendre jusqu'à ce que l'abeille disparaisse. Elle évite également les parterres de fleurs à cause du risque de la proximité des abeilles. Un participant à un de nos ateliers consacrés aux phobies connaissait la phobie de Lori et lui demanda de bien vouloir servir d'exemple pour la démonstration.

Contrairement aux autres exemples donnés de façon assez succincte dans ce livre, nous vous proposons ici la retranscription complète de la séance avec Lori. Vous trouverez également cette séance dans notre cassette vidéo «La cure rapide des phobies et des traumatismes» (1).

Lori, que je n'avais pas encore rencontrée, venait de pénétrer dans la salle et je lui proposai donc de se joindre à moi face au groupe. Pour bien mettre en valeur l'intérêt de la méthode, je n'avais pas parlé au groupe du problème de Lori. La méthode fonctionne avec la plupart des types de phobies. J'ai donc commencé par bavarder un peu, pour gagner sa confiance et détendre l'ambiance.

«Lori, je ne vous ai pas encore parlé.»

Lori : «Non.»

«Vous avez discuté avec Michael, je crois.»

Lori : «Oui.»

«Je ne sais pas quelles promesses effrontées il vous a faites.» (souriant)

Lori (riant) : «Je ne vous le dirai pas. Non, je ne vous dévoilerai pas ce qu'il m'a promis.»

«De toute manière, vous avez une phobie que nous ne divulguerons pas aux autres, OK ?»

Lori : «D'accord, très bien.»

«Et, cette phobie, c'est la phobie de quelque chose de très spécifique, n'est-ce pas ?»

Lori : «Oui.»

«Est-ce que c'est une seule chose ou bien est-ce un ensemble de choses ?»

Lori : «C'est une seule chose.»

«Juste une, bon, très bien. Je voudrais tout d'abord que vous y pensiez maintenant. Imaginez qu'il y en ait une à l'instant qui vole aux alentours....»

Lori : «Ohhh !» (Elle tourne sa tête dans le sens inverse des aiguilles d'une montre, en riant de façon nerveuse et tendue).

A présent, j'ai pu observer la réaction phobique de Lori. Plus tard, je serai en mesure de reconnaître si sa réaction est différente. Mais maintenant, je dois la faire *sortir* de cet état pour pouvoir commencer le travail. Je lui donne quelques instructions, je pose quelques questions de diversion, la rassure, et l'interroge sur son ami Michael.

«C'est ce que nous appelons un «pré-test». C'est bien; revenez ici à présent (Lori continue à rire nerveusement).... Regardez les gens ici.... Regardez-moi.... Tenez ma main.»

Lori : «Merci.... OK.»

«Nous n'allons pas continuer de la sorte, n'est-ce pas ? OK.»

Lori : «OK. Ouf, super !»

«Regardez les gens autour de vous. Comment vous sentez-vous face à tous ces gens ?» (Lori regarde le groupe.) «Cela vous rend-il aussi un peu nerveuse ?» Lori pousse un grand soupir, et dit : «Ca va.»

«Tout est OK ?»

Lori : «Oui, tout va bien.»

«Très bien. C'est votre ami là-bas dans le groupe, n'est-ce pas ?»

Lori : «Oui.»

«Il a un beau sourire.»

Lori : «Oui, c'est vrai. C'est un très bon ami.»

«Bon.»

A présent Lori est revenue à un état normal, elle est détendue. Je peux donc commencer le travail. «Très bien. Nous allons commencer. Tout le processus est très simple. Vous vous sentirez bien, vous n'aurez pas de sensations comme tout à l'heure. Mais nous devons procéder à quelques préliminaires de préparations. Je voudrais que vous imaginiez que vous êtes dans un cinéma.»

Lori : «OK.»

« Fermez les yeux, ce sera plus facile....»

Lori : «Très bien.» (Elle ferme les yeux).

«Visualisez une image de vous-même sur cet écran de cinéma - un cliché en noir et blanc. Tout simplement l'image de vous-même, assise ici sur ce siège, ou lorsque vous êtes chez vous ou au travail.... Parvenez-vous à voir une image de vous-même ?» (Lori hoche la tête et dit : «Oui.») Est-ce que c'est assez facile pour vous ?» (Lori : «Oui.») «Très bien.»

«Maintenant, laissez cette image en noir et blanc sur l'écran, je voudrais que vous vous imaginiez en train de quitter votre siège et de pénétrer dans la cabine de projection du cinéma. Pouvez-vous le faire ? Prenez votre temps.»...

Lori : «OK.»

«Très bien. A partir de maintenant, vous allez rester dans la cabine de projection. Pouvez-vous vous voir dans le public, là-bas ?» (Lori sourit légèrement et dit : «Oui.») Et vous voyez également votre image en noir et blanc sur l'écran ?»

Lori : «Oui.»

«OK. Vous voyez l'image de vous-même ?»

Lori : «Oui.»

«Très intéressant.» (Lori rit et dit : «C'est bien.») «Savez-vous que vous pourriez participer à un séminaire de «Voyage Astral» et payer 250 $ pour apprendre à le faire ?» (Lori rit).

«Bien, maintenant, restez dans cette cabine de projection et regardez-vous là-bas dans le public, regardez l'image de vous-même en noir et blanc sur l'écran.»

Lori : «Oui.»

«Vous y êtes ?»

Lori : «Oui.»

«OK, restez dans cette cabine, jusqu'à ce que je vous dise de faire autre chose.»

Lori : «Très bien.»

«Bien, vous pouvez donc voir à travers la vitre, et il y a des trous dans la vitre qui vous permettront d'entendre le film, car très bientôt nous allons projeter un film. J'aimerais que vous passiez un film de vous-même, qui représente un moment de ces périodes difficiles lorsque vous réagissiez à cette chose-là. Passez le film à partir du début et jusqu'à la fin. Vous, vous restez dans la cabine de projection. Vous pouvez même poser vos doigts sur la vitre et la toucher. Passez le film en entier, jusqu'à son terme. Regardez comment vous réagissez face à une de ces situations, comment vous sortez de vos gonds, là-bas dans le film. C'est cela. Prenez tout votre temps. Faites-moi savoir lorsque vous avez terminé.»

J'observe Lori attentivement, guettant tout signe non verbal qui signalerait un retour à une réaction phobique, mais Lori reste pleine de ressources.

Lori : «C'est difficile d'arriver jusqu'à la fin.»

«Pourquoi est-ce difficile ?»

Lori : «On dirait que ça s'arrête. La chose semble continuer sans cesse.» (Lori dessine un cercle dans l'espace avec sa main droite.) «L'incident particulier se poursuit encore et encore comme s'il ne devait jamais cesser, alors que je sais qu'il s'est terminé.»

«OK. Donc, cela a tendance à continuer et à continuer encore.»

Lori : «Oui.»

«Très bien. Accélérons le film. Combien de fois est-ce que cela doit se répéter avant d'arriver à la fin ?»...

Lori : «Humm, six fois.»

«Bon. Laissez-le se dérouler six fois, et vous arriverez à la fin....Et quand je dis, «fin», je veux dire que tout s'est déroulé, et que vous êtes à nouveau dans un état normal.»...

Lori : «OK.»

«Très bien, vous êtes à la fin ?»

Lori : «Oui.»

Bien que je n'aie constaté aucun signe de réaction phobique, je vérifie en lui demandant : «Est-ce que vous vous êtes sentie bien, pendant l'exercice, étiez-vous à l'aise en regardant ce film ?»

Lori : «Un peu mal à l'aise, mais cela ne s'est pas mal passé.»

«Un peu mal à l'aise, mais pas mal. Pas comme cela se passe en réalité, avec la chose réelle.»

Lori : «Oui, c'est cela.»

«Très bien, maintenant je vais vous demander de faire autre chose. Mais vous n'allez le faire que lorsque je vous dirai de commencer. Vous allez sortir de la cabine de projection et quitter votre siège ici, dans l'assistance, et à la dernière image, lorsque tout est redevenu normal et que tout va bien à nouveau, vous allez sauter dans le film. Puis, vous allez repasser le film à l'envers, y compris les six fois. Avez-vous déjà vu un film en marche arrière ?»

Lori : «Oui, cela m'est déjà arrivé.»

«Très bien. Je voudrais que vous le fassiez défiler à l'envers et *en couleur*, et je voudrais que vous soyez *dedans;* c'est comme si vous viviez l'expérience en vrai, mais vous le faites à l'envers, et cela doit aller très vite, cette expérience de remonter le temps. En un clin d'oeil, une seconde et demie. Cela doit faire à peu près ziiiiiiiiiiiip !»

Lori : «OK.»

«OK. Allez-y. Faites-le.»...

Lori prend une profonde respiration, frissonne, puis dit : «Ouah !»

«Très bien. Alors vous avez réussi à sortir de l'autre côté, saine et sauve ?»

Lori : «Oui.» (en riant).

«C'était un peu bizarre au milieu, non ?»

Lori : (secouant la tête et continuant à rire) : «Oh, oui, c'était vraiment bizarre.»

«Parfait. Maintenant, je voudrais que vous répétiez la même chose plusieurs fois, mais encore *plus vite*. Retournez à la fin, juste à la fin, rentrez dans le film, et puis filez comme une fusée jusqu'au début, en traversant tout, très vite.»...

Chez la plupart des gens, une seule fois suffit, mais comme Lori n'était pas très à l'aise, je préférais qu'elle recommence l'opération plusieurs fois. La seconde fois, Lori eut des réactions moins vives, juste un léger soupir à la fin.

«Faites-le encore une troisième fois, vraiment très très vite.»...

Lori : «OK.»

«Très bien. Est-ce que c'était plus facile cette fois-ci ?»

Lori : «Oui.»

«Et bien, voilà, c'est fini.»

Lori ouvre les yeux, l'air *très sceptique*. Elle saisit la chaise à deux mains, secoue la tête, et éclate de rire pendant environ dix secondes, puis, elle dit : «*Je suis contente de n'avoir rien payé pour ça !*» et continue à rire pendant encore quelques instants.

Bien que Lori ait été très coopérative pendant tout le processus, cette réaction démontre qu'elle ne croit probablement pas du tout à ce que nous venons de faire. Son scepticisme ne nous surprend pas. Nous avons guidé des centaines de personnes dans ce processus, et, *nous* sommes toujours étonnés qu'un processus aussi simple puisse avoir autant d'impact. Le commentaire que je ferai ensuite aura pour but de reconnaître sa non-adhésion à l'exercice, et de laisser passer un peu de temps avant de vérifier à nouveau sa réaction aux abeilles.

«Très bien. Les plaisanteries, ça nous plaît. L'humour, c'est certainement une des meilleures façons de faire la part des choses. Pensez-y. Lorsque vous plaisantez, ou que vous réagissez avec humour face à un événement, c'est un bon moyen de prendre du recul, vous regarder vous-même, et mettre l'événement en question dans un autre cadre, un cadre qui soit drôle. C'est vraiment une excellente manière de se dissocier. La dérision est l'essence même de l'humour, pas toujours, car il y a différentes sortes d'humour. Mais, nous ne pouvons que recommander l'humour.»

«Maintenant, Lori, pouvez-vous imaginer qu'une de ces bestioles arrive.» (Mimant avec le doigt, l'arrivée d'une abeille dans la direction de Lori). Lori se met à l'affût, le regard quelque peu inquiet, puis pensif. Mais, la réaction de panique *ne se déclenche pas* comme c'était le cas au début de la séance.

Lori : «OK.»

«Quel effet cela produit-il ?»

Lori : «Euh, je.. euh...» Lori est à court de mots, et se met à rire.

«L'avez-vous encore, cette phobie ?»

Lori : (me regardant, surprise) «Non !» Elle rit et pose sa main sur sa poitrine.

«C'est une très belle réponse, c'est comme si tout à coup elle se demande de quoi je parle. Consciemment, elle s'attend à avoir cette vieille réaction. Celle qu'elle a eue depuis, au fait depuis quand Lori ?»

Lori : «Vingt ans.»

«Elle a eu cette réaction comme une sorte de dépendance très forte pendant vingt ans. C'était très désagréable et cela la submergeait. Elle en a donc une attente consciente très marquée. Ce que vous venez de voir, c'est la manifestation de cette attente consciente : Oh, cela va être terrible,... Comment ?»

Lori : (riant) «C'est bien ça.»

«Maintenant, allons-y sans retenue, tentons l'expérience jusqu'au bout. Imaginez qu'il y en ait une qui vienne se poser sur votre main ou sur autre chose (Lori regarde sa main). Vous y êtes ?

Lori : «Euh.» Elle hoche la tête en signe de désapprobation. «Beurk !»

«Quel effet cela produit-il ?»

Lori : «Euh...» (Haussant naturellement les épaules) «C'est comme d'avoir une abeille posée sur ma main.»

«Réponse tout à fait logique, merci Monsieur de Lapalisse. N'est-ce pas ahurissant ?»

Lori : «Oh oui, c'est vraiment épatant ! Parce que, figurez-vous, un an après le premier incident, il y en a une qui s'est posée sur ma main !»

«Et votre réaction a été différente de celle d'aujourd'hui, n'est-ce pas ?»

Lori : «*Oh oui alors, et comment !*» (regardant à nouveau sa main).

Cette séance a duré moins de dix minutes, cela se passait en janvier 1984. La réaction non verbale de Lori à l'égard des abeilles était dans son imagination *très nettement* différente à la fin de la séance. A plusieurs reprises, au cours de l'été 1984, nous lui avons demandé si elle avait vu des abeilles. Nous souhaitions savoir quelles avaient été ses réactions de façon concrète. A chaque fois, Lori disait qu'elle n'avait vu aucune abeille. Finalement, en décembre 1984, nous sommes allés chez elle emportant avec nous un pot contenant une douzaine d'abeilles. Lors d'un entretien que nous avons filmé tout de suite après, elle tient le pot d'abeilles tranquillement, tout à fait confiante et les observe même d'assez près. Lorsque nous en avons laissé sortir quelques unes du bocal, elle les a regardées se promener sur les vitres de sa salle de séjour sans éprouver aucune réaction particulière. Une abeille était dans sa maison, et cette fois-ci, Lori pouvait y être aussi. Cela fait maintenant plus de cinq ans depuis la séance, et Lori continue à dire qu'elle n'a toujours pas vu d'abeilles, bien qu'elle reconnaisse : «Il y a bien dû y en avoir autour de moi.»

C'est un phénomène assez courant : les gens oublient complètement le stimulus qui a été la cause de leur phobie. Ce qui les terrorisait auparavant, est devenu quelque chose de tellement normal et de banal qu'ils n'y prêtent absolument plus aucune attention. Une femme avait la phobie des ascenceurs. Quelques semaines après la séance de PNL, nous l'avons appelée : elle ne s'était absolument pas rendu compte qu'elle était montée plusieurs fois dans des ascenceurs !

Dans quel cas faut-il employer cette méthode ?

Cette méthode a été affinée et approfondie par Richard Bandler (2) suite à une première approche développée en collaboration avec John Grinder (3). Elle fonctionne avec efficacité pour toute phobie déclenchée instantanément chez un individu, en réaction à un stimulus spécifique : insectes, altitude, oiseaux, serpents, eau, espaces fermés, ascenceurs, etc. Bien que la méthode se soit également révélée utile pour certains cas d'agoraphobie, ce n'est généralement pas la méthode la plus appropriée à ce type de phobie.

Une réaction phobique se déclenche *instantanément* en réponse à une situation particulière ou à un stimulus spécifique. D'autres réactions de peur, souvent appelées «angoisses» se développent plus lentement, dans un laps de temps qui peut aller de quelques minutes, à quelques heures. Cette méthode ne s'applique pas aux réactions de type «angoisse», où le modèle d'intervention de type «swish» (voir chapitres 17 & 18) est plus efficace.

Outre les phobies spécifiques, on peut utiliser cette méthode avec succès pour les problèmes qui ne relèvent pas de phobies, mais qui sont des réactions incontrôlées déclenchées par des souvenirs désagréables. Cela est valable pour toute une série de réactions traumatiques suite à des accidents, des agressions, des maladies graves, des «flashback» provoqués par la prise de drogue, des expériences de guerre, et tout ce que l'on nomme dysfonctionnement dû à un stress post-traumatique.

Les individus qui ont subi des expériences traumatiques graves ont généralement besoin de l'assistance d'une personne parfaitement entraînée à la méthode; dans d'autres cas, on peut l'appliquer soi-même pour neutraliser certaines peurs. Le protocole est, à cet effet, résumé ci-après.

Nous vous conseillons de l'utiliser tout d'abord pour un problème mineur afin d'apprendre les différentes étapes de la méthode et de pouvoir en vérifier l'efficacité. Fort de cet entraînement, vous pourrez ensuite l'appliquer à des situations plus délicates.

Résumé : méthode de guérison rapide des phobies.

Choisissez un souvenir désagréabe, une phobie ou une expérience traumatisante que vous souhaitez neutraliser. Vous pouvez relire l'exemple de Lori, si vous désirez avoir une description plus détaillée de chacune des étapes.

1. Imaginez que vous êtes dans un cinéma. *Visualisez-vous* sur l'écran en train d'effectuer quelque chose de tout à fait neutre et banal. L'image que vous projetez sur l'écran est en noir et blanc.

2. Mentalement, faites comme si vous flottiez au-dessus de vous-même et regardez-vous en bas en train de vous regarder sur l'écran.

3. En restant dans cette position, regardez maintenant le film, en noir et blanc qui défile sur l'écran, vous montrant*, vous,* en train de vivre la situation que vous souhaitez «neutraliser».

4. Une fois que vous avez fini de *vous regarder* dans le film, et que les choses sont redevenues normales, arrêtez le film, qui se fixe en arrêt sur l'image. Puis *pénétrez* dans cette image, mettez la en couleur, et faites défiler le film à l'envers, en commençant par la fin, en accéléré. C'est comme projeter le film en marche arrière, avec vous comme acteur, comme si le temps s'était inversé.

5. Vérifiez le résultat. Pensez à l'événement ou au souvenir en question, et remarquez si vous pouvez y penser en étant plus à l'aise. Si c'est le cas, vous avez réussi. Dans le cas contraire, recommencez le processus une ou plusieurs fois, ou bien faites appel à une personne entraînée à la méthode qui puisse vous apporter son assistance.

Dysfonctionnement dû à un stress post-traumatique.

John a lutté pendant douze années à cause d'un dysfonctionnement dû à un stress post traumatique. Il a essayé toutes sortes de thérapies, de l'Analyse Transactionnelle à la thérapie émotive rationnelle, en passant par la Gestalt thérapie et la thérapie de la réalité. John avait été dans la police militaire des marines pendant la guerre du Vietnam. Quand il rentra chez lui, il lui fut impossible, comme pour de nombreux anciens combattants du Vietnam, de laisser derrière lui toutes ses expériences de guerre. Il se réveillait la nuit en hurlant, se débattant dans ses cauchemars où il se retrouvait au Vietnam. Parfois, sa femme était obligée de dormir dans le salon sinon elle risquait d'être battue. Après une nuit pareille, John se levait dix fois plus fatigué que lorsqu'il s'était couché la veille au soir. Si quelqu'un le surprenait par derrière et le touchait ou lui parlait, il sursautait et devait faire de gros efforts sur lui-même pour ne pas réagir violemment.

John évitait tout ce qui avait un caractère asiatique qui pouvait lui provoquer des cauchemars. Il eut même un cauchemar, éveillé. Alors qu'il était à un marché aux puces en plein air, il entendit des voix vietnamiennes; il leva la tête et aperçut une famille d'une dizaine de Vietnamiens qui marchaient dans sa direction. «Cela m'a renvoyé immédiatement à l'incident le plus violent que j'ai vécu au Vietnam.» Puis, quand il a regardé autour de lui, «*tout le monde* était vietnamien.» John fut pris de panique et s'enfuit en courant.

J'ai travaillé avec John pendant environ quarante minutes. Durant ce laps de temps, j'ai surtout essayé de le convaincre de bien vouloir tout simplement essayer la méthode. Mais, comme il avait déjà échoué dans différentes thérapies, il était très réticent pour risquer une tentative supplémentaire.

Environ un mois après la séance, John déclara, lors d'un entretien filmé sur cassette vidéo qu'il avait finalement obtenu le résultat escompté (1). Désormais, il dormait bien, et se réveillait le matin tout à fait reposé. Il s'était même lié d'amitié avec deux Asiatiques, était allé dîner dans un restaurant japonais où il avait parlé japonais, alors que depuis douze ans, il n'avait pas prononcé un mot de cette langue. John avait été profondément ému et m'avait témoigné sa reconnaissance pour lui avoir permis de retrouver cette capacité à recréer des liens avec des Asiatiques, en tant qu'êtres humains, et non plus comme d'effroyables souvenirs des horreurs du passé.

Le lendemain de la séance, John et sa femme se rendirent à un séminaire de deux jours. A la fin de la première journée, sa femme lui dit : «Que t'arrive-t-il ? Tu es différent. D'habitude, tu sursautes dès que quelqu'un s'approche de toi par derrière, et maintenant, tu ne le fais plus.» En y réfléchissant, John s'est rendu compte qu'elle avait raison, lui ne s'en était pas aperçu.

Il avait également pu revoir sans aucun problème une rediffusion d'un film sur le Vietnam : «Les gars de la compagnie C». La première fois qu'il l'avait vu «cela avait été l'enfer pendant deux semaines.»

Ce type de témoignage prouve clairement que quelque chose a changé en profondeur, à des niveaux inconscients et pas seulement en surface. Récemment, j'ai téléphoné à John pour prendre des nouvelles, cinq ans plus tard. Pour vérifier si tout allait vraiment bien, je lui ai demandé de décrire l'incident qui avait été le plus terrible pour lui au Vietnam. D'une voix tout à fait normale, il me raconta qu'il se trouvait sur la place du marché à Pleiku, attendant de récupérer ses troupes, quand un adolescent se saisit de son portefeuille. Quand il attrapa le bras de l'enfant, il entendit quelqu'un derrière lui crier «Grenade !» et il sentit quelque chose qui heurtait son dos. Quand il reprit connaissance, il était appuyé contre un arbre, tenant toujours le bras de l'enfant. «C'est tout ce que je tenais encore de cet enfant, le reste avait sauté.» Quand il termina son récit, il ajouta : «C'est intéressant. J'ai toujours les «chocottes». Cela me rappelle que je suis mortel. Je veux garder ça.» John travaille à présent comme conseiller auprès de toxicomanes et d'alcooliques. Il goûte chaque instant de sa vie avec une profonde intensité.

John a vécu des expériences horribles que nous ne souhaitons à personne de vivre. Mais lorsque de telles choses se sont produites dans la vie de quelqu'un, nous sommes heureux de pouvoir l'aider à en dépasser l'horreur. Si personne ne mérite de telles expériences, personne ne mérite non plus d'être obligé de vivre avec le souvenir de ces expériences pour le restant de ses jours.

Violence physique ou sexuelle.

La méthode rapide de guérison des phobies sert également de base à une autre méthode que nous avons mise au point. Nous pratiquons cette méthode avec des personnes qui ont subi des violences physiques ou sexuelles. Depuis peu, notre société commence à reconnaître que de nombreuses personnes subissent de telles violences et admet les problèmes ultérieurs que cela peut entraîner dans leur vie. Certaines d'entre elles réussissent à surmonter seules les traumatismes vécus, mais beaucoup d'autres ont besoin d'aide pour s'en libérer.

Leroy a un passé rempli d'expériences tellement traumatisantes que beaucoup d'entre elles ont été gommées de sa mémoire. Si quelqu'un lui parle de quelque chose qui lui rappelle ses expériences passées, son esprit s'évade immédiatement et s'intéresse à autre chose, ou bien Leroy prend peur et quitte la pièce. Il est tellement désireux d'éviter tout ce qui lui rappelle les souffrances de son passé, que cette préoccupation interfère souvent dans sa vie quotidienne. Il a donc décidé de faire quelque chose pour résoudre ses problèmes.

Je lui ai présenté brièvement la méthode que nous utilisons souvent avec les personnes confrontées à la même problématique. Puis, je lui ai demandé s'il désirait tenter l'expérience. Leroy était pressé de commencer.

Tout d'abord, je l'ai guidé à travers le processus de guérison des phobies en prenant trois événements désagréables de son passé, mais qui n'étaient pas suffisamment traumatisants pour qu'il les ait rayés de sa mémoire. Après ce premier travail, il pouvait y penser sans gêne.

Puis, je lui ai expliqué : «Vous avez eu de nombreuses autres expériences dans votre passé qui ont été extrêmement pénibles. Certaines d'entre elles étaient tellement horribles que vous ne pouvez en prendre conscience, ceci est une forme de protection pour vous éviter d'être en contact avec des sentiments désagréables. C'est une excellente chose que votre inconscient cherche à vous protéger. Ce processus peut enseigner à votre insconscient une manière encore plus efficace de vous protéger. Vous n'avez nullement besoin de vous rappeler ces expériences de façon consciente, car nous pouvons guider votre inconscient afin qu'il les réorganise et puisse les recoder. Ainsi, ces expériences ne vous tourmenteront plus. Quand certaines choses, qui ne devraient pas se produire, surviennent, il est préférable de les laisser dans le passé. Votre inconscient, lui, sait toujours de quoi il s'agit, et vous pouvez ainsi garder la possibilité de retirer des enseignements et de vous assurer que cela ne se reproduira plus jamais. Mais vous pouvez également vous sentir à l'aise avec ces expériences, même à un niveau inconscient. Et votre inconscient peut décider quel est le meilleur moment pour vous d'accéder consciemment à ces expériences.»

Recoder des expériences désagréables du passé.

«Dans un premier temps, j'aimerais que votre moi inconscient trie toutes vos expériences passées : les désagréables, les neutres et les agréables. Car, en ce qui concerne les expériences désagréables, nous allons faire quelque chose de spécifique. Votre inconscient peut vous donner un signal pour vous faire savoir qu'il a fini de trier : ce sera peut-être un son, une sensation ou une image.»

Leroy a fermé les yeux et est entré dans un état de conscience différent pendant cette première étape. Comme il lui était difficile de parler dans cet état-là, je lui ai demandé de me faire signe avec la tête pour me dire «oui» ou «non». Lorsqu'il me fit «oui» de la tête, je décidai de passer à l'étape suivante.

«Remerciez votre inconscient pour le tri qu'il vient d'effectuer. A présent, il est temps de recoder ces expériences, de sorte que vous puissiez en garder les leçons positives, mais en y associant de nouveaux sentiments. Vous savez ce qui s'est produit lorsque vous avez recodé les trois expériences désagréables sur lesquelles nous avons travaillé avec la méthode des phobies, il y a quelques instants. Quand vous *vous êtes vu* avec une certaine distance en train de vivre ces expériences, vous étiez à l'aise, comme s'il s'agissait de quelqu'un d'autre, ou bien comme si vous regardiez un film. Et elles se sont déroulées il y a si longtemps. Consciemment et inconsciemment, vous avez fait l'expérience de la méthode des phobies. Maintenant, votre inconscient peut utiliser cette même méthode pour toutes les expériences désagréables du passé. Votre inconscient a un atout : il sait comment appliquer la méthode, et c'est une bonne chose, car tout va beaucoup plus vite au niveau inconscient.

«Je ne sais pas à quelle vitesse votre inconscient procèdera entièrement au recodage de toutes vos expériences désagréables, les transformant en images toutes petites, dans lesquelles vous vous voyez de très loin. Peut-être les couleurs s'estomperont-elles également, comme si elles s'effaçaient de vos souvenirs qui s'éloignent ainsi de plus en plus. Au niveau inconscient, vous pouvez remarquer combien ces souvenirs sont fractionnés en séquences dans le temps, et vous pouvez les apercevoir toutes ensemble; elles ne semblent plus avoir d'importance, car *votre inconscient sait maintenant comment traiter les choses désagréables.*»

Au fur et à mesure que je parlais, Leroy me donnait des signes montrant qu'il suivait parfaitement le processus. Il manifesta de légers mouvements musculaires à travers tout le corps, qui sont caractéristiques lorsque des personnes vivent une transformation et une réorganisation intérieure fondamentale. Quand Leroy eut terminé, j'ai poursuivi :

«Votre inconscient peut faire encore quelque chose pour que vous puissiez *vous défaire complètement* des émotions que vous *aviez* à propos de ces expériences. Car tout sentiment désagréable doit rester dans le souvenir et ne pas vous habiter en permanence. Tout ce que vous aviez *conservé*, en vous, de désagréable peut *s'en retourner dans les souvenirs*, là-bas, au loin.

«Pour faire cela, votre inconscient peut mettre dans l'ordre toutes vos expériences passées depuis la conception jusqu'à aujourd'hui. Et vous pouvez distinguer, par une marque particulière, toutes les expériences négatives que vous venez de recoder, en les plaçant peut-être les unes à côté des autres....

«Maintenant, vous pouvez remarquer comment cet immense alignement des événements de votre passé flotte *derrière* vous. Vous êtes là, ici et maintenant, et lorsque vous vous sentez prêt, laissez-vous *remonter dans le temps* très rapidement et traversez *toutes* les expériences négatives et désagréables, faisant le dernier pas pour vous déconnecter d'elles, comme si chacune d'elles se défaisait très rapidement.» Etant donné son caractère inconscient ou semi-conscient, ce processus réorganise le vécu très rapidement. Si on exécute cette phase de l'exercice lentement, cela ne fonctionne pas. Pour Leroy, cela a duré à peine cinq secondes.

Se reconnecter avec ses ressources passées.

La phase suivante vise à s'assurer que Leroy a récupéré tout le bénéfice de ses expériences positives passées. Beaucoup de gens essaient d'oublier *tout* leur passé, rompant ainsi tout lien avec les bons comme avec les mauvais souvenirs.

«Il est également important que vous soyez sûr de pouvoir apprécier et entrer pleinement en contact avec toutes les expériences *agréables et enrichissantes* que vous avez vécues dans le passé. Dès à présent, vous pouvez les repérer, consciemment ou inconsciemment. Peu importe qu'une telle expérience ait duré une minute, une fraction de seconde ou un jour entier. Toutes ces expériences vous appartiennent, et vous méritez de les conserver avec vous, de vous *sentir relié à elles* à un niveau inconscient, que vous vous en souveniez consciemment ou non.

«Quand vous aurez terminé de toutes les trier, assurez-vous que ce sont de grandes images, tout en couleur, afin que vous puissiez bien *ressentir* leur impact. Et vous pouvez être *dans* ces expériences, vous délectant de leur présence. Même lorsque vous pensez à toutes vos expériences positives à la fois, vous vous sentez solidement relié à elles, à chacune d'elles, comme si vous étiez dans chaque expérience, car elles vous appartiennent toutes. L'enseignement le plus important que vous puissiez retirer de ces expériences, c'est de participer avec bonheur aux sentiments denses et profonds de ressources intérieures qu'elles procurent.»

Leroy était rayonnant, transporté de bonheur en accomplissant cette étape. Son visage s'illumina quand il se sentit à nouveau relié aux expériences agréables de son passé, et qu'il put jouir d'avoir retrouvé ce lien. Outre l'aspect agréable que cela procure, la faculté de *ressentir entièrement* toutes ces expériences constitue également une base qui permet de connaître sa propre valeur.

«Leroy, pour vous permettre d''approfondir encore *davantage* ce lien avec vos expériences agréables du passé, demandez à nouveau à votre inconscient de les ordonner toutes depuis la conception jusqu'à aujourd'hui.... Cette fois, vous allez vous attacher tout particulièrement aux expériences agréables, car nous allons procéder à un autre exercice....

«Quand toutes vos expériences agréables passées sont bien alignées, vous imaginez que vous quittez votre corps, et vous retournez en flottant directement au moment où vous avez été conçu; là, vous redescendez dans votre corps d'alors. Quand vous êtes prêt, vous *avancez* très très vite à travers toutes ces expériences depuis la conception, en vous reliant par tout votre corps à chacune des ressources associées à ces expériences, ainsi vous en imprégnez chacune de vos cellules et vous rassemblez toutes ces ressources qui resteront en vous au fur et à mesure que vous traversez chaque expérience.»...

Recoder le présent.

«Vous avez procédé à une profonde réorganisation de votre passé. Vous pouvez également transposer dans le présent ce que vous avez effectué en recodant le passé. Ainsi, si quelque chose de désagréable se produit, ce sera presque comme si cette chose *lui* arrivait *à lui, là bas*, ce qui vous permet de sentir que vous disposez de ressources pour réagir quel que soit l'événement.... Et, quand il s'agit de quelque chose d'agréable, vous pouvez pleinement apprécier le fait d'être entièrement présent à cette expérience.» Au fur et à mesure que Leroy suivait mes indications, sa tête s'orientait différemment pour se positionner bien droite le regard en face, alors qu'auparavant elle était inclinée vers la gauche. Ce changement indiquait que Leroy se plaçait dans le présent (voir chapitre 19 sur les lignes du temps).

Transposer les enseignements dans le futur.

«Nous savons tous que notre avenir nous réserve des choses agréables et désagréables, même si nous faisons le maximum pour rendre notre vie la plus positive possible. Sans avoir d'idées ni d'images très précises de ce que seront ces choses négatives, nous pouvons les réduire à une taille très petite, en noir et blanc, alors que l'image inconsciente de votre futur positif vers lequel vous vous dirigez est plus colorée et plus grande.» Ici, Leroy s'est légèrement tourné vers la droite, signe qu'il pensait effectivement à l'avenir.

Respecter sa propre écologie.

Après avoir terminé le processus, j'ai demandé à Leroy s'il avait une quelconque objection à ce que nous venions de faire. Sa réponse était négative. Etant donné qu'il s'agit d'une expérience très importante de recodage, il faut être attentif aux besoins essentiels de chacun. Certaines personnes, par exemple, estiment ne pas mériter un tel changement.

«Leroy, prenez tout le temps nécessaire pour intégrer complètement ce recodage, et assurez-vous que ce nouveau code vous convienne parfaitement, à vous ainsi que dans vos relations avec votre entourage, car votre inconscient *peut toujours ajuster les choses* pour que ce nouveau code fonctionne encore mieux. Peut-être allez-vous avoir des rêves, cette nuit, qui vous permettront de continuer le processus d'intégration, et demain, vous vous réveillerez avec la sensation d'être parfaitement reposé et revitalisé. Si votre inconscient a besoin d'aide, il vous enverra un signe, ce sera peut-être un picotement le long de votre colonne vertébrale, ou une image...»

Le lendemain matin, Leroy se sentait très bien et n'avait plus besoin d'aucune aide. Plusieurs mois plus tard, il déclara qu'il pouvait se rappeler son passé avec plus d'aisance et sa sensation de bien-être avait persévéré. «Je me suis trouvé confronté à plusieurs autres problèmes, mais j'ai pu les traiter avec plus de facilité.»

L'impact.

Cette méthode neutralise les sentiments négatifs de forte intensité qui accompagnent souvent les souvenirs des violences ou des agressions subies. Ainsi, on peut se préparer à l'étape suivante si cela est nécessaire. Lorsque quelqu'un manifeste une réaction phobique à la violence, comme c'était le cas pour Leroy, la méthode permet de résoudre entièrement ces sentiments négatifs. En résumé, cela aide la personne à se *reconnecter* avec ses ressources passées, ce qui est tout aussi primordial.

Les commentaires que nous avons reçus suite à des séances similaires à celle de Leroy exprimaient tous à peu près la même chose : «Je me sens plus centré, j'ai davantage de ressources. Je peux repenser au passé sans être perturbé.» Parfois certaines personnes se souviennent tout à coup d'incidents très traumatisants qu'elles avaient enfouis dans l'oubli, jusqu'au jour où elles sont devenues en mesure de «les voir avec une certaine distance». Même s'ils sont inconscients, de tels évènements constituent souvent la base sur laquelle s'élaborent des croyances limitatives sur soi-même. Il s'avère donc très utile de pouvoir les retrouver pour apprendre à les gérer. (Voir chapitre 4 : la méthode qui transforme les croyances limitatives résultant des traumatismes du passé.)

Comment cela fonctionne.

L'essentiel est de comprendre certaines choses concernant nos images mentales. Lorsque nous imaginons quelque chose de grand, de lumineux, en couleur, proche de nous, nous nourrissons généralement à l'égard de cette chose-là des sentiments forts. C'est ce que j'ai demandé à Leroy de faire : recoder toutes ses expériences *ressourçantes*, afin de renforcer ses sentiments à leur égard.

A l'inverse, lorsque nous imaginons quelque chose en noir et blanc, petit, loin de nous et, qui plus est, que nous nous voyons dans l'image comme si nous nous regardions à la télévision, nous n'éprouvons pas les mêmes sentiments vis-à-vis de l'expérience en question; nous sommes au contraire beaucoup plus objectifs, tel que pourrait l'être un observateur extérieur. C'est de cette façon que Leroy a procédé au recodage de toutes ses expériences traumatisantes.

Laisser défiler très rapidement en marche arrière les expériences désagréables joue aussi un rôle important. La plupart des gens déclarent que les couleurs s'estompent des images négatives. Celles-ci deviennent transparentes, fades, ou disparaissent de leur Ligne du Temps (voir chapitre 19). Laisser défiler en marche avant très rapidement les expériences positives a un effet généralement consolidateur et cela a tendance à raviver les couleurs et l'intensité des souvenirs.

Bien que ce processus soit plus facile à réaliser avec l'assistance d'une personne entraînée, vous pouvez parfaitement le réussir en le pratiquant seul. Le protocole qui est proposé ci-après s'adresse précisément à ceux qui veulent l'effectuer seuls. Avant de commencer, assurez-vous que vous êtes à l'aise dans la phase 1 de la méthode des phobies. Si votre corps émet des objections, demandez à votre inconscient de remettre les choses comme elles étaient auparavant et lisez le chapitre 8 qui vous indique comment traiter les objections avant d'aborder la méthode.

Etapes suivantes dans les cas de violences subies.

Les personnes qui ont été victimes de violences pendant leur enfance ont tendance à continuer à en subir à l'âge adulte. Souvent, elles ont besoin d'une aide supplémentaire qui les aide à distinguer et à discerner comment et quand accorder leur confiance à quelqu'un. A présent, elles peuvent se rappeler leurs souvenirs d'antan sans malaise, elles peuvent donc regarder en arrière et chercher quels étaient les signes d'avertissement qui auraient pu les mettre en garde à l'époque. Si ces personnes ont été battues ou ont subi des violences sexuelles, elles doivent apprendre à reconnaître les indices qu'elles pourront également repérer dans des situations futures pour se protéger. Cette reconnaissance des signes peut réellement aider la personne à *être et à se sentir* plus à l'aise et plus en sécurité dans sa vie présente.

D'autres méthodes exposées dans ce livre peuvent également être utilisées pour résoudre entièrement les conséquences des violences ou des agressions subies. Outre les souvenirs désagréables, beaucoup de personnes se mésestiment et se dévalorisent, ou bien sont prisonnières de sentiments de honte très tenaces. Dans les chapitres 3 et 4, vous trouverez les méthodes qui permettent de changer de telles croyances sur soi, et le chapitre 14 propose une technique qui permet de se libérer de la honte. Toute une gamme de méthodes de PNL peut aider à développer des sentiments plus forts d'estime de soi, ce qui met généralement la personne à l'abri de telles violences.

Résumé :Se libérer des violences ou des traumatismes.

Ce protocole vous permet de traiter rapidement des expériences de violence ou de traumatismes. L'exemple de Leroy offre de plus amples détails sur chaque étape de la méthode.

Etape 1. Préparation. Pratiquez tout d'abord la technique de guérison rapide des phobies en choisissant trois expériences désagréables passées, afin d'établir une base sur laquelle vous vous appuierez dans l'étape 3 présentée ci-après. (Voir le résumé de cette méthode plus haut dans ce chapitre).

La plupart des gens trouvent qu'il est plus facile de parcourir les étapes suivantes du début jusqu'à la fin en ayant les yeux fermés, dans un état de relaxation et de méditation.

Etape 2. Le tri des souvenirs. Demandez à votre inconscient d'effectuer le tri entre vos expériences agréables et désagréables.

Etape 3. Recoder vos expériences passées négatives.

a. Demandez à votre inconscient d'appliquer la méthode de guérison des phobies, afin de réduire, de décolorer et de rendre les plus distantes possibles, ces expériences désagréables. Votre inconscient peut également vous permettre de vous visualiser dans l'expérience, et *vous vous voyez* y participer. Cela vous permet d'aborder l'expérience sous un autre angle de vue.

b. Ordonnez toutes vos expériences passées, en soulignant celles qui sont désagréables. Tournez le dos à votre passé, puis traversez-le rapidement en *marche arrière*, afin de vous déconnecter de toutes ces expériences. Revenez au présent.

Etape 4. Rétablir le lien avec vos expériences passées agréables.

a. Demandez à votre inconscient de les recoder toutes avec des couleurs resplendissantes, en les agrandissant. Vous êtes réellement *dans* l'expérience, vous n'êtes pas observateur extérieur, ainsi vous pouvez la vivre pleinement.

b. Ordonnez toutes vos expériences passées, en soulignant celles qui sont agréables. Imaginez-vous flotter au-dessus de toutes ces expériences, puis laissez-vous réintégrer votre corps au moment de votre conception. Traversez rapidement toutes les expériences positives depuis lors jusqu'à aujourd'hui, en vous en imprégnant pleinement.

Etape 5. Emporter dans le présent les enseignements acquis. Emportez avec vous dans le présent cette nouvelle manière d'appréhender les événements agréables et désagréables.

Etape 6. Recoder votre futur. Emportez avec vous dans le futur cette nouvelle manière d'appréhender les événements agréables et désagréables.

Ceci achève le protocole. Vous pouvez à présent poursuivre le processus d'intégration de cette nouvelle méthode dans toutes les expériences de votre vie.

Certaines personnes qui ont subi des violences deviennent elles-mêmes ensuite violentes. Parfois, c'est le seul mode de fonctionnement familial qu'elles connaissent et elles le reproduisent à l'âge adulte. Mais certaines désirent développer des relations avec un grand sentiment d'amour, mais, n'ayant jamais eu d'autres alternatives que la violence, elle en sont incapables. Une attitude de violence peut résulter de conflits non résolus ou d'une «scission» intérieure entre «agresseur» et «agressé». Ce type de conflit peut être résolu grâce à la méthode présentée au chapitre 13.

Nombreux sont ceux qui pensent être «esclaves du passé» et pour qui les «blessures psychologiques laissent des traces pour la vie». J'ai quelques cicatrices sur le corps qui ne sont jamais douloureuses; lorsque je les regarde, elles me rappellent uniquement ce qui s'est passé, et m'indiquent ce que je dois éviter de faire à l'avenir. Heureusement, l'esprit peut guérir encore plus vite et de façon plus complète que le corps. Nous espérons que ces exemples vous auront montré comment il est possible de transformer des événements passés négatifs en nouvelles ressources de bien-être pour le présent et pour l'avenir.

Références

1. Cassette vidéo «La méthode de guérison rapide des phobies et des traumatismes» (voir annexe II)

2. «Un cerveau pour changer» de Richard Bandler, Chapitre 3 pages 37-48.

3. «Les secrets de la communication» de Richard Bandler et John Grinder, Chapitre 2,pages 109-125.

8 Intentions positives

Pendant la seconde guerre mondiale, à l'apogée de l'expansion japonaise dans le Pacifique, les troupes japonaises occupaient des milliers de petites îles dispersées dans l'immensité de l'océan. Quand le vent des batailles se retourna contre les Japonais, beaucoup périrent ou furent faits prisonniers, mais un grand nombre disparut. Sur certaines îles, de petits groupes de soldats ou des survivants isolés se cachèrent dans des grottes au fin fond de lieux reculés et inaccessibles. Quelques années plus tard, la guerre arriva à son terme. Mais ces hommes l'ignoraient et continuaient donc à lutter pour leur survie, entretenant au mieux leurs armes rongées par les intempéries et la rouille et leurs uniformes délabrés, dans l'isolement le plus complet, espérant bientôt rétablir le contact avec leur commandement.

Durant les années d'après guerre, on a découvert de nombreux soldats : ils tiraient sur des bateaux de pêcheurs ou de touristes. Au fil du temps, ces découvertes furent de plus en plus rares. La dernière remonte à une quinzaine d'années, la guerre était terminée depuis trente ans.

Imaginez la situation d'un tel soldat. Son gouvernement l'avait appelé, entraîné et envoyé au fin fond de la jungle sur une île où il devait défendre les habitants contre toute attaque extérieure. Citoyen loyal et obéissant, il avait survécu à de nombreuses privations et batailles pendant ces années de guerre. Epargné, il se retrouva seul, livré à lui-même ou bien en compagnie de quelques survivants. Mais lui, continua la lutte du mieux qu'il put, échappant presque par miracle aux dangers de son environnement : la chaleur, les insectes, les pluies, la jungle.

De quelle façon devait-on se comporter envers un tel soldat, quand on le découvrait ? Il aurait été facile de se moquer de lui, de le traiter d'imbécile pour avoir continué la guerre trente ans après qu'elle soit finie.

Mais tel ne fut pas le cas. Les premiers contacts étaient toujours établis avec la plus grande prudence et délicatesse. Un ancien officier japonais de haut rang ressortait alors son vieil uniforme et son épée de samouraï, amarrait un vieux bateau militaire et se rendait sur le lieu où avait été signalé le soldat. L'officier marchait dans la jungle, appelant le soldat jusqu'à ce qu'il le trouvât. Lorsqu'ils se rencontraient, l'officier, les larmes aux yeux, remerciait le soldat pour sa loyauté et son courage à défendre son pays pendant de si nombreuses années. Puis, il l'interrogeait sur ses expériences, et lui rendait hommage. Quelques instants plus tard, seulement, le soldat apprenait que la guerre était finie, la paix retrouvée; il n'aurait plus à se battre. En arrivant chez lui, le soldat était ovationné comme un héros, avec force défilés, remise de médailles, au milieu d'une foule reconnaissante et acclamant son courage acharné, fêtant son retour et ses retrouvailles avec ses proches. (Nous remercions Greg Brodsky pour cette histoire qu'il nous rapporta en 1977.)

Qui sont ces soldats ?

D'un certain point de vue, ces soldats perdus étaient bizarres et un peu fous de combattre alors que la guerre était finie depuis longtemps. Pourtant leurs intentions étaient positives : ils voulaient défendre et protéger leur pays. Bien qu'ils aient agi au mieux selon eux, et pour utile qu'avait pu être, à l'origine, ce comportement, depuis la fin de la guerre, il avait complètement perdu de son sens.

A certains moments de notre vie, nous agissons comme ces soldats perdus. Nous avons tous des comportements que nous avons développés à une certaine époque pour répondre à un besoin ou à une situation précise, et que nous perpétuons alors qu'ils sont devenus inutiles.

Certaines personnes continuent à se battre contre leurs parents longtemps encore après leur mort. Parfois, nous adoptons, sur notre lieu de travail, des comportements que nous avions envers un aîné ou le chef des camarades d'école. Ceux qui ont subi des violences ou des mauvais traitements apprennent à se méfier des autres à tel point qu'ils sont incapables d'avoir confiance en ceux qui les aiment profondément.

On agit d'une façon que l'on trouve stupide ou limitative - mais on le fait même si on le réprouve. On éprouve parfois de la colère, on se sent ridicule ou gêné et on se trouve bête de penser des choses pareilles. On voit aussi quelquefois des amis ou des parents agir de façon singulière. Nous nous disons : «Si seulement ils se rendaient mieux compte.»

On essaie en principe de «se débarrasser» de ces comportements ou de ces sentiments en étant très critiques envers soi-même. «Tu devrais tout de même bien être capable d'arrêter de fumer !» «Tu devrais avoir plus confiance en toi, tu n'as aucune raison de ne pas avoir confiance en toi.» «Je me fais tellement de souci que j'en attrape des migraines !» Généralement, nous ignorons l'intention positive qui se cache derrière ces comportements ou sentiments. Nous savons seulement qu'ils nous dérangent.

Plutôt que de seulement «essayer» de changer, il est aujourd'hui possible d'utiliser une technique de PNL appelée «le recadrage en six étapes.» L'élément le plus important de cette technique, est de commencer par l'affirmation inhabituelle que : *chaque comportement ou sentiment que vous manifestez, même s'il vous paraît bizarre ou idiot, correspond à une intention ou à un objectif utile et important..*

Au début, les gens trouvent cela ridicule, mais ce postulat favorise la force de guérison intérieure. Il nous aide à transformer les problèmes et les limitations en alliés et en atouts, et pose ainsi les fondations sur lesquelles les changements de comportement pourront s'appuyer avec aisance. Il nous permet également d'être plus en contact avec nous-même, avec notre être tout entier.

Recadrage dans le cas d'une pseudo-endométriose.

A l'époque où nous apprenions cette méthode, j'ai rencontré une femme, Martha, qui souffrait de symptômes physiques que la médecine traditionnelle ne parvenait pas à guérir. Ses médecins avaient diagnostiqué une «pseudo-endométriose»; cela ressemblait à une endométriose sans l'être réellement. En bref, ses menstruations ne commençaient ni ne s'arrêtaient jamais vraiment. Elle avait des saignements peu abondants, par intermittence, et une tension élevée. Son médecin lui conseilla de pratiquer une hystérectomie si les symptômes ne diparaissaient pas rapidement.

Après avoir vérifié si elle suivait bien son traitement médical, j'ai posé l'hypothèse de travail selon laquelle une partie d'elle-même créait ces symptômes. En utilisant la méthode décrite plus loin dans ce chapitre, je me suis rendu compte qu'une partie d'elle-même ne voulait pas qu'elle ait un autre enfant, mais qu'elle prenne soin d'elle, qu'elle profite de sa vie et cesse de choyer autant les autres.

Martha avait toujours été une «super maman», elle s'occupait d'un mari dépressif et de sa fille de dix ans. Un an plus tôt, elle avait songé à avoir un deuxième enfant, malgré sa situation, car elle aurait été cette fois-ci, seule à l'élever. De toute façon, à ce moment-là, elle se trouvait trop grosse et ne voulait pas être enceinte tant qu'elle n'aurait pas retrouvé son poids normal. Elle commença donc à perdre du poids, puis elle réfléchit à la question d'avoir un deuxième enfant. Dès lors, ses symptômes apparurent et l'empêchèrent de tomber enceinte; elle préférait de toute façon attendre que ce problème-là soit réglé avant d'y penser. Il est d'ailleurs fort probable que ces symptômes auraient rendu toute grossesse impossible.

Martha comprit alors le message que son corps lui signifiait : elle avait assez de responsabilités, et elle devait profiter de la vie. Elever un enfant apporte, certes, beaucoup de joies et de satisfactions, mais elle pouvait exercer de nombreuses autres activités de loisir, sources de plaisir, sans se créer des responsabilités supplémentaires. Cette partie d'elle-même faisait preuve de beaucoup de sagesse et elle l'approuvait complètement.

La semaine suivante, lors d'un contrôle médical, sa tension avait baissé de 50 millimètres, au grand étonnement des médecins et de Martha elle-même. Deux semaines plus tard, ses menstruations étaient redevenues normales et se stabilisèrent. Cinq ans plus tard, lorsque je la revis, les symptômes n'étaient jamais réapparus.

Cette méthode s'est révélée très efficace pour de nombreux symptômes physiques. Nous insistons sur le fait que nous nous sommes toujours assurés que les patients suivaient bien leur traitement médical. Chez une autre femme qui avait des symptômes semblables, la méthode du «recadrage en six étapes» ne fit pas disparaître les symptômes. Cependant, le recadrage *déclencha,* en elle, un bouleversement important qui lui apporta beaucoup de bien-être. Cela lui permit de prendre contact avec cette partie d'elle-même qui cherchait à lui faire comprendre qu'elle devait prendre davantage soin d'elle. A la fin du travail, elle constata avec plaisir qu'elle se mettait naturellement et automatiquement à répondre à ses propres besoins. Les médecins ont finalement décelé une légère déficience en vitamine K, ce qui provoquait une coagulation sanguine anormale. Des injections de cette vitamine réglèrent définitivement le problème.

Les parties internes.

Lorsque nous parlons des «parties internes» d'une personne, il est important de comprendre qu'il ne s'agit pas de petits personnages qui nous habitent ni d'une partie particulière de notre corps. C'est une expression commode pour décrire l'expérience que l'on vit quand on se sent divisé ou en conflit avec soi-même. Par exemple, je me mets très vite en colère et je souhaiterais me contrôler, mais dans certaines situations, je deviens vite fou furieux. Mon caractère colérique est toujours là; il y a une «partie» moins consciente en moi qui continue à déclencher les colères au moindre déclic, alors qu'une autre «partie interne» plus consciente voudrait que cela cesse. De la même manière, je désire arrêter de fumer, mais je n'y suis jamais parvenu; c'est comme si une «partie interne», en moi, veut continuer de fumer, tandis qu'une autre désire cesser. Quand on se trouve dans un tel conflit, on emploie le terme «partie de soi» en référence à un type de sentiments ou de comportements qui nous représentent, en partie seulement.

Vaincre la timidité.

Jerry voudrait être plus sûr de lui au contact des femmes. Il est timide et nerveux quand il est en leur présence, surtout auprès de celles qui lui plaisent. Jerry espère rencontrer quelqu'un avec qui il pourrait se marier et fonder une famille. Mais cela lui semble fort peu probable tant qu'il n'a pas vaincu sa timidité, car il aborde rarement une femme, à moins qu'un intermédiaire intervienne en sa faveur.

Pendant des années, Jerry a essayé de régler ce problème. Il dit « Je suis nerveux et je manque de confiance en moi». Néanmoins, c'est un homme intelligent qui a beaucoup à donner.

Je lui ai tout d'abord suggéré de penser à sa timidité d'une façon plus positive. Cette partie de lui-même qui génère sa timidité, agit, en réalité, pour lui, en étant animée d'intentions très positives et joue sans aucun doute un rôle utile et important, même si le sens de cette fonction lui échappe encore. Jerry a toujours combattu cette partie de lui-même tout en se disant que tout ceci est vraiment stupide. Je lui ai ensuite expliqué qu'il y avait une certaine sagesse là-dedans et que cela devait très certainement présenter des avantages pour lui. Ainsi cette partie de lui-même qui active sa timidité s'est-elle sentie reconnue et approuvée.

En guidant Jerry tout au long du processus du «Recadrage en six étapes» (développé plus loin dans ce chapitre), nous avons bientôt appris que cette timidité lui permettait d'éviter des situations embarrassantes avec les femmes et de dissimuler sa gêne. Cette partie de lui-même avait peur qu'il ne dise ou fasse quelque chose de stupide. J'ai demandé à cette partie interne : «Qu'est-ce que vous essayez de faire *pour Jerry* qui soit *positif* en lui évitant de se sentir mal à l'aise ? Que voulez-vous obtenir ?» Elle a répondu : «Je veux qu'il se rapproche des gens.» Jerry a été très surpris d'une telle réponse, car lui a toujours lutté contre, alors que cette timidité aspire, tout comme lui, au même but : davantage de proximité et d'intimité. Pour atteindre ce but, Jerry, *dans sa manière* de procéder - en se faisant tout petit à raser les murs et par sa timidité - n'a jamais eu beaucoup de succès. Cependant, le conscient et l'inconscient étaient d'accord sur le but désiré. Au niveau de *l'intention*, le conflit de Jerry avait disparu.

Trouver un accord entre l'inconscient et le conscient est un des aspects les plus importants du Recadrage en six étapes. Même lorsque nous *agissons* exactement à l'inverse de ce que nous souhaitons, les *intentions positives* qui motivent ces parties de nous-mêmes, deviennent des appuis puissants et se transforment en alliées. Généralement, ces parties de nous-mêmes se développent très tôt. Malgré leurs intentions positives, leurs *méthodes* sont souvent enfantines, naïves, dépassées et produisent l'effet inverse.

Une fois que vous vous êtes mis d'accord avec les intentions positives, vous pouvez ensuite trouver de nouveaux choix de comportements et de sentiments qui produisent de meilleurs résultats. Toute l'énergie consacrée à alimenter le conflit est redirigée d'une manière plus constructrice et épanouissante.

C'est l'étape suivante pour Jerry. Nous connaissons à présent les intentions positives, et il s'agit ici d'utiliser ses ressources inconscientes pour générer de nouvelles solutions. J'ai demandé à Jerry s'il avait conscience d'une partie créatrice en lui. Sa réponse a été affirmative. La phase suivante consiste à utiliser cette partie créatrice pour produire, à la place, de nouveaux comportements qui permettent de réaliser ces intentions positives.

«Jerry, retirez-vous en vous-même et prenez contact avec cette partie de vous qui désire cette proximité, cette intimité et demandez-lui de se relier avec votre partie créatrice pour qu'elle génère de nombreuses manières d'y parvenir. Certaines ne seront peut-être d'aucune efficacité; d'autres seront médiocres. D'autres conviendront parfaitement. Le travail de votre partie créatrice n'est pas de juger l'efficacité de ces méthodes, mais d'en proposer le plus possible. La partie en vous qui génère la timidité choisira *uniquement* les méthodes qui lui plaisent ou celles qu'elle jugera préférables à la timidité. Cette partie vous donnera un signal «Oui» lorsqu'elle aura défini trois manières d'agir.»

J'ai continué à guider Jerry dans l'exercice et bientôt il reçut le signal.

Jerry a déclaré : «C'est assez intéressant. J'ai eu plusieurs idées. J'ai vu des choses que je peux faire lorsque je vois une femme qui me plaît. C'est comme si je voyais un film où je suis en train de franchir le pas et de faire quelque chose. Avant, j'aurais pensé à elle en étant renfrogné et fermé. Une partie interne m'a proposé une autre solution : me présenter et dire quelque chose. La troisième idée a été un peu plus longue, mais elle me plaît bien. Il s'agit de me moquer de moi. Pas à haute voix, mais plutôt d'avoir une attitude différente à l'égard de mes petites maladresses.

«Vous savez, ces choses ne sont pas d'une très grande profondeur, mais je pense que cela va marcher. Je me sens vraiment différent maintenant.»

Ce que Jerry a dit est tout à fait juste. L'efficacité de cette méthode n'est pas fonction de la profondeur des solutions; l'ancienne partie, moteur de la timidité chez Jerry, est à présent redirigée pour trouver de nouvelles manières de répondre de façon satisfaisante à ses intentions. Voilà l'essentiel. Cette partie-là n'est plus limitée à une seule possibilité, la timidité. Au contraire, après avoir été reconnue, cette partie-là s'est vue offrir des choix supplémentaires. Consciemment, Jerry avait peut-être déjà, auparavant, essayé de mettre en pratique ces choix, mais son inconscient avait dû s'y opposer, vouant à l'échec toute tentative. Toute solution, aussi bonne fut-elle, avait peu de chance de réussir, tant que cette partie inconsciente de Jerry n'avait pas été intégrée à son comportement.

Plus tard, Jerry déclara qu'il n'avait plus de difficulté à rencontrer des femmes et à faire connaissance avec elles.

Quand utiliser le recadrage en six étapes ?

Pour tout type de comportements ou de réactions que l'on souhaite changer.

1. **Comportements et habitudes.** Chacun fait des choses qu'il réprouve. Certaines personnes fument, boivent ou ont des habitudes alimentaires excessives qui sont sources de problèmes.

2. **Sentiments ou émotions.** Nous avons tous des réactions émotionnelles que nous n'aimons pas : être en colère, déprimé, intimidé, impatient, rancunier, etc.

3. **Symptomes physiques.** La méthode du recadrage en six étapes est très utile également lorsque des symptômes physiques sont la manifestation d'un message particulier. Un mal de dos est parfois le signe qu'il faut ralentir son rythme de vie. Des douleurs aux épaules disent que l'on porte trop sur ses épaules. Des migraines signalent qu'il faut cesser de s'inquiéter autant et prendre un peu de repos et le temps de vivre. De nombreuses personnes nous ont dit après la méthode du recadrage en six étapes, qu'elles étaient en meilleure santé tout simplement parce qu'elles avaient appris à porter davantage d'attention aux messages que leur transmettait leur corps. Elles ont écouté ces messages et agi en conséquence. A chaque fois, bien évidemment, nous recommandons de suivre scrupuleusement le traitement médical qui a été prescrit.

Appliquer pour vous-même la méthode du recadrage en six étapes.

Installez-vous confortablement sur une chaise et laissez-vous guider dans les différentes étapes décrites ci-après. Même si vous ne suivez pas le processus en entier, les phases que vous aurez exécutées complètement seront très bénéfiques. Vous obtenez, en général, de meilleurs résultats lorsqu'une personne entraînée à la méthode vous guide tout au long du processus. Vous trouverez également quelques conseils supplémentaires dans deux ouvrages de Bandler et Grinder (1, 2).

Certaines étapes vous paraîtront, peut-être, un peu bizarres. Rassurez-vous. Nous avons tous eu cette impression-là au début. Nous disons généralement aux gens : « La seule raison qui nous motive à pratiquer quelque chose d'aussi bizarre, c'est l'efficacité et la rapidité des résultats.» Au pire, il ne se passe rien, mais les gens acquièrent en général davantage de choix pour des questions qui les ont souvent préoccupés pendant de longues années.

Etape 1. Choisissez un comportement ou un sentiment que vous avez mais que vous n'aimez pas. Vous fumez, vous mangez trop, vous avez tendance à tout remettre au lendemain, vous vous sentez mal à l'aise, vous vous mettez très souvent en colère ou vous souffrez d'un problème physique. Choisissez quelque chose de précis (X), puis pensez à «la partie en vous qui vous rend X.»

Etape 2. Entrez en communication avec cette partie-là. Tout d'abord, retirez-vous en vous-même et excusez-vous à l'égard de cette partie de vous-même que vous avez tant dénigrée par le passé. Dites-lui que vous vous rendez compte à présent qu'elle veut faire quelque chose d'important et de positif *pour* vous en produisant X, même si, à l'heure actuelle, vous ne comprenez pas cette intention positive. Plus vous êtes aimable et affable envers cette partie de vous-même, plus elle se montrera prête à communiquer avec vous.

Maintenant, fermez les yeux et posez-vous intérieurement la question suivante : «*Cette partie de moi-même qui produit X, accepte-t-elle, maintenant, de communiquer avec moi en toute conscience ?*» Remarquez ce qui se passe, ce que vous voyez, ce que vous entendez ou ressentez. Cela paraît souvent un peu bizarre, c'est normal. Soyez seulement attentif à ce qui se déroule. Les gens reçoivent différents signes, provenant de leurs parties inconscientes. Peut-être percevrez-vous l'image de quelqu'un, d'un animal opinant de la tête; peut-être verrez-vous une couleur ou une forme. Ou entendrez-vous des sons ou des paroles. Ou bien il s'agira d'une sensation physique : un frisson le long de votre colonne vertébrale, une chaleur sur votre visage ou dans vos mains, une accélération des battements de votre coeur, etc.

Vous ressentirez peut-être un aspect de votre réaction dans votre problématique actuelle. Par exemple, si vous avez choisi de travailler sur la partie de vous-même qui crée, en vous, la colère, vous sentirez peut-être des tensions à l'estomac ou votre coeur s'accélérer légèrement. Ce sera le signal. Certains signaux sont si spécifiques et si étonnants, que vous *savez* immédiatement qu'une partie de vous-même est en train de communiquer avec vous. Parfois, le signal ressemble à des images ou à des pensées ordinaires. Dès que vous recevez le signal, marquez une pause et *remerciez cette partie de vous-même d'accepter de communiquer avec vous.*

L'essentiel du travail de recadrage réside dans le fait de communiquer avec les parties inconscientes. C'est pourquoi, il est très important que le signal ne puisse pas être reproduit par un effort conscient, sinon vous risquez de vous leurrer. Essayez donc consciemment de créer le signal reçu. Si vous n'y parvenez pas, le signal est bon et vous pouvez poursuivre. Si vous *pouvez* le reproduire, adressez-vous à cette partie de vous-même de la sorte : «Pour être sûr que nous communiquons bien ensemble, il faut que je perçoive un signal qui soit tout à fait en dehors de mon contrôle. Je peux reproduire le signal que j'ai reçu, veux-tu bien choisir un autre signal que je ne puisse pas reproduire.» Puis attendez la réponse. Chaque fois que la communication est établie, remerciez cette partie de vous-même pour la réponse, même si son sens vous échappe.

Quel que soit ce que vous voyez, entendez ou ressentez en réponse à votre question, vous avez besoin de connaître la signification du signal, c'est-à-dire quand cette partie de vous veut vous dire «oui» ou «non.» Retirez-vous à l'intérieur de vous-même et dites à cette partie de vous-même : «Pour que je sache exactement ce que tu veux signifier, lorsque tu dis «oui», que tu exprimes ton désir de communiquer avec moi consciemment, s'il te plaît, renforce le signal (en volume, intensité, luminosité). Si tu veux dire «non», tu ne veux pas communiquer avec moi, alors diminue le signal.»

Le signal réagira effectivement dans un sens ou dans l'autre. Mais, peu importe ce qui se manifestera, car même si cette partie de vous-même déclare : «Je ne veux pas communiquer.» *Ce sera toujours une communication.* Cela signifie en général que cette partie de vous-même ne souhaite pas vous transmettre *certaines informations*, et c'est très bien ainsi, car ce n'est sûrement pas utile.

Etape 3. Distinguez le comportement de l'intention positive. Maintenant, il s'agit de distinguer entre le comportement ou la réaction de cette partie de vous-même et *son intention positive.* N'oubliez pas le postulat de départ : même si cette partie de vous fait quelque chose que vous réprouvez, elle le fait, *animée d'une intention positive importante.*

Demandez à cette partie en vous : «*Veux-tu bien me faire savoir l'intention positive qui se cache derrière la réaction X ?*» Vous recevrez peut-être le même type de signal oui/non que dans l'étape 2.

Si vous avez eu le signal «oui», remerciez cette partie et demandez-lui de poursuivre. Dans le cas d'un «non», remerciez-la également et dites-lui que vous supposez qu'elle a une intention positive qu'il est préférable pour vous de ne pas connaître pour l'instant. Passez à l'étape 4, même si vous n'avez pas conscience de l'intention positive.

Il est très important de *ne pas* «prendre la place» de cette partie, en décidant vous-même ce qu'elle est en train de vous dire. Le recadrage permet de découvrir ce qui *provient réellement de cette partie.* Si vous n'êtes pas sûr du message communiqué, demandez le signal oui/non. Par exemple, vous vous dites intérieurement : «Je pense que ton intention positive, c'est de m'aider à réussir. Merci de m'envoyer un signal «oui», si cela est vrai, ou un signal «non», dans le cas contraire. Chacun reçoit des messages uniques. Celui que transmet la migraine chez quelqu'un diffère d'une personne à l'autre. (Il est encore plus dangereux de vouloir se substituer aux parties internes de quelqu'un, en lui suggérant le message inconscient transmis.)

Si l'on vous communique une intention positive qui ne vous plaît pas, ou qui semble négative, remerciez votre partie interne pour l'information, puis demandez-lui : «Dans quelle mesure est-ce positif pour moi ?» Réitérez votre question jusqu'à ce que vous soyez d'accord avec cette intention positive.

Jusqu'alors, nous avons appelé cette partie en vous «celle qui vous rend X.» Nous la nommerons à présent «la partie en vous qui *veut* Y», afin de vous rallier à elle et de reconnaître son intention positive.

Etape 4. Trouver de nouvelles réactions et de nouveaux comportements. Adressez-vous à cette partie interne et demandez-lui d'utiliser le signal oui/non pour répondre à la question suivante : *«S'il existe des moyens, qui, à ton avis, fonctionneraient pour moi tout aussi bien, sinon mieux que X pour réaliser l'intention positive, serais-tu prête à les appliquer ?»* Si cette partie en vous comprend la question, vous obtiendrez toujours une réponse de type «oui». Vous lui offrez ainsi de *meilleurs* choix pour qu'elle puisse réaliser exactement ce qu'elle souhaite, *sans éliminer l'ancien choix.* Dans le cas d'une réponse négative, cette partie en vous n'a donc pas compris ce que vous lui proposiez. Il vous faut recommencer en expliquant davantage.

Puis, concentrez-vous quelques instants pour prendre conscience d'une partie créatrice en vous. Cette partie créatrice existe en chacun de nous. Ne vous méprenez pas, il ne s'agit pas d'une créativité artistique exceptionnelle. Simplement, ce qui, en vous, déclenche le désir de redécorer votre maison, ou de faire quelque chose de façon différente. Si le terme «partie créatrice» vous gêne, utilisez l'expression qui vous convient le mieux, l'essentiel étant de l'employer pour générer de nouvelles manières de répondre de façon satisfaisante à l'intention positive.

Adressez-vous à la partie en vous qui désire Y : *«Prends contact avec cette partie créatrice et expose-lui l'intention positive qui t'anime à mon égard, assure-toi qu'elle a bien compris.»* Puis, adressez-vous à la partie créatrice en vous : *«Dès que tu as compris l'intention positive, imagine d'autres solutions qui permettront d'accomplir cette intention positive, et communique-les à la partie qui veut Y.»* Certaines fonctionneront parfaitement, d'autres conviendront partiellement, d'autres encore, seront tout à fait inappropriées. La fonction de cette partie créatrice consiste uniquement à proposer une kyrielle d'idées qui seront soumises au choix de l'autre partie. *«La partie en moi qui désire Y choisit uniquement les solutions qu'elle pense plus efficaces et appropriées que X pour réaliser l'intention positive. A chaque fois qu'elle effectue un nouveau choix, merci de me transmettre un signal «oui» pour que je sois tenu au courant.»*

Lorsque vous avez trois signaux «oui», vous pouvez passer à l'étape suivante. Remerciez la partie créatrice et celle qui veut Y pour leur aide. Peu importe, à vrai dire, que vous sachiez consciemment ou non, quels sont ces trois nouveaux choix.

Etape 5. Obtenir l'engagement nécessaire et vérifier le processus. Demandez à la partie qui désire Y : *«Es-tu prête à réellement mettre en oeuvre ces* *nouvelles solutions dans les situations adéquates et à tester si elles fonctionnent ?»* De nouveau, demandez une réponse par le biais des signaux «oui/non».

Si vous recevez une réponse positive, passez à l'étape 6. Dans le cas contraire, déterminez quelle est l'objection. Peut-être devrez-vous retourner à l'étape 4 et trouver des choix supplémentaires qui ne feront plus l'objet d'un désaccord.

Etape 6. Assurez-vous que toute la démarche soit écologique pour votre être tout entier. A présent la partie en vous qui désire Y est satisfaite. Elle dispose, en effet, de trois nouveaux choix qui lui plaisent. Retirez-vous à nouveau à l'intérieur de vous-même et demandez à toutes les *autres* parties qui sont en vous : *«Y-a-t-il une partie en moi qui réprouve ces nouvelles solutions ?»* Si aucun signe ne se manifeste, vous avez accompli le processus.

Si vous percevez un signal visuel, auditif ou une sensation, vérifiez s'il s'agit d'une réelle objection, ou si une partie en vous se manifeste uniquement parce qu'elle est animée d'une certaine exaltation face à la perspective de ces nouveaux choix. Dites : «Si vous n'êtes pas d'accord, merci d'*intensifier* le signe pour dire «oui»; si vous êtes d'accord, merci de *diminuer* le signe pour dire «non». S'il existe en vous une partie qui réfute les nouvelles solutions, renouvelez le processus du recadrage en six étapes avec cette partie-là *et* la partie qui désire Y, et définissez trois nouveaux choix qui conviennent aux *deux*.

Si vous obtenez plusieurs objections, retournez à l'étape 2 et demandez à *toutes* les parties en vous qui s'y opposent, de former un «comité» qui identifiera les intentions positives de chaque partie et choisira, après l'intervention de la partie créatrice, parmi les nouveaux choix proposés. Assurez-vous que *chaque* choix réponde aux exigences de *chaque* partie concernée. Il ne s'agira pas d'un vote à la majorité, mais plutôt d'un concensus entre toutes les parties; ainsi le changement pourra être durable et efficace. Une fois que «toutes ces parties internes « seront d'accord, les changements désirés s'accompliront automatiquement.

Apprendre à aimer et à respecter votre être tout entier.

Le recadrage en six étapes est une méthode extrêmement rapide et efficace pour réussir les changements nécessaires sur le plan du comportement et des sentiments. Non seulement elle apporte une solution spécifique à un problème personnel, mais, en plus, elle génère une nouvelle *attitude* positive, bénéfique pour nous et pour les autres.

Depuis des siècles, les saints et les sages enseignent combien il est important d'apprendre à s'aimer soi-même, pour qu'en êtres accomplis et épanouis, nous puissions mener des vies heureuses et aimer les autres. Cependant, tous ces conseils ne donnent pas toujours les moyens d'y parvenir. Cela est présenté comme quelque chose que nous sommes seulement supposés atteindre par le pouvoir de la volonté ou de la grâce.

Forts de l'expérience acquise pour nous-même et au vu des résultats obtenus chez les autres, nous pouvons affirmer que cette méthode propose un *moyen* d'apprendre à s'aimer. Si l'on focalise son attention sur les aspects de nous-même que nous rejetons, il est certes facile de ne pas s'aimer et de détester les autres.

Cette méthode du recadrage nous apprend à accueillir tous ces sentiments et comportements parce qu'ils contiennent des intentions positives. Si nous sommes malheureux, en colère, gênés, si nous nous sentons coupables, acceptons et reconnaissons ces sentiments au lieu de nous critiquer, et cherchons à découvrir les intentions positives qui s'y cachent. Lorsque nous avons trouvé d'autres moyens de réaliser ces intentions positives, ces comportements et sentiments perdent toute raison d'être. Nous n'en avons plus besoin.

Autres exemples.

Voici quelques exemples, où le recadrage en six étapes a porté ses fruits pour permettre à de nombreuses personnes d'atteindre leurs buts.

Anna a ainsi réussi à arrêter de fumer. La séance entière a été enregistrée sur cassette vidéo (3).

Jack nous a demandé de l'aider car il avait peur de perdre sa femme. Jack est un homme d'affaires très actif et reconnu, mais il n'est pas satisfait de sa vie privée. Sa femme se plaint car il est toujours très critique et juge tout. Jack réprouve cette attitude, mais il ne peut la contrôler; les critiques s'échappent de ses lèvres de façon automatique. Si Jack se contient, sa manière d'être le «trahit» et sa femme n'est pas dupe. Elle sait qu'il y a de la critique en lui, même lorsqu'il ne dit rien. Il y a une voix intérieure en Jack qui *le* critique également constamment, et il se sent souvent médiocre et a l'impression de ne pas être à sa place.

La méthode l'a aidé à se réconcilier avec cette voix intérieure critique. Il a découvert que cette voix désirait vraiment que sa vie s'améliore, mais, comme beaucoup de parents, le seul moyen qu'il connaissait, c'était la critique. A la suite du recadrage, cette voix intérieure, lui suggérant des solutions et des idées positives exprimées avec douceur, est devenue son amie. Jack a remarqué qu'il adoptait naturellement une attitude plus positive à l'égard de sa femme et des autres.

Anna a été élevée dans un foyer religieux conservateur; bien qu'elle soit mariée, elle se sent toujours coupable chaque fois qu'elle a des rapports sexuels avec son mari. Quelque part pour elle, la sexualité est condamnable. Elle s'est mise à éviter toute relation sexuelle, pour ne pas avoir à affronter ses sentiments de culpabilité et de gêne. Elle aspire à vivre une sexualité épanouie avec son mari, mais sa lutte a été vaine, et quand elle est venue nous voir, elle ne savait vraiment plus quoi faire. La méthode lui a permis de se reconnecter avec cette partie d'elle qui a alimenté ses sentiments de culpabilité. Cette partie voulait qu'elle devienne quelqu'un de bien, qui a le sens de sa propre valeur et qui se respecte. Une autre partie d'elle s'est manifestée au cours du recadrage : cette partie, quand elle était adolescente, s'était rebellée contre l'éducation d'Anna, et l'avait conduite à quelques excès pendant une courte période. Cette partie voulait qu'Anna se réalise vraiment, et soit indépendante. Grâce à la méthode, nous avons trouvé de nouveaux choix qui s'ajustaient parfaitement avec les intentions positives des parties concernées et Anna a ainsi pu vivre une vie conjugale heureuse et épanouie.

Une de nos employées avait la réputation d'être «sauvage» car elle ne disait pas bonjour quand elle entrait dans le bureau. On a découvert que son intention positive était de respecter le temps de travail de chacun. Elle ne voulait pas déranger les autres en plein travail.

Améliorer les relations famliales.

Cette méthode est également très utile dans les relations familiales. A l'origine, les bases de cette méthode ont été élaborées par Virginia Satir, une des pionnières de la Thérapie Familiale. Elle s'en est servi pendant de nombreuses années, avant même que Bandler et Grinder ne créent le recadrage en six étapes. Le chapitre suivant propose une variation de cette méthode, appliquée aux enfants.

Prendre conscience des intentions positives peut également nous aider dans nos relations avec des adultes qui commettent des actes qui nous dérangent. La personne qui vocifère dans un embouteillage utilise le seul moyen qu'elle connaisse pour se libérer de ses frustrations et tenter de se sentir mieux. Celle qui vous trahit, se croit obligée de le faire pour survivre dans un monde dans lequel il lui est impossible d'avoir confiance.

Nous vous invitons à expérimenter cette méthode, en partant du principe que chacun de nous a toujours une intention positive. Constatez ce qui se passe en vous, combien votre comportement change lorsque vous considérez que la personne, qui, habituellement vous agace, est animée d'une intention positive. Même si vous ne la connaissez pas, vous pouvez supposer qu'elle existe. Faites de même pour vous. Chacun de *vos* sentiments et comportements cache des intentions positives que vous pouvez reconnaître et transformer en alliés.

Références

1. «Les Secrets de la Communication» de Richard Bandler et John Grinder, chapitre 3.

2. «Reframing : Neuro-Linguistic Programming and the transformation of meaning» de Richard Bandler et John Grinder.

3. «Recadrage en six étapes» cassette vidéo, Connirae Andreas (voir annexe II).

Votre mental
Peut-il s'élever et s'ennoblir
de la sagesse de votre coeur ?

Lao Tze

9 *Se comporter en parent positif*

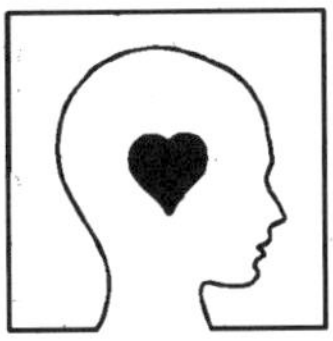

Les méthodes présentées dans cet ouvrage favorisent la guérison, permettent de résoudre et de surmonter les difficultés rencontrées dans la vie. Les mêmes principes s'appliquent également pour les enfants, et, dans ce domaine, la PNL propose aux parents des moyens d'assumer leur rôle avec plus d'efficacité et d'allégresse. En tant que parent, nous avons beaucoup appris à la fois de la PNL et des méthodes qui permettent de retrouver le contact avec notre propre sagesse intérieure.

Le rôle de parent peut souvent paraître écrasant et inciter les parents à prendre conseil auprès des spécialistes pour être en mesure de suivre les «règles du parent idéal.» Aussi judicieux que soient ces conseils, il est plus bénéfique de savoir tirer profit de sa propre expérience, de s'appuyer sur l'expert qui est en nous. Nous disposons tous, sans parfois nous en rendre compte, d'une kyrielle d'informations sur la situation de notre enfant. Apprendre à découvrir ces informations que nous ignorons peut nous aider à résoudre de nombreux problèmes.

Accéder à notre sagesse de parent.

Tout d'abord, installez-vous confortablement dans un lieu calme où vous ne serez pas dérangé. Détendez-vous. Le processus se déroulera ainsi avec plus d'aisance et vous en retirerez davantage de bénéfices.

Etape 1. Pensez à une situation difficile avec votre enfant. Votre enfant a peut-être commis quelque chose que vous n'avez pas très bien su gérer ou qui vous a fait sortir de vos gonds. Un aspect de votre enfant vous inquiète. Choisissez quelque chose que fait votre enfant ou quelque chose qu'il ressent. Si vous prenez quelque chose qui se produit régulièrement, l'exercice sera encore plus efficace.

Etape 2. Faites défiler le film de cette situation, d'après votre propre point de vue. Revivez l'épisode. Imaginez que vous traversez à nouveau la situation avec votre enfant, depuis le début, avec votre propre regard, examinant ce qui s'est réellement passé. Observez les sensations que vous éprouvez, les images, les sons... Notez les informations qui vous sont transmises. Peut-être n'êtes-vous pas quelqu'un de visuel, peu importe, soyez attentif à votre ressenti. La méthode fonctionnera tout aussi bien. Vous aurez peut-être envie de réexpérimenter plusieurs exemples de la situation choisie.

Etape 3. Revivez à nouveau *la même* situation, selon *le point de vue de votre enfant.* Faites à nouveau défiler le film de la situation, selon *le point de vue de votre enfant,* depuis le début, comme dans l'étape 2. Mais, avant de commencer la «projection du film», *observez cette fois-ci* votre enfant : son attitude, sa manière de respirer, de se mouvoir, etc. Ecoutez le son de sa voix. A présent, *prenez le rôle de votre enfant.* Vous *devenez* votre enfant. Vous vous déplacez comme lui, vous respirez comme lui, votre voix est devenue la sienne, vous voyez les choses à travers son regard, vous êtes entré dans sa peau. Maintenant, lancez la projection du film. Si vous n'êtes pas sûr d'être réellement votre enfant, ne vous inquiétez pas. Abandonnez-vous dans cette expérience, et notez ce que vous pouvez apprendre.

Prenez tout le temps nécessaire pour vivre cette situation *dans la peau de votre enfant* et enregistrez toutes les informations transmises. Peut-être avez-vous conscience de certains sentiments qui animent cet enfant, dont vous n'aviez pas idée en tant qu'adulte. Des besoins ou des désirs se manifestent peut-être en vous, vous qui êtes devenu votre enfant. Apprenez-vous encore d'autres choses ? Que percevez-vous des sensations de votre enfant, de son propre univers, et de sa manière de le gérer ?

Observez comment votre comportement est perçu par votre enfant. Votre comportement paraît-il différent, considéré de cette position stratégique ? Pour l'instant, contentez-vous de noter ce que vous apprenez. Si vous constatez que votre comportement, d'après le point de vue de votre enfant, n'est pas adéquat, soyez heureux de l'apprendre, de même si vous découvrez quelque chose concernant les sentiments de votre enfant.

Etape 4. Revivez à nouveau cette situation du point de vue d'un observateur. Cette fois-ci, vous observez et écoutez ce qui se passe d'un regard extérieur. Ceci vous permet d'être attentif *à la fois* à l'adulte et à l'enfant. Regardez le film se dérouler comme s'il s'agissait de quelqu'un d'autre. Notez ce que vous apprenez depuis votre poste d'observation.

Etape 5. Utilisez l'information. Vous venez juste de vivre la situation problématique, à partir de trois points de vue différents et très importants. De quelles informations disposez-vous à présent, que vous n'aviez pas auparavant ? Quelles nouvelles idées avez-vous obtenues concernant votre enfant et sur ce que vous pouvez faire, à présent, à partir de ces nouvelles données ?

La plupart des parents reçoivent des informations très intéressantes en devenant leur enfant à l'étape numéro 3. Vous pouvez obtenir une nouvelle sensation qui correspond à ce que votre enfant ressent ou désire que vous ignoriez auparavant. Ces informations représentent une mine d'or pour les parents.

En même temps, nous vous recommandons d'être très prudent quant à l'utilisation que vous pouvez faire de ce que vous apprenez. Personne ne sait jamais vraiment ce que l'autre personne pense ou ressent. Aussi faut-il être très vigilant et ne pas «construire nous-mêmes» ces informations; il est nécessaire de vérifier ce que nous avons appris. Ce processus peut nous aider considérablement à développer et à affiner nos intuitions sur ce que *les autres* vivent mais *les autres* restent les seuls à savoir exactement ce qu'ils ressentent.

Par exemple, si vous avez la sensation que votre enfant a besoin de se sentir en sécurité, vous agirez sans aucun doute dans ce sens-là. Vous choisirez peut-être de consacrer chaque soir plus de temps à votre enfant, un moment tranquille avant de dormir, un moment où vous tiendrez votre enfant dans vos bras et où vous le bercerez. Puis, observez comment votre enfant réagit. Votre enfant se sent-il plus décontracté et plus à l'aise ? Son comportement change-t-il les jours suivants, dans le sens que vous souhaitez ? S'il en est ainsi, continuez ce nouveau rituel jusqu'à ce que votre enfant y perde tout intérêt. Bien sûr, si votre enfant préfère continuer à s'amuser et ne pas rester dans vos bras, il vous faudra essayer autre chose.

Il n'est en général d'aucune utilité de dire à votre enfant ce que vous pensez de ce qu'il ressent. Car même si vous avez raison, les enfants, en général, s'en moquent complètement (les adultes aussi d'ailleurs) et cela leur est égal que quelqu'un d'autre leur dise ce qu'ils éprouvent.

Soi, l'autre et l'observateur. Une clé vers la sagesse dans de nombreuses situations.

Le but principal de cette méthode tend à nous guider à travers trois «positions» ou «points de vue» dans notre vie. Nous pouvons vivre un événement du point de vue de nous-même (soi), d'une autre *personne* dans l'expérience (l'autre), ou bien comme quelqu'un d'autre (l'observateur). De manière générale, nous expérimentons les choses selon notre propre point de vue. De cette manière, nous avons accès à certaines informations et à certaines seulement. Lorsque nous prenons le temps d'observer quelle information peut nous être transmise, lorsque nous devenons «l'autre», ou bien lorsque nous devenons «observateur», nous obtenons beaucoup plus d'informations sur lesquelles nous pouvons orienter nos actes et nos sentiments. Par là même, nous gagnons en sagesse, puisque nous pouvons avoir accès à davantage d'informations. Cette faculté est un atout considérable, non seulement pour assumer le rôle de parents, mais également lorsqu'il s'agit de créer une intimité durable avec quelqu'un et également lorsque l'on désire, par exemple, construire des relations de travail respectueuses et fructueuses.

Vous vous êtes peut-être senti plus à l'aise dans l'une ou l'autre de ces situations. Cet élément constitue également une information précieuse pour vous. Certaines personnes n'adoptent jamais ou très rarement la position de «l'observateur». Ceci constitue un élément significatif : pour eux, se mettre dans la position de l'observateur doit être une source d'informations tout à fait intéressante et nouvelle. Beaucoup de gens aiment parler de leurs problèmes avec un ami afin d'avoir une opinion, un «point de vue extérieur». Lorsque nous adoptons la position de l'observateur pour examiner notre vie, nous nous offrons un nouveau point de vue.

D'autres personnes ne font rarement ou jamais l'expérience de la position de «l'autre». On leur reproche d'ailleurs souvent d'être un peu sauvages, maladroites, ou en tous cas, peu sociables. Bien souvent, ces personnes-là ne savent tout simplement pas comment «devenir quelqu'un d'autre» pour pouvoir se rendre compte dans quelle mesure leur comportement touche les autres. Dans une telle situation, il est donc tout à fait intéressant d'essayer la position de «l'autre» car depuis cette perspective-là, ces personnes obtiendront beaucoup d'informations. Se mettre à la place de «l'autre» est une faculté et une qualité qui a fait ses preuves depuis déjà de nombreux siècles. Cette méthode nous permet d'y accéder directement. Avec un peu de pratique, on acquiert une plus grande capacité et on affine sa perception des réactions des autres.

Bien que cela puisse paraître quelque peu bizarre, certaines personnes ne considèrent pas leur vie comme une expérience qui leur appartienne. Tout se passe comme si elles étaient en permanence un observateur extérieur qui semble «distant» ou sans réaction émotionnelle vis-à-vis des autres. D'autres considèrent toujours les choses d'après le point de vue de quelqu'un d'autre, jamais de leur propre point de vue. Dans ce cas-là, ces personnes retireront beaucoup de bénéfices de cet exercice où elles devront se positionner par rapport à elles-mêmes.

Lorsque nous avons remarqué dans quelle position ou selon quel point de vue nous sommes le moins à l'aise, nous devons nous entraîner davantage en prenant ce point de vue. Lorsque nous trouvons l'équilibre dans notre faculté à adopter la position de «soi», de «l'autre» et de «l'observateur», nous bénéficions de triples informations et notre sagesse est également renforcée puisque nous disposons alors de trois perspectives différentes.

Communication non-verbale avec votre enfant.

La plupart des parents désirent développer un lien profond avec leurs enfants et certains y parviennent très bien. A cette fin, vous pouvez mettre en oeuvre un processus de communication non verbale qui vous aidera à établir le rapport avec votre enfant, et vous serez surpris sans doute de constater les bénéfices que vous en retirerez également dans d'autres domaines.

Au tout début du développement de la PNL, on a découvert que *les gens qui entretiennent une communication très profonde avec autrui, le font sur un mode non verbal.* Par exemple, lorsque deux personnes sont au restaurant, chacune très intensément impliquée dans la relation à l'autre, on peut remarquer que l'attitude corporelle des deux personnes, le ton et le rythme de leur voix sont tout à fait synchronisés. Tout à coup, si l'une se met à parler beaucoup plus fort ou beaucoup plus doucement, plus rapidement ou plus lentement que l'autre, le rapport est alors interrompu.

Un bébé, dans sa phase de babillage, a une conversation faite de babillements avec quelqu'un qui utilisera les mêmes sons, les mêmes rythmes et la même vitesse. Lorsqu'un jeune enfant se trouve dans une phase de timidité, on pourra facilement communiquer avec lui en se montrant soi-même «timide». Si l'enfant se cache derrière sa maman ou son papa, vous pouvez «vous cacher derrière vos mains». Puis, sortez prudemment votre visage pour regarder l'enfant, et, très vite, vous vous cachez à nouveau derrière vos mains dès que l'enfant vous a remarqué. En principe, l'enfant s'intéressera très vite à *votre* timidité et ne s'intéressera plus à la sienne.

Vous êtes déjà probablement souvent en synchronisation avec votre enfant. Vous pouvez sans doute expérimenter d'autres formes de synchronisation non verbales, pour découvrir l'impact que cela a sur votre relation. Parfois, cela semble un peu étrange tout d'abord, puis, lorsque l'automatisme s'est installé, les parents se sentent davantage reliés à leur enfant d'une manière nouvelle. Vous pouvez vous synchroniser avec la respiration de votre enfant, le ton de sa voix, ou ses mouvements.

Lorsque vous agissez ainsi, votre enfant ressent inconsciemment une reconnaissance profonde. Nous nous sentons tous «blessés» ou dupés lorsque quelqu'un dit «oui» mais crie «non» sur un mode non verbal. N'est-ce pas la preuve la plus complète d'une reconnaissance lorsque quelqu'un reconnaît non verbalement, non seulement ce que vous dites, mais *toute* votre communication : votre manière de respirer, de parler, de vous mouvoir ? Lorsque nous sommes en synchronisation avec nos enfants, c'est comme si nous disions «je t'ai pris en compte, je t'ai remarqué, je réagis à ce que tu es, je te reconnais en tant qu'être unique et différent de tous les autres êtres vivants, je change qui je suis pour un instant, pour être en synchronisation avec *toi*. *Je suis* avec toi d'une manière fondamentale et unique.»

J'ai assisté à de nombreuses séances destinées aux parents qui recommandent tout simplement «d'être avec» l'enfant quand on ne sait pas quoi faire d'autre. C'est un excellent conseil. Lorsque vous savez comment être en synchronisation avec le comportement non verbal de votre enfant, vous avez naturellement une manière bien particulière d'être avec lui qui permet d'établir un lien profond qui traduit le respect que vous éprouvez pour votre enfant en tant qu'individu. A ce moment-là, vous n'essayez pas de faire quoi que ce soit pour votre enfant, vous n'essayez pas non plus de changer quoi que ce soit. Vous êtes simplement là et vous reconnaissez l'être qu'est votre enfant. *Etre* votre enfant, n'est-ce pas la meilleure façon de montrer que vous l'acceptez, par cet effet de miroir, de mimétisme de sa respiration, du ton de sa voix, etc ?

Susciter un changement progressif.

Outre ce sentiment d'acceptation qui découle d'une synchronisation non-verbale, votre enfant se sent peut-être plus réceptif aux petits changements de comportement, vous êtes alors plus à même de lui proposer des changements progressifs.

Lorsque vos enfants étaient nouveau-nés, vous les avez tenus dans vos bras en essayant de rythmer votre respiration avec la leur pour créer un rapport de confiance. Il est certes difficile de respirer aussi vite que le fait un nouveau-né; placez votre main tranquillement sur le ventre ou sur le dos de votre enfant et laissez tout simplement votre main suivre les mouvements respiratoires de l'enfant; une caresse sur sa tête ou sur son dos, *au même rythme que sa respiration*, en allant vers le bas à chaque expiration. De façon non-verbale, nous apportons une réponse à l'enfant, nous lui faisons savoir que nous sommes «avec lui». Cela a en général un effet calmant tout à fait remarquable. Lorsque nos enfants étaient nerveux ou pleuraient, nous calquions notre respiration sur la leur, puis nos mouvements devenaient peu à peu plus lents, plus calmes, invitant ainsi l'enfant à rentrer dans cet état. Si l'enfant n'était pas prêt à suivre nous n'insistions pas.

Il est donc possible de synchroniser sa respiration avec les mouvements des nouveau-nés. Lorsque les enfants grandissent, nous pouvons également nous synchroniser avec le ton ou le rythme de leur voix. Parfois, vous souhaiterez seulement être en synchronisation. Par contre, si vous désirez l'aider à devenir plus calme, ou à trouver un état qui soit plus enrichissant pour lui, vous pouvez tout d'abord vous synchroniser avec lui puis, lentement, changer votre propre comportement, pour devenir plus calme et plus tranquille. L'essentiel est de changer votre comportement en suivant le rythme de votre enfant. Si votre enfant vous suit dans un état plus calme, plus serein, il vit le processus de la manière suivante, il se dit : «Oh, on me comprend, il fait comme moi. Il est synchronisé avec moi. Je dois être dans la position juste puisqu'il fait comme moi. Et maintenant, il change un petit peu, oh, et c'est bon de le suivre. S'il peut être moi, alors je peux être lui et je peux donc le suivre dans ce nouvel état, dans cette direction.»

Trouvez les intentions positives de votre enfant.

Dans le chapitre précédent, nous avons parlé du recadrage en six étapes et nous vous avons montré la manière de trouver les intentions positives même dans les comportements les plus négatifs, cette démarche nous conduit sur le chemin de nouveaux choix.

Ceci est particulièrement important et utile lorsqu'il s'agit d'assumer son rôle de parent. Lorsque nos enfants se comportent mal, il est très facile de supposer des intentions négatives. Lors de nos séances consacrées aux parents, j'entends souvent des parents dire : «Oh, mon fils est dans une période de lutte de pouvoir avec moi. Il veut le pouvoir.» Ou bien «On dirait que mon enfant me cherche, il est sans cesse après moi. Il fait tout ce qui peut m'énerver et m'irriter.» Il est très facile de qualifier le comportement d'un enfant d'agressif ou de «méchant». Si nous pensons que nos enfants ont des intentions négatives, nous devenons, alors, leurs adversaires.

Au contraire, lorsque nous partons du principe que nos enfants ont toujours des *intentions positives,* cela rend notre tâche plus aisée. Au lieu de prétendre que notre enfant veut le pouvoir, nous pouvons nous demander : «Quel est l'aspect positif qui se cache dans son désir de pouvoir ?» Ce désir de pouvoir peut exprimer chez l'enfant un besoin de se sentir en sécurité dans le monde, de sentir qu'il est utile, de se valoriser, ou bien cela peut servir d'autres intentions positives. Même lorsque nous ne savons pas quelles sont les intentions positives de notre enfant, nous savons qu'il y en a et cela nous permet de changer nos sentiments et nos actes à son égard. Nous n'avons plus besoin d'entretenir une guerre avec lui et avec son comportement déplaisant. Tout au contraire, nous pouvons nous allier avec son intention positive et l'aider à trouver une meilleure manière d'obtenir ce qu'il désire. Ce sont des solutions qui sont plus acceptables pour nous et pour les autres. Voici un exemple de ce processus :

Lorsque nos enfants étaient plus jeunes, un jour, je suis entrée dans le salon et j'ai vu Marc, 3 ans, en train de battre Loren, 1 an. Comme Marc était assez costaud, je l'ai rapidement éloigné de Loren pour éviter qu'il le blesse.

«Marc, NON !» Le ton était net et ferme et en même temps je séparai les deux enfants. «Je ne veux pas que tu frappes Loren.»

Je me suis alors agenouillée près de Marc et, changeant complètement le ton de ma voix, je lui ai demandé doucement : «Marc, qu'est-ce que tu essayais de faire ?»

«Je ne veux pas que Loren joue avec mon jeu de construction.»

Ceci était sans équivoque. Pour Loren, bien sûr, c'était facile et cela paraissait même plutôt amusant de démolir les constructions de son frère. Je répondis à Marc : «Bon, ça me semble tout à fait normal.» Je montrais que j'étais entièrement d'accord avec son intention positive. «Réfléchissons à ce que nous pourrions faire pour que tes constructions ne risquent rien. Veux-tu que je t'aide à déplacer tes constructions sur la table, comme ça Loren ne pourra pas y avoir accès ?»

«Oui.» Marc pensait aussi que c'était une bonne idée.

«Maintenant, cela va aller bien mieux. Tu peux continuer tes constructions et elles ne craignent rien !»

De nombreuses disputes entre enfants ne sont que des variations de ce scénario. Lorsque les enfants n'obtiennent pas ce qu'ils veulent, ils poussent les autres enfants, ils frappent, crient. D'un point de vue extérieur, ce comportement peut paraître méchant. Mais du point de vue de l'enfant, c'est la seule manière qu'il a de pouvoir montrer ce qu'il souhaite. Notre rôle en tant que parent consiste à respecter ces intentions positives et à offrir de meilleures manières de les réaliser.

Les intentions positives respectent à la fois parents et enfants.

Lorsque un enfant a un comportement désagréable, beaucoup de parents s'arrêtent à l'étape numéro un et essayent simplement d'arrêter ce comportement non désiré. Si j'avais agi de la sorte avec Marc, il se serait senti frustré et m'en aurait voulu parce qu'il n'aurait pas pu, de toute façon, protéger ses constructions. Et c'est, en fait, ce qu'il voulait. Frapper et crier était la seule manière pour lui d'obtenir ce qu'il désirait.

Si nous nous contentons de stopper les comportements non désirés, les enfants apprennent petit à petit, à penser qu'ils sont eux-mêmes «méchants» ou «mauvais». Ils se sentent en conflit parce qu'ils ne peuvent ni battre, ni frapper, ni crier pour obtenir ce qu'ils veulent et s'ils sont «gentils» ils perdent quelque chose qui est important pour eux.

Au contraire, en appliquant les quatre étapes, vous aidez votre enfant à identifier son intention positive et à trouver une autre solution. Voici trois des effets à long terme que vous pourrez constater :

– L'enfant se considère comme quelqu'un qui a de bonnes intentions, il ne se sent ni agressif, ni mauvais. Ceci contribue à renforcer chez lui une idée positive de lui-même.

– L'enfant considérera les autres enfants de la même manière; c'est-à-dire que même lorsque ces enfants feront des choses qui lui déplaisent, il saura qu'ils agissent en étant animés de bonnes intentions.

– L'enfant apprend automatiquement à penser, à trouver des solutions nouvelles et à mettre en oeuvre ses ressources créatrices lorsqu'il doit trouver une solution à un problème.

Trouver l'intention positive des enfants.

Cette technique est à utiliser lorsqu'un enfant a un comportement déplaisant, lorsqu'il est susceptible de se blesser, de frapper quelqu'un d'autre, ou qu'il a un sens trop aigu de la propriété.

1. Tout d'abord, interposez-vous, limitez ou arrêtez le comportement non désiré d'une façon rapide mais calme.
2. Trouvez l'intention positive du comportement non désiré. «Qu'est-ce que tu es en train de faire ?» «Qu'est-ce que tu veux ?»
3. Reconnaissez l'intention positive de l'enfant ou mettez-vous d'accord avec son intention positive. «C'est effectivement important de protéger tes jouets.»
4. Aidez l'enfant à trouver d'autres manières de réaliser son intention positive. «Comment pourrais-tu accomplir cela ?» Avec des jeunes enfants, il est parfois utile de mentionner des possibilités qui pourraient leur échapper.

Construire une image valorisante de Soi : L'Etre face au comportement.

Il est important de savoir comment nous parlons du comportement de nos enfants, car ainsi, nous leur permettons de se sentir bien dans leur comportement et dans leur être. Malheureusement, souvent, les parents ne facilitent pas les choses aux enfants.

Avez-vous jamais entendu un parent dire : «Johnny, j'aimerais que tu ne sois pas aussi étourdi !» ou, «Je ne sais pas comment tu fais pour être aussi actif !» Lorsque nous parlons ainsi à nos enfants, nous agissons comme si être «étourdi» ou «hyperactif» étaient des traits permanents de leur personnalité. Nous parlons comme si ces qualités caractérisaient l'essence même de notre enfant. «Johnny a les cheveux bruns, il a deux bras et il est *hyperactif.*» Nous appelons ceci le «Langage de l'Etre.» Lorsque Johnny entend cela, il peut se sentir mal à l'aise et avoir une impression négative à propos de cette qualité qui lui est reprochée. Mais lorsqu'il entend que cette qualité est une de ses caractéristiques fondamentales, qu'il est lui-même cette qualité-là, alors, il ne peut rien faire contre.

Au lieu de parler de l'être qu'est Johnny, nous parlons simplement du comportement de Johnny. De cette manière, Johnny sait qu'il a le choix.

«Johnny, grand-mère ne veut pas que l'on coure dans son salon, si tu as envie de courir maintenant, tu peux aller le faire dans la cour ou sinon, fais quelque chose de plus calme ici avec nous.» Imaginez que vous êtes Johnny, dans ce cas, il est plus facile pour vous de répondre de façon positive, nous n'avons pas caractérisé Johnny comme étant une personne étourdie ou hyperactive, nous avons simplement parlé de son comportement et nous lui avons exprimé le choix dont il dispose. Lorsque nous voulons modifier le comportement de notre enfant, il est plus facile de parler distinctement du comportement et non pas de ce qu'il est en tant qu'être.

En employant un langage qui caractérise «l'être» lorsque votre enfant se comporte bien, vous l'aidez ainsi à s'identifier avec des caractéristiques de sa personnalité qui lui seront utiles et qui l'aideront à construire un sens positif de lui-même. C'est ce que l'on appelle souvent l'estime de Soi ou le sens de la valeur de Soi. Voici quelques exemples : «Sarah, merci de donner ce jouet à Allison; tu es quelqu'un qui sait vraiment partager.» «Ah, ça c'est une bonne idée pour grimper sur le rocher. Tu es vraiment doué pour trouver des solutions aux problèmes.»

Nous recommandons toujours de commencer par quelques mots sur le comportement particulier, pour que votre enfant sache ce que vous aimez : «Merci d'avoir mis la table.» Ensuite, vous pouvez lui faire penser à quelque chose qui le caractériserait, à une qualité intrinsèque : «Ah, je suis content que tu sois aussi serviable.» Ceci aide votre enfant à penser à cet exemple qui le caractérise dans sa manière d'être et d'en retirer une certaine fierté.

Bien sûr, il est préférable d'utiliser cette sorte d'éloge avec modération, l'excès inverse pourrait inciter l'enfant à s'attendre à être complimenté au lieu d'éprouver le plaisir d'agir et de se comporter en respectant les autres et en étant coopératif.

Langage «temporaire» contre langage «permanent».

De la même manière, nous avons deux choix lorsque nous parlons du comportement de notre enfant. Soit nous lui attribuons une caractéristique temporaire, soit nous le situons dans la permanence. Voici quelques exemples de langage permanent : «Tu es *toujours* en train d'embêter ta soeur.» «A *chaque fois* que je te donne quelque chose à faire, tu ne veux pas le faire.» «tu es *toujours* en train de te battre.» Lorsque nous utilisons ce langage qui dénote le côté permanent des qualités, l'enfant saisit le message, et pour lui, son comportement est indésirable, il l'a toujours eu et l'aura toujours. Même si vous avez raison en disant que votre enfant a *toujours* fait telle chose, en utilisant ce langage de la permanence, vous transmettez implicitement à l'enfant le message qu'il ne pourra pas changer ce comportement.

Au contraire, lorsque nous utilisons le langage «temporaire», nous voulons marquer l'aspect provisoire de ce comportement : «*Juste à l'instant*, tu étais en train d'ennuyer ta soeur. Si tu continues à le faire, tu devras aller jouer dans une autre pièce *pendant un moment*.» «Je sais que tu n'as pas envie de faire ce travail *maintenant.* Mais, il faudra que tu le fasses, tout de même, avant le dîner.» «Je ne veux pas que tu frappes Sarah. Est-ce que tu ne veux pas jouer ici pour avoir plus de place ?»

Grâce au langage du comportement temporaire, vous laissez la porte ouverte au changement pour l'enfant. Bien que ce ne soit généralement pas une solution suffisante, en soi, cela vous donne de plus grandes chances de réussir lorsque vous pratiquez d'autres méthodes d'éducation comme par exemple, remodeler le comportement d'un enfant.

Quand utiliser le langage de la permanence.

En général, lorsque vous désirez que votre enfant fasse telle ou telle chose à l'avenir, utilisez des mots qui impliquent cette idée de permanence; lorsque vous ne voulez pas que votre enfant fasse quelque chose, employez des mots qui dénotent l'aspect temporaire du comportement. De cette façon, votre enfant pourra considérer beaucoup plus facilement l'aspect temporaire de ses comportements négatifs et envisager certaines autres qualités positives avec l'idée de permanence.

Voici quelques exemples : «Vous vous amusez bien ? Je suis content que vous vous entendiez bien, tous ensemble, les enfants.» «Ah, merci d'être aussi sages. C'est vraiment très agréable que vous vous teniez si bien au restaurant.» Comme pour les exemples cités dans le paragraphe *L'Etre face au comportement*, nous commençons par quelque chose de spécifique, puis nous le caractérisons pour lui attribuer une valeur de pérennité. Si je dis «Tu *es* tellement sage au restaurant» je décris ce comportement d'une manière *permanente.* Ceci est très différent de la version : «Eh bien, pour *une fois* tu es sage ! J'aimerais que tu sois comme ça plus souvent.» Dans ce cas, je présuppose que l'enfant n'est *pas* sage la plupart du temps : la seule raison qui justifie le désir de voir l'enfant sage est qu'il ne l'est pas habituellement.

Bien que nous ayons présenté séparément «comportement contre être» et «temporaire contre permanent» afin de simplifier l'exposé, ces deux méthodes sont beaucoup plus efficaces lorsqu'elles sont utilisées ensemble : *comportement* et *temporaire* pour les comportements négatifs; *Etre* et *permanent* pour les comportements que l'on veut encourager.

Respecter l'enfant.

Dans ce chapitre, nous avons supposé que «les comportements que vous voulez encourager» sont ceux qui sont également bénéfiques à l'enfant, et «les comportements négatifs» sont ceux qui rendent l'enfant malheureux ou qui peuvent le conduire à des perturbations. Ces méthodes ne fonctionneront pas si l'on ne respecte pas les souhaits et les besoins de l'enfant et si l'on essaye tout simplement de le modeler en fonction d'une idée rigide de ce que l'on pense être bien pour l'enfant ou de ce que l'enfant *devrait* être.

C'est pourquoi nous avons commencé ce chapitre en enseignant l'exercice qui vous met à la place de votre enfant. Fort de votre expérience d'adulte *et* de la connaissance que vous avez obtenue de cette expérience d'être votre enfant, vous pouvez réussir facilement à trouver des solutions aux problèmes auxquels vous êtes confrontés. En connaissant et en respectant le monde de nos enfants, nous les aidons à apprendre à réagir et à se comporter de manière à ce qu'ils trouvent leur bonheur et vivent des vies épanouies.

Cette présentation est un petit échantillon de ce que les méthodes de PNL peuvent apporter pour faciliter la compréhension des enfants et les aider à grandir dans le bonheur, à développer leurs capacités et à devenir des adultes responsables.

10 Affirmez-vous respectueusement.

On raconte en guise de plaisanterie l'histoire de ce vieux monsieur qui se rendit un jour chez son médecin : il se plaignait d'aller à la selle tous les matins à 8h30. Le médecin, un peu perplexe, lui répondit : «Parmi mes patients d'un certain âge, nombreux sont ceux qui apprécieraient d'aller à la selle régulièrement. En quoi cela vous pose-t-il problème ?» «Et bien,» répondit le vieil homme, «le problème, c'est que je ne me réveille jamais avant 9h30.»

Bien qu'il s'agisse d'une plaisanterie, cela illustre bien ce que l'on appelle le recadrage de contexte : un comportement approprié dans un certain contexte devient problématique dans un contexte différent (et vice versa).

Nous voulons, à l'aide de cette histoire, souligner deux points essentiels : le premier concerne la rapidité avec laquelle votre cerveau a réévalué la situation du vieux monsieur lorsque vous avez appris que ce dernier ne se réveillait pas avant 9h30. Au moment où vous comprenez ces mots, l'image mentale que vous aviez de cette situation a changé *instantanément;* vous l'avez vue différemment

Le second point, c'est que le coté amusant et la modification de vos perceptions résultent d'un présupposé. Le fait que le vieux monsieur se réveille après 9h30 *présuppose* qu'il se trouve encore au lit à 8h30, bien que cela n'ait pas été clairement *dit.* On peut utiliser les présupposés de manière analogue pour aider les gens à percevoir des situations problématiques sous un angle différent. Bien qu'à première vue, je ne fasse que «discuter» avec les patients dont il est question dans ce chapitre, ce que je dis tend toujours à déplacer les présupposés qui créent ou entretiennent leur problème.

Obtenir une augmentation.

Claire, Docteur en psychologie-conseil, travaille dans une importante école de médecine dans une grande ville, tout en pratiquant à temps partiel à titre libéral. Elle a fondé la clinique de l'école et continue d'en assurer le fonctionnement de façon efficace. Son travail lui paraît satisfaisant et épanouissant et elle a le sentiment de contribuer largement au succès de l'école. Quoi qu'il en soit, elle n'est pas parvenue à obtenir de la direction la reconnaissance financière quc d'autres se voient accorder. Lors d'une formation à la PNL à laquelle elle participait, Claire nous a demandé de l'aider.

«Je veux savoir m'y prendre avec mes supérieurs, notamment avec les hommes, pour demander une augmentation de salaire.» Claire exprime sa demande sur le ton d'une question. De toute évidence, elle semble peu convaincue du bien-fondé de sa démarche.

«J'ai déjà demandé plusieurs augmentations. A chaque fois, je me suis sentie mal à l'aise et cela n'a pas abouti. J'ai accumulé les refus auprès de mes supérieurs successifs. *A chaque fois* que j'ai demandé, j'ai échoué et à chaque échec, je me suis sentie un peu plus mal.»

En cherchant à obtenir des informations supplémentaires concernant ses difficultés, j'ai appris que Claire se sentait en échec bien avant de pénétrer dans le bureau du directeur.

«Un collègue qui possède la même formation que moi a été embauché trois ans après moi et il a débuté avec un salaire de 20 000 $ supérieur au mien. Il n'assume pas la même charge de responsabilités et il a pourtant bénéficié de nombreux avantages : davantage de congés, frais de déplacement plus élevés et ainsi de suite. Aussi, la dernière fois que je suis allée réclamer une augmentation, j'ai eu l'impression d'être l'objet d'une sorte de conspiration. Tout se ligue contre moi avant même que j'entre dans le bureau.»

«Est-ce à dire que vous vous représentez mentalement toutes ces choses liguées contre vous avant de pénétrer dans le bureau du directeur ?»

«C'est cela.» nous a-t-elle confirmé.

En l'interrogeant davantage, j'appris que Claire visualisait une longue série d'images défavorables. Plus ces images négatives étaient nombreuses, plus elle se sentait mal.Cela paraît logique que cette visualisation négative lui donnait le sentiment que sa demande d'augmentation était systématiquement vouée à l'échec, avant même qu'elle la formule et que cela rendait son discours hésitant et peu convaincant.

Un individu qui se sent condamné à l'échec agit non verbalement très différemment d'une personne qui fait son entrée de façon optimiste. Si quelqu'un pousse la porte du bureau de son supérieur en s'attendant à être rejeté, il est d'autant plus facile à ce dernier de rejeter effectivement la demande.

Il en va de même dans d'autres domaines de notre vie. Imaginez que deux personnes différentes vous proposent une sortie au cinéma. La première vous aborde en s'excusant, la tête basse, comme si elle s'attendait à un refus de votre part, peut-être même comme si elle ne mértait pas que vous acceptiez. Cela ne vous donne-t-il pas envie de trouver une autre distraction ? Imaginez une seconde personne vous proposant d'aller voir le même film, mais présentant cela comme quelque chose d'attrayant. Cette seconde personne a une mine enjouée, agréable, engageante et pense, à l'évidence, qu'il s'agit là d'une excellente idée. Laquelle de ces deux personnes est la plus susceptible de vous *donner* envie d'aller au cinéma ?

Je creusai plus avant pour découvrir de manière plus précise ce que Claire voulait dire par «des choses liguées contre elle.» Ce collègue, du même niveau de formation que Claire, mais avec un salaire plus élevé, entretenait de bons rapports avec le directeur. Il l'invitait souvent à dîner chez lui ou en ville, il plaisantait aussi avec lui. Claire s'abstenait de telles pratiques qui lui paraissaient déplacées. De plus, la comptable avait fourni au supérieur des informations erronées.

«La dernière fois que j'ai demandé une augmentation, je me suis entendu répondre : «Je serais ravi de vous accorder une augmentation substantielle, car vous la méritez, mais la comptable dit que nous n'avons même pas de quoi régler la facture de téléphone de ce mois.» Je suis alors allée questionner la comptable qui m'a annoncé d'un air dégagé que nous disposions de 260 000 $! »

«Et qu'est-ce qui vous a empêchée de retourner voir votre directeur et de lui dire : Je viens d'apprendre que nous avions en caisse 260 000 $, au fait à combien s'élève la facture de téléphone ?»

Claire et les autres participants éclatèrent de rire.

«Cela s'est produit *juste* avant que je participe à ce séminaire, c'est pourquoi je n'ai encore rien pu faire.»

Claire poursuivit et nous expliqua comment elle se débrouillait pour se sentir mal avant de demander une augmentation.

«Cela ne date pas d'hier. Depuis de longues années, tous mes supérieurs me traitent comme une citoyenne de seconde zone. Lorsque j'ai débuté ici, je devais pointer mes heures de présence; à la fin de l'année, on me devait trois mois de salaire en heures supplémentaires. Mais ils m'ont simplement dispensée de pointage en me disant : pas question d'indemnité pour les heures supplémentaires, nous retirons la pointeuse sans compensation financière.»

A ce point, j'en savais assez sur les exemples que Claire avait en tête pour commencer à lui faire envisager tous ces éléments sous un angle différent afin qu'elle reprenne confiance en elle.

«Claire, *beaucoup de choses* de ce genre se *sont produites* dans le passé. Voyez, vous ne citez pas *qu'un seul* exemple, mais vous en avez des tas.» Je prononçai ces paroles d'un ton enthousiaste, comme si c'était une chose merveilleuse pour piquer sa curiosité et lui donner envie de découvrir *en quoi* cela était merveilleux.

«La question est la suivante : comment se fait-il que vous preniez tous ces exemples», dis-je en désignant l'endroit où elle visualisait mentalement ces fameux exemples, «et que vous ayez imaginé que toute cette histoire vous soit défavorable pour entamer une négociation, plutôt que de vous dire : Je n'ai pas *un* exemple, mais des quantités d'éléments pour appuyer ma demande.» et en tirer ainsi un sentiment de force et de détermination.» Bien que je lui aie dit cela sous forme de question, mon objectif était d'inciter Claire à envisager tout ce passé négatif sous un jour nouveau et à le considérer comme un atout. Tout en parlant, j'observais Claire attentivement pour déterminer si ce processus fonctionnait pour elle.

Claire souriait en m'écoutant. Elle repensait à ces mêmes exemples qui l'avaient mise mal à l'aise et lui donnaient un sentiment d'échec un instant auparavant, mais, à présent, elle paraissait forte. De toute évidence, elle modifiait mentalement la *signification* de ces évènements.

«Excellente idée.» fit-elle avec un large sourire.

«Oui, car s'ils vous avaient traitée injustement une seule fois, ils auraient pu trouver des excuses et dire : c'est à cause de ceci ou de cela, mais devant tous ces faits, que pouvaient-ils dire ?»

«Euh.»... Claire laissa cette nouvelle perspective s'insinuer en elle plus profondément. Elle avait de plus en plus de ressources. «Merci !»

Je poursuivis et expliquai aux participants.

«Claire avait envisagé tous ces éléments comme autant de raisons de se décourager au lieu de reconnaître de quelle manière ils pouvaient, en fait, étayer sa demande et l'aider à la formuler sereinement.» J'adressai ce message à l'ensemble du groupe avec une intention plus particulière pour Claire, laissant le son et les vibrations se propager dans toutes les directions. Mon intention était d'ancrer chez elle, davantage encore, cette nouvelle signification; je parlai du problème au passé et mis, de façon non verbale, l'accent sur son nouveau point de vue.

Claire pouffait de rire à présent.

«Merci, je vois d'ici la note que je vais rédiger.» Claire se sentait apparemment optimiste et résolue. Mais que se passerait-il si elle formulait sa demande en toute confiance et essuyait un refus ? Se sentirait-elle anéantie ? Un refus était envisageable et je voulais m'assurer que Claire était prête à faire face à toutes les éventualités de manière positive. Je parlais avec le groupe tout en observant les attitudes non verbales de Claire, m'assurant qu'elle réagissait positivement.

«Nous voulons que Claire soit parée à toute éventualité. D'accord ? Lorsque j'entame une négociation, j'aime savoir précisément jusqu'à quel point je peux faire des concessions et disposer de positions de repli intéressantes. Ainsi, je ne me vois pas acculé à accepter un arrangement qui m'est défavorable et j'aime savoir et cela m'est précieux, que, quelle que soit la tournure que prennent les événements, il me restera des choix satisfaisants.»

Avant tout, je voulais m'assurer que Claire utiliserait positivement ses atouts nouvellement acquis. «Lorsque je demande quelque chose, j'aime présenter les données dont je dispose de manière positive, afin de faire de mon interlocuteur un allié. En pareille situation, je dirais : je me sens pleinement solidaire de l'établissement et je souhaite réellement continuer à y travailler; je suppose que vous n'avez pas eu connaissance de ces éléments auparavant. Je sais qu'il est important pour vous - et cela l'est également pour moi - de disposer d'un personnel dévoué à l'établissement. Je veux continuer à apporter ma contribution comme par le passé et c'est pourquoi, je soulève ce problème. Il m'importe de le résoudre d'une manière équitable, à la fois pour vous et pour moi.»

«Ce genre d'approche est beaucoup plus susceptible d'induire une réaction positive que de lancer des critiques et des récriminations, telles que : Vous auriez dû remédier à cela depuis longtemps etc. J'ai alors peu de chances d'obtenir gain de cause. Mais, si je fais appel aux intentions positives de mon interlocuteur et si j'explique en quoi ma requête peut bénéficier à la collectivité, je mets toutes les chances de succès de mon côté.»

Claire acquiesça.

Je prononçai ces mots pour m'assurer que Claire saurait comment exposer son cas de façon à obtenir un accord et lui fournir une alternative en cas de refus. En exposant ma propre expérience plutôt qu'en prescrivant une ligne de conduite à Claire, je lui permettais de ne retenir que les éléments qu'elle jugeait utiles et de les intégrer.

De plus, je souhaitais m'assurer qu'elle disposait d'un plan d'action au cas où l'échec se reproduirait.

«Quoi qu'il en soit, même si je me sors au mieux de cette situation, je n'ai aucune garantie que mon interlocuteur reste raisonnable. Le directeur peut parfaitement me répondre que ce n'est pas son avis, niant ainsi la valeur de ma contribution même si j'ai raison. Si cela se produit, je veux disposer d'une porte de sortie quelle que soit l'issue de l'entretien.

«Il y a une solution : collecter les informations qui permettraient d'obtenir l'augmentation désirée. Ecoutez, il y a là un certain nombre de points qu'il me semble important de mettre à plat. J'ignore dans quelle mesure vous appréciez mon travail. J'en ai ma propre vision et j'aimerais que vous compreniez cela. Si vous n'y accordez pas la même valeur que moi, alors j'aimerais savoir ce qu'il me faudrait faire pour que ce soit le cas ? Que dois-je faire pour obtenir cette augmentation ?»

Bien sûr, Claire est persuadée de donner entière satisfaction, mais son directeur peut estimer qu'elle n'est pas à la hauteur de la tâche sur certains points et considérer qu'elle ne peut prétendre à une augmentation. Je voulais avoir la certitude que Claire saurait découvrir ce qui - *dans l'optique du directeur* - lui permettrait d'y prétendre. Libre à elle, par la suite, d'essayer de se conformer à ces exigences. Claire continuait à approuver de la tête tandis que j'exposais ces solutions. Elle avait, de toute évidence, l'habitude de recueillir ce type d'informations.

«Et bien, Claire, si le directeur vous répond : Je regrette, je ne pense pas que cela vaille la peine pour nous; avez-vous déjà des solutions de rechange ?»

«Oui, l'une d'elles consisterait pour moi à développer ma pratique libérale.»

Claire mentionna alors d'autres possibilités dont celle de ne travailler qu'à mi-temps à la clinique, tout en developpant sa clientèle privée.

«Et que pensez-vous de cette alternative ? Ces choix vous semblent-ils plus séduisants si le patron dit non ?»

«Oui, ils me paraissent plus séduisants.»

Beaucoup d'entre nous se rendent parfois malheureux en comparant ce que les autres *font* avec ce qu'ils *devraient faire*. Vu que nous n'exerçons pas de contrôle direct sur les agissements d'autrui, nous nous trouvons par conséquent en position d'impuissance. Je présente ainsi les choses pour que Claire fasse une comparaison *différente* : en envisageant l'*option la plus séduisante pour elle,* elle se sent davantage en position de force et elle cesse de se demander si son supérieur agit à bon escient.

Puis, je vérifiai s'il ne manquait aucune pièce au puzzle dans l'esprit de Claire et lui proposai de faire le test plus à fond dans son imagination :

«Claire, j'aimerais que vous vous imaginiez en train de commencer cet entretien avec votre directeur. Comment vous y prenez-vous ? Sollicitez-vous une réunion ou quelque chose de ce genre ?»

«Oui, c'est cela. Et je rédige une note dressant la liste de tout ce que j'apporte de positif au service et l'historique de mon parcours dans l'établissement. Puis, je lui fais une proposition équitable.»

«Et ce faisant, vous sentez-vous à l'aise et pleine de ressources ?»

«Oui, bien plus. Mais, une chose me gêne encore : la comptable qui a fourni une information erronée a un comportement très peu franc depuis des années et je risque de ne connaître toutes les données qu'après coup.»

«Et ceci vous semble être un handicap ?» A nouveau, je me plaçais en fonction du point de vue de Claire et non pas en affirmant une vérité absolue. Cela l'aidera à adopter un point de vue plus pertinent un peu plus tard.

«Oui, car je ne dispose pas de tous les éléments au moment de l'entretien. Par exemple, en ce qui concerne la facture de téléphone, j'ai appris bien plus tard ce que la comptable avait fait.»

«Maintenant, comment pouvez-vous *en* tirer avantage ?»

J'invitai Claire à trouver elle-même un moyen de transformer les événements passés en sa faveur, au lieu de les considérer comme des obstacles.

«Je pense que je serai franche, je lui parlerai du passé et mentionnerai l'exemple de la facture téléphonique. Si je le dis en face, ce sera une très bonne chose, car cela réduira la crédibilité de la comptable. Si sa version est différente, elle est sujette à caution du fait de l'hypocrisie passée.»

Claire s'exprimait à présent avec une clarté de jugement et une autorité de bon aloi.

Ce n'est que dans l'éventualité où Claire s'imaginerait *ne pas pouvoir* parler de ces choses qu'elle s'imposerait des limitations inutiles. Mais, cela n'est pas un problème pour Claire, car *elle*, n'est pas hypocrite et aborde volontiers *n'importe quel* sujet. N'est-ce pas ?... (Claire éclate de rire.) «Elle joue cartes sur table, n'est-ce pas, Claire ?»

«Et comment ! Merci.»

«Alors maintenant, lorsque vous vous imaginez entrer chez le directeur et jouer cartes sur table, vous vous sentez comment ?...»

«Bien. *Terriblement* bien !»

A présent Claire ne peut plus perdre. Elle dispose de nombreuses données. Elle sait que ce qu'elle pense est juste. Elle sait ce qu'elle veut et si elle ne parvient pas à en convaincre le directeur, elle possède de bien meilleures solutions de rechange. Pourquoi souhaiterait-elle rester dans ce service s'ils ne consentent pas à reconnaître ses mérites et ses compétences ? Dans ce cas, rester ne représente plus qu'une perspective peu enthousiasmante. Savoir qu'elle a des solutions de rechange quoi qu'il arrive, lui donne l'assurance dont elle a besoin pour convaincre.

«Parfait.» ajouta Claire, confiante.

Durant cette séance, je n'ai fait que rassembler tous les petits changements de perception que j'ai induits et je me suis assuré qu'ils s'organisaient en un tout «bien ficelé» dans l'esprit de Claire.

Les résultats.

Huit mois après cette séance, je m'entretins avec Claire et voilà ce qu'elle me raconta avec enthousiasme :

«Cela marche à merveille. J'ai obtenu l'augmentation sans même la demander réellement ! Au moment où je participais à la formation, voyez-vous, nous traversions une période de transition car un nouveau directeur devait être embauché. Un mois après mon retour, deux directeurs se sont succédés. «Le moment n'est guère opportun pour demander une augmentation» pensai-je. J'avais alors mentalement planifié ce que j'allais faire. Consciemment, je projetai de solliciter une entrevue une fois la situation clarifiée et je n'en éprouvais aucune gêne.

Un jour, tandis que je discutais avec le directeur à propos de tout autre chose, je me surpris soudain à aborder le problème des augmentations alors que je n'en avais nullement l'intention. Cela me vint tout naturellement. Le directeur me répondit : «Oui, bien évidemment, vous allez être augmentée.» Ce fut une première augmentation. Puis vint la seconde. Dans une circonstance tout à fait semblable - nous parlions d'un tout autre sujet - j'exprimais le souhait d'être promue au rang de maître de conférences. «Naturellement» répondit-il, «nous allons y remédier, votre statut est ridiculement sous-estimé.» Je vais donc bientôt obtenir cette promotion assortie d'une troisième augmentation. Je pense que tout cela est en rapport avec le changement intervenu dans ma perception intérieure face à cette difficulté de traiter avec mes supérieurs masculins. Avant ce travail que nous avons effectué ensemble, je ne me sentais pas digne de prétendre à la même chose que mes supérieurs masculins, mais tout cela s'est déplacé. Quelque chose en moi, de l'ordre d'une énergie nouvelle, me dit : «Tu en es capable, tu mérites une compensation.» Et cette énergie ne passe pas inaperçue auprès des gens de mon entourage.

Je n'ai pas cherché à m'imposer à tout prix, mais je sais ce dont je suis capable et je sais ce que je mérite. Je laisse mes capacités s'exprimer librement et les autres le sentent. Par exemple, j'ai utilisé la PNL pour aider des étudiants en médecine à surmonter leur anxiété en période d'examens, pour qu'ils obtiennent de meilleurs résultats.

Tout récemment, j'ai travaillé avec deux étudiants qui étaient tellement anxieux qu'ils ont été recalés à leur examen régional. Ils connaissaient leur sujet mais étaient incapables de réussir, pris par cette anxiété extrême. Quand ils ont passé le concours national, deux jours après leur précédent échec, ils ont été brillants, avec des résultats très largement au-dessus de la moyenne. Notre directeur pédagogique en a eu connaissance et m'a demandé de rédiger une proposition pour étendre ce travail à l'ensemble de mes étudiants. «Et bien sûr avec une augmentation à la clé» a-t-il ajouté.

Quelle leçon tirer de cet exemple ?

Manifestement, Claire possédait les capacités et la compétence nécessaires pour assumer ce sentiment nouveau de sa valeur. Si ce n'avait pas été le cas, elle aurait pu perdre son emploi au lieu d'obtenir plusieurs augmentations. On nous a souvent demandé : « Mais comment savoir si je vais obtenir une augmentation ou si je vais perdre mon emploi ?» En pratique, on peut plus facilement traiter ce problème en laissant de côté la question de notre «mérite». La formulation «ce que je mérite» tend à me placer dans une position de supériorité, de légitimité qui pourrait me pousser à agir de façon hautaine et rigide, attitude peu susceptible d'induire une réaction positive. Je connais de nombreuses personnes qui sont tout à fait capables et qui «méritent» probablement de gagner davantage. Nous estimons parfois «mériter» une meilleure rémunération. Quand bien même cette prétention est légitime, cela ne signifie pas pour autant que l'argent correspondant soit disponible et que les autres aient la même appréciation de notre valeur.

Plutôt que de supputer sur «ce que je mérite», il est bien plus simple de me poser la question : «Combien serait-on prêt à me payer pour cela ?» Alors je peux tout simplement considérer d'autres solutions et choisir la plus séduisante. Cela me rend maître de la situation et non plus dépendant de la décision d'autrui.

Souvent, lorsque nous faisons un choix moins lucratif, c'est parce que ce choix satisfait à d'autres critères importants : intérêt de l'expérience, souhait de bâtir quelque chose qui prendra toute sa valeur avec le temps, désir de faire oeuvre utile pour autrui etc... Même si ce choix n'est pas à la mesure de ce que je «mérite» - personne n'étant prêt à me payer davantage pour cette tâche - si cela me paraît être la meilleure solution, alors, je peux l'accepter sereinement en attendant mieux.

Ce que j'ai fait avec Claire était en réalité, très simple. Je lui ai montré comment toutes les choses qui la mettaient mal à l'aise pouvaient lui servir pour appuyer sa demande. Je me suis également assurée qu'elle pouvait présenter sa requête de façon positive, ce qui avait plus de chances d'induire une réaction favorable. Enfin, j'ai verifié qu'elle avait des solutions de rechange intéressantes au cas où le directeur ne se montrerait pas raisonnable,si bien que, quoi qu'il arrive, elle pourrait se sentir à l'aise dans tous les choix qu'elle ferait.

C'est ce que nous faisons toujours, de multiples manières, dans nos relations professionnelles : chercher à utiliser le passé à notre avantage, adapter notre comportement pour réussir, nous parer à toutes les éventualités en intégrant des solutions de rechange.

Nous avons tous parfois l'impression que tout se ligue contre nous. Cependant, cela n'est vrai que vu sous un certain angle. Changer notre regard sur les choses nous permet souvent d'utiliser positivementr les mêmes événements.

On nous dit souvent «de regarder les choses du bon côté» mais ce genre de conseil est rarement efficace, car il ne modifie pas nos perceptions. Il peut être irritant de s'entendre dire «regarde le bon côté des choses» quand le côté positif de la situation nous échappe. Dans le cas présent, tout en respectant le mode de pensée de Claire et ses messages non verbaux, nous sommes parvenus, grâce à la PNL, à lui faire apparaître ce bon côté *avec plus de réalité. A partir de là,* cette nouvelle perspective est devenue partie intégrante de son comportement physique et mental.

Le cas de Roxanne et de son ex-mari.

Roxanne est venue me trouver, désespérée de ne pas parvenir à améliorer ses rapports avec son ex-mari, Ron et avec sa nouvelle femme, Sara. Roxanne et Ron avaient la garde conjointe de leurs trois enfants. L'accord semblait, certes, clair sur le papier, mais il en était tout autrement dans la réalité. Les deux années qui s'étaient écoulées depuis le second mariage de Ron avaient été remplies de colère, de paroles blessantes et d'affrontements, laissant les deux parties amères et malheureuses.

Depuis le divorce, intervenu quatre ans auparavant, Roxanne s'était efforcée, à chaque instant, de se montrer raisonnable à l'extrême, dans l'espoir d'être traitée équitablement en retour. De l'avis de Roxanne, cela ne marchait pas, rien d'autre d'ailleurs ne semblait marcher. Elle avait l'impression d'avoir été invariablement flouée à chaque accord et en éprouvait beaucoup de ressentiment.

A l'ecouter parler, il était clair qu'elle était bouleversée par cette longue série d'échecs et en particulier par un incident survenu récemment à l'occasion duquel Sara avait arbitrairement décrété des restrictions dans les relations de Roxanne et des enfants. A ce stade, il semblait facile de sombrer dans le mélodrame. Cependant, en écoutant Roxanne, je commençai à imaginer comment je pourrais l'aider à appréhender la situation différemment.

«Je ne veux pas me mettre en colère lorsque Ron et Sara agissent en manquant de bon sens.» a-t-elle déclaré.

L'état d'agitation émotionnelle de Claire, en réaction à la conduite de Ron et Sara, contribuait à l'empêcher de traiter efficacement avec eux. En admettant que Ron et Sara soient les individus les moins raisonnables du monde, si Roxanne pouvait se sentir pleine de ressources, répondre à ses propres besoins et atteindre ses objectifs , elle s'en tirerait beaucoup mieux.

Aucun d'entre nous ne peut totalement contrôler ce que font les autres et nous traversons tous de «mauvaises passes», quand le sort semble s'acharner contre nous. Nous pouvons réagir par la colère, la dépression, l'émoi face à ce «sort adverse» ou bien trouver un moyen d'obtenir ce que nous voulons même si les autres ne sont pas raisonnables. Il est bien plus stimulant de découvrir ce que nous pouvons contrôler et l'utiliser pour parvenir à nos fins, plutôt que de nous décourager à cause de ce qui échappe à notre contrôle. Chaque fois que cela est possible, j'aide les gens à le faire.

Je me félicitais de ce que Roxanne était déjà consciente de la nécessité de pouvoir mieux choisir ses propres réactions émotionnelles. Je lui demandai d'abord : «En quoi la colère peut-elle être utile ?»

«Et bien, je dois aider les enfants à grandir et à apprendre. Je me mets en colère lorsque Ron et Sara s'en mêlent. Je suppose que *l'intention positive* est de m'assurer qu'il est possible de réaliser des projets. En d'autres termes, d'être capable de fonctionner.»

«Vous avez donc établi une équivalence entre «réaliser des projets» et «être capable de fonctionner» ?»En lui livrant cette hypothèse, j'espérais que Roxanne ne l'avait jamais examinée et que cela lui permettrait d'envisager les choses sous un autre angle. Je voulais qu'elle prenne conscience qu'il est possible de fonctionner même si un projet particulier se trouve entravé. Les «projets» et «les capacités à fonctionner» sont deux choses distinctes. Roxanne n'a pas réagi à mes propos, j'ai donc essayé autre chose.

«Dans quelle mesure l'incapacité à réaliser vos projets vous permet-elle de *mieux* fonctionner ? Elle sembla totalement désorientée et je dus lui répéter la question plusieurs fois pour avoir une réponse. Sa confusion venait du fait que je lui demandais de fournir une preuve pour étayer une croyance *contraire* à la sienne.

Sa colère avait pris des proportions considérables parce qu' elle pensait que les agissements de Ron et de Sara, allant à l'encontre de ses projets, constituaient pour elle des limites monumentales. Je lui ai demandé de considérer de quelle manière cela l'avait *aidée* au lieu de la limiter dans son fonctionnement.

«Je suppose que cela stimule mes ressources créatrices» a répondu Roxanne après un temps de réflexion.

«Dans quelle mesure cela stimule-t-il vos ressources créatrices ?» lui ai-je demandé, cherchant ainsi à renforcer le sentiment de Roxanne avec cette nouvelle perspective.

«A chaque fois que j'ai eu un problème, cela a stimulé mes ressources créatrices. Je suppose que cela se produit constamment.» Telle fut sa réponse. Elle avait l'air beaucoup plus positive et sa voix avait un ton beaucoup plus optimiste.

«Donc, cela se produit *constamment*.» lui dis-je en accentuant sa remarque.

«Oui. Maintenant, je me sens beaucoup mieux.» déclara Roxanne, avec, dans la voix, un sentiment de force accrue.

On pourrait avoir l'impression que l'on joue simplement avec les mots. Mais ce n'est pas le cas. Le *sentiment* de Roxanne changeait, en même temps qu'elle adhérait à un nouveau point de vue. Je cherchais à trouver d'autres moyens de mettre en relief ce nouveau point de vue afin que ses réactions créatrices soient en accord avec ses valeurs.

«Comment pensez-vous que cette nouvelle réaction que vous manifestez pourra constituer un facteur important et un enseignement pour vos enfants ?... Par exemple, votre attitude pourra jouer le rôle de modèle pour vos enfants, en leur montrant comment réagir positivement alors que l'entourage se montre plutôt déraisonnable. C'est quelque chose qui les accompagnera pendant longtemps. Même si vous n'êtes pas en mesure de réaliser vos projets sur le moment, avec le temps, vous en tirerez des bénéfices. Même si, apparemment, cela vous gêne, il existe une signification sous-jacente qui va être en fin de compte positive pour vos enfants.» Pour Roxanne et c'est bien naturel, le bon développement de ses enfants était une question majeure. C'est pourquoi je l'aidai à construire un sentiment qui lui permettrait de considérer comment elle pouvait utiliser les faits et gestes de Ron et de Sara pour que cela ait des conséquences positives sur ses enfants. Roxanne était tout à fait d'accord et était heureuse de cette nouvelle manière d'envisager les choses.

Le revirement de Roxanne me semblait tellement extraordinaire et rapide que j'avais de la peine à en croire mes yeux. Etant donné la longue période pendant laquelle elle s'était sentie en permanence en colère, il me fallait tester complètement ses réactions pour voir si cette difficulté avait complètement disparu ou si Roxanne avait encore besoin d'aide . «A présent, lorsque vous y pensez, voyez-vous quelque chose qui peut vous empêcher de vous comporter de façon positive ?»

«Je suis envahie par ce doute, cette sensation de panique», répondit pensivement Roxanne. «Je suis sans cesse aux prises avec ce doute terrible : que se passerait-il si je disparaissais, si je ne tenais pas le coup ?»

«Ah bon, alors vous allez *mourir* parce que quelqu'un ne se montre pas raisonnable, c'est cela ?» Roxanne venait de formuler une affirmation excessive, c'est pourquoi j'exagérai mes propos afin qu'elle réalise combien cette façon de penser était ridicule.

«Non, pas vraiment,»répondit Roxanne en riant. «C'est plutôt comme si le monde allait s'arrêter» ajouta-t-elle sur un ton sérieux à nouveau.

«Donc vous n'allez pas *mourir*, c'est *juste le monde qui va s'arrêter de tourner* ?» Une fois de plus, j'exagérai mes paroles en glissant dans ma voix un brin d'humour. Je l'invitai à prendre conscience de l'absurdité de cette partie d'elle-même qui avait pris tout cela très au sérieux. Roxanne souriait.

«Comment faites-vous pour être dans cet état de panique ?» lui ai-je alors demandé.

«Je pense que cela vient du fait que je ne m'accorde pas suffisemment d'importance.» Roxanne décrivit alors une expérience qu'elle avait eue quand elle jouait au basket.

«Je disais «excusez-moi» et je laissais ma place alors que c'était à moi de jouer. Pendant toute ma vie, je n'ai pas pris en compte mes besoins. Je ne me sens pas en sécurité à être là pour moi-même. C'est comme si quelqu'un me sollicite, je me sens obligée de répondre à son attente.»

De toute évidence, nous venions de dévoiler une seconde croyance très importante que Roxanne avait besoin de transformer pour pouvoir obtenir ce qu'elle désirait.

«Pensez-vous que vous avez le sens de l'équité ?»

«Oui.»

A partir de cette notion «d'équité» qui inclut généralement le sens de l'égalité et de la réciprocité, j'avais une croyance de Roxanne que je pouvais utiliser pour changer celle qui lui posait problème.

«Pensez-vous aussi que chacun doit croire à cela ? C'est-à-dire que si quelqu'un est sollicité, il doit répondre à cette sollicitation ? Est-ce cette croyance-la que vous voulez inculquer à vos enfants ?»

«Non.»

En lui faisant appliquer ses propres critères aux autres, je commençais à ramollir cette croyance-là.

«Eh bien, en quoi êtes-vous quelqu'un de tellement spécial que ces critères sont valables pour vous et pas pour les autres ?» Comme elle pensait qu'elle ne *méritait pas* de s'occuper d'elle, je renversai cette supposition pour lui montrer qu'ainsi, elle bénéficiait d'une faveur *spéciale* et que cela n'était pas équitable du tout.

Roxanne éclata de rire. «Je ne sais pas. Il y a une partie en moi qui se révolte contre cela.»

«Et que se passe-t-il si vous attendez quelque chose de vous-même ? Etes-vous sensée vous accorder à *vous-même* ce que vous désirez ?» Ici, j'applique la même croyance que celle qu'elle exprimait auparavant en disant qu'elle «répond aux autres», mais cette fois-ci d'une manière différente puisqu'elle répond à elle-même et non plus aux autres.

«Je crois que oui» répondit Roxanne.

«Qu'attendez-vous de vous, qu'êtes vous sensée vous accorder ?»

«Davantage de respect, c'est quelque chose de légitime pour moi si je veux exister.»

De toute évidence, Roxanne savait ce dont elle avait besoin, mais elle n'était toujours pas en mesure de se l'accorder. Je savais que je n'avais pas encore réussi à provoquer chez elle, le changement de perceptions que je souhaitais, car je ne remarquais aucune des expressions non verbales qu'aurait manifestées quelqu'un qui s'aime et se respecte. Je me rendis compte qu'il fallait changer mon approche pour l'aider à effectuer le changement d'une manière efficace.

«En fait, lorsque vous donnez aux autres ce qu'ils désirent, c'est une attitude plutôt honorable.»Je m'arrêtai un instant, pour mesurer l'effet de mes paroles. «Il s'agit juste de comprendre ce que cela signifie réellement. Parfois, les gens ne savent pas très bien ce que les autres «disent» vouloir et ce qu'ils veulent *réellement*. C'est-à-dire ce qui apporterait une amélioration très nette dans leur vie à long terme.» Tout en acceptant sa croyance, je commençais à changer radicalement la *signification* que Roxanne donnait à l'expression «donner aux autres ce qu'ils désirent».

«Vous savez combien les enfants, en grandissant, désirent toujours des milliers de choses. Ils veulent des bonbons ou bien ils veulent affirmer leur manière à eux de faire certaines choses. Et vous savez aussi très bien que si vous leur donnez sans cesse ce qu'ils désirent, cela ne marche pas à long terme. Plus tard, ils ne deviendraient pas du tout les adultes que les autres voudraient avoir dans leur entourage et ce n'est pas non plus ce qu'ils veulent *réellement*. Finalement, ils n'auraient pas la qualité de vie désirée et pourtant, c'est à cela qu'ils aspirent *vraiment.*

«Un adulte déraisonnable n'est pas différent d'un enfant déraisonnable. Vous savez comment les gens deviennent lorsqu'ils grandissent en obtenant sans cesse ce qu'ils réclament. Comme ils n'apprennent jamais à prendre en compte les besoins d'autrui, ils finissent par avoir beaucoup de mal à s'entendre avec leur entourage et ils rencontrent par conséquent de nombreuses difficultés dans leur vie.»

«Euh.» Roxanne suivait mon raisonnement. Il lui paraissait tout à fait clair. Son expression non verbale avait changé. Mais en même temps, je pouvais constater que cette nouvelle croyance n'était pas encore complètement acquise.

«De la même manière, si vous ne trouvez pas votre place dans le monde et ne répondez pas d'abord de façon satisfaisante à vos besoins, vous attendez également la même chose des personnes de votre entourage : elles s'attendent aussi à ce que les autres fassent tout pour elles et ne savent pas respecter les autres. Ceci n'est d'aucune utilité pour quiconque. C'est vraiment la dernière chose dont ces individus ont besoin s'ils ont *déjà* du mal à prendre les autres en considération.

J'ai d'abord choisi l'exemple des enfants car je sais que toute mère le comprendra probablement. Puis je suis passée au cas des adultes et à tout le monde en général, pour que Roxanne puisse réagir différemment avec *n'importe qui* et pas seulement avec Sara ou Ron.

«Pour résumer, ce que les autres veulent avant tout, c'est que vous vous préoccupiez d'abord de vos propres désirs et de vos besoins. Sinon, d'une certaine manière, ils ne vont pas avoir une vie de qualité. Cela leur posera des problèmes plus tard.» Roxanne était cette fois-ci entièrement d'accord avec moi. Tout son corps réagissait à cette nouvelle manière de penser : donner aux autres ce qu'ils désirent *réellement*. Cette notion commençait à s'intégrer.

«Dans quel autre domaine cette nouvelle attitude va-t-elle provoquer des changements pour vous ?» Je lui posai cette question sans m'intéresser vraiment à la réponse qu'elle allait me donner. Mon intention était plutôt qu'*elle* réussisse à présupposer ses nouvelles réactions et à les appliquer de façon plus vaste à d'autres situations de manière à intégrer encore mieux ce nouveau mode de pensée.

Les résultats.

Roxanne donna de ses nouvelles environ six semaines plus tard. «J'ai eu des tas d'occasions de tester ce que nous avons fait ! Lorsque Sara et Ron font quelque chose de déraisonnable, je me sens complètement différente. C'est comme si je riais de moi-même. Cela m'amuse presque. Prendre les choses différemment m'aide également *beaucoup* à régler les questions pratiques et à obtenir ce que je désire pour les enfants.

«Quelque chose d'intéressant s'est également produit. Depuis que je suis enfant, j'ai un cauchemar qui se répète, je ne me suis jamais souvenue exactement de ce qui se passe dans ce cauchemar mais j'ai toujours eu le sentiment que les choses allaient de plus en plus mal et finalement, je me réveille avec un sentiment horrible de malaise. Après mon divorce, j'ai eu de nombreux cauchemars de ce genre. Après la séance avec vous, j'ai eu l'impression d'avoir eu le même rêve mais, cette fois-ci, avec des sensations *agréables*. C'était vraiment presque identique, sauf que je me sentais pleine de ressources et me réveillais avec des sensations agréables.»

Je considérai que le changement qui s'était opéré au niveau de ses perceptions dans ses rêves était la confirmation inconsciente qu'un changement important et profond s'était produit en elle.

Dans les mois qui suivirent, Roxanne eut à nouveau des épreuves difficiles à surmonter par rapport à Ron et Sara et elle dut prendre des décisions importantes. Pourtant, elle avait réussi à franchir un pas significatif qui lui permit de construire une assise plus solide pour elle. En ayant une image différente d'elle-même, Roxanne se donne davantage de ressources pour gérer avec plus de facilité les difficultés de la vie.

Le type de questions que j'ai posées à Roxanne est une partie importante de la P.N.L. Utiliser le langage de cette manière particulière peut aider à effectuer des transformations rapides au niveau de nos croyances et à obtenir ainsi de nouvelles perspectives. Lorsque nous envisageons les choses différemment, les problèmes disparaissent la plupart du temps. Comme dans l'exemple cité en début de chapitre, dans le cas de ce vieil homme, nous pouvons facilement et rapidement changer nos points de vue, ce qui engendre en même temps des sentiments nouveaux et des perspectives nouvelles pour notre vie. Il n'est besoin ni de souffrir ni de beaucoup de temps pour y parvenir. Il suffit seulement de percevoir les événements de manière différente, d'une manière qui ait vraiment un sens pour nous.

11 Faire le deuil

Al et Sheri avaient cessé de se voir depuis quatre ans, mais Al pensait toujours à elle. Un an environ après leur séparation, Al eut écho que Sheri allait se marier. Aussi se rendit-il à la mairie pour rechercher dans les publications de mariage. Comme il n'arrivait pas à trouver son nom, il se dit en lui-même : «J'ai toujours une chance.» Al n'avait eu que très peu de rendez-vous amoureux depuis la fin de son histoire avec Sheri. A chaque fois qu'il se promenait sur le boulevard Sheridan, son nom, Sheri, était toujours comme un «flash» pour lui.

En 1984, nous avons commencé à étudier le processus du deuil et nous avons mis au point une méthode qui permet de le dépasser; ceci, en nous appuyant sur ce qu'ont fait inconsciemment les personnes qui ont su spontanément dépasser leur chagrin. Nous pensions que cette méthode conviendrait tout à fait à Al puisqu'elle avait réussi à tant d'autres personnes.

Je demandai d'abord à Al de penser à Sheri et de me dire comment il se la représentait. Il la voyait dans une petite image fixe et légèrement à sa droite. «Il fait très sombre et c'est déprimant. Je n'aime pas regarder cette image.»

«Que voyez-vous dans cette image ?»

«Je vois le moment où nous nous sommes séparés. C'est la dernière fois que je l'ai vue.»

Souvent, les gens se souviennent des mauvais moments qu'ils ont passés avec la personne aimée et ils oublient les bons moments. Cela atténue l'envie d'être avec la personne, mais en même temps, cela éloigne également des sentiments positifs que l'on a éprouvés avec l'être que l'on a perdu. Cela empêche également de faire réellement le deuil.

«Essayez de trouver ce qui se passe si vous échangez cette image par une autre qui représente un moment fort et intense, agréable, que vous avez partagé avec Sheri, lorsque tout allait bien.»...

«C'est beaucoup moins déprimant maintenant, mais je me sens encore plus fortement attiré. C'est ce que j'aimerais tant retrouver : les bons moments.»

Les personnes qui viennent de perdre un être cher, ont cette réaction typique : elles se représentent la personne aimée petite, distante, inaccessible.

C'est ce qui provoque ce sentiment de vide; vous pouvez voir la personne disparue, mais elle est tellement loin de vous que vous ne pouvez plus ressentir les sentiments agréables que vous ressentiez autrefois avec elle.

Je demandais ensuite à Al de mettre provisoirement cette image de côté. «Maintenant, pensez à quelqu'un qui n'est plus dans votre vie actuellement, mais à quelqu'un avec qui vous vous sentez bien quand vous y pensez; vous éprouvez un sentiment de *présence* ou de *plénitude* plutôt qu'une impression de vide. De quelle manière pensez-vous à cette personne ?» Al vit Fred, son vieil ami du lycée, sur sa gauche, grandeur nature et en mouvement. Al dit alors : «Oh oui, c'est sûr qu'on se sent mieux !»

Je vérifiai qu'Al se sentait réellement *avec* cette personne. «Avez-vous l'impression que Fred est ici dans cette pièce avec vous ? Avez-vous la sensation de sa présence, même s'il ne fait plus partie de votre vie maintenant ?»

«Oui, c'est vraiment comme s'il était là avec moi dans cette pièce.»

Al venait de me faire découvrir comment *son* cerveau code l'expérience qui consiste à être séparé de quelqu'un mais en éprouvant un réel sentiment de présence. Cela se situe à un endroit précis, grandeur nature, en mouvement. Ce sera une information capitale pour aider Al à faire le deuil de Sheri.

«Auriez-vous une objection si vous pouviez penser à Sheri de la même manière, en pouvant ressentir les sensations agréables que vous aviez avec elle au lieu de ce vide déprimant ?»

«Oh oui, ce serait bien d'éprouver à nouveau ces sentiments de bonheur, mais est-ce que ça ne va pas m'empêcher de rencontrer d'autres femmes ?»

«C'est un point important à considérer. Je suis sûr qu'effectivement vous ne voulez pas rester chez vous à vous contenter de penser agréablement à Sheri. En fait, lorsque nous aurons fini le travail, vous vous sentirez *beaucoup plus* disposé à rencontrer d'autres femmes. La manière dont vous pensez à Fred ne vous a pas empêché de vous faire d'autres amis masculins, n'est-ce pas ?» Al était d'accord sur ce point .

«Par contre, penser à Sheri comme vous l'avez fait jusqu'à présent vous a empêché de rencontrer d'autres femmes et, d'une certaine manière, vous vous êtes senti accroché à elle. Le travail que nous allons faire va vous aider à retrouver ces sentiments agréables que vous avez connus avec Sheri comme vous l'avez déjà fait pour votre ami Fred. C'était *vos* sentiments positifs et vous méritez tout à fait de les retrouver pour remplacer ce sentiment de vide et de nostalgie que vous éprouvez actuellement. Mieux encore, nous allons, par la suite, utiliser ces sentiments positifs comme critère des nouvelles relations que vous souhaitez construire avec quelqu'un d'autre, à l'avenir.»

«Eh bien, ça me semble tout à fait bien.» a déclaré Al en opinant de la tête mais en laissant paraître un léger doute quant au résultat et à son efficacité.

«Bien, tout d'abord, je veux que vous pensiez à des moments privilégiés que vous avez partagés avec Sheri quand tout allait bien.... Ensuite je veux que vous

vous l'imaginiez grandeur nature, en mouvement, de ce coté-ci, sur votre gauche, à l'endroit précis où vous avez vu Fred. Vous pouvez penser à elle de la *même manière* que lorsque vous pensiez à Fred comme si elle était là, présente, avec vous dans cette pièce.»

Al s'est mis à sourire, s'est détendu; apparemment il se sentait nettement mieux. «Ah, cela fait du bien, je me sens bien, cela fait tellement longtemps que je ne me suis pas senti comme ça.... Je me sens différent maintenant.»

«Même si vous avez perdu cette relation avec Sheri, vous pouvez toujours éprouver ces sentiments positifs.» Un test complémentaire a montré que Al se sentait effectivement à l'aise en pensant à Sheri et en parlant d'elle. Son cerveau avait classé Sheri différemment : elle n'était plus une personne qu'il devait regretter mais plutôt comme Fred, quelqu'un qui éveillait en lui des sentiments agréables. La PNL nous permet de découvrir comment notre cerveau «code» nos expériences et cela nous donne la possibilité d'effectuer des changements avec une rapidité surprenante.

Nous pourrions être tentés de nous arrêter à ce stade, étant donné que Al vient d'apprendre comment remplacer ses sentiments de vide par des sentiments chaleureux d'amour et de bienveillance lorsqu'il pense à Sheri.

Cependant, même si Al se mettait à établir de nouvelles relations, il se pourrait qu'il essaye de reproduire exactement son expérience avec Sheri. Dans le roman *Lolita*, un quadragénaire cherche sans cesse à retrouver la réplique parfaite de la personne qu'il avait aimée, une jeune fille de 13 ans, et cela, plus d'un quart de siècle auparavant. On ne peut pas remplacer la personne que l'on a perdue, mais on peut créer une nouvelle relation qui possèdera la plupart des mêmes *qualités* essentielles que celles que vous aviez trouvées dans la personne disparue.

L'étape suivante aidera Al à aller encore plus loin et à conserver ainsi les aspects positifs de sa relation passée avec Sheri. Ainsi, Al pourra-t-il se servir de ses expériences passées pour instaurer et développer de nouvelles relations amoureuses. C'est ce que la plupart des gens font spontanément lorsqu'ils se remettent rapidement de disparitions tragiques.

«A présent, fermez les yeux et passez en revue toutes les expériences positives que vous avez eues avec Sheri - ne vous préoccupez pas des expériences négatives; elles n'ont pas d'importance pour le moment. Au fur et à mesure que vous imaginez ces moments-là, je voudrais que vous pensiez aux *valeurs* mises en jeu dans votre relation. Chacun accorde de l'importance à des éléments différents dans une relation. Certaines personnes privilégient la chaleur, l'intimité; d'autres placent en premier lieu l'amitié ou le plaisir d'être ensemble. D'autres encore attacheront de la valeur à la spontanéité, à la diversité, au mouvement. D'autres considéreront la stabilité et une forme de dépendance comme primordiale. Humour, intelligence, vivacité, bonne humeur sont d'autres valeurs que l'on peut apprécier. D'autres encore trouvent dans une relation le moyen de se valoriser eux-mêmes davantage et c'est ce qui est important pour eux...

«Quand vous aurez identifié les différentes valeurs que vous avez expérimentées avec Sheri, je voudrais que vous mettiez ces valeurs dans une image à part dans un endroit différent. Cette image est peut-être plus symbolique ou plus abstraite mais elle préserve l'essence même de vos expériences privilégiées avec Sheri.»...

«Je vois une lumière blanche, chaude qui pénètre tout ce qu'elle touche» tel fut le commentaire d'Al.

«Parfait. A présent, dans un troisième endroit, vous allez imaginer quelle forme ces valeurs pourraient prendre à l'avenir. Comment pourriez-vous satisfaire ces mêmes valeurs avec une autre personne. L'image que vous allez voir peut être un peu vague, floue, parce que bien sûr, vous ne savez pas encore qui vous rencontrerez, qui vous aimerez ou apprécierez à l'avenir. Mais l'image sera toujours marquée de cette chaleur, de cette lumière blanche. Le fait d'imaginer comment vous pouvez expérimenter ces mêmes valeurs avec quelqu'un d'autre va diriger votre attention vers d'autres femmes et vous allez découvrir quel genre de relation satisfaisante vous pourrez développer avec chacune d'entre elles.»...

«J'y suis. Je me sens de nouveau tellement plein d'espoir.»

«Très bien, prenez cette image maintenant et multipliez-la comme si c'était un jeu de cartes. Au fur et à mesure que cette image se multiplie, chaque carte sera peut-être un peu différente mais chacune d'elles sera emplie de cette chaleur, de cette lumière blanche, et conservera le genre de relation que vous voulez développer.»...

«Quand vous disposez de ce tas d'images, imaginez à présent que vous les projetez dans votre avenir de sorte qu'elles s'éparpillent dans votre futur, certaines plus proches de vous, d'autres plus lointaines. Après les avoir éparpillées, vous sentirez peut-être la chaleur, la lumière blanche qui rayonne de chacune d'entre elles, étincelante comme une petite étoile.»...

«C'est fabuleux. Je peux vraiment voir toute ces petites lumières qui étincellent et clignotent.»

«Excellent. Pensez à présent à Sheri, de la même manière que vous le faisiez auparavant, avec une image petite, sombre et observez si vous pouvez retrouver ce vieux sentiment de perte.»...

«Je n'y arrive pas, je peux le voir brièvement puis je pense à toutes ces lumières resplendissantes dans l'avenir.»

La séance a duré environ vingt minutes. Si vous désirez avoir une autre démonstration et un résumé de cette méthode, reportez-vous à notre cassette vidéo «La résolution du deuil.» (1)

Les conséquences pour Al.

Quelques semaines plus tard, Al nous a appelés pour nous signaler plusieurs changements intéressants. Dans la semaine qui avait suivi la séance, il s'est surpris en train de discuter de façon tout à fait cordiale avec une amie de Sheri qu'il évitait soigneusement auparavant. Il avait recommencé à avoir des rendez-vous galants et s'en réjouissait. Puis, il nous raconta quelque chose qui était une preuve extraordinaire du changement qui s'était opéré en lui de façon radicale et complète. Lorsqu'il s'était retrouvé, quelque temps plus tard, sur le boulevard Sheridan, il s'était demandé ce qui allait se produire. Comme il levait les yeux sur la plaque où était inscrit le nom de la rue, son regard se concentra et il ne vit tout à coup que le terme «Rid»* et non plus «Sheri» !

Quelque temps plus tard, Al appliqua seul le protocole de deuil car il souhaitait changer certains sentiments qu'il éprouvait à l'égard de deux anciennes petites amies. Nous sommes toujours très heureux d'apprendre qu'un patient a suffisamment intégré le processus pour être en mesure de l'utiliser lui-même sans notre assistance.

Pendant l'année qui suivit, Al continua à avoir des rendez-vous galants et tout particulièrement avec une jeune femme nommée July. Ces rencontres ont duré pratiquement six mois. «Cette dernière année a vraiment été extraordinaire. Je n'aurais jamais imaginé qu'une séance aussi courte puisse avoir autant d'impact.»

Peu de temps après, Al appela, désespéré, au bord des larmes. July venait de lui annoncer qu'«elle voulait simplement qu'ils soient amis»; elle était déjà engagée avec quelqu'un d'autre. Depuis, il était tourmenté et il avait des insomnies. Bien que Al connût le protocole de deuil, il ne s'en était pas servi, pensant que ça risquait de bloquer un éventuel retournement de situation avec July. Je le rassurai en lui affirmant que, non seulement le protocole l'aiderait à se sentir mieux, mais qu'il lui donnerait encore plus de ressources pour réagir, même si justement, elle tenait à prolonger leur relation. (Voir le paragraphe sur la préparation au deuil, plus loin, dans ce chapitre.)

Une semaine plus tard, il me téléphona : il était en meilleure forme. La nuit après qu'il eut utilisé le protocole de deuil (qu'il exécuta seul), il eut un rêve très agréable pour la première fois depuis un mois, qui contrastait avec les rêves angoissants et confus qu'il avait eus pendant cette période-là.

Il avait parlé avec July au téléphone et, pendant cette conversation téléphonique, il était calme, plein de ressources et avait même convenu d'un rendez-vous dans un café.

Nul ne peut empêcher la perte d'un être cher. Mais à présent, Al a accès à une méthode qui lui permet de gérer la perte d'une relation d'une manière positive. A chaque fois qu'une relation se termine, il peut en garder les valeurs essentielles et continuer d'avancer dans sa vie pour créer de nouvelles relations. Lorsque nous savons comment nous y prendre nous pouvons utiliser nos expériences pour construire des relations de plus en plus satisfaisantes.

De nombreuses sortes de perte peuvent être résolues.

Le phénomène de perte est quelque chose que nous expérimentons tous. Aussi avons-nous eu souvent l'occasion de pratiquer ce protocole de deuil pour résoudre toute une variété de cas, en général en une séance. Par exemple, une

N.D.T. : «Rid» en anglais signifie, dans l'expression *To get rid of someone* : «se débarrasser de quelqu'un». Il est intéressant de remarquer que son attention s'est fixée sur cette partie-là du mot.

jeune mère qui a donné son enfant en adoption, ou une autre dont le fils adulte s'est suicidé, ou bien encore des hommes ou des femmes qui ont perdu leur compagnon lors de maladies ou d'accidents terribles. Dans pratiquement tous les cas, le patient s'est senti immensément soulagé et il s'est reconnecté avec la personne disparue et a retrouvé les *valeurs* caractéristiques de cette relation.

Bien que la plupart des gens associent la notion de perte à une relation aux autres, il existe de nombreux cas de perte qui peuvent être résolus grâce à cette méthode. La perte d'un animal familier, d'un bijou, d'une maison, d'un foyer, d'un travail, ou d'une faculté. Tout cela peut avoir des effets dévastateurs chez certaines personnes. Nous avons appliqué ce protocole auprès d'athlètes blessés qui se trouvaient dans l'impossibilité complète d'exercer leur sport favori, avec des personnes qui se retrouvaient au chômage, sans foyer ou bien exilées de leur pays natal. La démarche a été très gratifiante car les résultats obtenus ont été très rapides.

Environ trois mois après avoir aidé une femme à faire le deuil de sa mère, nous avons reçu le témoignage suivant de son mari :

«Je vous envoie cette courte lettre pour vous dire combien je vous suis reconnaissant d'avoir passé du temps pour aider ma femme à surmonter son deuil. Nous vous remercions tous les deux de votre gentillesse, du temps que vous avez consacré, de votre chaleur humaine et de votre sincère compassion.

Depuis votre intervention, ma femme a pu accepter la mort de sa mère et elle a réellement envisagé d'en faire le deuil. Elle arrive à gérer le stress de façon beaucoup plus efficace à présent, et, grâce à cela, le stress s'est également envolé de notre travail et de notre vie de couple. Merci beaucoup. Je vous souhaite à vous et à vos proches une très bonne santé, beaucoup de bonheur, et une vie toujours meilleure grâce à la PNL.»

Lorsqu'elle était petite, Ruth avait une amie proche avec qui elle jouait presque tous les jours. Cette intimité avait joué un rôle très important pour les deux enfants. Puis, brusquement, l'amie de Ruth déménagea dans un autre état. «C'est comme si une partie de *moi-même* m'avait quittée et depuis elle me manque tout le temps.» nous expliqua Ruth. Elle avait essayé toute une gamme de méthodes thérapeutiques pour tenter de résoudre ce problème, mais en vain. Plusieurs mois après avoir pratiqué ce protocole de deuil, Ruth fit le commentaire suivant : «Après tant d'années, c'est tellement agréable d'avoir finalement résolu ce problème.» La chaleur et l'émotion qui passaient dans la voix de Ruth témoignaient de la profondeur de ses propos.

Quant à Anita, elle avait perdu les trois êtres qui lui étaient les plus proches en trois journées successives. Le 6 mai, elle avait perdu son patron dans un accident de voiture; le 7 mai, sa mère décédait; le 8 mai, son fiancé qui avait été en Afrique expérimenter la communication avec les animaux, était dévoré par un lion ! Ceci s'était produit six semaines avant qu'Anita vienne nous consulter. Nous n'étions pas surpris qu'elle se plaigne d'un sentiment de vide dans sa vie. Je lui demandai quelle était pour elle la mort la plus difficile à assumer. Ensuite, je la guidai en utilisant le protocole de deuil pour cette personne-là. Lorsque nous eûmes terminé, elle me regarda l'air pensif et dit : «Je peux donc faire la même chose toute seule avec les autres, n'est-ce pas ?» Anita nous dit plus tard que cette méthode avait vraiment changé beaucoup de choses pour elle.

La perte d'un rêve très cher.

Nous avons constaté que cette méthode est particulièrement utile pour les personnes qui regrettent ce qu'elles n'ont, en fait, jamais eu, si ce n'est sous forme de rêve. Par exemple, une femme qui se rend compte qu'elle ne peut pas avoir d'enfant, ou un homme d'affaire en pleine «crise de la quarantaine» qui prend conscience qu'il ne pourra pas accomplir ses rêves de carrière. Ces états de deuil peuvent être aussi profonds que chez une personne qui a effectivement perdu un enfant ou un emploi de très haut niveau.

Lorsque ces rêves se manifestent de façon aussi vive que les souvenirs de personnes qui ont effectivement perdu quelqu'un ou quelque chose, ces rêves perdus produisent les même sentiments de vide et de perte. Par un travail de deuil de leur rêve, les patients sont en mesure de vivre le rêve en question comme une ressource continue, comme s'ils l'avaient réellement réalisé, avec ce même sentiment de plénitude et d'épanouissement.

Pratique de ce protocole dans le cas d'une enfance maltraitée.

Nous avons pratiqué cette méthode chez des personnes qui avaient subi des violences lors de leur enfance, et qui regrettaient l'enfance heureuse qu'elles n'avaient pas eu la chance de vivre. Quand un parent décède, elles perdent tout ce que ces relations leur apportaient de positif et elles perdent également l'espoir de recevoir l'amour et les soins qu'elles désiraient.

Les nombreux professionnels que nous avons formés à la méthode, l'utilisent couramment avec des patients qui ont subi des sévices sexuels ou des violences physiques. Cela leur permet de retrouver les relations d'amour qu'ils n'ont pas eue avec leur parent, en grandissant. Cela leur procure ainsi une base de vécu qui leur donne le sens de leur propre valeur et un sentiment de bien être.

Parmi les nombreux organismes qui emploient cette méthode, on compte l'hôpital psychiatrique pivé à but non lucratif *Lady of Peace,* à Louisville dans le Kentucky. Le docteur Mary Ellen Zuverink, qui a formé de nombreuses personnes, parmi le personnel hospitalier, à ce protocole de deuil, a déclaré :

*«Nous avons pratiqué cette technique dans notre institution en obtenant toutes sortes de succès. Nous travaillons sur des cas très difficiles; si cela marche avec ces personnes-là, cela peut fonctionner avec **n'importe qui.**»*

«Une jeune femme, très affectée par la perte de sa mère était dans un état clinique très dépressif et souffrait de tendances suicidaires. Elle était enfant d'alcoolique, avait subi de nombreux sévices physiques par sa mère, des violences sexuelles de la part de ses frères et avait vraiment eu une vie délabrée dans son ensemble. Après avoir pratiqué ce processus de deuil, tout a basculé pour elle. Par la suite, elle nous a déclaré : «J'ai l'impression qu'on m'a fait une greffe du coeur.» Cela s'est passé il y a sept mois et aujourd'hui, elle est dans une excellente forme. Elle vient juste de me rendre visite et m'a dit que c'était vraiment ce qui avait été

le plus efficace pour elle. Elle était en pleine forme quand elle quitta l'hôpital et quand elle est venue me voir elle était encore plus radieuse.»

Mary Ellen Zuverink cita encore de nombreux exemples de patients qui, confrontés à des pertes très importantes, souffraient de multiples problèmes. «Une fois que l'on a réglé cet aspect-là, que l'on s'en est occupé très sérieusement, de nombreux autres problèmes disparaissent également. Je suis vraiment très heureuse que vous fassiez ce travail, cela correspond à un réel besoin, je suis très fière et vraiment enthousiasmée de pouvoir transmettre cette méthode à beaucoup d'autres personnes.»

Elle a également ajouté que les résultats obtenus grâce à ce processus ont également eu un effet très positif sur la manière de penser et la mentalité du personnel hospitalier, leur montrant ainsi ce qu'il était possible de réaliser. «Nous avons réellement pu voir comment ces personnes-là pouvaient changer si vite.» Cet hôpital psychiatrique est un lieu très réputé où séjournent de nombreuses personnes et où de nombreuses vies sont touchées.

Combien de temps prend le deuil ?

La plupart des livres qui traitent de ce sujet prétendent qu'une personne affectée par un deuil «doit» traverser toute une série d'étapes, quatre ou cinq pour le dépasser. Certains auteurs en établissent une liste qui présente les choses de façon légèrement différente, mais ils y englobent généralement une période de refus, de colère, et de marchandage avant l'acceptation. Bien souvent, cette «acceptation» ressemble plus à une résignation qu'à une solution constructive, telle que nous pouvons l'observer sur bon nombre de personnes.

Bien que ce soit ce qui s'est certainement produit pour la plupart des gens dans le passé, ceci est encore très loin de ce qui est réellement «possible». Affirmer qu'il *doit* en être ainsi, c'est parler comme les gens du siècle dernier qui prétendaient qu'il était impossible de voler tout simplement parce que personne ne l'avait encore jamais fait. De tout temps, il y a eu des personnes qui ont résolu leur deuil rapidement et positivement. En étudiant *comment* ces personnes ont réussi à surmonter cette épreuve, nous en avons découvert les éléments clés et nous pouvons maintenant l'enseigner aux autres. Nous avons constaté qu'une longue période d'attente ne se révèle d'aucune nécessité : elle est la conséquence de ne pas savoir quoi faire.

Dans de nombreuses cultures, le processus de deuil est vécu de façon très différente; cela montre qu'il n'y a aucune durée déterminée. Les Irlandais font une veillée pendant laquelle amis et parents parlent du défunt, puis font une grande fête pendant trois jours; après cette célébration, les personnes qui restent sont censées s'être «remises» de l'événement. Au contraire, dans d'autres cultures, une veuve doit porter le deuil de son époux pendant de nombreuses années, et parfois jusqu'à la fin de sa vie.

Dans certains cas, nous avons même pratiqué ce processus le jour même où se produisit la perte de quelqu'un ou de quelque chose; bien sûr, nous ne poussons personne à agir de la sorte. Mais il n'est absolument pas nécessaire qu'une certaine période de temps s'écoule avant de pratiquer cette méthode. Ce qu'il faut comprendre, c'est la structure mentale du deuil et de la perte afin de savoir ce qu'il faut faire pour la changer.

Les différentes manières de se représenter la séparation.

La diversité des attitudes mentales des gens et leur manière de penser à la perte de quelqu'un sont fascinantes. Avant de poursuivre votre lecture, arrêtez-vous quelques instants et réfléchissez à la manière dont *vous* vous représentez la perte de quelqu'un....

Chacun se représente d'une manière particulière que «la personne est là sans y être *réellement*.» Parfois, on peut voir la personne, mais elle semble «sans substance», transparente, comme si elle flottait au dessus du sol, ou en cliché dans un cadre, etc. Peut-être que vous voyez une forme dans un lit ou de l'herbe qui a été tassée dans une prairie par une forme, mais il n'y a personne. Il est possible aussi que vous vous voyiez avec la personne dans le lointain en étant seulement observateur, sans être vraiment avec la personne disparue, ce qui vous empêche d'apprécier les sentiments agréables que vous avez pu partager autrefois. Un patient se rappelait son amie décédée en entendant le son de sa voix au téléphone, mais cette voix paraissait brouillée comme un vieil enregistrement, ce n'était pas une personne réelle qui parlait.

Après avoir surmonté un deuil, nous pensons à la personne disparue pratiquement de la même manière que nous pensons à ceux qui font encore partie de notre vie. En un sens la personne décédée reste «vivante pour nous», même si nous savons pertinemment qu'elle est réellement décédée ou disparue. N'est-ce pas la meilleure manière de rendre hommage à ceux qui ont joué un rôle important dans notre vie que de porter *en nous les valeurs* qu'ils nous ont transmises... Et de les perpétuer en les partageant avec d'autres ?

Lorsque un traumatisme est associé à la séparation.

Lorsqu'une personne est décédée d'une manière particulièrement difficile, dans un accident ou à la suite d'une longue maladie, il est très souvent nécessaire d'utiliser, parallèlement au processus de deuil, la méthode de guérison des phobies (Voir chapitre 7) . Par exemple, j'ai travaillé récemment avec un patient qui avait perdu sa femme d'un cancer six mois plus tôt. Ils ont su, tous deux, remarquablement profiter du temps qui leur restait à passer ensemble, en pratiquant des activités qui les rendaient heureux, en se rappelant les bons moments partagés ensemble et en réaffirmant l'amour qu'ils éprouvaient l'un pour l'autre. Cependant, il y eut aussi de nombreux moments pénibles : le cancer gagnait du terrain, elle était de plus en plus malade et elle finit par tomber dans le coma.

J'ai demandé au mari de passer en revue toute cette période dans sa tête et de séparer soigneusement tous les bons moments qu'il souhaitait préserver de ceux qu'il souhaitait effacer. Tout d'abord, j'ai appliqué la méthode de guérison des phobies pour les moments désagréables puis, le protocole de deuil pour les autres souvenirs. Cela lui permit de prendre de la distance avec tous les aspects pénibles et de se réapproprier toutes les expériences qui lui tenaient à coeur qu'il avait partagées avec sa femme.

Se préparer au deuil : retrouver son pouvoir personnel.

Il s'agit d'une variante de cette méthode utile pour la «préparation au deuil» que nous proposons aux personnes pour les préparer à une séparation proche. C'est particulièrement utile lorsque vous avez des amis malades ou âgés ou lorsque vous devez vous préparer à un divorce, par exemple. Cette méthode aide à avoir plus de force pour faire face aux événements à venir, en étant plus responsable et plus respectueux à l'égard de la personne qui va mourir ou s'en aller. Sans cette période de préparation, les gens ne sont pas toujours en mesure d'apporter leur soutien à la personne mourante, tant ils sont envahis par leur propre douleur. La personne qui est en train de mourir a suffisamment à faire avec sa propre mort sans devoir, en plus, aider ses proches à affronter son décès. Un de nos maîtres-praticiens en P.N.L. utilise cette méthode pratiquement chaque jour dans son travail auprès de patients sidéens, de leurs familles et de leurs amis.

Cette méthode peut également se révêler très utile lorsque la séparation est imminente, par exemple dans le cas d'un divorce. En acceptant d'avance cette séparation, vous pouvez vous sentir plein de ressources et fort, au lieu d'être désespéré et désarmé. Aussi, êtes-vous davantage en mesure de gérer tous les aspects pratiques qu'implique une séparation et votre état émotionnel en est beaucoup moins affecté. Parfois même, cela est utile pour servir de base à une réconciliation possible.

A notre grand étonnement, nous avons pu constater que cette méthode sert également pour des couples qui ont bien l'intention de rester ensemble ! Cela renforce leur relation et les débarrasse de tout sentiment de dépendance excessive qui est l'expression de la façon de penser : «Je ne peux pas vivre sans toi.»

Par exemple, Ron était malheureux de ressentir une jalousie maladive envers sa petite amie. Après l'application de cette méthode, sa jalousie a disparu, il n'avait plus la sensation que seule cette petite amie-là pouvait lui apporter certaines valeurs et lui permettre de vivre des expériences précieuses. Ron ne se sentait plus aussi dépendant et désemparé. La méthode lui a montré que les sensations qu'il valorisait faisaient partie intégrante de *lui*. Il pouvait apprécier pleinement sa petite amie sans se sentir désespérément accroché à elle. Il était plus heureux, car il se sentait une personne beaucoup plus accomplie et entière; son amie se sentait également beaucoup plus heureuse parce qu'il n'était pas constamment en train de s'inquiéter sur chacun de ses faits et gestes.

Louise se rendait malade à la pensée qu'elle pouvait perdre son petit ami. Comme il ne s'était pas encore formellement engagé vis-à-vis d'elle, elle se sentait très vulnérable. Ce sentiment interférait dans leur relation. Pour Louise, c'était un problème majeur. Après une séance, Louise nous a envoyé ce petit mot :

«Je vous suis très reconnaissante de l'attention et de l'aide que vous m'avez accordées. La séance

a été un succès et maintenant ce problème «majeur» me semble vraiment sans importance. C'est incroyable à quelle vitesse le cerveau peut apprendre lorsqu'il est bien guidé.»

Nous avons personnellement réalisé cette préparation au deuil par rapport à nos enfants, à nos parents et nos amis. Nous avons constaté que la conscience qu'ils pourraient bien ne plus être là demain, nous permet de vivre chaque moment que nous partageons avec eux avec beaucoup plus d'intensité car nous savons notre chance et le bonheur d'être avec eux. Lorsque la mère de Steve mourut il y a trois ans, il passa toute une matinée seul, dans le calme, à renouer avec tous les bons moments qu'il avait eus avec elle, puis il reprit le cours de sa vie. Même la mort peut être l'occasion de célébrer la vie.

Non seulement cette méthode permet de résoudre le deuil, de pouvoir plus facilement faire face aux problèmes pratiques qui en découlent, mais elle apporte et renforce le sentiment de pouvoir personnel, d'indépendance saine et bénéfique qui consolide la faculté d'être bien ancré sur ses deux pieds lorsque nous rencontrons les autres.

Références

1. «Résoudre le deuil» cassette vidéo (Voir annexe II).
2. *Grief into Gratitude* de Steve et Connirae Andreas.

Pas de sensations lointaines et confuses,
je me souviens de lui au plus profond de mon coeur
joyeux et gai.

Révérend H.C. Beeching

12 La stratégie naturelle pour garder la ligne

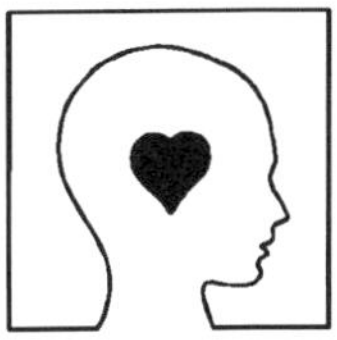

Peut-être êtes-vous un adepte des régimes diététiques ou bien vous l'avez été, ou vous avez des amis, des proches qui essayent sans cesse de perdre du poids et de maintenir leur ligne. Toutes ces personnes mènent un combat à vie pour perdre du poids, alors que d'autres semblent pouvoir rester minces sans fournir aucun effort.

Les facteurs responsables de la perte de poids.

Les problèmes de poids peuvent avoir tout un large éventail de causes. Dans la stratégie naturelle pour garder la ligne présentée ci-après dans ce chapitre, nous vous proposons une technique fondamentale pour perdre du poids facilement. Si vous désirez perdre du poids et si vous ne connaissez pas encore cette stratégie alimentaire, elle pourra vous être très utile. Tout au moins, cela constituera une première étape très importante qui vous permettra de devenir naturellement mince. Certaines personnes désireuses de maigrir ont déjà cette stratégie; elles ont besoin de procéder à d'autres changements pour pouvoir perdre réellement du poids. Dans d'autres cas, apprendre à utiliser cette stratégie alimentaire représente une étape significative qui oriente dans la bonne direction même si d'autres changements sont aussi nécessaires.

Par exemple, certains individus sont boulimiques lorsqu'ils se sentent malheureux ou stressés parce que c'est un moyen d'en retirer un plaisir garanti. Traiter les causes du désarroi, réduire le stress fait bien souvent disparaître le besoin de manger de façon excessive; de nombreuses méthodes décrites dans cet ouvrage peuvent être employées pour cela.

D'autres personnes mangent de façon raisonnable mais ne font pas assez d'exercice pour garder leur poids désiré. Trouver une manière agréable de faire un peu de sport apporte un soutien non négligeable dans ce type de démarche. La motivation positive, présentée en détail dans le chapitre quinze, constitue également une aide importante.

Certaines personnes ne se sentent pas à l'aise face à des avances d'ordre sexuel;

pour éviter ces situations, l'excès de poids s'avère une solution commode : on est beaucoup moins «sexy». Lorsqu'une personne apprend comment réagir en restant à l'aise à ces sortes d'avances, et à dire «non» de façon ferme si cela est nécessaire, alors, bien souvent, le besoin d'être gros disparaît.

Il s'agit là de quelques facteurs seulement que nous rencontrons parfois lorsque nous abordons les problèmes de poids. *Comme chaque personne est unique, notre démarche vise toujours à trouver ce qui est important pour la personne en question.* La stratégie naturelle pour garder la ligne fournit une base qui permet de perdre du poids facilement et de façon appropriée. Nous la présentons en détail dans ce chapitre. Plus loin, vous trouverez un protocole établi étape par étape qui vous guidera si vous voulez apprendre à pratiquer cette méthode vous-même.

Découverte d'une stratégie pour devenir naturellement mince.

Quand j'étais au lycée et à l'université, les gens me disaient parfois : «Tu as de la *chance* d'être si mince, moi, ce n'est pas du tout mon cas, ce n'est pas mon tempérament.» Ces personnes pensaient qu'être «mince» ou «gros» était un phénomène génétique, un accident sur lequel ils n'avaient aucun contrôle; à cette époque c'était également mon point de vue. Ce n'est qu'en 1979, lors d'un séminaire de P.N.L., que j'ai commencé à approfondir la question.

C'est presque par accident que j'ai découvert une stratégie ou «séquence de pensées» qui permet de devenir mince naturellement. J'ai rencontré une femme qui voulait connaître cette méthode pour décider quand et quoi manger. Clara avait plus de cinquante kilos en trop et désirait bien sûr pouvoir exercer un contrôle sur son poids. Sa séquence de pensée était simple et très courte; et cela expliquait évidemment pourquoi elle était si grosse : voir de la nourriture ↔ manger. J'étais un peu sceptique que voir de la nourriture puisse systématiquement susciter l'envie de manger. C'est pourquoi je décidai d'effectuer un test avec elle. Il y avait de la nourriture dans la pièce où nous faisions le séminaire et, effectivement, lorsque Clara a vu ces aliments, elle s'est sentie obligée de les manger. Peu lui importait d'avoir faim ou de se sentir repue, que la nourriture soit bonne ou non; les conséquences éventuelles, si elle cédait à son envie, ne la préoccupaient absolument pas.

J'ai alors commencé à imaginer une stratégie de remplacement pour Clara pour qu'elle puisse mieux choisir quand et quoi manger. Mon objectif était de lui donner un moyen de devenir naturellement mince. Lorsque j'y ai réfléchi plus tard, je me suis aperçue qu'il s'agissait de ma propre stratégie ! Cela avait marché pour moi pendant des années. Pendant dix ans, nous avons enseigné à de nombreuses personnes cette stratégie pour choisir la nourriture. Tous les témoignages que nous avons reçus nous ont confirmé que ces personnes avaient perdu du poids naturellement, sans effort.

La plupart des études et des recherches portent sur les personnes qui ont du mal à perdre du poids, et essaient de trouver la manière dont elles réagissent à toute une série de régimes diététiques et de méthodes thérapeutiques. Au contraire, beaucoup de protocoles de P.N.L. ont été mis au point en déterminant comment font les personnes qui atteignent facilement leur objectif pour y parvenir. En étudiant les personnes naturellement minces et en découvrant comment elles le deviennent ou le restent, il est possible de transmettre cette faculté aux autres.

Les personnes naturellement minces ne se sentent pas obligées de l'être. Elles n'éprouvent aucune sensation désagréable si elles doivent «sauter un bon repas» et elles ne limitent pas leur alimentation. Ce n'est pas le cas pour les adeptes des régimes. Plutôt que de mener une bataille permanente avec la nourriture, il est beaucoup plus facile d'apprendre *à penser et à réagir d'une manière naturelle comme les personnes minces le font.* Nos recherches ont confirmé que la plupart des personnes naturellement minces font exactement la même chose que moi alors que celles qui ont des problèmes de poids ne le font pas. Voilà la méthode que j'utilise.

La stratégie naturelle pour garder la ligne.

1. Tout d'abord, quelque chose vous fait penser à manger. C'est peut-être de voir qu'il est l'heure de déjeuner, d'entendre quelqu'un parler de repas, ou bien de sentir la faim ou de voir de la nourriture.

2. Je vérifie comment mon estomac se sent maintenant.

3. Je me demande : «qu'est-ce qui serait agréable à mon estomac ?»

4. Je visualise une portion possible d'aliment : un sandwich, un bol de soupe, une salade, etc.

5. J'imagine manger cette nourriture. Je pense à son goût, puis je la sens glisser dans mon estomac et je ressens ce que cette quantité de nourriture va provoquer comme sensation *dans mon estomac pendant un certain temps si je l'absorbe maintenant.*

6. Si cette sensation est plus agréable que si je ne mange pas de nourriture du tout, je garde cet aliment comme une possibilité. Si ce n'est pas le cas, je ne le prends pas en considération.

7. Ensuite, je visualise un autre aliment.

8. J'imagine goûter ce deuxième aliment et j'observe ce que je ressens lorsqu'il passe dans l'estomac et reste dans mon organisme pour les heures qui viennent.

9. J'observe et je note si cette sensation me plaît. Est-ce qu'elle me plaît davantage que le choix que j'avais retenu comme étant le meilleur jusqu'à présent ? Je garde présent à l'esprit l' aliment qui semble au mieux me convenir pour pouvoir le comparer avec le choix suivant.

10. A présent, je répète les étapes 7, 8 et 9 aussi souvent que je le désire toujours en gardant présent à l'esprit les aliments qui, selon moi, me feront sentir le mieux si je les absorbe et je les compare à chaque nouvelle possibilité.

11. Lorsque je sens que j'ai pris en compte suffisamment d'options, je choisis de manger la nourriture qui a retenu toute ma faveur, avec laquelle je pense pouvoir me sentir bien.

Si vous êtes quelqu'un de naturellement mince, vous pensez probablement : «Bien évidemment. De quelle autre manière peut-on choisir sa nourriture ?» Et pourtant, si ce n'est pas votre cas, vous considérez les choses sûrement différemment. Vous vous demandez peut-être : «Mais qu'est-ce qui m'empêche de manger du chocolat, des glaces et d'autres choses grasses ?»

La réponse est «rien du tout.» De temps en temps, je mange des choses riches, mais généralement à petites doses. Il n'y a absolument rien qui *m'empêche* de manger des aliments riches. Mais, en général, je n'en ai pas envie, car lorsqu'on y pense, à la longue, *on se sent beaucoup plus mal* avec cette alimentation riche. Lorsque j'imagine manger une assiette pleine d'oignons frits, j'imagine les sensations dans mon estomac, la digestion qui se fait lentement tout au long de l'après-midi et je ressens un énorme dégoût. De la même manière, si j'imagine manger plusieurs cornets de glace pour le déjeuner, je sens mon estomac qui souffre pendant tout l'après-midi, et qui me renvoie un sentiment de dégoût et de fatigue.

Au contraire, lorsque j'imagine avaler un grand bol de soupe aux légumes, bien chaude, je sens cette soupe dans mon estomac et dans tout mon système digestif, cela me procure une très agréable sensation. En général, pour moi, cette sensation est très attrayante, c'est pourquoi je la choisis.

Bien sûr, chacun réagit différemment. Pour vous, un sandwich au poulet ou une salade de crevettes vous procureront de bonnes sensations. Rappelez-vous que telle chose peut vous être agréable un jour et pas un autre parce que votre corps change avec le temps, au fil des différents événements de la vie. Votre nourriture d'hier, vos activités, votre sommeil et sa qualité, la chaleur ou le froid sont des éléments qui interagissent. Vous serez sans doute beaucoup plus attiré par un aliment si vous ne l'avez pas mangé pendant plusieurs jours consécutifs.

Que faites-vous lorsque vous mangez trop ?

Une autre différence entre les gens naturellement minces et ceux qui suivent des régimes réside en ce qu'ils font quand ils ont trop mangé, qu'ils se sont gavés de bonne chère. Il nous est tous arrivé un jour ou l'autre de manger trop. Mais, lorsque les gens au régime le font, ils se disent souvent en leur for intérieur : «Voilà, je savais bien que je n'en étais pas capable. Je suis tout juste bon à être un glouton, autant me faire à cette idée. Je suis condamné à être trop gros pour la vie. Puisque je ne peux pas me tenir à un régime, autant manger et en profiter». Un fort sentiment de dépression et de dévalorisation de soi contribue souvent à maintenir un tel mode de pensée.

Au contraire, voici un exemple de ce que les personnes naturellement minces font lorsqu'elles mangent trop. Récemment, nous avons organisé une fête, avec un dîner et toute une variété de desserts. Je me suis vraiment laissée aller à manger beaucoup plus que je ne le fais habituellement. Lorsque la fête s'est terminée, j'ai remarqué que je me sentais très «remplie», beaucoup plus que d'habitude, même lorsque je mange beaucoup. Tout le restant de la soirée et de la nuit, je sentais cette gêne dans mon estomac. «C'est très bien que je le remarque, je ne pense pas que j'aurai à nouveau envie de manger comme ça avant longtemps.» me suis-je dit. *Cette sensation que j'éprouvais parce que j'avais beaucoup trop mangé m'a donné la motivation dont j'avais besoin pour modérer mon alimentation à l'avenir.* Le lendemain, je n'avais envie de manger que de petites quantités, évitant tout les aliments sucrés et gras. Je ne pensais pas que je *devais* manger ces choses-là, mais c'était les seuls aliments qui me faisaient envie.

Les clés de cette méthode.

La stratégie naturelle pour garder la ligne s'appuie sur le fait d'avoir *davantage de sensations agréables* : plus de plaisir et moins de rejet. Lorsque vous commencez à penser comme une personne naturellement mince, vous n'utilisez plus les «je devrais» et les règles conventionnelles pour vous forcer à manger d'une certaine manière en vue de perdre du poids. Les gens qui mangent trop s'intéressent uniquement au goût et au plaisir que leur procure la nourriture. Au contraire, cette stratégie vous apprend à considérer ce qui va vous permettre de ressentir *les meilleures sensations pendant plus longtemps*. Bien sûr, si vous mangez des glaces comme un goinfre, vous en éprouverez beaucoup de plaisir sur le moment. Mais lorsque vous imaginez comment votre estomac et votre corps entier vont réagir, vous comprenez que cette expérience ne présente guère d'intérêt *à long terme*.

Cette méthode fonctionne même lorsque vous ne connaissez pas le nombre de calories que contient tel aliment. Si vous avez déjà eu l'expérience, au préalable, de tel aliment, votre corps se souvient de la manière dont il a réagi. Ceci crée une *motivation intérieure* pour manger bien - car avant tout, c'est *beaucoup plus agréable* de manger de cette façon là.

La différence entre la faim et les autres sensations.

Greta souhaite perdre du poids mais n'a pas encore trouvé de régime qui lui convienne. Quand je lui ai parlé de la stratégie naturelle pour garder la ligne, Greta s'est montrée très intéressée. Elle est cependant sceptique quant au résultat et surtout le fait que cela puisse se faire sans se battre l'intrigue beaucoup, mais elle a décidé que le jeu en vaut la chandelle. Car pour elle, si cela marche, ce sera un grand soulagement.

J'ai donc commencé à guider Greta à travers toutes les étapes mentionnées précédemment; «Imaginez que vous êtes dans un restaurant; vous devez choisir ce que vous allez manger. Lisez le premier plat proposé sur la carte. Qu'est-ce que c'est ?»

«Un burrito*.» répondit Greta.

«Très bien. Tout d'abord visualisez ce plat... Maintenant imaginez que vous êtes vraiment en train de le manger, puis soyez attentive aux sensations que vous allez éprouver au niveau de l'estomac après ce repas.» J'observais Greta et je recherchais tous les signes d'expression non verbale qui confirmait qu'elle suivait mes indications, en utilisant la partie de son cerveau capable de réaliser chacune de ces étapes. Tout se passa très bien jusqu'à l'étape de la «sensation».

Elle demanda : «Vous voulez que je ressente si je suis remplie ou non ?»

NdT. Le Burrito est une spécialité mexicaine; il s'agit d'une sorte de crêpe à base de farine de maïs que l'on farcit avec des ingrédients très variés (viande, fromage, etc.).

«Non, il ne s'agit pas de savoir si vous êtes *remplie*, il s'agit d'observer le *type de sensation* que vous éprouvez dans votre estomac. Si vous mangez un burrito avec beaucoup de fromage et de crème fraîche, votre estomac aura des sensations très différentes que si vous mangez la même quantité de légumes bouillis.»

Greta avait l'air très embarrassé. «Je ne comprends vraiment pas ce que vous voulez dire. Je ne pense pas avoir jamais remarqué différentes sortes de sensations. Je sais distinguer entre me sentir bien, me sentir mal ou des sensations d'inconfort. Si je me sens mal à l'aise, alors je mange.»

Beaucoup de gens confrontés au même problème réagissent comme Greta. Ils n'ont jamais appris à distinguer entre les différents types de sensation. Souvent, on ne leur a pas appris à exprimer la différence entre un sentiment de vide qui signifie «Je suis seule, je veux être en compagnie de gens» et la sensation de faim qui est le signal de manger. J'ai consacré un peu de temps à aider Greta à apprendre à distinguer entre ses différents états émotionnels.

«Si tous vos etats émotionnels sont amalgamés en deux catégories, soit les bons, soit les mauvais, alors, lorsque vous vous sentez mal, vous ne savez pas quoi faire pour améliorer votre état. Vous ne savez pas quand manger, quand inviter un ami, quand aller au cinéma ou bien quand faire d'autres choses pour satisfaire vos différents besoins. Apprenez à faire ces distinctions en portant votre attention sur les sensations que vous avez en retour et en observant quelles actions vous permettent de vous sentir mieux. Si vous vous sentez mal et qu'après avoir rendu visite à un ami vous vous sentez mieux, vous pouvez commencer à interprêter cette sorte d'inconfort, de malaise comme un message : le besoin d'être avec quelqu'un. De la même manière, si vous mangez quelque chose et qu'ensuite, vous ressentez *toujours* ce même malaise, cette sensation n'était probablement pas la manifestation de votre faim. Cela indique que vous désirez quelque chose d'autre. Peut-être êtes vous en colère : vous avez besoin de vous calmer. Peut-être vous ennuyez-vous : vous voulez donc faire quelque chose de passionnant.»

Greta comprenait bien tous ces propos, cela avait un sens pour elle. Elle commençait à faire la distinction entre une sensation de faim et autre chose. Pourtant, elle éprouvait toujours des doutes. «Je n'ai jamais fait ça auparavant. Je n'en ai pas l'expérience. Je ne sais pas ce qu'éprouve mon estomac au contact de ces différents aliments. Alors, comment est-ce que je vais apprendre à manger de cette manière-là ?» demanda-t-elle.

«En ce moment même, pendant le processus d'apprentissage de cette statégie, vous allez simplement imaginer comment vous ressentez chaque aliment dans votre estomac. Peu importe que vous tombiez juste ou non, car, au fur et à mesure que vous serez plus à même de discerner les sensations procurées par chaque aliment, vous pourrez reviser votre jugement. Après avoir mangé ce que vous avez choisi, observez vos sensations. A chaque fois que vous allez manger quelque chose, votre acuité sera plus fine pour savoir quelles sensations vous procure chaque aliment.»

J'expliquai à Greta comment, au fil des années, mes pronostics s'étaient de plus en plus affinés. Lorsque j'étais plus jeune, cela m'arrivait souvent de trop manger ou d'ingérer des aliments qui ne me convenaient pas ensuite. Ces expériences m'ont apporté exactement ce dont j'avais besoin pour obtenir davantage d'informations sur ces aliments et la manière dont j'allais y réagir à l'avenir. Parfois, j'avais même déjà l'impression que tel plat ne me conviendrait pas mais cette intuition ne semblait pas vraiment fondée. Je n'en tenais pas compte et je prenais mon repas copieusement mais ensuite je notais combien je me sentais mal. Cette expérience déterminante m'a amené à reconsidérer les choses pour la fois suivante. Nous tirons tous des enseignements de nos expériences. A chaque fois que vous vous trompez, vous pouvez vous réjouir d'avoir vécu cette expérience pour rectifier les choses à l'avenir.

Nous avons ensuite répété le processus plusieurs fois afin qu'il devienne de plus en plus automatique pour Greta. J'observais attentivement ses réactions non verbales (voir annexe 1) qui indiquaient que Greta faisait correctement les différentes étapes.

Environ dix-huit mois plus tard, Greta déclara que cette nouvelle stratégie avait été efficace pour elle. Elle avait perdu facilement du poids, sans souffrir. Elle avait eu, pendant une courte période, deux accès de boulimie puis elle avait réussi à les enrayer en faisant attention de manger de petites quantités pendant les jours suivants afin de permettre à son estomac de se rétrécir. Il lui était également maintenant beaucoup plus facile de distinguer les sensations qu'éprouvait son estomac au contact des différents aliments.

Que signifie poids naturel ?

Lorsqu'une personne pratique la stratégie naturelle pour garder la ligne, elle peut constater que son poids naturel est pratiquement toujours le même. Bien sûr, il varie d'une personne à l'autre, certains facteurs entrant en ligne de compte, tel que le patrimoine génétique, le degré d'activité et le mode de pensée. Certains ont tendance à avoir beaucoup d'embonpoint, d'autres sont minces, ce sont des différences naturelles.

Il est couramment admis, en matière de contrôle de poids, que chacun a un poids moyen de référence. Malgré les différentes fluctuations, il est dit que notre corps aurait tendance à retourner à ce poids de référence. Nous pensons que ce poids de référence change lorsque la personne change son mode alimentaire. Il est tout à fait vraisemblable que les gens qui adoptent une nouvelle stratégie alimentaire trouvent un «poids naturel» inférieur.

Traiter les allergies alimentaires.

Pour de multiples raisons, certaines personnes (celles qui souffrent d'allergies alimentaires ou notament les diabétiques qui ont besoin d'un régime sévère) peuvent aussi être amenées à utiliser cette méthode pour trouver d'autres critères qui leur permettent de choisir ou d'éviter certains aliments. Toutefois, tant que les effets ne sont pas trop graves et se produisent au bout de quelques heures, cette stratégie alimentaire fonctionnera bien. Par exemple, si une personne est allergique au maïs et que cette personne imagine ce que son corps va éprouver par la suite, elle remarquera les sensations d'allergie, les trouvera désagréables et choisira donc de manger autre chose. Cette stratégie peut réellement aider les personnes souffrant d'allergie ou de sensibilité particulière à éviter les aliments qui ne leur conviennent pas sans provoquer de conflit intérieur. (Voir également le chapitre 5 «Eliminer les réactions allergiques».)

Retrouver les sensations de son corps.

Sur les conseils d'amis qui avaient eu des résultats tout à fait positifs grâce à la stratégie naturelle pour rester mince, Greg est venu me demander de l'aider. Comme je le guidais à travers les différentes étapes, il déclara rapidement qu'il lui était impossible d'aller plus loin car il n'avait aucune perception de son corps en dessous du menton.

Des expériences désagréables et très intenses de sa petite enfance avaient amené Greg à «décider», lorsqu'il était encore tout jeune enfant, qu'il n'était absolument pas utile d'avoir des sensations corporelles. Il fallut tout d'abord traiter ces expériences émotionnelles du passé avant l'étape suivante : permettre à Greg de retrouver en toute sécurité les sensations de son corps. J'appliquai les méthodes décrites dans les chapitres 4 et 7 concernant les traumatismes de l'enfance. Cela lui a apporté beaucoup d'autres bénéfices dans des domaines plus importants que sa préoccupation première : perdre du poids.

Les étapes de la stratégie naturelle pour garder la ligne.

Si vous désirez acquérir la capacité de mieux choisir votre nourriture, procédez aux différentes étapes suivantes. Entrainez-vous avec cette méthode et vous deviendrez naturellement mince. Si vous parcourez minutieusement les étapes avec vigilance, vous réagirez dans votre rapport à la nourriture comme les personnes naturellement minces.

1. Choisissez un lieu et un moment où vous êtes tranquille, confortablement installé, et assurez-vous que vous ne serez pas dérangé pendant vingt minutes.

2. Réflechissez quelques instants à la façon dont vous prenez conscience que c'est pour vous le moment de manger. Est-ce quand vous voyez de la nourriture ? Lorsque vous entendez quelqu'un dire : «C'est l'heure de manger» ? Regardez-vous votre montre pour voir si c'est l'heure de manger ? Avez-vous une sensation de faim ? Vous imaginez peut-être que vous êtes installé en train de prendre votre déjeuner et que vous voyez de la nourriture sur la table ou que vous inspectez votre réfrigérateur ou que vous regardez un menu ?

3. A présent, notez les sensations que vous avez dans votre estomac. Notez la *qualité* de cette sensation que vous avez là maintenant. Il ne s'agit pas seulement de remarquer que vous vous sentez rassasié ou que vous avez faim, mais d'être en contact avec la sensation réelle générale de votre estomac. Votre estomac éprouvera d'ailleurs des sensations très différentes selon ce que vous aurez mangé la veille ou selon que vous serez tendu ou décontracté, etc.

4. Posez-vous la question : «Qu'est-ce qui procurerait une sensation agréable

dans mon estomac maintenant ?» Il n'est pas nécessaire de la prononcer à haute voix; laissez simplement résonner cette question en vous.

5. Pensez à présent à un aliment que vous pouvez manger. Peut-être imaginez-vous un sandwich au poulet, des bonbons, une assiette de soupe de légumes, une salade composée ?...

6. A présent, imaginez que vous mangez un peu de cet aliment auquel vous avez pensé. Si votre choix s'est porté vers le sandwich au poulet, vous en aurez très rapidement le goût, puis remarquez quelles sensations cela vous procure au fur et à mesure que l'aliment glisse dans votre estomac. Peut-être percevrez-vous ce que vous ressentez dans votre estomac et ce que votre corps entier sentira quelques heures après avoir ingéré ce sandwich.

7. A présent, comparez cette sensation avec celle que vous aviez avant d'imaginer que vous mangez quelque chose. Est-ce plus agréable ? Vous sentirez-vous mieux dans un moment si vous mangez ce sandwich là plutôt qu'autre chose ou rien du tout ? Si la réponse est «oui» gardez présent à l'esprit l'idée du sandwich comme un choix possible. Si la réponse est «non», rejetez cette idée. Notez bien que vous allez vous décider en vous basant sur ce qui va être une source de plaisir pendant un certain temps. Rien ne sert de manger quelque chose qui vous mettra mal à l'aise pour le restant de la journée.

8. Visualisez à présent un autre aliment. Peut-être s'agit-il d'une sucrerie ?

9. Essayez de définir si vous avez réellement envie de manger cette sucrerie. Vous imaginez que vous la mangez et vous sentez l'effet qu'elle produit en allant dans votre estomac. Observez les sensations qui se dégagent de votre estomac pendant toute la période de votre digestion. Comment vous sentez-vous ?

10. Comparez la sensation éprouvée à l'étape 9 avec la sensation qui a été la plus agréable pour vous jusqu'à présent (étape 7). Quelle différence pouvez-vous noter ? Quelle sensation est la plus agréable pour vous : la sucrerie ou le sandwich au poulet ? Quel choix vous permettra de vous sentir le mieux possible après coup ? Gardez-le à l'esprit.

11. Renouvelez ce même processus (étapes 8, 9 et 10) avec d'autres aliments. A chaque fois, gardez présent à l'esprit celui qui vous donne la sensation la plus agréable dans la durée.

12. Lorsque vous estimez avoir un évantail de choix suffisants et que vous avez l'impression que ce processus devient naturel pour vous, notez quel aliment vous permet de vous sentir le mieux. Imaginez à présent que vous mangez celui que vous avez choisi, et appréciez-le d'autant plus que vous savez que vous vous sentirez bien pendant longtemps.

Entraînement complémentaire.

A présent, vous connaissez les bases de la méthode. Pour être sûr qu'elle devient automatique, imaginez-vous traverser les mêmes étapes dans de nombreuses situations. Par exemple, imaginez que vous allez dîner au restaurant dans un de vos lieux préférés. Refaites le processus en passant par chacune des étapes pour déterminer ce que vous allez manger. Ensuite, imaginez que vous êtes à une fête et renouvelez le même processus. Ou bien imaginez que vous êtes chez vous, que vous prenez votre petit déjeuner...

Lorsque toutes ces étapes vous paraissent naturelles, c'est le signe que le processus devient réellement automatique et que vous continuerez à l'employer à l'avenir.

Maintenant, réfléchissez aux situations du passé où vous avez été particulièrement «boulimique». Certaines personnes mangent beaucoup trop lors de fêtes, d'autres seulement lorsqu'elles sont seules. Chez d'autres, les excès portent sur certains aliments seulement : glaces, chocolats, pizzas ou autres spécialités. Répétez le processus dans chacune des situations où vous mangez à l'excès; pour être sûr de bien intégrer la stratégie dans toutes ces circonstances.

Savoir s'arrêter de manger.

La même stratégie vous permet de décider quand vous devez arrêter de manger. A chaque fois que vous êtes sur le point de mordre quelques bouchées de plus, vous pouvez très facilement réaliser ce que ce geste va créer comme sensation au niveau de l'estomac. Bien sûr, dès que vous aurez l'impression d'un malaise accru, vous arrêterez. Ceci est une manière naturelle d'arrêter lorsqu'on est déjà rassasié. Quand ce processus devient une habitude, il se met en place très rapidement et sans même que l'on s'en rende compte.

Certaines personnes se font une règle de manger tout ce qui est dans leur assiette. Elles ne laissent rien pour que *rien ne soit gaspillé* mais les kilos en trop, eux, ne sont pas gaspillés ! Si tel est votre cas, prenez plutôt de petites parts, ce sera beaucoup plus facile, et vous pourrez vous servir à nouveau si vous en avez envie. Vous pouvez également résoudre le problème en achetant de toutes petites assiettes. Cela paraît idiot, mais cela aide vraiment à manger moins. Il est beaucoup plus difficile de remplir à ras bord une petite assiette qu'une grande, ainsi les gens sont moins enclins à manger beaucoup, simplement parce que c'est dans leur assiette. Bien sûr, vous pouvez toujours vous servir une seconde fois d'un plat même avec des petites assiettes, mais alors il s'agit d'une décision consciente de manger plus et non pas simplement d'une habitude.

Les résultats.

Une fois que vous avez assimilé cette nouvelle stratégie pour rester mince, observez ce qui se passe pour vous. Chez la plupart des gens, les résultats ne se manifestent pas sous la forme d'une perte de poids extraordinaire qui dure souvent peu de temps. Ici, au contraire, vous pourrez observer une perte de poids progressive qui, elle, sera durable.

Comme nous l'avons signalé plus haut, de nombreux facteurs interfèrent souvent dans les questions de perte de poids. Réussir à ce que chacun de ces facteurs trouve sa place permet à l'individu concerné d'être naturellement mince. Si la pratique et la connaissance de cette stratégie étaient les seuls éléments qui vous manquaient pour réussir dans votre démarche, vous parviendrez très rapidement et très facilement à perdre du poids. Si d'autres étapes complémentaires sont nécessaires pour vous maintenir à votre poids désiré, vous pourrez en prendre conscience plus facilement grâce à cette stratégie.

D'autres méthodes de P.N.L. pour perdre du poids.

Le modèle du Swish, présenté dans les chapitres 17 et 18, peut vous aider à consolider certains aspects de vous-même et à faciliter votre perte de poids. Parmi les autres facteurs essentiels qui peuvent vous aider, vous pouvez noter le protocole de motivation positive (chapitre 15) ou celui qui permet de se construire un avenir attractif (chapitre 19). Parfois, l'excès de poids correspond à une intention positive (bénéfice secondaire) comme, par exemple, aspirer à plus d'indépendance par rapport aux parents qui s'inquiètent de cette question de poids. Si c'est le cas, le recadrage en six étapes (chapitre 8) vous offre de nouvelles solutions positives. Vous trouverez également l'exemple particulier d'une femme et de son cheminement pour obtenir son poids désiré au chapitre 16.

Quelquefois, une seule intervention suffit pour vous conduire à cet objectif. Mais, si d'autres facteurs vous empêchent de réussir l'application de cette stratégie avec efficacité, procédez patiemmemnt à l'apprentissage de chacun des savoir-faire necessaires jusqu'à ce que tout soit en place pour vous et vous conduise ainsi vers la réussite de votre démarche.

Je ne résiste jamais à la tentation,
car j'ai constaté que tout ce qui est nuisible pour moi
n'éveille aucun désir.

George Bernard Shaw

13 Résoudre ses conflits intérieurs

Joe est étudiant en théologie et travaille à mi-temps le soir dans un grand magasin. Il sent une attirance compulsive pour les magazines érotiques surtout quand il est seul, qu'il n'y a personne autour de lui, alors il ne résiste pas à la tentation. Joe craint bien sûr que son patron ne le surprenne quand il feuillette ces magazines. Mais, il redoute surtout que son université en ait des échos. Bien qu'il ait tenté différentes sortes de thérapies, rien n'a réussi à changer les choses. Aussi Joe commence-t-il à se demander s'il n'est pas possédé par le démon et il a peur de perdre tout contrôle de lui-même.

Lorsque, comme Joe, on se sent poussé à faire quelque chose que l'on ne désire pas consciemment, on suppose qu'une «partie inconsciente» pousse à agir. Par «inconscient», nous entendons simplement par là que Joe ne se rend pas compte de ce qui se passe. Nous émettons également le postulat qu'une partie de *lui-même* l'incite à agir de la sorte et qu'il n'est aucunement question de démon.

Nous faisons également la pressupposition suivante, très importante : toute partie d'un individu possède des *intentions positives*, quel que soit le caractère destructeur de tel ou tel comportement. L'importance et l'étendue de ce dernier postulat vous apparaîtra avec beaucoup plus d'évidences lorsque nous ferons le travail avec Joe.

Je lui ai tout d'abord demandé quel effet lui procure la lecture de ces magazines : il a répondu qu'il ne savait pas. Bien sûr, il sent certains frissonnements, une sorte d'excitation, mais sa vie sexuelle trouve d'autres manières de s'épanouir et de le satisfaire. Il est marié et a une vie conjugale tout à fait heureuse. Joe ne pense pas que la lecture de ces magazines lui soit d'une quelconque utilité : c'est une partie négative qui l'incite à le faire, il ne peut s'en empêcher.

La manière dont Joe nous a parlé de son problème a montré que cette partie en lui est très solide, très forte; elle est une forme d'aliénation très puissante. Joe ne pense pas et n'a jamais pensé que cette impulsion fasse réellement partie de sa personne. A un niveau conscient, Joe ne sait absolument rien sur cette partie intérieure; par contre, il peut en constater les effets puisque c'est elle qui l'attire vers ces magazines. Ainsi, je savais que mes questions ne mèneraient nulle part. La seule manière qui me permette de rassembler des informations sur son comportement compulsif, en étant utile pour le travail thérapeutique, consiste à accéder à un niveau beaucoup moins conscient. Les techniques de visualisation constituent une manière de procéder.

«Joe, visualisez cette partie de vous-même qui vous pousse à lire ces magazines. Tout d'abord, dites-moi dans quelle main, la gauche ou la droite vous désirez la placer.»

«Dans ma main droite. Ici, à cet endroit.»

«Très bien. Maintenant, vous avez votre main droite devant vous, et cette partie de vous-même peut commencer à y trouver sa place (en parlant lentement et très doucement). C'est une partie importante et très puissante en vous. Elle a été tellement importante que vous ne vous êtes pas rendu compte de façon consciente de son intention positive. A présent, comme cette partie commence à prendre forme, dites-moi ce que vous voyez...»

En commençant le processus, apparemment, je m'adresse à Joe. Mais en même temps, je communique à cette partie de lui-même. Joe l'a occultée complètement en menant une lutte acharnée contre elle, en pensant qu'elle était néfaste pour lui. Au fil de mes paroles, je commence à rétablir une communication avec cette partie-là en exprimant le respect pour sa puissance et en présupposant qu'elle est animée d'intentions positives.

«Je me vois en train de regarder certains magazines.» a répondu Joe.

«Bien. Regardez vraiment en détail cette partie. Notez l'expression de son visage, la manière dont elle se déplace, ses mouvements, etc.» (La posture de Joe et son expression se sont modifiées de façon très nette à ce moment-là, parce qu'il fait l'expérience de ce qui se passe en lui lorsqu'il est attiré par ces magazines, en adoptant le même comportement.) «Lorsque vous pouvez la voir très clairement, demandez-lui quelles sont ses intentions positives lorsqu'elle vous pousse à regarder ces magazines... Quelle est sa réponse ?»

«Le personnage ne dit rien, je ne reçois aucun message.»

De toute évidence, il me faut entrer davantage en contact avec cette partie-là pour qu'elle accepte et soit prête à communiquer avec Joe. Une fois de plus, je parle à Joe mais en même temps, je m'adresse très directement à cette partie de lui-même.

«Très bien. Continuez d'observer cette partie, nous allons lui laisser un peu de temps pour qu'elle puisse réfléchir à ce qu'elle fait pour vous d'utile et de positif en vous poussant à la lecture de ces magazines. Elle peut devoir passer en revue différents lieux, différents moments où vous avez été poussé à agir de la sorte, pour pouvoir retrouver complètement et reconnaître le rôle positif très important qu'elle joue pour vous...»

«Pendant que cette partie de vous-même fait cet exercice, je voudrais vous parler d'une personne qui était boulimique. Bien sûr, cela ne va pas être exactement comme pour vous, car chaque partie intérieure a sa propre intention et sa manière d'effectuer les choses. Je m'adresse à cette partie intérieure en vous pour lui expliquer ce que signifie une fonction positive. Voici donc un exemple. Cette personne a demandé à sa partie intérieure quel rôle elle jouait. Cette personne venait d'un milieu militaire et avait grandi dans une ambiance très stricte où régnaient les «Tu devrais», «C'est bien», «C'est mal», «Fais ceci, ne fais pas cela». Cette partie d'elle-même qui la poussait à manger à outrance voulait justement qu'elle cesse de suivre toutes ces règles de conduite et puisse briser cette rigidité pour faire les choses à sa manière et s'affirmer.» Comme je citais cet exemple, Joe eut une réaction non verbale *très* vive. Il se mit à bouger dans tous les sens, sa posture s'est raidie et son visage a rougi.

«C'est cela !» s'exclama-t-il avec vivacité. «Cette partie intérieure ne veut pas que j'observe de règles ! Elle veut que je sois moi-même. Je me préoccupe trop de ce que les autres pensent. Mes parents ont toujours voulu que je fasse ce qui est bien, juste... Cette partie en moi hoche la tête en guise d'approbation en même temps que je vous parle ! Elle dit que c'est bien ça.»

«Très bien. Vous pouvez la remercier de vous avoir apporté cette confirmation. Remerciez-la aussi d'être là, soucieuse de vous aider à être vraiment vous-même. C'est vraiment une grande chance d'avoir cette partie en vous qui agit ainsi. Vous rendez-vous compte de l'aspect positif ?»

Quand la communication s'établit en bonne coopération avec la partie intérieure sollicitée, il est très important de la remercier immédiatement. Même si Joe n'est pas tout à fait prêt à la remercier entièrement, je lui fais savoir que *moi*, je la remercie car je sais reconnaître la valeur de cette communication.

«Eh bien, je n'aime pas ce qu'elle *fait*.»

«Bien sûr que non. Vous n'aimez pas *du tout* ce comportement. Mais désirez-vous qu'il y ait une partie en vous qui désire que vous soyez vraiment vous-même ?»

«Bien sûr que oui.»

«Bon. Dites-lui que vous êtes entièrement d'accord avec son *intention;* soit vous le lui dites silencieusement en vous-même, soit vous choisissez une autre manière qui vous semble convenir...»

Joe l'a remerciée intérieurement et j'ai pu voir son visage et son corps se relâcher légèrement, puis un sourire s'esquisser au coin des lèvres. Ces signes m'indiquent que Joe l'a réellement remerciée et que sa partie intérieure concernée a réagi de manière positive. C'est une étape très importante dans le processus de guérison du conflit qui a tant déchiré Joe. Pour l'étape suivante, je dois aider Joe à acepter clairement l'intention positive de l'autre partie de lui-même, plus consciente.

«Maintenant, gardez cette partie-là dans votre main droite et portez votre regard sur la main gauche. Comment pourriez vous décrire cette partie qui vient se loger dans votre main gauche ? C'est la partie de vous qui ne veut rien avoir à faire avec des magazines érotiques. C'est peut-être elle qui vous relie à certaines règles que vous devez respecter, qui régit certains de vos comportements.»

«Oui.» répondit Joe avec fermeté. «Elle a toujours désiré satisfaire mes parents et plaire aux autres.»

«Laissez-lui le temps de prendre forme de façon nette et claire dans votre main gauche... Lorsque vous la distinguez parfaitement, demandez-lui ce qu'elle fait pour vous qui soit positif et utile.»

«C'est elle qui me pousse à faire les *choses justes*.» affirma Joe d'une voix puissante, résolue et autoritaire.

J'avais demandé *l'intention positive,* mais Joe avait réagi en parlant du *comportement*. «Faire ce qui est juste.» Je réitérai donc ma question. «Demandez-lui en quoi ce qu'elle fait pour vous est *positif*.»

«Elle veut que les autres l'apprécient et l'aiment.»

«Donc cette partie veut que vous ayez de bonnes relations avec les autres ? C'est son objectif pour vous ?» J'ai intentionnellement changé la manière dont Joe a affirmé l'intention positive, car je souhaite qu'il adopte le rôle de l'*acteur agissant* et non celui de *sujet subissant*. Je formulais la question d'une autre manière en mettant en évidence que c'est *lui* qui a de bonnes relations à autrui, au lieu que ce soit les autres qui l'aiment. A présent, j'observe et j'écoute attentivement pour savoir s'il accepte et approuve cette reformulation. Dès que Joe acquiesse, je poursuis :

«Il est certainement très utile pour vous d'avoir cette partie-là en vous. Maintenant, remerciez-*la*, pour tout ce qu'elle fait pour vous...»

A nouveau, alors qu'il est en train de la remercier, une certaine détente s'installe en lui. C'est le signe que Joe commence à l'apprécier. A ce stade du travail, Joe a clairement réussi à distinguer les deux parties en conflit. Mais mieux encore, il connaît à présent leurs *intentions positives* et les approuve.

Le conflit intérieur que vit Joe est un cas très courant. Beaucoup de personnes ont une partie d'elles-mêmes sensible à l'aspect relationnel et une autre partie qui voudrait «que la personne soit elle-même.» Cependant, le conflit n'existe que lorsque nous pensons que ces objectifs s'opposent mutuellement. En réalité, il y a des cas où ces deux objectifs se complètent. C'est ce que j'essaye maintenant de faire apparaître à Joe et à ses parties intérieures. En premier lieu, il s'agit bien sûr d'obtenir que ces deux parties reconnaissent et estiment les intentions de l'autre.

«Joe, est-ce que la partie qui désire que vous soyez vous-même a une idée sur la manière dont l'autre partie pourrait lui être utile ?... Que vous soyez vous-même au milieu d'un grand vide présente peu d'intérêts. Mais, si vous vous montrez ouvert aux autres, à leur écoute, vous pourrez être vous-même d'une manière beaucoup plus enrichissante.»... Joe regardait sa main droite en approuvant d'un signe de tête.

«Cette partie de vous-même qui désire que vous ayez de bonnes relations avec les autres n'a peut-être pas remarqué jusqu'à présent combien le fait d'être vraiment vous-même constitue un point essentiel pour des relations à autrui de qualité.»...

Joe hocha à nouveau la tête, regardant cette fois-ci sa main gauche. «Est-ce que ces deux parties en vous se sentent interpellées ?»

«Oui» répondit Joe de manière convaincante.

«Maintenant, Joe, observez ces deux parties en vous qui s'adressent l'une à l'autre et qui expriment leur estime pour leurs intentions positives respectives. Peut-être allez-vous les entendre se parler, ou bien vous allez voir une manifestation non verbale en signe de salutation et de sincère reconnaissance.»...

«L'une d'elle tient ses mains en l'air, les doigts écartés, et l'autre a les mains jointes et va les placer juste entre celles de l'autre partie.» Puisque Joe et ses deux parties sont tout à fait d'accord sur les intentions positives, l'étape suivante consiste à les rassembler pour qu'elles forment un tout et puissent ainsi travailler ensemble harmonieusement. La méthode du «Squash visuel» permet d'accomplir cette réunion.

La première étape permet d'intégrer les deux parties. «A présent Joe, portez progressivement votre regard au milieu, entre vos deux mains, afin de voir en un seul coup d'oeil les deux parties, une dans chaque main. Puis, laissez vos mains doucement se rejoindre, laissez leur le temps nécessaire, chacune conservant son intention positive, cet acte s'effectue d'une manière qui permette à chacune d'elle de bénéficier de l'autre, surtout de ne rien perdre. Vous serez peut-être surpris de constater comment elles se transforment en se fondant l'une dans l'autre. Aussi prenez vraiment tout le temps nécessaire à l'accomplissement de cet exercice. Que les deux parties s'intègrent à leur rythme, avec tout le temps qu'il leur faut.»...

Très lentement ses mains ont commencé à bouger. Quarante secondes plus tard environ, elles sont entrées en contact l'une avec l'autre. Au moment où elles se sont rejointes, Joe a manifesté un changement physiologique extraordinaire : il s'est mis à trembler, son visage s'est empourpré à plusieurs reprises, des gouttes de sueur ruisselaient sur son visage, etc. Ce type de réaction physiologique très marquée se produit souvent lorsque deux parties ont été très éloignées l'une de l'autre et qu'elles se réunissent tout à coup. Cette manifestation non verbale indique de façon tout à fait intéressante que l'intégration se produit complètement tout en s'exprimant sur un plan physique et psychologique. Je lui proposai de poursuivre aussi longtemps qu'il le désirait, pour permettre ainsi à l'intégration d'être la plus accomplie possible.»...

Quelques minutes passèrent puis, lorsque les changements que Joe était en train de vivre se sont apaisés, je lui demandai de procéder à l'étape suivante : prendre cette nouvelle partie qui s'était créée et la faire pénétrer entièrement en lui.

«Maintenant, tout en gardant vos mains jointes, déplacez cette nouvelle partie qui contient tout ce qui faisait la valeur des deux autres, sur votre poitrine. Lorsque vos mains touchent votre poitrine, cette partie nouvellement créée peut se fondre complètement en vous, s'intégrer à vos pensées, à vos sentiments, à vos comportements, dans le moment présent et pour l'avenir.»

Lorsque ses mains se sont lentement dirigées vers sa poitrine, Joe a esquissé un sourire. Au contact de ses mains sur la poitrine, il a pris une profonde inspiration.

A l'expiration, son visage s'est détendu, tout son corps s'est décontracté et calmé, ses yeux se sont embrumés.

«Je me sens paisible, comme un sentiment de plénitude. Il n'y a plus de lutte à présent.»

Maintenant Joe se sent merveilleusement bien, son conflit est résolu et il ne se sentira plus inexorablement attiré vers ces magazines. Ce comportement compulsif était le résultat de deux parties conflictuelles en lui.

En procédant à l'étape suivante, je vais m'assurer qu'il n'y aura pas de rechute, que Joe aura quelque chose d'*autre* à faire au lieu de feuilleter ces magazines érotiques. Lorsque Joe aura acquis des choix qui donneront *davantage* de satisfaction à cette nouvelle partie en lui, son problème sera définitivement réglé. L'étape finale lui permet de mettre en place des nouveaux comportements positifs qui le conduiront à des relations plus intéressantes avec les autres tout en lui permettant d'exprimer harmonieusement toute sa personnalité (voir chapitre 8).

Quelques mois plus tard, Joe a déclaré qu'il était soulagé de ne plus se sentir attiré par ces magazines. «De temps en temps, cela m'arrive d'y jeter un coup d'oeil, mais je ne suis plus poussé à les regarder de façon si compulsive. Cela n'a plus grande importance maintenant car je ne me sens pas obligé de les regarder et je ne suis pas non plus obligé de les éviter.» Ce commentaire m'informait que le conflit était résolu de manière durable. S'il nous avait dit qu'il ne *pouvait pas* regarder ces magazines, le manque de choix aurait indiqué que ses parties n'étaient pas entièrement intégrées; il aurait donc été nécessaire de reprendre le travail thérapeutique et de l'approfondir.

Quand appliquer cette méthode.

Ce sont Bandler et Grinder qui, en 1975, ont été à l'origine de cette méthode qui permet de discerner les parties opposées en présence dans un conflit, d'identifier leurs intentions positives et de les rassembler en vue de leur intégration. Cette méthode peut être appliquée dans n'importe quelle situation de conflit intérieur ou d'ambivalence. Nous ne sommes pas tous dans le cas de Joe. Cependant, même les personnes les plus «centrées et entières» ont des comportements ou manifestent des réactions qu'elles réprouvent; certaines parties en elles se trouvent en conflit.

La plupart des gens essayent de résoudre ces conflits comme le fit Joe, en utilisant la force ou la volonté pour tenter d'éliminer un comportement répréhensible. Lorsqu'on s'allie avec les intentions positives de chaque partie concernée, le conflit se règle plus facilement. Ensuite, il s'agit seulement de trouver des comportements de remplacement qui satisfont plus largement chacune des intentions.

Fermeté ou indulgence.

Judy est mère de deux enfants en âge préscolaire. Elle se trouve régulièrement confrontée à un dilemme. Ses enfants sont terribles et insupportables, Judy et son mari sont de plus en plus frustrés. Judy sait que ses enfants ont besoin de plus de discipline pour s'entendre mieux avec les autres enfants et les adultes et parfois, elle se montre assez sévère. Cependant, une autre partie d'elle-même est indulgente parce qu'elle souhaite que ses enfants se sentent aimés et qu'ils l'aiment. Comme ces enfants ne reçoivent aucune consigne ni directive déterminée de la part de leur mère, ils se montrent de moins en moins coopératifs. En pratiquant cette méthode, Judy a identifié ses deux parties intérieures, les a intégrées et a ainsi pu devenir la mère ferme *et* aimante qu'elle désirait et se sentir bien dans ce rôle.

Timidité ou exubérance.

Liza a une partie d'elle-même qui adore être le centre d'intérêt et une autre plus timide, plus réservée. Dans un groupe, lorsque quelqu'un lui adresse des compliments, elle ne sait pas comment réagir. Elle se sent mal à l'aise, gênée, car chacune de ses parties intérieures désire réagir de façon différente. Liza a appris que la partie en elle qui désire focaliser l'attention des autres souhaite réellement qu'elle se sente bien dans sa peau. Celle qui génère sa timidité souhaite qu'elle entretienne de bonnes relations avec les autres et ne veut pas être considérée comme «meilleure que les autres». Cette méthode l'a aidée à intégrer ces deux parties et lui a permis de se sentir à l'aise en public. Peu après, ses désirs d'attirer l'attention sur elle ont disparu *et* elle peut apprécier avec reconnaissance l'attention qu'on lui porte.

Surmenage ou épuisement.

Luanne se plaint d'être complètement stressée et souffre de nombreux symptômes physiques. Comme beaucoup d'entre nous, elle a tendance à trop travailler, en dépit des messages que lui envoie son corps tant désireux de se reposer. Une partie en elle désire qu'elle prenne soin de son corps, une autre la pousse à l'hyperactivité. Comme ces deux parties d'elle-même sont très éloignées l'une de l'autre, elle oscille sans cesse entre surmenage et épuisement physique. De toute évidence, ces deux objectifs sont importants. En les intégrant, elle a appris à tenir compte en même temps de son bien être physique et de son désir de se réaliser. Luanne nous a écrit quelques temps plus tard qu'elle se sentait beaucoup plus détendue *pendant* son travail. Elle s'accorde des petits temps de repos car, à présent, elle sait que lorsqu'elle prend soin d'elle, elle n'est plus en conflit avec elle-même. Cette attitude lui permet de préserver sa santé et donc d'être davantage en mesure de réaliser ce qu'elle désire.

Chacun d'entre nous vit de telles formes de conflit ou dilemmes intérieurs, certains sont plus ou moins accentués. Une partie désire peut-être être aimée, une autre aspire au succès. L'une désire que l'on s'occupe de soi, l'autre aspire à une certaine indépendance. L'une désire vivre dans la spontanéité, l'autre souhaite mener une vie bien réglée et planifiée. Dans le cas de la boulimie, on remarque, de façon tout à fait typique, qu'une partie désire manger et l'autre rester mince. Quel que soit le conflit intérieur, cette méthode le résout et permet d'agir plus facilement avec spontanéité, en respectant la personne que nous voulons être et toutes les parties qui l'habitent.

Je voudrais que nous vivions tous dans la plus grande plénitude possible. La seule chose qui me désole vraiment, ce sont les gens qui ne vivent pas en étant eux-mêmes. Ils vivent avec tous leurs «je devrais et je ne devrais pas», prisonniers des critiques et des reproches qu'ils s'adressent et de tout ce qui s'en suit. Au fond de moi-même, je me dis : «Quel dommage !»

Virginia Satir

14 Se débarrasser de la honte et de la culpabilité.

La honte est un problème pour Rita et elle a du mal à en parler. Elle désire s'en défaire, ne plus se sentir emprisonnée par la honte; mais avant d'accepter de travailler avec moi, elle a besoin d'être assurée qu'elle n'aura pas à en parler davantage.

Beaucoup d'entre nous ont vécu des expériences marquées par des sentiments de honte, et comme Rita, nous ne désirons guère en parler à autrui. C'est l'essence même de la honte. La honte est une réaction qui se manifeste lorsque les valeurs d'une personne ont été bafouées. Lorsque nous nous sentons honteux, nous avons généralement peur d'être rejetés ou abandonnés du fait de la transgression de valeurs externes réelles ou imaginaires. Chez certaines personnes, la honte naît de certains comportements qui paraissent d'une grande trivialité comme le fait de «péter» en public (ou bien d'écrire sur ce sujet !) Si vous mettez «les pieds dans le plat», en exprimant des propos tout à fait inattendus, vous pouvez ressentir un léger sentiment de honte. Les transgressions peuvent être d'une beaucoup plus grande gravité. Certains thérapeutes considèrent que la honte est souvent à l'origine de nombreuses difficultés personnelles tout particulièrement dans les cas de comportements de codépendance que l'on peut observer dans les familles d'alcooliques ou de toxicomanes.

En principe, la honte nous avertit que nous avons blessé les autres et que, si nous désirons garder leur amitié, il nous faut modifier notre comportement. Cependant, pour de nombreuses personnes, ce sentiment déchirant de honte accentue celui de dévalorisation.

Dans le cas de Rita, il faut que je sache sur quoi porte ce sentiment de honte si je veux pouvoir travailler avec elle. «Quel type de pensées déclenche chez vous ce sentiment de honte ? Vous n'êtes pas du tout obligée de m'en parler; observez simplement pour vous ce qui se passe.» Son regard s'est dirigé vers le bas, sur sa gauche, se focalisant sur un point à environ un mètre devant elle. Son visage s'est assombri.

L'expérience de la honte.

Je lui ai posé quelques questions supplémentaires pour en savoir plus sur la manière dont elle se représente la honte. Son visage s'est terriblement crispé lorsqu'elle a vu l'image associée à cette expérience. Ce sentiment de honte est au plus fort chez elle lorsqu'elle s'imagine assise à une table, entourée de personnes qui la scrutent d'un regard désapprobateur. Toutes ces personnes sont beaucoup plus grandes qu'elle et au lieu qu'elles ne se déplacent dans l'espace comme dans la réalité, elle les voit comme des êtres figés, immobiles, leur regard désapprobateur rivé sur elle. L'image est sombre et trouble.

Ce type d'image est tout à fait typique des personnes confrontées à cette problématique. A chaque fois que la honte se manifeste, l'image qui s'y rapporte contient des personnages grands qui fixent leur regard désapprobateur sur soi. Effectivement, l'image est généralement figée, sombre. Et si, temporairement vous en faites l'expérience, vous ressentirez probablement de la honte, vous aussi.

Guérir la honte.

Si l'on connaît la structure interne qui provoque la honte, il est possible d'y remédier. Dans un premier temps, j'ai demandé à Rita de penser à un moment où il lui est arrivé de violer les critères d'autrui mais sans se sentir honteuse, en réagissant avec des ressources positives. Quand Rita s'est mise à penser à cette situation, son regard s'est porté à un endroit différent, plus haut, sur sa droite. Elle se voyait de l'extérieur, mais elle pouvait également sauter dans l'image et revivre l'expérience. Les autres personnes bougeaient et avaient la même taille qu'elle. Elle remarqua également qu'elle était entourée d'un mince écran de protection transparent.

Maintenant, je sais comment Rita se représente une expérience positive dans ce type de situation, je peux donc utiliser cette information pour transformer son expérience de honte.

Je lui ai demandé de se replonger dans l' expérience qui la rendait honteuse. «Vous voyez toutes ces personnes qui vous scrutent du regard. Que se passe-t-il si vous rétrécissez leur taille ? Donnez-leur la même taille que vous.» Rita a préféré de loin cette nouvelle image. Elle s'est sentie beaucoup plus assurée quand les autres étaient de la même taille qu'elle.

A présent, Rita est prête à recoder son expérience de honte en procédant de la même manière que lorsqu'elle a réagi de façon positive. «Prenez cette image et déplacez-la à l'endroit même où vous aviez vu l'expérience positive qui n'engendrait pas de honte.»

«C'est une image beaucoup plus rayonnante qui s'anime comme dans un film.» a déclaré Rita en donnant l'impression d'être pleine de ressources. Les «autres» dans son image ne fixent plus leur regard sur elle mais se comportent beaucoup plus naturellement, ils regardent quelquefois dans sa direction, quelquefois ils se regardent entre eux ou regardent ailleurs. Je lui ai suggéré d'ajouter son écran de protection mince et transparent et elle a pu alors voir la situation qui la rendait honteuse en étant beaucoup plus à l'aise.

A présent, Rita se sent pleine de ressources, mais ce n'est pas encore suffisant. S'il devait lui arriver à nouveau de bafouer les valeurs des autres, elles aurait vraisemblablement à en subir de graves conséquences. La honte implique la violation des critères de référence d'autrui. Il est tout à fait essentiel d'aider Rita à discerner et à décider avec quelles valeurs elle désire mener sa vie, quelles sont celles qui sont dépassées ou qui appartiennent aux autres. Lorsque Rita voyait les autres comme des personnes beaucoup plus grandes qu'elle, elle ne pouvait pas évaluer quelles valeurs étaient en jeu; elle se sentait seulement envahie, submergée par des sentiments négatifs. Mais à présent, Rita est pleine de ressources, elle peut mieux prendre en considérationr les valeurs qu'elle avait bafouées dans les situations qui avaient généré de la honte.

«Rita, observez maintenant cette expérience, notez quel critère de référence vous avez violé et pour *qui* ce critère est important. Est-ce une valeur que vous voulez avoir pour vous-même également, ou bien est-ce un critère qui appartient aux autres seulement, que vous avez peut-être eu par le passé mais qui ne vous convient plus à présent ?» Rita déclara que ce n'était pas un de ses critères personnels.

«Alors quels critères voulez-vous pour vous-même ?»... Rita en identifia un sans me dire ce que c'était. «Désirez-vous que ce critère que vous souhaitez utiliser comme référence dans votre vie, soit également respecté par votre entourage ?» Rita acquiesça. D'un point de vue non verbal, Rita m'indiqua que cette nouvelle valeur était tout à fait respectueuse d'autrui.

«Notez ce que *vous* voulez faire dans cette situation en partant du principe que vous reconnaissez les critères des autres et que vous savez également que vos critères sont différents. Notez simplement la différence sans vous préoccuper des critères des autres. Peut-être désirez-vous, malgré cette différence de valeur entre vous et les autres, garder de bonnes relations. Ou bien vous ne désirez plus avoir affaire à eux. De nombreuses solutions sont à votre disposition, vous pouvez en essayer une et puis changer d'avis plus tard.»

Rita fit un signe de tête. «Oui. Je crois que je veux travailler dans une situation différente. Je ne veux plus travailler avec ces gens-là. Leurs valeurs sont bêtes et stupides, je ne veux plus avoir à faire à eux.»

Auparavant, Rita s'était sentie inférieure à ces personnes-là : son sentiment de honte était aux prises avec leurs valeurs, même si Rita ne les acceptait pas. A présent, Rita se montre un peu «supérieure» ou «dédaigneuse». Si, dans ses prochains contacts, elle manifeste cette supériorité, elle peut provoquer un sentiment de honte ou de la colère et en subir elle-même les conséquences. Comme le but n'est pas de créer une situation plus difficile, je poursuivis en cherchant à obtenir chez elle une réaction plus équilibrée et qui lui soit plus utile.

«Je me demande ce qui se passe lorsque vous pensez à ces personnes-là avec un sentiment de compassion. Votre ressenti change-t-il lorsque vous acceptez qu'elles aient des valeurs différentes, même si celles-ci vous semblent plutôt absurdes ? Tout en sachant, bien sûr, que vous préférez de loin vos valeurs ? Nous avons tous nos limitations, vous pouvez aussi accepter qu'elles aient les leurs et éprouver une certaine compassion à leur égard et les respecter. Qu'en pensez-vous ?»

Au fur et à mesure que je parlais, Rita commençait à se détendre. Son expression s'est adoucie et affermie en même temps. Dans cette perspective, Rita peut toujours choisir de ne plus travailler avec ces personnes-là. Mais elle peut s'en séparer en gardant un certain respect vis-à-vis d'elles, au lieu de les rejeter, imbue d'un sentiment de supériorité.

Jusqu'à présent, avec Rita nous avons travaillé sur son rejet des valeurs d'autrui. Cette solution pourrait être inapropriée si Rita acceptait les valeurs qu'elle a bafouées. Si elle accepte cette réalité, nous devons susciter en elle l'envie de s'excuser ou de se faire pardonner afin qu'elle puisse continuer à avoir des relations de qualité avec autrui.

Je demandai alors à Rita de penser à une situation où elle aurait bafoué la valeur d'une personne tout en étant en *accord* avec cette valeur. Quand elle eut trouvé un exemple, je lui dis : «Tout d'abord, je voudrais que vous appréciiez le fait d'avoir pu prendre conscience de tout cela, et de pouvoir ainsi y remédier. Si vous n'aviez rien remarqué, vous auriez continué à agir de telle sorte que votre amitié avec ces personnes aurait été mise en péril.» Rita manifesta une légère surprise puis elle sourit et dit : «C'est vrai, n'est-ce pas ?»

Nous nous sommes assurés que l'image du souvenir qu'avait Rita de cette expérience se trouvait au même endroit que l'expérience ressource - en haut sur sa droite, les personnes présentes ayant la même taille qu'elle et se déplaçant de façon naturelle sans focaliser leur regard sur elle. Une fois de plus, l'écran transparent de protection lui permit de visualiser cette situation sans aucune difficulté, en se sentant tout à fait à l'aise.

«Maintenant, j'aimerais que vous décidiez *ce que vous désirez faire pour respecter vos propres valeurs.* Souhaitez-vous présenter des excuses ou remédier à vos agissements ? Que pouvez-vous faire pour que ces personnes sachent que vous partagez cette valeur et que vous ferez de votre mieux, à l'avenir, pour la maintenir vivante ?»...

Rita sembla pensive... «Plusieurs choses me viennent à l'esprit, et je crois que je serai vraiment plus convaincante si je les fais toutes.»

Son expression et le ton de sa voix indiquaient clairement qu'elle était effectivement prête à s'y engager et qu'elle prévoyait déjà comment elle agirait. Aussi, mon aide ne lui était d'aucune utilité pour cela.

«Personne ne respecte *toutes* ses valeurs *toutes* en même temps. Parfois, deux valeurs entrent en conflit et nous devons faire un choix difficile. Néanmoins, vous pouvez prendre conscience du moment où vous transgressez vos valeurs et, ainsi, réadapter votre comportement pour qu'à l'avenir, cette valeur soit tout aussi importante à respecter que n'importe quelle autre.»...

Rita avait l'air toujours aussi pensive. Je lui demandai donc si elle avait d'autres questions.

«Non, je pense seulement que je n'ai plus aucune raison de me sentir honteuse. Ou bien j'ignore la situation en la dédaignant parce qu'elle ne me paraît pas importante, ou bien je fais quelque chose pour y remédier. Cela me semble tellement facile.

«Je sais d'où vient ce sentiment de honte» déclara Rita. «Quand j'étais enfant, ma grand-mère était sans cesse après moi, me montrant du doigt et répétant que je devrais avoir honte pour plein de choses.»

«Je suis sûr que cela a dû être quelque chose de très pénible pour vous. Vous désapprouviez sans doute beaucoup de ses valeurs et en approuviez d'autres. Ce serait merveilleux si vous pouviez faire, avec toutes ces expériences de honte que vous avez eues quand vous étiez enfant, ce que nous venons de faire à l'instant pour cette situation précise « Rita était tout à fait enthousiaste à cette idée.

Il aurait fallu plusieurs mois pour résoudre l'une après l'autre toutes ces expériences auxquelles Rita faisait référence. J'ai donc décidé d'utiliser un processus semblable au «destructeur de décision» (décrit au chapitre 4) afin de transformer en une seule fois toutes ses expériences passées. Je lui demandai où se localisait son passé. Rita montra sa gauche sur une ligne droite où, effectivement, beaucoup de personnes emmagasinent leurs souvenirs (voir chapitre 19, les lignes du temps).

«Fermez les yeux, prenez avec vous cette nouvelle perspective que vous avez, cette nouvelle manière de réagir lorsque vous ne respectez pas ou n'êtes pas d'accord avec les valeurs d'autrui et remontez dans le temps. Remontez dans le temps, bien avant ces expériences avec votre grand-mère, en emportant avec vous toutes ces ressources positives...

«Laissez vous descendre, avec ces ressources, dans votre petite enfance. Puis avancez dans le temps en remarquant comment ces expériences qui étaient marquées par la honte se transforment maintenant grâce à cette nouvelle perspective et à cette nouvelle faculté que vous avez... Refaites tout le chemin jusqu'au présent et quand vous arrivez au présent, voyez-vous en train d'avancer dans le futur en réagissant différemment, avec cette nouvelle ressource.» Lorsque Rita arriva au terme de l'exercice, elle était contente du résultat et elle souriait.

Le «comportement» et l'«être».

Bien que Rita ait souvent été confrontée à la honte, elle a toujours associé ce sentiment à des situations particulières, des *agissements* survenus à certains moments et dans des lieux spécifiques plutôt que comme si cela faisait parti d'elle, de *son être*. Elle ne se considère pas comme une «personne honteuse» mais comme quelqu'un qui fait parfois des choses honteuses.

Au contraire, Jane a expérimenté la honte, mais d'une manière beaucoup plus générale. Pour Jane, la honte est plus une qualité d'elle-même, une caractéristique intrinsèque de sa personne et non pas simplement un comportement. Alors que Rita dit «J'ai honte de ce que j'ai *fait*», Jane déclare : «J'ai honte de *moi-même*.» Jane parle de la honte comme quelque chose qui fait partie intégrante d'elle-même. J'ai éprouvé beaucoup de respect pour le courage dont elle a fait preuve en soulevant cette question lors d'un séminaire où elle décida d'y mettre un terme. «Habituellement, je ne parle pas de ces choses-là et je n'y pense pas non plus, car autour de moi, personne ne le fait, personne n'en parle. Mais je me suis rendu compte de ces problèmes il y a quelques temps et ici, je me sens en sécurité, à l'aise pour en parler ouvertement, les mettre à plat et m'en occuper.» dit Jane.

Je demandai comment cette sensation de honte d'elle-même se manifestait. Jane dit qu'elle se voyait littéralement nue, déformée, horriblement laide dans un cercle de personnes qui étaient beaucoup plus grandes qu'elle et qui la fixaient d'un air franchement désapprobateur. Comme pour Rita, c'est le schéma habituel qui accompagne ce sentiment de honte : *des personnes autour d'elle, plus grandes, qui la fixent*. C'était extraordinaire que Jane ait pu devenir consciente de cette image, car, à présent, elle pouvait vraiment en changer. Le jeu en valait vraiment la chandelle. Quand je lui ai demandé ce qui se passerait si elle voulait bien sauter dans cette image, Jane a répondu que son sentiment de honte deviendrait insupportable.

L'image qu'elle avait eue d'elle-même entièrement nue est un exemple classique qu'induit le sentiment de honte : toutes les fautes, tous les défauts sont exposés aux autres. C'est comme certains rêves, assez courants, où l'on se retrouve en public et où l'on constate tout à coup que l'on est entièrement dévêtu ou en pyjama. Se retrouver nu alors que les autres portent sur nous un regard désapprobateur est une expérience classique de la honte.

Jane, de plus, désire avoir plus de choix dans ce genre de situations. «Il est difficile pour moi de penser à un moment où je ne me sens pas honteuse; c'est comme si, d'une certaine manière, j'ai toujours vu cette image de moi-même déformée et nue. Je n'ai qu'un seul souvenir de toute ma vie où je ne me suis pas sentie honteuse.» Cette expérience de Jane «de ne pas avoir honte» était localisée dans un endroit différent et très semblable au cas de Rita; Jane avait, elle aussi, son écran de protection personnel.

Je lui ai demandé de regarder à nouveau cette image de honte. «Tout d'abord, laissez se modifier cette image de vous-même de sorte que vous ne soyez plus déformée et que vous vous voyiez telle que vous êtes réellement. Vous pouvez également, si vous le désirez, mettre des vêtements sur vous parce que c'est ainsi que l'on est habituellement, «habillée». Maintenant, en regardant cette image de vous-même, remarquez combien vous êtes rayonnante de beauté intérieure.»... Pendant que Jane procédait aux différents ajustements, son expression changeait pour devenir plus satisfaite et pleine de ressources. A présent, elle était prête à agrandir cette image d'elle-même tout en laissant les autres à la même taille. Puis, je lui ai demandé de déplacer cette image à l'endroit où «il n'y a pas de honte» et d'ajouter son «écran de protection...»

Puis, comme à Rita, je lui ai proposé de faire le point sur ses propres valeurs. «Dans notre civilisation, les gens ont toute une gamme de valeurs tout à fait utiles. Vos valeurs sont différentes des miennes, elles-mêmes différentes de celles d'autres personnes. A partir de là, vous pouvez réfléchir aux valeurs que vous désirez adopter. Sachez que vous pouvez agir sur les valeurs que vous avez choisies, les modifier au fur et à mesure que vous constatez les conséquences de vos actes et que, progressivement, vous en tirez les enseignements. Vous pouvez remarquer quand les valeurs d'autrui diffèrent des vôtres et cela peut vous aider à décider ce que vous désirez dans chaque situation. Lorsque les autres pensent qu'il est de leur devoir de vous imposer leurs valeurs, prenez-en note et considérez cette attitude comme une de *leurs* valeurs : ce qu'*ils* pensent est la seule vérité... et surtout *décidez vous-même* quelle valeur vous désirez vous approprier.

Si les autres ont des valeurs différentes des vôtres, rien ne vous empêche de les respecter et de vous sentir à l'aise puisque vous savez quelles sont vos propres valeurs...

«Et s'il vous arrive d'enfreindre vos valeurs, il vous suffit simplement de décider ce que vous désirez faire, soit de vous excuser, soit de trouver des solutions de rechange sans pour cela éprouver de la honte. Chacun commet des erreurs et, lorsque vous vous en rendez compte, vous pouvez au contraire vous réjouir de cette prise de conscience car elle vous donne la chance de les corriger. Si vous ne vous en étiez pas aperçue, vous n'auriez pas eu la chance d'y remédier et vous auriez pu risquer de perdre l'amitié de certaines personnes qui sont importantes pour vous.»

Je me suis assuré que Jane intégrait cette nouvelle perspective sur ses propres valeurs et qu'elle l'étendait à d'autres domaines de sa vie. Visiblement, elle avait l'air soulagée d'avoir cette nouvelle opinion d'elle-même.

Un mois plus tard, Jane déclara que cette gêne, ce malaise profond qu'elle ressentait auparavant avaient considérablement diminué. «Lorsque je pense aux choses qui, habituellement, me mettaient *très* mal à l'aise, maintenant je ne me sens plus autant menacée. Je ne rougis plus : je me sens bien mieux. Bien sûr, je pense que tout le travail n'est pas terminé, qu'il y a encore beaucoup de choses à faire pour que je me sente vraiment bien, mais je ne crois pas que ce soit uniquement lié à la honte : d'autres problèmes sont à régler.»

L'impact de la honte.

La honte a souvent été décrite comme une émotion «secrète ou cachée.» Pour certains d'entre nous, ce n'est qu'un problème mineur, pour d'autres ses effets peuvent être dévastateurs.

Quand on éprouve de la honte, souvent, on a également honte de ce sentiment-là, et on refuse d'en parler. C'est pourquoi, nous souhaitons exprimer notre plus grand respect pour Rita, Jane et tant d'autres personnes qui ont réussi à aborder et à traiter le problème.

En créant un «climat sécurisant», on peut faciliter l'approche du problème. Pour cela, il est indispensable d'affirmer et de reconnaître que personne n'est à blâmer pour ce qu'il ressent. La honte résulte souvent d'un message qui nous a été transmis de façon répétitive : «Tu ne vaux rien» ou bien «Tu es nul», sans pour autant que la personne nous dise exactement ce qu'elle n'aimait pas en nous et sans, bien sûr, qu'elle nous indique ce que nous pourrions faire d'autre ni comment le faire. Parents, enseignants, ou d'autres figures d'autorité agissent souvent ainsi simplement parce qu'ils n'ont pas de meilleur choix. Nous faisons tous de notre mieux. Lorsque nous disposons de meilleures solutions, nous ne manquons pas de les appliquer.

Dans une certaine mesure, les personnes confrontées à la honte agissent ainsi parce que, dans un environnement où la honte a toujours été présente, elles ont su apprendre très vite à s'approprier ce sentiment-là. Maintenant cette même capacité à apprendre vite et en profondeur peut être utilisée pour acquérir un *sentiment différent* de soi-même.

Dans les cas où la honte est un sentiment plus profondément ancré, c'est comme si la personne n'avait qu'une seule valeur : «Je dois plaire aux autres - je dois plaire à *n'importe qui* !» Lorsque l'on a une attitude fondée sur ce principe, de toujours vouloir satisfaire les autres, on peut être amené à subir toutes sortes de violences ou d'abus sans aucune défense.

Si l'on souhaite transformer la honte en une attitude plus positive, il est essentiel de reconnaître tout d'abord la différence entre ses propres valeurs et celles d'autrui, et par là-même, de décider avec vigilance et prudence, quelles valeurs sont utiles pour soi-même. En agissant ainsi, on élabore un sens de soi que l'on appelle aussi, souvent, estime de soi ou intégrité : «Voilà ce que je suis; voilà ce que j'estime important pour moi et ce que je valorise.» D'une certaine manière, lorsque nous nous affirmons de la sorte, nous commençons réellement à exister en tant qu'individus. Jusqu'à ce que nous y parvenions, nous ne sommes que des images miroirs de quelqu'un d'autre - cela peut-être n'importe qui - dont nous sommes dépendants pour pouvoir donner un sens à notre être et définir notre identité.

«Selig» personnage créé par Woody Allen dans le film du même nom, illustre bien ce type de personne sans identité et sans âme.

Rita et Jane ont toutes deux été capables de basculer très rapidement de cette expérience de honte vers une attitude beaucoup plus positive et elles ont pu également identifier leurs propres valeurs. Si un individu n'a jamais réellement réfléchi à ses propres références, il peut lui être utile de prendre le temps nécessaire pour y réfléchir de manière approfondie. Lorsque l'on se sent en conflit entre deux valeurs ou que l'on est ambivalent, les méthodes décrites au chapitre 13 constituent une aide utile pour résoudre le problème.

Très souvent, le sentiment de honte est associé à d'autres difficultés que rencontre la personne dans sa vie et qu'elle désire également changer. Ainsi, par exemple, on peut être amené à travailler sur des expériences traumatisantes passées telles que cela est décrit dans les chapitres 4 et 7.

Bien qu'il soit généralement plus facile de traiter le problème de la honte avec le soutien et l'assistance d'une personne formée à la méthode, le résumé présenté ci-après pourra intéresser ceux qui désirent l'utiliser seuls.

Protocole de résolution de la honte.

1. Identifier les pensées qui créent en vous le sentiment de honte. Quand vous sentez-vous honteux ? Sur quoi porte ce sentiment de honte ? Peut-être avez-vous besoin d'un certain temps avant de prendre conscience de ce que vous voyez ou de ce que vous vous dites intérieurement par rapport à cette expérience. Pratiquement tout le monde en a une image, bien que, souvent, elle ne soit pas consciente au premier abord. Pour vous aider, posez-vous la question suivante : «Si je savais de quoi il s'agit, à quoi ressemblerait l'image ?» Puis observez ce qui vous vient à l'esprit.

La plupart des gens voient les autres comme des personnages *beaucoup* plus grands qu'eux, pétrifiés, statiques et qui les scrutent du regard. Cette attitude s'accompagne d'un regard désapprobateur et les personnes présentes prononcent des paroles réprobatrices et l'image est souvent très sombre.

2. **Pensez à une situation où vous avez transgressé une valeur sans pour autant vous sentir honteux.** Tout au contraire, vous avez réussi à gérer la situation d'une façon tout à fait adéquate. Nous appelons cette expérience : «l'expérience ressource».

3. **Observez les différences dans la manière qu'a votre esprit de coder ses expériences de «honte»et de «ressource».** Visualisez-vous ces expériences à différents endroits au sein de votre espace personnel, et/ou à différentes distances de vous ? C'est en général le cas pour la plupart des gens.

Notez la taille que vous avez, ainsi que celle des autres dans votre expérience de «honte» et dans votre expérience «ressource». Assurez-vous que dans l'expérience «ressource» vous avez tous la même taille.

Remarquez si, dans chaque expérience, c'est un film ou une diapositive, en couleur ou en noir et blanc, etc. Observez si, dans l'expérience «ressource», un écran de protection transparent vous accompagne. Notez bien également toutes les autres différences.

4. **Transformez l'expérience de «honte» en une «expérience ressource».**

a. Tout d'abord, assurez-vous que la personne qui se trouve dans l'image soit bien celle que vous êtes aujourd'hui. Si vous constatiez des déformations physiques, comme c'était le cas pour Jane, transformez l'image pour faire apparaître «votre vraie beauté intérieure et la faire rayonner».

b. A présent, égalisez la taille de tous les personnages présents dans cette image (soit vous agrandissez la vôtre, soit vous rétrécissez celle des autres personnes).

c. Changez le lieu où vous visualisez cette image de honte : déplacez-la à l'endroit où vous voyez l'expérience «ressource». Souvent, lorsque vous procédez à cette étape-là, d'autres différences de codage se modifient spontanément.

d. Procédez à tous les autres changements de codage nécessaires pour que l'expérience de la situation de honte se transforme en une expérience «ressource». Pour cela, transformez-la en film, ajoutez de la couleur ou effectuez tous les autres changements nécessaires.

e. Si vous disposiez d'un «écran» de protection personnel, assurez-vous qu'il y soit bien. Si vous n'en n'avez pas, c'est peut-être bien d'en mettre un. Imaginez un écran transparent qui enveloppe votre corps et qui vous rende tout à fait réceptif aux autres, tout en vous donnant la sensation d'être protégé.

5. **Test.** Ressentez-vous les mêmes sensations positives dans les deux expé-

riences ? Si ce n'est pas le cas, recherchez et vérifiez s'il n'y a pas d'autres différences dans de codage et changez-les pour transformer complètement l'expérience de «honte» en «ressource».

6. Evaluez les valeurs. Posez-vous d'abord les questions suivantes : «Quelle valeur ai-je transgressée dans l'expérience où j'ai ressenti cette honte ? « «Est-ce une valeur que je désire respecter pour moi-même ou bien s'agit-il d'une valeur qui appartient à quelqu'un d'autre ?» «Si je refuse cette valeur, quelle autre valeur sera valable pour moi ?» «Est-ce que je souhaite que cette valeur soit aussi respectée par les autres dans leur vie ? « (La règle d'or !).

7. Programmez votre avenir. Connaissant les valeurs qu'ont les autres et celles que vous désirez pour vous-même, décidez, tout d'abord, ce que vous voulez faire, puis, imaginez que vous agissez selon ces valeurs dans les situations futures où il peut y avoir une différence entre vos valeurs et celles des autres.

8. Généralisez ce que vous venez d'apprendre.

a. Tout d'abord, parcourez les étapes 1 à 7 en choisissant une autre expérience de honte mais en utilisant la même expérience «ressource». La plupart des gens traversent exactement les mêmes changements dans cette seconde expérience, ainsi cela va plus vite et c'est plus facile. En faisant cela, vous vous assurez que votre cerveau comprend complètement comment traiter ces expériences où vous aviez bafoué les valeurs d'autrui.

b. Maintenant que vous venez de transformer deux expériences séparément, vous êtes vraisemblablement en mesure d'intégrer ce que vous venez d'en retirer et d'étendre ces enseignements à tout votre passé. Pour cela, lisez le paragraphe suivant, puis, les yeux clos, faites le travail proposé.

Pensez à votre plus vieille expérience de honte. Admettons que vous aviez quatre ans. Maintenant, imaginez que vous emportez avec vous cette nouvelle compétence pour faire face à la honte, que vous sautez dans le temps, *bien avant* vos quatre ans. Maintenant vous avancez rapidement à travers le temps, *emportant avec vous cette nouvelle capacité.* Au fur et à mesure que vous traversez rapidement le temps, laissez se modifier toutes ces vieilles expériences de honte jusqu'à ce que vous arriviez à nouveau au présent. En traversant ainsi toutes ces années, vous pouvez ressentir comment ces vieilles expériences se transforment. Un fois que vous êtes arrivé au présent, regardez en arrière, vers votre passé, constatez comment il est diffèrent à présent. Puis, vous pouvez vous imaginer avancer dans le futur, avec ces mêmes capacités, en ressentant bien comment votre futur sera vraiment différent grâce à ces nouvelles compétences .

La culpabilité.

Dans nos recherches sur la culpabilité et la honte, nous avons constaté de nombreuses similitudes mais également des différences très importantes. Dans l'expérience de la honte, peu d'informations sont dévoilées sur ce que la personne a fait «de mal», ou, sur la manière dont elle a blessé les autres. Au contraire, la culpabilité implique toujours, de la part de celui qui l'éprouve, qu'il a une idée relativement précise sur ce qui a pu offenser autrui et indique également comment le processus peut se reproduire à l'avenir. La culpabilité est un sentiment qui se manifeste lorsque vos propres valeurs ont été bafouées; la honte, c'est le viol des valeurs d'autrui.

Lorsque nous travaillons sur la honte, nous posons la question suivante : «Désirez-vous vous approprier telle valeur ? « Parfois, le patient répond : «Oui. Cette valeur appartient à quelqu'un d'autre mais je veux également qu'elle devienne la mienne.» Lorsque le patient se rend compte que l'on a bafoué *sa* valeur, il ressent de la culpabilité et non plus de la honte.

Lorsque l'on traite cette question, la démarche est tout d'abord semblable. Il s'agit, dans un premier temps, de faire basculer l'expérience de culpabilité vers une autre plus positive, qui permet ainsi d'évaluer la situation sans malaise. Puis, nous demandons à la personne d'examiner la valeur concernée, afin de rechercher s'il est nécessaire de l'actualiser, de la revoir ou de la redéfinir. En dernier lieu, nous explorons avec les patients ce qu'ils désirent faire pour résoudre le problème.

Pablo se sent coupable car il a dit certaines choses à un collègue très proche et cette situation le tracasse depuis quelques temps. Avant de lui demander de penser à cette culpabilité, je lui ai dit : «Pablo, je sais qu'il vous est déjà arrivé d'agir d'une façon un peu contraire à vos valeurs, mais au lieu de vous sentir coupable à ce moment-là, vous vous êtes tout simplement mis à réfléchir sur ce que vous pourriez faire pour réparer les choses. Très probablement, il s'agissait de petits événements de la vie, et ces actes-là étaient sans grande conséquence. J'aimerais que vous identifiez une situation semblable.»

Lorsque Pablo eut choisi une de ces expériences, je poursuivis : «Maintenant, comparez cette expérience - appelons-la pour les besoins de l'exercice : «l'expérience de décision» - avec celle qui a fait naître en vous le sentiment de culpabilité; notez ce qui différencie ces deux situations.»

Pablo a remarqué que sa culpabilité était représentée par une image très proche, immobile, plate à environ cinquante centimètres de lui, située sur sa droite à un angle de vingt degrés environ. Tandis que son «expérience de décision», était un film en trois dimensions, qui se déroulait beaucoup plus loin à environ trente degrés sur sa gauche.

J'ai demandé à Pablo de déplacer son expérience de culpabilité à l'endroit où se trouvait l'«expérience de décision» : elle s'est automatiquement transformée en un film en trois dimensions, présentant toute une série de solutions possibles qui pouvaient lui permettre de remédier au problème. A ce stade-là, tout son corps s'est détendu et il s'est senti beaucoup mieux. Ainsi, Pablo pouvait facilement envisager plusieurs solutions et décider ce qu'il pensait être la meilleure façon d'agir.

Mais auparavant, je lui ai proposé de réexaminer cette valeur qu'il avait transgressée afin d'être vraiment sûr que cette valeur soit appropriée et qu'elle n'avait besoin d'aucune modification ou révision. Après quelques instants de réflexion, Pablo dit : «Je suis très heureux que vous m'ayez demandé de faire cela, car en réalité, cela ne m'arrive pas très souvent et pourtant, c'est quelque chose que je dois garder présent à l'esprit. A certains moments de ma vie, il m'a été réellement utile de reconsidérer mes valeurs. Mais dans ce cas-là, je ne veux rien changer. Il s'agit réellement d'une valeur qui me tient à coeur.» Pablo a donc poursuivi l'exercice en recherchant des solutions pour «être en mesure de décider comment agir». Puis, il ne lui restait plus qu«à se projeter dans l'avenir pour être sûr qu'il le ferait au moment voulu».

Aussi bien avec la culpabilité que la honte, nous créons d'abord, chez la personne, un état de ressource. Ensuite, nous examinons les valeurs mises en jeu : faut-il les revoir, les actualiser; nous incitons la personne à se positionner vis-à-vis des valeurs qu'elle désire conserver pour elle; en dernier lieu, nous recherchons les actions futures à mener pour permettre au patient de vivre en accord avec les valeurs auxquelles il adhère.Il s'entraîne également pour procéder ainsi à l'avenir.

Faire le tri dans ses valeurs.

Bien que les gens semblent aspirer à défendre toute une gamme de valeurs très différentes, lorsqu'on leur pose la question de ce qu'ils désirent *réellement*, on constate que chacun aspire à mener une vie satisfaisante dans un sentiment de liberté le plus total possible qui leur permette de réaliser ce qu'ils désirent, seuls, ou en relation avec autrui.

Faire le point sur nos valeurs ou sur ce que nous valorisons est une nécessité pour nous tous au fur et à mesure que les situations de notre vie changent. Le processus décrit ici transforme à la fois la honte et la culpabilité avec un examen attentif et méticuleux des valeurs et des choix. Ceci nous libère de l'emprise des valeurs externes que nous avons subies et nous donne la possibilité de prendre nos propres décisions et d'assumer nos préférences. En actualisant notre vécu intérieur de sorte qu'il puisse s'ajuster davantage aux choix qui nous sont proposés, nous prenons conscience que nous avons en nous toutes les qualités pour évoluer en reconnaissant notre propre valeur. Si vous désirez passer en revue vos valeurs et en faire le bilan, la méthode proposée ci-après vous sera très utile.

Les valeurs.

Les valeurs comportementales sont des lignes directrices très importantes et efficaces quand il s'agit de décider ce que l'on doit faire. Comme les règles que les parents inculquent à leurs enfants ou celles qui régissent le monde des affaires, ces conventions nous permettent de prendre des décisions plus facilement et rapidement.

Les difficultés apparaissent soit lorsque nous violons nos valeurs, soit lorsque celles-ci ne sont plus adaptées aux circonstances. Voici quelques exemples types des difficultés que l'on peut rencontrer.

Problèmes liés à une valeur unique.

1. Une valeur peut être *trop générale et universelle* : «Sois toujours honnête» (même si cela doit blesser quelqu'un.)

Solution : soyez plus précis. Quand et où doit-on être honnête ? Quand et comment l'honnêteté apparaît-elle comme la meilleure attitude possible ? L'honnêteté n'est-elle pas toujours la meilleure attitude possible ? (J'ai demandé à un patient d'inscrire, pour chacun des dix commandements, les exceptions particulières.) Toute idée, aussi bonne soit-elle, n'échappe pas à l'exception.

2. Une valeur peut être *dépassée*. Par exemple, telle valeur peut convenir tout à fait à une petite fille dont l'univers est limité, mais ne correspondra absolument pas à une femme adulte.

Solution : actualisez et remaniez la valeur.

3. Une valeur est trop «*tout ou rien.*» Il est tout aussi répréhensible d'écraser accidentellement la main de quelqu'un que de le tuer.

Solution : établissez des comparaisons détaillées et claires qui permettent de classer les valeurs selon leurs degrés d'importance.

4. La valeur de la personne est tout à fait adéquate mais elle n'a pas appris quel comportement adopter et n'a pas la motivation qui lui permette de la mettre en pratique. La plupart des personnes faibles en orthographe *désirent* être capables d'orthographier correctement mais ne savent pas *comment* le faire. Au contraire, une autre personne saura comment réaliser telle chose, mais se sentira incapable de se motiver pour *vouloir* la réaliser.

Parfois, nous disons aux gens : «Si vous avez fait quelque chose d'une certaine façon alors que *vous saviez pouvoir faire mieux*, en réalité, vous ne le *saviez pas* car vous n'avez pas pu vous motiver pour vous comporter de la manière désirée. En un sens, c'est seulement une *partie* de vous-même qui *savait pouvoir faire mieux*.»

Avant que l'on découvre les antibiotiques, je connaissais un enfant d'une dizaine d'années, qui, à la suite d'une infection au doigt devait faire des bains d'eau chaude. Il savait qu'il ne serait pas capable de pratiquer ces soins seul, aussi était-il toute la journée dans «les jupes de sa mère» car ainsi, elle pouvait lui rappeler de soigner son doigt.

Solution : enseigner et montrer à l'autre ce qui lui manque, ce qui lui fait défaut pour pouvoir, à la fois, vouloir appliquer cette valeur et savoir comment le faire.

5. La valeur est juste et adéquate, mais la personne n'a pas prévu que tel comportement serait susceptible de la bafouer. Nous ne pouvons jamais prévoir toutes les «conséquences» de nos actes avec certitude, aussi commettons-nous, parfois, quelques erreurs.

Solution : «Vous vous rendez compte qu'il est impossible de *toujours* anticiper et prévoir que tel acte va transgresser vos valeurs.» Si la personne a juste commis une erreur d'étourderie, une légère maladresse, on peut alors répliquer ceci : «Chacun commet des erreurs; il est impossible d'y échapper et cela, quel que soit le désir de perfection auquel on aspire.»

En général, vos erreurs ne nuisent à personne. Vous vous souvenez probablement qu'il vous est arrivé, des centaines de fois, de «mordre» la ligne jaune d'une route nationale, et comme personne n'était là, cela n'a eu aucune importance.

Mais parfois, cependant, la même petite erreur peut avoir des conséquences dramatiques. Si c'est le cas, faites tout ce qui est en votre pouvoir pour que de tels actes ne se reproduisent pas ou bien faites votre possible pour réparer le mal que vous avez fait subir.

Cependant, si une personne agit ainsi régulièrement, c'est qu'elle n'est pas en mesure de prévoir les conséquences de ses actes.

Solution : enseignez comment se faire des films intérieurs plus détaillés des conséquences futures des actes, pour que le patient découvre une manière de mieux planifier les événements à l'avance.

6. Bien que ce soit beaucoup moins courant aujourd'hui, certaines personnes sont gênées à l'idée de pouvoir bafouer une valeur : «La pensée est aussi condamnable que l'acte.»

Solution : vous pouvez faire remarquer qu'il existe des différences considérables entre le fait de penser quelque chose et celui de passer à l'acte. Par exemple :

«Pour vous, commettre l'acte ou en avoir seulement l'idée, relève du même ressort. Mais cela fait une grande différence pour la personne qui souffrira *seulement* si vous passez à l'acte réellement. Car si vous n'avez pas commis cet acte, votre «victime» ne saura pas que l'idée vous a traversé l'esprit ! Plus vous êtes respectueux envers autrui, plus la différence entre ces deux aspects vous apparaîtra avec évidence.»

«Si vous condamnez l'idée aussi bien que l'acte, cela prouve que vous n'êtes jamais passé à l'acte car, moi, je l'ai fait concrètement et je peux vous assurer qu'il y a réellement une différence.»

«Socrate a dit que les «bons» font seulement dans leur imagination ce que les «mauvais» réalisent concrètement.»

«Dieu nous a donné cette qualité et faculté de penser et réfléchir afin de pouvoir consciemment décider d'agir uniquement lorsque nous savons que les conséquences seront bénéfiques et profitables et de ne point commettre d'actes dont nous présumons qu'ils pourront être nuisibles à autrui ou à nous-mêmes. Penser aux choses négatives vous aidera à faire le point sur les solutions et à acquérir la confiance pour discerner ce qui est le mieux.»

«Puisque vous n'avez pas encore commis cet acte, c'est la preuve qu'il existe en vous une partie qui est très forte au point de mieux savoir que vous-même ce qu'il faut faire ou pas et qu'elle guide votre comportement.»

Les valeurs doubles (ou multiples).

Souvent, lorsque nous avons transgressé une valeur et que nous nous sentons coupables, nous obéissons en réalité à une autre valeur plus importante dont nous n'avons pas conscience. Demandez-vous alors : «Quelle était la valeur qui me poussait à agir lorsque j'ai bafoué cette autre valeur-là ?» ou bien, dites-vous : «Quelle intention positive m'animait à ce moment ?» Lorsque vous prenez conscience que vous avez agi en fonction d'une valeur plus importante, vous éprouvez alors un sentiment accru d'intégrité et de satisfaction à l'opposé du sentiment de honte ou de culpabilité. Cette constatation constitue une base tout à fait intéressante qui peut vous permettre d'envisager comment vous comporter à l'avenir.

Solution : Faites le point sur vos valeurs et leurs manifestations; établissez la liste des priorités et intégrez-les (voir chapitre 13.) Puis, faites dérouler le film intérieur de ces images dans lequel vous vous comportez à l'avenir comme vous le désirez, afin que ce que vous voulez faire soit «programmé» dans votre pensée et dans votre comportement.

Ainsi, par exemple, pour Joan, la propreté est une valeur primordiale, mais, à ses yeux, il est tout aussi important de pouvoir se consacrer entièrement à ses enfants. En reconnaissant les priorités qu'elle accorde à ses différentes valeurs, elle pourra se sentir bien si elle abandonne la vaisselle pour se consacrer à sa fille qui a besoin d'elle et elle ne se sentira absolument pas honteuse de son choix.

Les méta-valeurs.

Une personne qui est extrêmement perfectionniste, se sentira très souvent coupable. Parfois, cette attitude extrême est le fruit du principe suivant : «Tout ce que je fais doit être parfait.» ou «Mon gourou connaît la meilleure manière de faire chaque chose.» C'est peut-être pour vous une méta-valeur : une valeur qui passe *avant toutes* les autres.

Tout d'abord, il vous faut prendre conscience que vous avez, en vous, cette forme de perfectionnisme. Apprenez à considérer les erreurs comme un moyen privilégié d'avancer et d'évoluer; vous ferez des progrès. Si vous êtes sensible au «feed back» que vous renvoient les autres, cette méta-valeur, peut faciliter le changement à opérer. Voici ce que nous vous proposons :

«Si vous parvenez à remarquer l'instant où votre comportement est en décalage avec vos valeurs, vous faites preuve d'une qualité très précieuse et estimable. Lorsque cela se produit, vous pouvez, soit réajuster votre comportement ou vos valeurs, soit les actualiser si elles sont devenues désuètes. Si vous ne le faisiez pas, vos valeurs garderaient leur caractère tout à fait arbitraire et perdraient complètement de leur sens. Au lieu de vouloir atteindre la perfection du premier coup, il est beaucoup plus important et enrichissant de s'adapter et de tirer les enseignements de ses erreurs.»

Il est nécessaire d'avoir des valeurs qui dirigent vers les expériences que l'on souhaite vivre. Lorsque l'on constate que l'on a enfreint une valeur, il faut simplement examiner ses valeurs et son comportement, prendre les mesures nécessaires pour les ajuster et intervenir pour remédier ou compenser le mal que l'on a suscité. De cette manière, on peut mener une vie morale et éthique sans ressentir aucun sentiment de culpabilité ni de honte.

15 Motivation positive

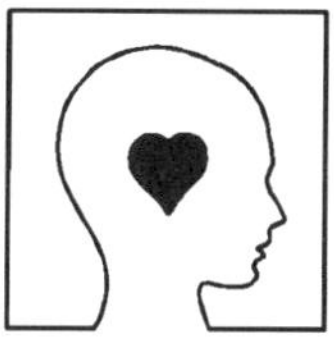

Brian participait à un de nos stages professionnels de certification en P.N.L. Lorsque nous avons abordé la question de la motivation, son intérêt est devenu plus vif, son attention plus soutenue car la motivation a toujours été un problème pour lui, et ce depuis longtemps. Une fois qu'il commence quelque chose, il l'exécute avec soins mais le plus dur pour lui, c'est de commencer. Il lui est en général beaucoup plus difficile de se décider à se mettre à l'ouvrage que d'accomplir la tâche en question, qu'il s'agisse de tondre la pelouse, de ranger son bureau, etc.

Parfois, il lui faut des heures avant de réussir à franchir le pas de la cuisine pour se mettre à laver la vaisselle. Sa femme, Joyce, en est le meilleur témoin. Depuis douze ans de vie commune, leur relation a dû subir quelques à-coups. Ils s'étaient tous deux mis d'accord sur la répartition des tâches : Joyce prépare le repas du soir et Brian fait la vaisselle. Cet arrangement semble convenir, mais Brian a cette fâcheuse tendance à toujours remettre la vaisselle à plus tard. Parfois, il ne parvient à la faire que le lendemain matin ou parfois même beaucoup plus tard. Sa femme n'apprécie guère dans ces cas-là, de retrouver la vaisselle sale le lendemain soir quand elle rentre du travail et s'apprête à préparer le repas.

Beaucoup de personnes ont reproché à Brian de toujours tout reporter à plus tard et Brian le reconnaît volontiers. Il n'aime pas particulièrement agir ainsi; mais il ne sait pas comment faire autrement. Brian, lui non plus, ne s'épargne pas les reproches. Cependant, toutes ces réprimandes ne lui ont été d'aucune utilité. Il a toujours essayé de faire mieux. Il a toujours voulu «arrondir les angles» dans sa relation conjugale, mais toujours sans succès.

En lui posant des questions particulièrement ciblées, j'ai découvert comment Brian se motive pour faire la vaisselle. Grâce aux informations recueillies, j'ai beaucoup mieux compris son problème. Brian commence par regarder toute cette vaisselle sale empilée, puis une voix grave et rigoureuse lui rappelle avec sévérité : « Tu DOIS faire la vaisselle.» Dès lors, Brian se sent immédiatement envahi par un sentiment de révolte car il ne veut pas la faire. Tout ceci parvient à éloigner Brian pendant un bon moment. Mais bientôt, Brian imagine sa femme entrer dans une colère terrible à la vue de cette cuisine toute sale. A nouveau, la voix résonne en lui : «Tu DOIS faire la vaisselle» et à nouveau, il ne se sent aucune envie de la faire. Finalement, une pensée parvient à avoir raison de lui. Il imagine sa femme dans une telle colère qu'elle menace de le quitter. Lorsque les choses en arrivent là, cette voix intérieure lui dit expressément : « Oh non, oh non, pas cela !» et, finalement, Brian se sent suffisamment motivé pour s'exécuter. Mais ce sentiment d'urgence embarrassante persévère jusqu'à ce qu'il ait effectivement terminé la vaisselle. Puis, il se sent soulagé jusqu'à la fois suivante.

On pourrait penser que, pour une tâche aussi simple, c'est compliquer beaucoup les choses. Mais nous avons découvert que de nombreuses personnes procèdent de la même manière. Ce qui est important dans tout cela, c'est le fonctionnement répétitif et permanent constaté chez Brian. *Brian se motive à faire quelque chose toujours de la même manière, quoi qu'il ait à exécuter dans sa vie.*

Par exemple, lorsque Brian se réveille, il imagine tout d'abord toutes les tâches à accomplir avant de quitter la maison; il se dit : «Bon, maintenant, il faut que tu te lèves.» mais immédiatement, il sent qu'il n'en a absolument pas envie et continue de traîner au lit. Alors, il visualise ce qui pourrait se passer s'il ne se levait pas : toute une série d'images catastrophiques défile dans son esprit. Il se voit arriver très en retard au travail, croisant les regards désapprobateurs de son patron et des autres employés. Et lorsque ces images apparaissent dans tout leur aspect tragique, la voix intérieure lui dit : «Ah non, non, pas ça !» Ce n'est qu'à ce moment-là qu'il ressent l'urgence de se lever et de se préparer pour sa journée de travail. Le même processus se déroule pour toute autre tâche : jardinage, entretien de la voiture, activités professionnelles. C'est toujours le même cauchemar lorsqu'il lui faut accomplir quelque chose qui ne paraît pas très agréable au premier abord. En bref, voici quelle est sa stratégie :

Visuel **Je vois la tâche**	→	**Auditif** **J'entends dire :** **«tu DOIS le faire.»**	→	**Kinesthésique** **Je me sens mal.**

Puis, la roue infernale se met en route, toute une série d'images catastrophiques apparaissent dans l'hypothèse où il ne ferait pas ce qui lui est demandé :

Visuel **Je vois** **la catastrophe** **si je ne fais pas** **la tâche**	→	**Auditif** **J'entends dire :** **«tu DOIS faire** **cette tâche.»**	→	**Kinesthésique** **Je me sens mal.**

C'est seulement au moment où l'image visuelle devient suffisamment catastrophique que la voix intérieure fait *suffisamment* augmenter son malaise pour accomplir sa tâche.

Non seulement, ce mode de motivation est extrêmement lent et pesant, mais il génère des sentiments négatifs. A chaque fois qu'il essaie de se motiver, son malaise apparaît, et il faut absolument que ce dernier devienne très fort pour qu'il se décide à agir ! Lorsque l'on réfléchit au nombre de fois où, dans une journée, on se motive pour quelque chose, on peut facilement imaginer l'étendue de son malaise.

Brian est très motivé pour apprendre à fonctionner autrement. «Je reporte toujours les choses à plus tard, et cela ne me plaît pas du tout d'agir ainsi. Je suis tendu et nerveux la plupart du temps. Je parviens à me détendre uniquement lorsque je suis en vacances et que je *n'ai rien à faire.*» J'approuvai entièrement Brian : l'apprentissage d'une nouvelle stratégie de motivation lui serait une aide précieuse.

Nous avons observé de nombreuses personnes qui réussissent tout à fait et sans difficulté aucune, à se motiver, même lorsque la tâche à accomplir ressemble plus à une corvée. On remarque une chose très intéressante chez ces personnes «parfaitement auto-motivées» : elles se servent de sentiments *positifs* au lieu d'un sentiment d'urgence désagréable, comme c'est le cas pour Brian. Ce qui leur *plaît*, c'est que les choses soient faites. J'ai posé encore quelques questions à Brian, puis, je lui ai enseigné une de ces stratégies pour devenir une personne «parfaitement auto-motivée».

Une des clés pour rendre la stratégie de Brian plus positive, était de changer la voix intérieure qui provoquait chez lui ce sentiment d'inconfort. La voix qui l'exhortait : «Il FAUT que tu fasses la vaisselle», ou bien «Il FAUT que tu ranges ton bureau», ressemblait davantage à celle d'un adjudant. Pour la plupart d'entre nous, la réaction serait la même : nous n'aurions absolument pas envie d'exécuter la tâche en question. Essayez vous-même et notez ce que vous éprouvez.. Ecoutez une voix autoritaire vous dire «tu DOIS faire ça». Cela vous donne-t-il davantage envie de le faire, ou moins envie ?

Apprendre une nouvelle stratégie.

D'une voix tout à fait engageante, je lui ai demandé : «Ecoutez une voix intérieure qui vous parle d'une façon tout à fait persuasive : «Ce sera tellement bien lorsque toute la vaisselle sera propre !» Je ne sais pas quel ton de voix peut *vous* pousser à agir et à vraiment vouloir accomplir la tâche demandée, mais essayez d'entendre cette voix d'une manière qui vous séduit et qui vous plaît.»...

J'observais attentivement ses mouvements oculaires (voir annexe 1) et les changements physiologiques non verbaux m'indiquaient que Brian suivait bien le processus. En écoutant, Brian changea complètement d'attitude, il semblait plus détendu et content.

«Maintenant, *regardez* à quoi ressemble la cuisine quand elle est *entièrement propre* : toute la vaisselle est faite et la cuisine étincelle de propreté. Le mouvement de mes gestes se dirigeait vers le haut afin de permettre à Brian d'utiliser la partie de son cerveau qui crée des images.

«Et maintenant, vous pouvez sentir comme vous vous sentez bien quand vous avez complètement fini votre travail.»... J'observe à nouveau Brian, cherchant la confirmation qu'il est réellement en train de faire ce que je lui demande et qu'il réagit avec plaisir. «Vous commencez à faire la vaisselle avec ce sentiment de satisfaction qui vous accompagne tout au long, car vous savez qu'à chaque plat lavé vous allez vous sentir bien puisque, petit à petit, vous vous rapprochez de la vue d'une cuisine entièrement propre et rangée.»

La nouvelle stratégie de motivation de Brian

Auditif «Ce sera bien lorsque cela sera fini»	→	Visuel Je vois la cuisine propre.	→	Kinesthésique Je ressens la satisfaction.	→	**JE LE FAIS !**

Brian a répété plusieurs fois ce processus en l'appliquant à d'autres domaines de sa vie : je l'ai guidé à utiliser cette nouvelle stratégie pour sortir du lit, réussir certaines activités professionnelles. Je voulais m'assurer que la nouvelle motivation positive de Brian se généralisait et devenait un processus inconscient qu'il appliquerait dès qu'il aurait quelque chose à faire.

Beaucoup de gens s'étonnent que quelques minutes d'entraînement suffisent à instaurer un nouveau schéma en dépit de trente années de fonctionnement des anciens mécanismes. La clé de cette opération est la suivante : nous n'essayons en aucune manière d'effacer l'ancien schéma. Nous nous contentons d'enseigner une nouvelle solution qui soit plus efficace. Par exemple, vous empruntez toujours le même chemin pour vous rendre à votre travail et vous découvrez un raccourci. Vous pouvez constater qu'en très peu de temps, vous choisissez systématiquement le trajet le plus court. Peu après, Brian a déclaré : «Tout s'est très bien passé dans mon imagination, mais est-ce que cela reste vraiment ? Que se passe-t-il si je n'arrive pas à faire ce que je dois faire !»

«Eh bien, je suis sûr que vous vous souviendrez alors des horribles sensations que vous avez éprouvées dans le passé et que vous imaginerez très bien tous les scénarii catastrophes qui pourraient se produire si vous n'adoptez pas la nouvelle méthode. Cette partie en vous qui vous a motivé, tout en provoquant chez vous ce sentiment de malaise intense, se manifestera à nouveau et je suppose même que vous vous sentirez encore plus mal. Bien sûr, si vous réagissez immédiatement en appliquant la nouvelle méthode, ces sentiments négatifs n'auront plus aucune raison d'être.» Ici, j'ai mis en évidence le fonctionnement de ses anciens schémas pour le pousser à adhérer complètement à la nouvelle méthode. Comme je parlais, Brian me regardait avec comme une étincelle dans les yeux, ce qui était le signe qu'il se sentait de plus en plus motivé pour utiliser cette nouvelle méthode.

Quelques temps plus tard, Brian nous a rapporté combien il se sentait motivé de voir les choses se faire : «Ma femme n'en croit pas ses yeux de me voir faire la vaisselle immédiatement après le dîner. J'ai entièrement rangé mon bureau, chose que je n'avais pas faite depuis des années. Et cela me plaît ! En fait, j'apprécie tellement de réaliser toutes ces tâches que je pense qu'il faudra maintenant que j'apprenne à poser des priorités et je crains même d'en faire trop».

Prenant en compte ce nouveau besoin, j'aidai Brian à décider comment il pouvait établir des priorités pour les différentes tâches qu'il avait à accomplir, et je l'aidai aussi à savoir prendre une pause au moment opportun.

Jennifer

Jennifer se plaint également de rencontrer les mêmes difficultés. Contrairement à Brian, aucune voix intérieure ne lui dit ce qu'elle doit faire. Par contre, lorsqu'elle essaye de se motiver à s'occuper du linge par exemple, elle pense à ce que cela représente de faire la lessive. Puis, bien sûr, elle sent qu'elle n'en a absolument pas envie. Il est vrai que ce n'est pas très attrayant de «brasser» du linge sale. Cette méthode fonctionne par contre à merveille quand il s'agit de se motiver pour aller danser ou pour faire autre chose qui soit source de plaisir. Elle s'imagine *en train de danser*, heureuse, et cela la motive. Mais Jennifer remet à plus tard les choses qui ne sont pas agréables.

Beaucoup de tâches dans la vie ne sont pas très exaltantes. Même si nous n'aimons pas les *faire*, nous voulons qu'elles *soient faites*. Si nous essayons de nous motiver en imaginant ce que signifie réaliser ces tâches, ce que l'on ressent en les faisant, ça ne marche pas très bien, nous n'avons tout simplement pas envie de les faire. Ce qui est *motivant,* par contre, c'est de les voir une fois *accomplies*, car c'est bien là notre *désir*. Si nous visualisons une cuisine propre, la pelouse tondue ou le travail fini, nous avons beaucoup plus de chance d'être motivés parce que nous pensons à quelque chose que nous désirons faire.

J'ai donc aidé Jennifer à imaginer ces tâches une fois achevées et cette méthode s'est révélée très efficace. Il n'est pas nécessaire, dans le cas de Jennifer de procéder à la séance dans sa totalité, car il faut seulement qu'elle change ce *qu'elle* visualise. Ne pas imaginer être en train de faire, mais plutôt, voir la chose *accomplie*. Je lui ai proposé de s'entraîner comme je l'avais fait avec Brian. «Voyez comme tout le linge est prêt, lavé, repassé, tout est rangé, comme vous le souhaitez. Maintenant, imprégnez-vous de la satisfaction d'avoir fait tout cela.»

Après l'avoir fait, Jennifer s'est mise à sourire et a dit : «Ca marche. Je vais le faire tout de suite, mais cela fonctionne-t-il aussi pour d'autres choses ? Je suis thérapeute et je dois écrire des rapports régulièrement sur les séances avec mes patients. C'est très difficile pour moi, car cela ne m'intéresse pas vraiment. Ce n'est absolument pas drôle d'écrire tous ces rapports. Est-ce que vous pensez que ça va marcher pour ça ?»

«Oui, tout à fait. Essayons à présent avec vos rapports. A quel moment devez-vous les rédiger ? Est-ce juste après une séance ?»

«Oui. Si je les écrivais immédiatement après, ce serait bien plus facile. Mais je les laisse de côté et je les écris à la fin de la semaine, c'est-à-dire au moment où je dois les remettre. Et là, je ne me souviens plus très bien ce que je dois écrire.»

«Bien. Imaginez que vous venez de terminer une séance - vous venez tout juste de dire au revoir à un de vos patients. Visualisez que le rapport de ce client est achevé, et que vous en éprouvez une certaine satisfaction parce que ce travail est accompli.»

«Ca ne marche pas, car en réalité, ces rapports ne m'intéressent absolument pas. Je les trouve plutôt inutiles, même sordides. Donc, je ne me sens pas du tout motivée, même en les imaginant entièrement rédigés.»

«Bon. Si vous pensez qu'ils sont *complètement inutiles*, pourquoi ne vous abstenez-vous pas de les faire ?»

«Mais, si je ne les fais pas, je risque de perdre mon travail. C'est une de mes obligations.»

«Donc, ces rapports comportent un élément positif. En les écrivant, vous ne risquez pas de perdre votre emploi. Je ne sais pas dans quelle mesure ce facteur joue un rôle important pour vous. Est-ce la question des revenus, la satisfaction d'aider les autres, le sentiment d'accomplir quelque chose d'utile, ou bien est-ce autre chose ?»

«Oui, tous ces facteurs jouent effectivement leur rôle.»

«Donc, au lieu de voir seulement le rapport fini, associez à votre visualisation d'autres aspects positifs à vos yeux comme le fait de garder votre emploi avec tout ce que cela implique. Avez-vous une image de cela ?»

«Oui, cela marche beaucoup mieux.»

«Très bien, et à la vue de cette image, vous ressentez la satisfaction de la chose accomplie.» (Un large sourire approbateur se dessine sur ses lèvres.) «Vous pouvez également conserver cette image dans votre esprit et le sentiment qui est associé au moment où vous faites votre rapport, laissant croître en vous la satisfaction au fil des mots que vous écrivez, jusqu'à ce que vous ayez terminé.» Ensuite, j'ai demandé à Jennifer d'étendre ce même mécanisme en l'appliquant à plusieurs autres domaines de sa vie; à chaque fois les résultats ont été concluants.

Jennifer vient d'obtenir ce qu'elle désire, mais je pense qu'un travail complémentaire pourrait lui être utile. Comme je l'ai expliqué, son mode de fonctionnement met en scène deux étapes (V<–>K). Comme il n'y a pas de phase auditive, Jennifer ne s'arrête pas un instant pour «se parler» en son for intérieur et pour envisager les autres facteurs susceptibles d'interférer. C'est une réaction typique des personnes qui réagissent souvent de façon «spontanée» ou «impulsivement» sur la base d'informations partielles, et qui le regrettent plus tard.

Tout d'abord, je dois vérifier si c'est bien le cas de Jennifer. Pour le découvrir je formulai ma question de façon inverse au but recherché afin d'éviter toute réponse complaisante, car souvent les gens approuvent ou acceptent docilement tout ce que je dis ou propose. Ainsi, Jennifer pourrait rectifier mes propos.

«Jennifer, vous êtes sans doute ce type de personne qui examine attentivement et scrupuleusement tous les tenants et les aboutissants d'une situation, et vous ne regrettez donc jamais de vous engager vis-à-vis de quelqu'un ou de vous être impliquée dans un projet ?»

Jennifer, consternée, a répondu avec emphase : «Non, ce n'est absolument pas vrai ! Je suis exactement le contraire. Je regrette *souvent* d'être impliquée dans certaines choses; c'est un de mes problèmes majeurs.»

Je dois, dans un premier temps, rétablir le rapport avec elle; je lui explique : «J'ai effectivement pensé que vous alliez me répondre cela. Mais, comme je ne voulais pas «mener le jeu» ou induire de réponse particulière de votre part, j'ai posé la question en termes inverses. Puisque c'est un problème pour vous, nous pouvons tout à fait y remédier. Essayons cette méthode, si vous le voulez bien, et voyons comment cela marche pour vous.

«Pensez tout d'abord à une de ces situations pour laquelle vous étiez motivée, mais que vous avez regrettée ensuite.... Voyez ce qui vous a motivée et ressentez bien la «stimulation» qui vous a conduite à agir ainsi à ce moment-là.»...

Jennifer, l'air dubitatif, a répliqué : «Oui, d'accord, mais c'est justement ça. C'est pour cela que je suis mal à l'aise après.»

«Oui, je sais. C'est pourquoi, nous allons ajouter quelque chose au processus. Immédiatement après cette agréable sensation créée par la «stimulation» de la motivation, imaginez une voix intérieure qui s'adresse à vous : *«N'y-a-t-il pas autre chose à considérer avant de me lancer ?»* Dans ce cas, vous savez ce qui fait obstacle ultérieurement et donc ce que vous auriez dû prendre en compte dans la phase de motivation. Insérez ces nouveaux éléments dans l'image visualisée et observez si votre motivation persiste. De nombreuses et multiples choses peuvent interférer. Certaines sont peut-être tout à fait anodines, d'autres d'une importance fondamentale. Même si l'on estime intéressant d'effectuer telle chose, il est peut-être encore *plus* important de faire passer autre chose avant. En prenant le temps de considérer ces aspects-là, vous pouvez éviter des déceptions et des regrets.»...

«Cela aurait sans aucun doute rendu les choses très différentes. Quand je pense à tous les autres facteurs inhérents à cette situation, je ne me sens plus du tout motivée.»

Je lui ai ensuite demandé de répéter le processus en l'appliquant à d'autres situations passées. De cette manière, elle a pu découvrir d'autres éléments tout à fait cruciaux qu'elle avait oublié de prendre en considération. Puis, nous nous sommes tournés vers l'avenir et Jennifer s'est entraînée à appliquer la méthode pour des situations futures plausibles, où cela lui serait utile, qu'il s'agisse d'écrire ses rapports ou de s'occuper du linge.

Après cette séance, Jennifer n'a plus rencontré de problème de motivation, ni pour ses rapports, ni pour d'autres tâches, et a eu très rarement à regretter des choses pour lesquelles elle s'était motivée.

Les quatre styles de motivation les plus courants et les moins efficaces :

Dans notre travail, nous avons remarqué quatre types de comportements qui «causent des ennuis» lorsque nous avons à nous motiver. Peut-être reconnaîtrez-vous certains cas de figure familiers; la liste n'est pas exhaustive. Chez certaines personnes, ces quatre types de comportements se côtoient, jusqu'à ce qu'elles découvrent une autre manière de faire.

1. Le facteur de motivation négatif. De nombreuses personnes, comme Brian, parviennent uniquement à se motiver en imaginant les conséquences désastreuses qui risquent de se produire si elles n'accomplissent pas telle chose. Pour l'une, ce sera le licenciement si elle arrive en retard à son travail. Pour l'autre, ce sera l'abandon familial si elle se montre désagréable. Ou encore la vision de la voiture qui se délabre complètement si aucun entretien n'est effectué. Cependant, penser aux aspects négatifs est désagréable et les personnes qui ont ce type de fonctionnement ne se motivent généralement pas très rapidement.

Se motiver par le négatif ou avec un sentiment de «désastre» peut cependant s'avérer très efficace chez certaines personnes et pour certaines tâches. Il est des situations où il est utile de réfléchir aux choses à éviter. Ainsi les avocats étudient attentivement les obstacles possibles et rédigent leur plaidoyer en fonction des facteurs négatifs éventuels. Un bûcheron, battant tous les records de sécurité et de prudence, utilise cette même stratégie de motivation et jamais aucun accident ne lui est arrivé; il sait pertinemment ce qui pourrait lui advenir s'il ne prenait pas toutes les précautions nécessaires. Dans la vie, il est extrêmement important de se montrer vigilant pour éviter certains problèmes, tout particulièrement dans des situations dangereuses.

Mais, si la motivation repose uniquement sur ce mode de fonctionnement, le stress et les sentiments négatifs deviennent partie intégrante de la vie quotidienne. Un autre inconvénient avec la motivation par le négatif est mis en évidence par le vieil adage : «Tomber de Charybde en Scylla». En focalisant son attention sur les choses à éviter, on ne se rend souvent pas compte que l'on va vers une situation encore plus désagréable. Lorsque toute son attention se porte sur les aspects négatifs, il ne reste plus beaucoup de temps ni d'opportunité pour envisager les choses positives auxquelles on aspire et que l'on souhaite réaliser dans sa vie. Chez ce type de personnes, il est très utile d'ajouter des éléments de motivation positive. C'est ce que nous avons fait avec Brian qui se motive maintenant avec la satisfaction qu'il aura quand les choses seront accomplies. Brian prend maintenant en compte ce qu'il désire et non plus ce qu'il ne désire pas. Nous recommandons d'associer au moins ce que veut la personne à la pensée des facteurs négatifs à éviter.

Si ce mode de fonctionnement par le négatif s'avère très efficace chez un individu, nous restons toujours très prudents lorsque nous suggérons d'effectuer certains changements ou d'apporter quelques éléments supplémentaires.

Howard, par exemple, qui est un excellent banquier, se motive avec le souci permanent de ne jamais perdre d'argent pour toute transaction qu'il effectue. Son fonctionnement étant tout à fait satisfaisant, il ne désire pas en changer. Nous ne lui avons donc rien proposé. Si nous l'avions fait, nous aurions dû nous montrer extrêmement prudents pour ne porter atteinte ni à son efficacité ni à ses compétences en tant que banquier.

2. **Le comportement de motivation de type «dictatorial».** C'était aussi la manière de se motiver de Brian. Le dictateur se motive en lançant des ordres d'une voix sévère et autoritaire. On reconnaît parfois la voix des parents ou celle d'autres figures d'autorité de notre passé. Quelqu'un qui fonctionne ainsi, utilise des termes comme : «IL FAUT QUE», «TU DEVRAIS» ou «TU ES OBLIGE». Dans la plupart des cas, les individus réagissent comme Brian, en refusant d'agir et en repoussant à plus tard.

Dans ce cas, on peut rendre la motivation plus facile , en remplaçant ces ordres par des invitations exprimées d'une voix agréable, engageante et en utilisant des expressions plus avenantes telles que : «Ce serait bien» ou «Ce serait utile» ou «Je veux».

3. **Le comportement de motivation de type «s'imaginer en train d'agir».** Au lieu d'imaginer la tâche accomplie, ce type de personne s'imagine en train d'agir. C'était le cas de Jennifer. Ce fonctionnement s'avère très efficace pour toutes les choses agréables mais, quand il s'agit des «corvées» de la vie, la motivation disparaît. Ce manque de motivation peut, dans certaines circonstances, être un obstacle majeur et conduire systématiquement à l'échec et à l'inefficacité.

Ici, il faut envisager la tâche accomplie et non pas se voir en train de l'accomplir. En principe, on recommande de pousser plus loin la démarche en réfléchissant aux valeurs satisfaites lorsque la tâche est achevée. Si vous ne trouvez aucune valeur à réaliser une tâche, c'est qu'elle n'en vaut pas la peine. Sinon, visualisez les valeurs concernées pour renforcer et faciliter votre motivation.

4. **Le comportement de motivation de type «être submergé par».** Certaines personnes imaginent immédiatement leur travail comme représentant une masse extrêmement volumineuse et elles se sentent submergées. Effectivement, la perspective d'une immense maison à nettoyer peut provoquer ce sentiment. Si vous pensez à écrire une dissertation ou un livre comme à un travail énorme à accomplir immédiatement, cela peut vous sembler impossible. Quand quelqu'un se sent submergé, il se sent généralement incapable d'agir ni même de commencer le travail et le repousse à plus tard.

La première étape du travail consiste à éloigner l'image de la tâche à accomplir et à la diminuer. De cette manière-là, on lui redonne une dimension «normale». On la rétrécit. Vous pouvez faire ce que nous appelons le «découpage». Rappelez-vous la vieille blague : «Comment mangez-vous un éléphant ? - morceau par morceau !»

Voyez tout d'abord le travail accompli, puis décomposez-le en une série d'étapes. Dans notre exemple de la maison à nettoyer, visualisez la maison entièrement propre et reluisante; puis, toutes les tâches qui permettront d'obtenir ce résultat : laver les vitres, les sols, ranger une pièce, puis une autre, etc... Je vois chacune de ces étapes achevée et je me sens motivée pour chacune d'elles. Ainsi, je ne me sens plus dépassé par l'immense tâche submergeante, mais j'envisage tout à fait raisonnablement l'exécution de cette série de petits travaux. Si je ne vois toujours pas comment y arriver, je peux décomposer encore davantage, demander de l'aide, m'informer sur les meilleures manières de procéder. Dans ce cas, la première étape vers cet objectif visera à recueillir les informations nécessaires.

Apprendre un nouveau type de motivation.

Certaines personnes parviennent à changer leur mode de fonctionnement tout simplement en comprenant ce qui ne fonctionne pas et en acceptant d'envisager un type de motivation plus efficace. Mais, ce n'est pas le cas pour tout le monde. Pour que cela devienne un automatisme, il faut, la plupart du temps, procéder à une séance et guider la personne pour lui permettre de s'entraîner à adopter une nouvelle stratégie de motivation. Une demi douzaine d'exercices suffit généralement à s'assurer de l'intégration complète. Jennifer et Brian ont, tous les deux, adopté une nouvelle stratégie devenue tout aussi automatique que l'ancienne. Après que nous les eûmes guidés pendant la scéance, ils ont pu se motiver tout seuls et cette nouvelle manière de se motiver est devenue automatique.

Sur ce point, la PNL présente des atouts précieux car elle ne se contente pas d'apporter des conseils ni de préconiser certaines solutions. Certains disent : «Soyez positifs. Pensez aux bénéfices que vous allez retier et vous serez davantage motivés.» Ce genre de conseils généraux fonctionne parfois. Ce qui rend la PNL beaucoup plus efficace est que nous savons quelles instructions précises donner qui permettent de s'entraîner à des nouvelles stratégies et de les rendre automatiques. Nous savons, à chaque étape, comment guider une personne qui doit apprendre à utiliser telle partie de son cerveau plutôt qu'une autre et nous pouvons vérifier à tout moment, par les expressions non verbales, que le patient procède effectivement au changement désiré. En cas d'incompréhension ou de malentendus, de difficultés, d'obstacles ou d'objections, nous proposons toujours de nouvelles solutions ou suggestions.

Comment intégrer à sa vie une nouvelle façon de se motiver ?

Il est fréquent qu'une personne découvre la nécessité de procéder à d'autres changements dans sa vie pour que le nouveau mode de motivation récemment acquis soit encore plus performant. Brian, par exemple, animé d'une motivation débordante, doit désormais apprendre à poser des priorités dans ses activités et à s'arrêter lorsque cela est nécessaire.

Louise, qui avait, elle aussi, cette fâcheuse habitude de sans cesse remettre à plus tard ce qu'elle avait à faire, s'est montrée très réticente à apprendre une nouvelle stratégie de motivation. Nous avons tout d'abord créé un environnement suffisamment sécurisant pour qu'elle puisse, en toute confiance, explorer ses objections. Elle a ainsi découvert qu'elle avait peur d'échouer. Dans la logique de son comportement, elle n'avait jamais véritablement testé ses capacités. Elle se contentait de dire : «J'aurais pu le faire. Mais je n'ai jamais vraiment essayé.» Elle craignait de découvrir, si elle était davantage motivée, de ne pas avoir toutes les compétences requises. Nous avons employé une autre méthode (voir chapitre

8) pour aider Louise à respecter et à honorer cette partie d'elle-même pour qu'elle puisse s'autoriser à apprendre une nouvelle stratégie de motivation.

Lorsqu'une personne prend de mauvaises décisions, cela ne lui pose pas de problème si elle ne parvient pas à se motiver pour les mettre en pratique. Mais, lorsqu'une personne apprend à se motiver davantage et qu'elle agit sur ces bases médiocres, elle accusera de nombreux échecs. Dans ce cas, reportez-vous au chapitre 16 qui propose une méthode pour remédier au problème de la prise de décisions.

L'importance de la motivation positive a été très largement reconnue, mais malheureusement, dans la pratique, les méthodes proposées, trop générales, manquent souvent leur objectif. En PNL, l'approche tient compte des besoins spécifiques de chacun. C'est une technique taillée sur mesure qui garantit des résultats remarquables.

16 Prendre des décisions

Les décisions, les décisions, toujours les décisions ! Nous devons sans cesse en prendre, qu'elles soient mineures ou majeures; quels vêtements porter, quand aller chez le coiffeur, comment assaisonner la salade, quel programme de télévision regarder, quelle voiture acheter ? Certaines sont la source de véritables tourments. D'autres s'effectuent si rapidement et facilement que l'on ne s'en rend même pas compte. C'est un automatisme qui échappe à notre conscience : cela se produit comme si nous n'y avions pas réfléchi.

Lors d'un premier séminaire auquel nous avons participé avec Richard Bandler, il nous a demandé de réfléchir sur notre manière de prendre les décisions. Nous avons formé des groupes de deux et Holly a été ma partenaire de travail pour cet exercice. Je lui ai demandé comment elle choisissait son menu dans un restaurant. C'est une situation très facile qui permet d'identifier avec aisance la manière dont quelqu'un procède pour effectuer un choix. Tout d'abord, Holly regarde la carte, puis elle se demande intérieurement : «Que vont prendre les autres ? « En même temps, une autre voix intérieure lui dit sur un ton plus réprobateur : «Non ! pense à toi !» puis Holly se sent embarrassée. Ses deux voix intérieures continuent de s'opposer, renforçant son sentiment de malaise. Puis, lorsque son malaise atteint un certain paroxysme, une autre voix lui dit alors : «Choisis n'importe quoi, c'est mieux que cette incertitude !» Holly choisit alors tout à fait au hasard quelque chose dans le menu.

Mais son conflit intérieur persiste même après avoir commandé. Les deux voix intérieures continuent de se disputer, l'une disant : «Tu as certainement fait le mauvais choix», tandis que l'autre rétorque : «Eh bien, au moins j'ai choisi quelque chose pour moi !»... Et ainsi de suite.

Quand Holly a vu, couchée sur le papier, la schématisation de sa programmation, elle a déclaré : «C'est étonnant ! Pour *toutes* les décisions que j'ai prises, cela s'est passé exactement de la même manière ! Pour mon mariage, mes enfants, ma maison, bref pour tout !»

Au vu de ce comportement, on dispose déjà de certaines informations sur la vie de Holly. Pour elle, toutes les décisions - même les moindres - ont été sources de souffrance. J'ai d'ailleurs remarqué l'expression douloureuse qui se profilait sur son visage. J'ai également noté, que depuis son arrivée au séminaire, le matin même, cette expression ne l'avait pas quittée. Tout allait dans le même sens.

Un peu plus tard dans la journée, j'ai appris d'autres éléments supplémentaires concernant Holly. Elle suivait une thérapie depuis plus d'une année avec un thérapeute qui participait également à ce séminaire. Tout au long de ce travail thérapeutique, Holly s'était sans cesse plainte des insatisfactions de sa vie. Le thérapeute, dans toute sa conscience professionnelle, l'avait aidée à explorer «ses sentiments d'insatisfaction» et «à les exprimer pour les évacuer» comme beaucoup de thérapeutes ont appris à le faire.

Je lui fis donc part du programme de décision que j'avais découvert chez Holly et il se mit à rire à contre coeur. Il lui était tout à coup évident qu'Holly aurait pu continuer à exprimer ses sentiments d'insatisfaction pendant de nombreuses années sans en retirer aucun bénéfice. Il lui fallait acquérir une nouvelle manière, satisfaisante, de prendre des décisions.

Holly effectuait ses choix dans le plus pur des hasards. Lorsque son malaise était suffisamment fort, elle se décidait pour *n'importe quoi*. Si vous agissez ainsi pour choisir les plats qui vont composer votre déjeuner, vous ne risquez sans doute qu'une légère indigestion. Mais s'il s'agit de choisir un mari ou une épouse, les conséquences peuvent être beaucoup plus graves. Vos chances de trouver le bonheur s'en trouvent considérablement réduites. Ses décisions n'étaient absolument pas associées à ses goûts, à ce qu'elle aimait ou détestait, ce qui entraînait une profonde insatisfaction. Holly ne prenait jamais en compte l'apparence des choses, les sensations que cela lui procurait, leur goût ou leur qualité.

Pendant le travail, Holly détermina son propre programme de prise de décision : je l'aidai à l'apprendre. Voilà comment il se décompose :

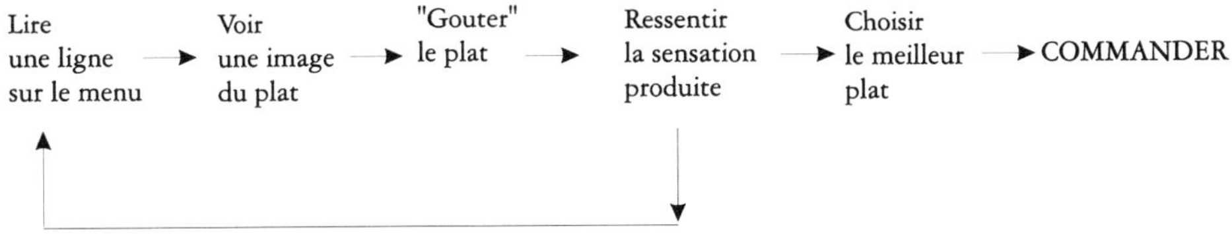

Holly a très rapidement appris ce nouveau programme. Tout en l'aidant à s'entraîner, je me suis assuré que ses mouvements oculaires se dirigeaient dans la bonne direction à chaque étape, ainsi j'ai pu vérifier qu'elle utilisait effectivement la partie de son cerveau qui était la plus appropriée (voir annexe 1). Pour intégrer complètement ce nouveau programme, je lui ai proposé de l'appliquer à différents types de situations et de décisions : par exemple, pour choisir du tissu les yeux fermés (grâce au sens du toucher) et pour choisir une robe (sur son aspect).

Holly a appris à prendre des décisions en considérant chaque option, en l'évaluant et en choisissant celle qui lui donnait le plus de satisfaction. C'est un processus très simple mais qui diffère radicalement de son fonctionnement précédent. Au cours de la journée, j'ai pu observer qu'elle parvenait à prendre des décisions très rapidement et en se sentant tout à fait à l'aise. Lorsque Richard BANDLER lui a demandé de venir face au groupe, elle a immédiatement répondu «Oui» sans aucune hésitation et sans froncer les sourcils, ni plisser le front comme elle le faisait auparavant.

Il existe un nombre considérable de programmes de décision très efficaces, et Holly aurait pu bénéficier de n'importe lequel d'entre eux. Ce jour-là, Holly a appris une chose très importante et ce travail a été pour moi aussi très enrichissant. Beaucoup de mes enseignants à l'université et en dehors m'avaient appris que l'on aidait beaucoup les gens en leur permettant d'exprimer leurs sentiments et que c'était une première étape vers la guérison de nombreux problèmes psychologiques. Je suis persuadé que *parfois* cela fonctionne de cette manière. Pour la personne qui ne sait comment exprimer ses sentiments, apprendre à le faire a un impact très positif. Pour Holly, le simple fait d'acquérir, en dehors de tout contexte émotionnel, une nouvelle manière de prendre des décisions, était plus efficace et plus respectueux. L'apprentissage de cette faculté, qui lui serait utile dans sa vie quotidienne, représentait sans doute pour elle la manière de se guérir la plus satisfaisante possible.

Parfois, certaines personnes reprochent à la P.N.L. d'être une technique trop «froide» et «technologique» parce qu'elles pensent qu'il n'y a «aucun lien avec les sentiments»; je pense alors à Holly et à de nombreuses autres personnes qui ont été profondément changées par la P.N.L. et qui ont pu vivre une transformation personnelle qu'elles n'auraient jamais pu connaître autrement.

Créativité.

Ralph ne pouvait s'accorder qu'une seule séance avec moi; je souhaitais donc obtenir des résultats très vite. De nombreux patients ont un problème très spécifique : une phobie, un problème de poids ou de jalousie. Pour Ralph, il s'agit de quelque chose de beaucoup plus général, de vague : une situation de type «crise existentielle». Ralph s'explique : «Je ne suis pas satisfait de ce que je fais et je ne sais pas ce que je veux faire dans ma vie. Je ne fais rien de particulier en ce moment, je fais un peu de poterie. Mais ce n'est pas vraiment ce dont j'ai envie. J'ai été enseignant, mais, je n'ai plus envie d'exercer ce métier. Je ne me sens pas à l'aise en tant que professeur.»

Ralph a cité toute une liste de différentes possibilités de métiers en expliquant pourquoi chacun d'entre eux ne correspondait pas à ses désirs. Il se considère comme un hippie, refusant la plupart des emplois en raison de questions morales. «Si je veux gagner de l'argent, je dois faire des choses que je ne veux pas. Je ne veux pas être pris dans un certain rôle. Je veux faire quelque chose qui rapporte de l'argent mais, je ne veux pas d'un travail dont la finalité soit uniquement le gain d'argent. Je sais qu'il doit y avoir des solutions, mais personne ne m'a jamais dit lesquelles.»

Examen du problème.

Ralph considère son problème comme étant principalement une question de valeurs et de maintien de son intégrité - vivre en continuant à être ce qu'il veut être. Cependant, en parlant avec lui, j'ai observé attentivement tous les signes d'expression non verbale qui pouvaient traduire la structure de sa difficulté. Son problème est en réalité beaucoup moins lié à ses valeurs qu'à sa programmation mentale qui l'empêche de trouver facilement une carrière satisfaisante. A chaque fois que Ralph parle d'un travail possible, la même séquence de mouvements oculaires se produit (voir annexe 1), ce qui indique comment il se positionne par rapport à des emplois possibles et comment il décide qu'ils ne lui conviennent pas. Voici sa programmation mentale :

Visualiser une possibilité mémorisée → Parler avec moi-même à propos de cette possibilité → Ressentir si j'aime cette possibilité ou pas

D'une certaine manière, ce schéma de fonctionnement est tout à fait intéressant mais il comporte un inconvénient majeur. Comme il n'utilise que des images mémorisées, Ralph peut uniquement prendre en compte les idées ou les possibilités qu'il a déjà effectivement pu observer ou dont il a entendu parler. A aucun moment, Ralph n'a utilisé la partie de son cerveau qui fait appel à la créativité pour visualiser de *nouvelles* possibilités en ajustant ou en combinant certaines images mémorisées.

J'ai vérifié si Ralph utilise le même programme mental lorsqu'il prend d'autres décisions. Effectivement, il décide exactement de la même façon quelle sorte de pot fabriquer ou quel menu commander dans un restaurant. Lorsque Ralph fait de la poterie, il lui est facile de décider quel objet créer, *s'il a déjà vu quelque chose qui lui plaît et qu'il désire reproduire*. Par contre, il est saisi d'un terrible sentiment d'indécision lorsqu'il n'a rien vu, auparavant, qui lui plaise.

De toute évidence, Ralph connaît la même difficulté pour ses choix de vie mais à une plus large échelle. C'est la conséquence naturelle de la façon dont il prend ses décisions. Il pense uniquement aux possibilités qui lui ont déjà été soumises. Comme aucune des options vues ou entendues auparavant ne respectent ses valeurs, Ralph se trouve donc dans une impasse. Il ne dispose d'aucune issue pour trouver de nouvelles possibilités qui pourraient être plus satisfaisantes pour lui.

Une solution.

Fort de cette connaissance, je mis en pratique les méthodes de P.N.L. qui permettraient à Ralph de faire appel à ses capacités créatrices. Comme Ralph est potier, je me suis servi de sa faculté à concevoir de nouveaux modèles de poterie, pour lui apprendre comment prendre une décision simple d'une nouvelle manière. Tout en le guidant dans ce processus, j'accompagnais mes propos de gestes dans la direction où il devait regarder, de manière à mettre en oeuvre la partie appropriée de son cerveau à chaque étape du processus de décision.

«Imaginez que vous êtes en train de décider quelle sorte de pot vous allez créer. Visualisez tout d'abord une possibilité.» (Ralph regarde automatiquement en haut sur sa gauche comme il l'a toujours fait.) «Maintenant, changez cette image comme vous le désirez.» En même temps, je fais des gestes vers sa droite pour lui indiquer qu'il doit regarder dans cette direction et ainsi commencer à utiliser la partie *créatrice* de son cerveau. «Peu importe que vous aimiez ou non l'image qui se présente - préoccupez- vous uniquement de la rendre *différente*. Le nouvel objet peut être plus grand, avoir une forme différente, ou être plus petit, plus mince. Faites un signe de la tête lorsque vous avez modifié le pot que vous voyez...» Lorsqu'il fit le signe convenu, je poursuivis : «Maintenant, dites-vous à vous-même ce que vous pensez de la poterie.»... (Ralph fait un signe de tête.) «Maintenant soyez attentif à ce que vous éprouvez; aimez-vous cette poterie-là ?»

Direction des yeux :

en haut à gauche		en haut à droite		en bas à gauche		en bas à droite
Visuel remémoré	→	Visuel construit	→	Auditif	→	Kinesthésique
voir une possibilité mémorisée		Faire un changement dans l'image		Faire des commentaires sur l'image		Ressentir combien il apprécie cette image

«A présent, visualisez une seconde possibilité - un autre pot que vous pourriez faire... Voyez-le à présent d'une manière différente; changez l'image puis, dans un dialogue intérieur, commentez l'objet... Maintenant, soyez attentif aux sensations que vous éprouvez à l'égard de cette nouvelle possibilité...» Je continue à faire des gestes afin de m'assurer que Ralph oriente ses yeux dans la direction adéquate à chacune des étapes du processus. Après qu'il ait répété l'opération pour cinq pots, je lui demandai de choisir celui qu'il préférait parmi les cinq. «Imaginez maintenant que vous vous mettez réellement à fabriquer le pot que vous préférez.»

Pour aider Ralph à intégrer cette nouvelle faculté, je lui suggérai de procéder de la même manière pour préparer son dîner. Puis, je lui proposai de prendre plusieurs décisions de moindre importance concernant différents domaines de sa vie. A la suite de ces répétitions, qui ont duré environ quinze minutes, je l'ai testé en lui posant une question qui lui demandait de prendre une décision simple. En observant les mouvements automatiques de ses yeux, j'ai pu constater qu'il continuait spontanément à utiliser ce nouveau programme. Plusieurs mois plus tard, Ralph m'a écrit qu'il vivait maintenant dans une autre région et qu'il était heureux de la vie qu'il menait à présent.

L'ancien programme de prise de décision de Ralph est caractéristique. De nombreuses personnes pensent seulement aux choix qu'elles ont déjà vus ou essayés auparavant au lieu de considérer les choses sous de nouvelles perspectives en faisant appel à leurs capacités créatrices. Mettre en oeuvre cette faculté peut enrichir notre vie, comme cela a été le cas pour Ralph.

Beaucoup de gens pensent qu'être «créatif» est un trait de la personnalité qu'il est difficile de développer. Effectivement, développer notre créativité est virtuellement impossible si nous n'utilisons jamais la partie de notre cerveau qui nous permet de contruire de nouvelles expériences. La P.N.L. nous propose des techniques pratiques et directes pour nous entraîner à employer automatiquement les parties de notre cerveau que nous n'avons pas utilisées pleinement jusqu'ici.

Perdre du poids.

Prendre une décision est un acte qui concerne presque chaque instant de notre vie. Cela peut être la source de multiples problèmes dont on ne suppose pas l'origine à priori. Quand Alice m'a demandé de travailler avec elle, il ne s'agissait pas de cette problématique-là. Son souci était avant tout de perdre une quinzaine de kilos. Alice avait essayé tout ce qu'il lui était possible d'imaginer, y compris plusieurs sortes de thérapies. Elle avait même fait appel à plusieurs praticiens P.N.L. qui avaient employé des protocoles standards qui fonctionnent la plupart du temps très bien avec les problèmes de poids. Alice me raconta son histoire, accablée d'un profond sentiment de résignation. «Tout d'abord, j'étais optimiste. Je pensais qu'il serait facile de perdre un peu de poids. Mais après avoir essayé tant de thérapies auprès de thérapeutes tous réputés excellents, je me suis mise à douter très sérieusement. Peut-être devrais-je abandonner l'idée de perdre du poids et devrais-je me résigner à être grosse.»

Alice, de toute évidence profondément découragée, n'espérait plus aucun résultat. Pour moi, l'idée de travailler sur un problème aussi ardu constituait un défi passionnant, et je me mis tout de suite à rassembler des informations. Alice désirait perdre environ quinze kilos et ne pas les reprendre. Cela lui était arrivé mais elle les avait toujours repris après.. C'était là l'élément clé du problème : *ne pas reprendre les kilos perdus*.

J'avais souvent travaillé sur des problèmes de poids et je savais que le même problème peut avoir des causes différentes. Certaines personnes ont des accès de boulimie lorsqu'elles se sentent dans un état émotionnel qui génère un malaise, car le fait de manger est pour elles le moyen le plus facile de se sentir mieux. Nous l'avons tous fait, à un moment ou à un autre. D'autres mangent normalement, mais c'est le type de nourriture ingérée qui provoque la prise de poids. Elles ont besoin de trouver une manière de choisir leur nourriture qui leur permette de perdre du poids (voir chapitre 12). D'autres résoudront leur problème en se motivant à faire de l'exercice.

Alice ne mange pas outre mesure ni le matin, ni à son travail pendant la journée mais uniquement le soir à la maison. Je commençai donc mon investigation en recherchant ce qui lui créait cette difficulté, en utilisant des questions très spécifiques pour obtenir des informations dont généralement la plupart d'entre nous ne sommes pas conscients. Je cherchais à découvrir le programme mental qui était la cause de son problème.

Quand Alice rentre le soir de son travail, elle pénètre dans son appartement où elle vit seule, jette un coup d'oeil alentour et, si elle ne voit *rien* à faire, elle se sent mal. Dès qu'elle a cette sensation de malaise, elle pense immédiatement à de la nourriture et se sent déjà mieux. Elle se dirige automatiquement vers son réfrigérateur pour prendre quelque chose à manger, tout est bon, c'est ainsi qu'elle pourra se sentir mieux. Mais, en même temps qu'elle commence à manger, un dialogue intérieur se déclenche lui rappelant qu'elle ne devrait pas manger. Cela la fait se sentir mal, ce qui, à nouveau, lui fait penser à la nourriture qui, elle, peut la faire se sentir bien. Voici le schéma de sa programmation :

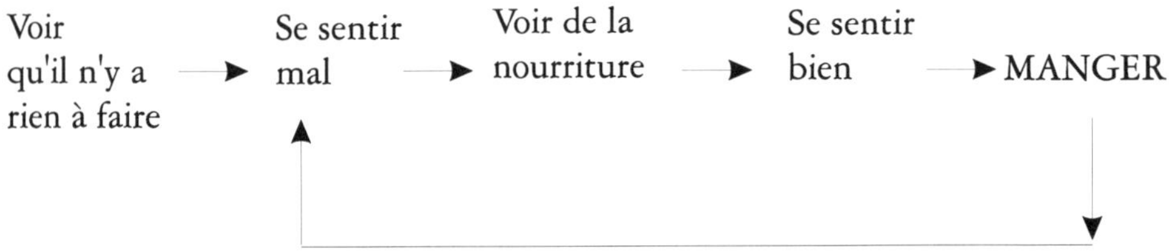

Cela fait apparaître clairement comment Alice fait pour rester grosse. Lorsqu'elle ne voit rien à faire, sa seule manière de réagir est de manger. Cela ne se produit pas le matin puisqu'elle est très occupée avant de se rendre à son travail. Alice est infirmière dans un hôpital et ses journées sont tout à fait programmées avec un emploi du temps très chargé. Ce n'est que lorsqu'elle rentre chez elle que la programmation de son cerveau se déclenche puisqu'elle ne «voit rien à faire».

Systématiquement, en rentrant chez elle, si elle ne voit rien à faire, le même processus se reproduit. Malgré son fort désir de perdre du poids, la nourriture reste la seule chose à laquelle elle pense pour se sentir bien.

Je lui ai demandé ce qui se passe lorsqu'en arrivant chez elle, elle trouve des choses à faire. Elle a répondu : «Lorsque j'ai quelque chose à faire, comme par exemple une robe que j'ai commencée et que je souhaite terminer, je ne pense pas à manger, mais je termine mon ouvrage.»

Il me fallait envisager la manière de changer sa programmation, ce qui n'était pas évident. Je cherchai une solution qui marcherait pour Alice car, à chaque fois que nous devons changer la programmation de quelqu'un, nous devons être particulièrement vigilant de ne pas modifier les bénéfices secondaires de l'ancien programme. Je pourrais lui proposer un nouveau programme qui lui permette de se sentir bien lorsqu'elle arrive chez elle même si elle n'a rien à faire, mais cela pourrait la conduire à une certaine apathie et elle risquerait de ne plus rien faire pendant toute la soirée si ce n'est de rester assise confortablement chez elle en se sentant bien.

Comme j'examinai plus attentivement sa programmation mentale, je me suis rendu compte qu'il s'agissait en fait d'un programme de prise de décision. Le but de ce programme était de trouver une manière de décider ce qu'elle pourrait faire quand «elle ne voit rien à faire». Le problème avec ce programme, c'est son choix limité : manger. Lorsque nous *pensons* n'avoir à notre disposition qu'un seul choix, ce n'est plus un choix du tout, cela ressemble beaucoup plus à un ordre. Lorsqu'une seule possibilité se présente à vous, vous la saisissez et c'est ce que faisait Alice.

Alice a besoin de trouver le moyen de créer de nouveaux choix possibles pour remplacer le seul choix qu'elle a : manger. De plus, dans sa programmation, tout commence par des sentiments de malaise qui apparaissent immédiatement après le constat qu'elle n'a rien à faire. Peu d'entre nous nous sentons créatifs lorsque nous nous sentons mal. Il est pratiquement impossible à Alice d'imaginer d'autres possibilités puisqu'elle est au prise avec des sensations négatives. Mon rôle est de lui proposer un programme qui lui permette de rester dans un état de ressources au moment où elle envisage différents choix.

Voici donc le nouveau programme que je proposais à Alice :

Voir qu'il n'y a rien à faire ➤ Demander "Qu'est ce que j'amerais faire ?" ➤ Voir une possibilité ➤ Imaginer faire cette possibilité ➤ Ressentir si cette possibilité me plait

Comme pour Holly et Ralph, j'ai guidé Alice à travers chacune des étapes de ce nouveau programme, m'assurant à chaque fois qu'elle regardait dans la bonne direction.

Après qu'Alice eut pensé à cinq choses différentes qu'elle aimerait faire, je lui demandai de choisir ce qu'elle préférait. Comme la nouvelle programmation concernait ses temps de loisirs, je lui ai demandé ce qu'elle *aimerait* faire. Si le nouveau programme à mettre en place avait concerné son travail, j'aurais formulé la question de la manière suivante : «Quelle serait la chose la plus efficace et la plus utile à faire ?»

Il me fallut environ deux heures pour rassembler toutes les informations nécessaires et la séance de travail proprement dite a duré vingt minutes.

Parfois, les gens se demandent : «Ne me faudra-t-il pas réfléchir pour agir selon le nouveau processus ?» La plupart des changements obtenus grâce à la P.N.L. se produisent automatiquement au niveau des sensations ou des actes. Chacun de nous démontre qu'il est capable d'agir d'après des automatismes bien ancrés. Si manger est devenu un processus automatique chez Alice, elle peut également mettre en oeuvre cette nouvelle programmation tout aussi automatiquement. Il s'agit uniquement de transmettre à son cerveau une nouvelle programmation qui soit plus efficace.

Huit mois après cette séance, je lui ai téléphoné pour prendre des nouvelles. Alice avait perdu du poids sans fournir aucun effort et n'avait pas repris ses kilos. Maintenant elle dispose d'une nouvelle manière d'évaluer et d'appréhender les *nombreuses* options qui s'offrent à elle et son choix se porte rarement sur la nourriture. Quelques années plus tard, j'ai reçu une lettre qui confirmait qu'Alice était heureuse de se maintenir à son poids désiré.

Non seulement Alice a perdu du poids, mais elle a acquis une bien plus grande qualité que la minceur : elle dispose à présent d'une méthode plus efficace à mettre en oeuvre pour prendre des décisions.

Lorsque l'on désire changer la stratégie de prise de décision de quelqu'un, il est extrêmement important de prendre en compte toutes les ramifications.

La nouvelle faculté qu'elle venait d'acquérir allait faire d'Alice une personne beaucoup plus créative dans son ensemble et non pas seulement l'empêcher de trop manger. Elle nous avait sollicités uniquement pour régler un problème de poids et non pour devenir plus créative.

Bien que la plupart des gens soient heureux d'acquérir de nouvelles qualités, parfois ces changements s'accompagnent de certains désagréments. En tant que personne responsable, je dois soigneusement m'assurer qu'il n'y aura pas de conséquence fâcheuse pour le patient. Alice était heureuse dans son travail où elle devait se conformer à un programme précis établi par ses supérieurs. Maintenant qu'elle peut choisir en toute conscience, ces changements risqueraient de provoquer certaines insatisfactions professionnelles. Ce sentiment pourrait la mener à la démission ou au licenciement. Si elle avait été mariée, j'aurais dû prendre en compte les réactions éventuelles de son mari face à une épouse dotée d'une imagination beaucoup plus grande. Aurait-il accepté ce changement avec joie ou cela aurait-il créé un déséquilibre dans leur relation ? Dans ce dernier cas, il aurait fallu envisager une manière de gérer cette nouvelle situation. Mais, dans le cas présent, il est clair que les bienfaits que peut retirer Alice d'une telle démarche dépassent largement les éventuels inconvénients qui pourraient en découler.

Les clés d'une prise de décision efficace.

Chez Holly, nous avons dû mettre en place un nouveau programme de prise de décision. Son vieux programme ne convenait absolument pas pour prendre des décisions. Quant à Ralph, nous avons gardé sa programmation de base à laquelle nous avons ajouté une étape supplémentaire qui lui a permis d'être plus créatif.

Il n'existe aucune programmation type. La question primordiale est la suivante : «Lorsque vous prenez des décisions, le processus employé est-il satisfaisant, agissez-vous avec une certaine rapidité, sans provoquer ni regrets ni reproches de la part d'autrui ?» Si votre manière de procéder vous permet de prendre des décisions satisfaisantes pour vous aujourd'hui, votre programme vous convient sans doute parfaitement.

Voici quelques éléments que la plupart des gens désirent prendre en compte et appliquer dans leur programme de prise de décision :

1. **Accéder à des choix créatifs** : Ralph est une bonne illustration de ce cas-là. En effet, il lui fallait accéder à la partie créatrice de son imagination visuelle pour être en mesure de générer de nouveaux choix. Comme pour Ralph, vous pouvez rajouter cet élément dans votre programme de prise de décision.

2. Utiliser tous les critères en même temps : Janice a découvert quelque chose d'intéressant sur son programme de prise de décision. Elle avait des difficultés à acheter des vêtements. Quand elle pénétrait dans un magasin, une voix intérieure lui disait avec fermeté : «Tu *devrais* acheter des soldes.» Alors Janice regardait au rayon des soldes, mais rien ne l'inspirait et elle pensait en elle-même : «Je ne veux rien acheter en solde.» Puis, elle regardait le rayon des articles aux prix «normaux» et se sentait tout à fait bien. Immédiatement, la première voix renchérissait : «Tu devrais acheter des soldes !» et à nouveau Janice se sentait envahie d'un certain malaise. Ce conflit intérieur persistait jusqu'à ce qu'elle imaginât et visualisât une image lumineuse, vivante d'elle-même en train de danser dans le désert sous le soleil, habillée de vêtements qui lui plaisaient (en provenance du rayon des articles à prix non soldés). Cette image était si intense et si séduisante qu'elle monopolisait toute son attention et Janice oubliait la voix qui l'exhortait à acheter des vêtements en soldes. Elle achetait finalement les habits les plus chers qu'elle aimait.

Ce processus est automatique chez Janice et échappe entièrement à sa conscience. Lorsqu'elle a découvert son fonctionnement, elle a déclaré dans un éclat de rire : «Je n'y avais jamais pensé, mais il est vrai que je n'achète jamais d'habits d'hiver. C'est mon ex-mari qui le faisait et je n'ai pas acheté de vêtements d'hiver depuis que j'ai divorcé il y a trois ans maintenant !» C'était tout à fait compréhensible puisque, dans cette image d'elle-même dansant sous le soleil dans le désert, il n'y avait aucune place pour quelqu'un d'emmitouflé dans des vêtements hivernaux.

Janice devait donc apprendre à prendre en considération tous ces critères en même temps. La voix intérieure qui la pousse à acheter des vêtements en solde désire probablement qu'elle dépense peu d'argent, tandis que l'autre voix préfère sans aucun doute la qualité. Au lieu d'être balancée par l'une ou l'autre de ses valeurs, Janice peut résoudre son conflit en pratiquant le protocole d'intégration décrite au chapitre 13. Grâce à ce protocole, il n'y a plus qu'une seule voix qui prend en compte toutes ses valeurs de référence et, au moment où elle rentre dans un magasin, la question se pose alors dans les termes suivants : «Quels vêtements pourraient combler à la fois mon désir d'avoir quelque chose de qualité *et* en même temps, de faire une bonne affaire ?» ou «Quelle est la meilleure qualité, quel est le meilleur rapport qualité-prix ?» Ainsi Janice peut évaluer chacun des articles en fonction des deux critères de référence et procéder par ordre de préférence. Son choix se porte alors sur l'article qui répond au mieux à tous ces critères.

Si vous vous sentez partagé entre différentes valeurs comme par exemple : «Ceci est plus beau, mais cela est plus pratique», il serait opportun pour vous d'acquérir un nouveau programme de prise de décision qui vous permette de prendre en compte en même temps *toutes* vos valeurs de référence.

3. Faire appel à toutes vos facultés sensorielles : Beth n'est pas satisfaite de la manière dont elle prend ses décisions. Elle se décide vite mais, parfois, elle le regrette. Par exemple, lorsqu'elle achète un manteau, elle en essaye plusieurs jusqu'à ce qu'elle trouve celui dans lequel elle se sent parfaitement à l'aise et elle l'achète immédiatement. Elle ne se regarde jamais dans un miroir et ne se demande jamais quelle allure elle a en le portant. Elle l'achète uniquement en fonction de «comment elle se sent.» Mais, la plupart du temps, une fois le vêtement acheté, Beth *voit* un autre manteau qui lui plaît dans une vitrine et regrette aussitôt son choix, pensant en elle-même : «J'aurais dû acheté un manteau aussi beau que celui-là !»

Dans le cas de Beth, il faut proposer une programmation qui prenne automatiquement en compte à la fois l'aspect confort (la sensation du toucher) et l'esthétique du vêtement *avant* qu'elle ne l'achète.

Selon la décision que vous prenez, un de vos systèmes sensoriels peut jouer un rôle plus ou moins important dans votre choix. Il est clair, par exemple, que lorsque j'achète un disque, je dois solliciter l'ouïe plutôt que la vue, m'intéressant davantage à la qualité du son qu'à la pochette du disque. Cependant, pour de nombreuses décisions, tous nos systèmes sensoriels sont mis à l'épreuve. Lorsque vous choisissez de sortir avec quelqu'un en vous basant uniquement sur son apparence, vous risquez d'être horriblement déçu lorsque vous vous apercevez que, malgré sa beauté, vous ne supportez pas du tout le son de sa voix. Bien sûr, vous vous en apercevez trop tard quand vous aurez dû l'écouter parler pendant une soirée entière. Pour ce genre de décision, il est sans doute préférable de prendre en compte toutes les données : comment la personne se déplace, le son de sa voix, ses sujets de conversation, ce que vous ressentez lorsque vous êtes avec elle, les sensations que vous éprouvez lorsque cette personne vous touche. Prendre en compte *tous* les aspects sensoriels avant de vous décider peut devenir partie intégrante des mécanismes de prise de décision et s'effectuer de façon automatique.

4. **Les conséquences futures** : de nombreuses personnes omettent de prendre en compte les conséquences à long terme de leurs décisions. Par exemple, celles qui connaissent des problèmes de poids, pensent toujours au plaisir immédiat que leur procure la nourriture mais oublient les désagréments futurs d'être trop gros. Ajouter l'expérience du futur peut permettre un profond changement dans la manière dont une personne prend ses décisions comme nous le décrivons au chapître 19.

Probablement, aucun autre programme mental n'a plus d'impact sur notre vie que le programme de prise de décision car il a des conséquences sur la plupart de nos actes. Lorsque quelqu'un rencontre des difficultés, nous nous demandons systématiquement : «Quel type de prise de décision a pu créer une telle situation ?» Puis, nous cherchons à découvrir comment la personne prend ses décisions. Si le problème résulte d'une mauvaise prise de décision, offrir un meilleur moyen pour prendre des décisions résoudra le problème. C'est ce que nous appelons une utilisation générative de la P.N.L. : offrir des moyens qui dépassent largement les objectifs initiaux des personnes.

17 Gérer une situation d'urgence

Kate, qui travaille pour nous depuis environ deux ans, est arrivée un matin, les yeux complètement exorbités, le teint anormalement pâle. Visiblement, elle n'était pas au meilleur de sa forme. Elle m'arrêta en haut des escaliers, dans la cuisine où j'étais en train de préparer le petit déjeuner pour les enfants. «Vous avez entendu ce qui s'est passé ? !» Emue et troublée, elle raconta les détails de l'accident qui s'était produit la veille. «J'ai tout vu ! Une voiture a perdu le contrôle juste en face de moi la nuit dernière. Si je n'avais pas freiné à fond, la voiture aurait foncé droit sur moi. Deux personnes ont été tuées et deux sont dans un état grave.»

Kate avait vu cette voiture perdre complètement le contrôle, quitter la chaussée à quelques mètres devant elle, s'écraser contre un camion, se renverser et finalement atterrir sur le toit. Elle avait immédiatement arrêté son véhicule, en était sortie, voulant à la fois porter secours mais en même temps, ne pas voir le spectacle qui risquait de se dérouler sous ses yeux. Par précaution, Kate avait apporté une couverture et, lorsqu'elle s'approcha du camion, elle aperçut un homme assis sur le sol, blessé, le visage et le bras en sang. Lorsque son regard se posa sur lui, l'homme retomba en arrière sur le sol, ses yeux se retournèrent et devinrent entièrement blancs. Kate fut prise de panique à l'idée qu'il venait peut-être de mourir. «Je ne pouvais pas supporter cette éventualité, alors, je me suis éloignée.» Kate resta à proximité de l'accident jusqu'à ce qu'elle pût donner son témoignage puis elle s'en alla en état de choc.

La première fois que j'ai entendu son histoire, je pensai : «C'est compréhensible qu'elle soit très secouée. Elle a été témoin de cet accident mortel et elle sait qu'elle aurait pu elle aussi en être victime.» Devant un tel évènement, les gens pensent souvent à leur propre mort. Mais, les jours qui suivirent l'accident, à chaque fois que Kate arrivait chez nous, elle avait toujours des choses à rajouter concernant cet accident et elle en parlait sur le même ton particulièrement déstabilisé et son visage avait toujours cette expression de panique. «Vous avez entendu ce qu'ils ont trouvé à présent à la personne qui est en soins intensifs ?»

Cet accident semblait être une préoccupation constante chez elle et lui prenait beaucoup d'énergie.

Puis, Kate commença elle-même à s'inquiéter de sa réaction. Elle me dit, que depuis l'accident, elle était très nerveuse à chaque fois qu'elle était en voiture. Son état s'aggrave la nuit et quand elle se retrouve à la place du passager dans un véhicule, elle continue à imaginer qu'un accident peut lui arriver et cela la met dans un état de panique. Kate doit passer sur le lieu de l'accident, chaque jour, sur le chemin entre son travail et son domicile. Mais, bien qu'elle arrive saine et sauve chez elle, elle ne peut s'empêcher de faire défiler à nouveau dans son esprit tous les détails de l'accident et perpétue ainsi un état d'anxiété.

Il est certes assez troublant d'assister à un accident, mais ce n'était pas là le souci principal de Kate. Ce qui l'ennuyait beaucoup plus, c'était le fait qu'elle avait été incapable d'aider cet homme. Elle avait voulu le faire, mais elle en avait été incapable. C'est à ce moment-là qu'elle a eu un «trou noir».

Kate me raconta que ce sentiment de panique qui l'avait envahie au moment de l'accident lui rappelait ce qu'elle éprouvait, petite fille, lorsque sa mère la réveillait en pleine nuit et la secouait violemment. Kate a dit qu'elle avait toujours l'impression de ne plus avoir le contrôle et se sentait affreusement «perdue», lorsque sa mère agissait ainsi. Il est fort probable que cette histoire traumatisante de son enfance ait pu déclencher cette réaction particulièrement exagérée vis-à-vis de l'accident.

L'origine de la panique.

Je lui ai demandé de se rappeler l'accident juste avant qu'elle entre dans cet état de panique avec pour objectif de découvrir ce qui a provoqué chez elle cette réaction aussi violente. Nous avons découvert que, lorsqu'elle a vu cet homme étendu sur le sol, son attention s'est concentrée sur son visage ensanglanté et en a fait une image grossie comme par un effet de loupe. Plus elle voyait ce visage près, plus, pétrifiée, elle se sentait perdre le contrôle d'elle-même. Pendant l'exercice, tout son corps s'est tendu, figé. De toute évidence, la vue d'une telle scène grossie à la loupe provoque chez elle cet état de panique. Je lui ai alors demandé d'enlever la loupe et de voir ce visage s'éloigner de plus en plus; Kate s'est sentie alors beaucoup mieux, son corps s'est détendu.

Une nouvelle image de Soi.

Connaissant ce que Kate faisait dans son mental pour engendrer son sentiment d'impuissance et de perte de contrôle, je pouvais l'aider. Dans un premier temps, il était nécessaire de créer chez elle une nouvelle image d'elle-même : l'image de cette Kate, tout à fait capable de gérer, avec toutes ces ressources, une situation semblable.

«Imaginez cette Kate capable de gérer sans aucune difficulté ce type de situation. Il ne s'agit pas de s'extasier devant un accident, mais d'y faire face si on en est témoin. *Cette Kate dispose des ressources nécessaires pour gérer la situation avec efficacité.* Il est inutile pour vous de savoir quelles sont ces ressources; il suffit que vous regardiez cette image de Kate qui *dispose de nombreux choix et de nombreuses compétences.* Regardez l'expression de son visage, sa manière de se déplacer, sa respiration, ses gestes, le son de sa voix : tout cela traduit ses qualités inhérentes.»

Kate a essayé de construire cette image, mais elle n'était pas satisfaite du résultat. «Voyez-vous cette Kate-là, qui parvient tout à fait à gérer ce type de situation ?»

«Oui, je la vois mais ce n'est pas réel, ce n'est pas moi.»

«Qu'est ce qui fait qu'elle n'est pas réelle ?» On constate parfois ce type de réaction lorsque le patient se voit en noir et blanc alors que l'image doit être en couleur pour être réelle et convaincante. Ou bien on peut également la voir transparente et il faut qu'elle soit solide pour être réelle. Je m'attendais à une réponse semblable de la part de Kate mais ce ne fut pas le cas.

«*Cette Kate-là* peut gérer la situation, mais moi je ne peux pas parce que je ne connais rien aux premiers secours ni aux soins d'urgence, je n'ai aucune connaissance médicale et je ne sais pas ce qu'il faut faire. Peut-être faut-il que je suive des cours pour pouvoir mieux réagir ?»

Bien sûr, Kate n'est pas médecin, mais cela ne justifie pas un tel sentiment de panique et de perte de contrôle. Beaucoup de gens ont peu de connaissances médicales mais, lorsqu'ils doivent faire face à une situation d'urgence, ils savent rester sereins. Kate, plongée dans sa réflexion, semblait ne pouvoir considérer que l'une ou l'autre situation : ou bien elle devenait une experte en soins médicaux, totalement compétente et capable d'éviter ce stress, ou bien elle devait se résigner à cet état de panique. Son objection m'indiquait comment je devais poursuivre le travail thérapeutique.

«Kate, au lieu de vous voir en train de donner les premiers soins d'urgence, imaginez-vous n'ayant pas plus de connaissances médicales qu'actuellement, mais possédant toutes les ressources nécessaires pour faire face à une situation difficile. Cette Kate-là peut se retrouver dans des situations d'urgence et décider immédiatement comment se rendre le plus utile. Elle ne réagit pas par la panique, car elle sait employer à bon escient ses connaissances et mettre en oeuvre ses *capacités*, pour proposer calmement et rapidement son aide sans essayer de vouloir faire ce dont elle est incapable. Cette Kate-là ne possède aucune compétence médicale particulière, elle sait seulement utiliser les informations et les compétences qu'elle a pour agir au mieux. Elle commet sans doute des erreurs - nous en faisons tous - mais elle sait également retirer les leçons de ses erreurs pour ne pas les renouveler la fois suivante.» Pendant que je parlai, son visage a commencé a se décontracter, Kate paraissait de plus en plus satisfaite et, en même temps, attirée par cette Kate désirée qu'elle voyait dans son esprit. C'était la réaction non verbale que j'attendais.

Changer sa réaction automatique.

Dès lors, je savais ce qui avait provoqué son sentiment de panique : le souvenir du visage de cet homme blessé en gros plan. Kate venait également d'apprendre à créer une image d'elle-même positive, avec toutes les capacités désirées. Cependant, ce n'était pas encore suffisant. Cette image devait apparaître dans son esprit de façon tout à fait automatique au bon moment : que ce soit en pensant à cet accident ou à un autre, ou en y assistant.

L'étape suivante consiste à rassembler dans son esprit ces deux images pour transformer automatiquement l'image de cet homme blessé en l'image où Kate se voit elle-même avec toutes ses ressources, capable de gérer ce type de situation. La réunion des deux images lui permettra de se *sentir* immédiatement pleine de ressources lorsqu'elle en aura besoin.

La P.N.L. propose différentes manières de relier certaines images dans notre cerveau et chaque technique doit être adaptée à chacune. Dans le cas de Kate, le processus de grossissement est très efficace, j'ai donc décidé de l'employer pour cette partie du travail.

J'ai tout d'abord voulu vérifier cette supposition. Après l'avoir fait, Kate se sentait beaucoup plus attirée vers cette image d'elle-même, sereine et capable, lorsqu'elle la voyait plus près et en gros plan. Puis, je lui ai demandé de faire place nette sur son écran visuel de manière à préparer la réunion de ces deux images.

«Maintenant, visualisez cet homme inconscient très près de vous à travers la loupe. Dès que vous voyez cette image, visualisez également une toute petite image de l'autre Kate, telle que vous désirez être, au loin à l'horizon... Puis, grossissez cette image de Kate très rapidement pour qu'elle se rapproche de vous et, en même temps, éloignez et rétrécissez l'image de l'homme accidenté qui devient si lointaine que vous ne pouvez pratiquement plus la voir.»

A ce stade, nous avons rencontré un léger obstacle. Son visage s'est soudain légèrement renfrogné, elle s'arrêta et dit : « Je ne suis pas sûre de voir réellement ces images.»

«Peu importe, faites *comme si* cela se passait réellement. Beaucoup de gens ne voient pas *réellement* ces choses consciemment, mais ils le font, comme si elles étaient réelles. Je ne suis pas très conscient de la plupart de mes images intérieures mais, si je fais comme si je les voyais, cela fonctionne tout aussi bien. Si vous êtes tout à fait sincère et honnête, cela marche très bien.»

Cela sembla la satisfaire. Kate ferma les yeux et procéda rapidement à l'échange des images en rapprochant celle qui était loin et en éloignant l'autre en même temps. Cette fois, ses réactions non verbales signalaient que tout se passait bien pour elle. Au début, son corps était raide, comme pétrifié; quelques instants plus tard, elle était détendue et souriait, comme elle l'avait fait auparavant lorsqu'elle voyait cette image désirée d'elle-même.

«A présent, faites le vide sur votre écran intérieur et refaites l'exercice cinq fois de plus. A chaque fois, commencez avec l'image de cet homme en gros plan très près de vous et celle de Kate désirée très loin. A chaque fois que vous renouvelez l'exercice, les images peuvent s'interchanger de plus en plus vite.»...

Les résultats.

Quand Kate eut terminé, j'ai vérifié que sa nouvelle réaction était bien automatique. Je lui ai donc demandé de produire l'image de cet homme et j'ai observé sa réaction. Il n'y avait plus aucune trace de panique, au contraire, elle se sentait tout à fait à la hauteur et pleine de ressources. Il en est de même lorsqu'elle pense à une autre scène de l'accident ou qu'elle s'imagine au volant de sa voiture.

Néanmoins, Kate n'était pas convaincue du résultat. Fort de l'expérience acquise avec de nombreux autres patients dans ce même cas, je la rassurai et lui proposai de vérifier elle-même lorsqu'elle serait au volant de sa voiture sur le chemin du retour. Elle approuva, pensant que ce serait effectivement un bon moyen de vérifier les effets de la séance. Cette dernière avait duré environ une heure. Le lendemain, Kate est arrivée tout à fait satisfaite. En conduisant sur le chemin du retour, après la séance avec moi, elle n'avait plus ressenti aucun malaise et avait traversé le lieu de l'accident sans la moindre gêne. Le fait de conduire ne lui avait causé aucun problème et son esprit avait cessé de la tourmenter au sujet des accidents. Environ un mois plus tard, Kate a vu un accident de bicyclette : le cycliste s'était blessé la tête avec la monture de ses lunettes et il saignait. Kate a su réagir immédiatement en lui proposant son aide avec calme et sérénité. Par la suite, elle fut à nouveau témoin d'un autre accident. C'était une collision entre un cycliste et une voiture et un vieil homme était blessé, le visage en sang. Une fois de plus, Kate a fait preuve de sang froid et a très bien su gérer la situation. Trois années se sont à présent écoulées depuis cette séance de thérapie et Kate s'est montré, dans ce genre de situations, tout à fait à la hauteur avec toutes ses ressources.

La méthode.

Le processus utilisé avec Kate s'appelle le «swish» (voir également le chapitre 18). Son nom vient du son, une sorte de sifflement, parfois utile de produire, lorsque le patient effectue l'échange des deux images. Richard BANDLER (1,2) est à l'origine de ce modèle. Depuis des années, on parle de l'importance d'entretenir une image de soi positive, de la capacité à faire face aux événements et à changer. Mais aucune autre méthode n'a réussi à proposer une manière aussi directe de construire une image de soi désirée et à l'utiliser pour aider les gens à effectuer les changements nécessaires en eux.

Quand utiliser le «swish».

Cette méthode s'applique pour toute une variété de comportements et de réactions non désirés. Elle est particulièrement efficace pour combattre des habitudes néfastes, comme la boulimie, la cigarette ou le fait de se ronger les ongles. Une cassette vidéo présente une séance complète avec l'exemple d'une femme qui avait la fâcheuse habitude de se ronger les ongles. Une cassette audio illustre le cas d'une personne qui a réussi à arrêter de fumer.

Couples et familles.

Bien que le modèle du «swish» soit une méthode de thérapie individuelle, nous l'utilisons souvent pour aider les familles et les couples qui désirent construire de meilleures relations. Il nous arrive tous de réagir, un jour ou l'autre, à l'égard de parents ou d'amis, de façon inappropriée. Lorsque *nous* parvenons à nous positionner de façon positive, *nous* pouvons réagir de façon plus utile et plus adaptée face à des situations où nous savons, malgré tout, que l'autre est dans son tort et s'est comporté de façon tout à fait critiquable.

Voici le cas d'une femme qui s'est sentie offensée par sa fille qui s'adressait à elle d'une voix «méprisante». La fille avait certainement un comportement tout à fait détestable (nous avons tous cette capacité de temps en temps). Cependant, la mère a déclaré que, *quel que* soit le comportement de sa fille, *elle-même* désirait pouvoir disposer de moyens qui lui permettent de se sentir mieux et d'obtenir ce qu'elle désirait. L'application de cette méthode lui a permis d'améliorer considérablement ses relations avec sa fille sans agir directement sur le comportement de l'enfant. La séance est également disponible sur cassette vidéo; elle montre comment l'on peut lier des sons ou des voix à la place des images et obtenir les mêmes résultats. Lorsque nos sentiments négatifs proviennent de propos dits à nous-mêmes ou entendus, cette même méthode s'avère plus efficace si l'on utilise des sons plutôt que des images.

Parfois, *plusieurs* personnes, dans une famille ou un couple désirent élargir leur éventail de choix dans leurs réactions. Voici l'exemple d'un couple qui s'entend plutôt bien mais qui désire améliorer ses relations sur certains points qui posent problème depuis longtemps. La femme se plaint que son mari est très distant vis-à-vis d'elle. Nous avons découvert que, lorsqu'elle pense à lui dans de telles situations, elle le voit littéralement s'éloigner physiquement d'elle, bien qu'en réalité, il reste au même endroit. Le mari perçoit très douloureusement les critiques de son épouse. Elles lui font l'effet d'un rayon laser foudroyant qui lui transperce la poitrine et il se sent incapable de toute réaction. En identifiant leurs images intérieures et en les reliant à une image de soi positive, ils ont tous deux pu mettre en place des réactions différentes, beaucoup plus affectueuses.

Découvrir des images internes qui créent des problèmes continue à nous fasciner. Au premier abord, elles peuvent paraître quelque peu étranges, mais ensuite, elles prennent tout leur sens au vu des sentiments et des comportements qui en résultent. Nous avons constaté ce type d'images (ou de sons) sur nous-mêmes lorsque *nous* nous sentons négatifs ou que nous agissons sans faire appel à nos ressources. Lorsque nous savons comment découvrir ces expériences et comment les relier à une image désirée de nous-même plus positive, nous disposons d'un outil précieux qui peut changer notre vie.

Références

1. *Un cerveau pour changer.*, par Richard Bandler, Chapitre 9
2. Change Your Mind - and Keep the Change, de Steve et Connirae Andreas, Chapitre 3.
3. «Le modèle du Swish» video (Voir annexe 2)
4. Présentation de la PNL, audio (voir annexe 2).

Des problèmes, nous en aurons toujours. Ce qui pose problème, ce n'est pas le problème en lui-même; ce qui pose problème, c'est la manière dont les gens y font face. C'est cela qui anéantit les gens, pas le problème. Mais, lorsque nous apprenons à faire face de façon différente, nous appréhendons les problèmes différemment et ils deviennent différents.

Virginia Satir

18 Intimité, sécurité et violence.

Mack, la trentaine, a été alcoolique pendant quatre ans, maintenant, depuis dix ans, il est sobre. Il conduit une Harley Davidson, porte un blouson de cuir noir et a toujours une attitude qui se veut très «cool» tout en gardant toujours le contrôle de la situation. Une de ses expressions préférées est : «Je vais t'éclater la tête.» Mack se plaint de se sentir très souvent mal à l'aise et souhaite remédier à cet état de fait. Lorsque je lui ai demandé ce qui provoquait ce malaise en lui, il a répondu :
«Eh bien, lorsque je vois la tête d'une certaine personne, alors ça me dégoûte et je me sens mal.»

Je le questionnai davantage pour découvrir plus précisément les images ou les sons à l'origine de son sentiment de malaise. «Qu'est ce qui provoque ce malaise ?»

«C'est à cause de la dernière expérience que j'ai eue avec cette personne.» Mack fit un geste vers le haut sur sa gauche, ce qui indiquait qu'il s'agissait d'une image mémorisée inconsciente mais à laquelle le sentiment de malaise était «relié». Comme il n'a pas conscience de cette image, il ne peut exercer aucun contrôle sur elle. Il constate seulement que de temps en temps, tout à coup, il se sent mal. J'ai continué mon investigation pour amener cette image à sa conscience.

«Comment le savez-vous ?»

«Je l'ai vécu. Je n'ai qu'à regarder la tête de la personne et alors je me dis : Oh zut !» (son expression dénote un mélange de dégoût et de colère).

«Bien, admettons que cette personne pénètre à l'instant même dans cette pièce, qu'est-ce qui provoque en vous ce «Oh zut !» ?»

Mack fait à nouveau un geste vers le haut sur sa gauche. «Cela me rappelle le dernier incident survenu avec cette personne, je n'ai pas aimé ce qu'elle a fait et je n'ai pas aimé non plus ce que j'ai fait.»

«Donc, c'est le souvenir que vous en avez qui provoque ce malaise. Pouvez-vous voir une image de la situation ?»

«Ouais, je peux voir cet incident.»

A présent, nous disposons d'éléments d'informations avec lesquels nous pouvons commencer à travailler. En changeant sa réaction par rapport au souvenir lui-même, nous pouvons transformer ses sentiments de malaise.

«Mack, faisons une expérience avec cette image. Tout d'abord, éloignez-là de vous.» (Mack se détend.) «Est-ce que votre réaction à l'égard de cette image se modifie ?»

«Oh oui, c'est beaucoup moins intense.»

«Maintenant, rapprochez-la.»

Sa tête et ses épaules se sont raidies tout à coup et tout son corps s'est tendu. «Ah là, comme ça c'est pire.»

«Essayez de l'agrandir.» (A nouveau sa tête et son corps se raidissent) «Là aussi, c'est encore pire n'est-ce pas ?»

«Oh oui».

Trouver l'élément clé : l'image en trois dimensions.

«L'image que vous voyez est-elle en trois dimensions ou en deux dimensions ?»

«Non pas du tout, elle est sans relief, c'est comme une diapositive.»

«Essayez de la modeler en trois dimensions.»

Jusque là, tout son corps a réagi sur le modèle de son expression : «Oh Zut !». Mais à présent, il exprime un type de réaction différent. Son corps se relâche, ses épaules se détendent, sa respiration est plus calme. «Dans quelle mesure est-ce que cela change quelque chose pour vous ?»

Sa voix est devenue très douce. «Cela devient *réel*, plus doux. Cela ressemble beaucoup plus à une personne, cela devient humain, ce n'est plus seulement une image.»

«En quoi est-ce que cela change votre réaction ? *Vous* avez l'air effectivement beaucoup plus calme.»

«Eh bien, l'image est beaucoup plus douce. C'est un sentiment agréable. Comme une exclamation de bien-être et non plus du dégoût. C'est très différent. Il n'y a plus autant de violence.»

«Imaginez que cette personne entre à présent dans cette pièce, vous la voyez et vous vous souvenez immédiatement de ce qui s'est passé avant de voir l'image en trois dimensions. Construisez un petit scénario. Qu'est-ce que ça donnerait ?»

Mack plongea dans sa réflexion, dans une sorte de contemplation. Une fois de plus, son corps s'est détendu, en douceur. «C'est différent, c'est *vraiment* différent. Ce n'est plus du tout la même ambiance, ce n'est pas comme si je disais : «Ah, c'est toi, avec ta sale tête, «tire-toi», et ce n'est pas non plus comme si je me précipitais pour dire : « Ah c'est toi, bon OK». Ce n'est pas du tout cette ambiance-là, c'est beaucoup plus doux, ce n'est pas tout noir ou tout blanc.»

«Très bien. Lorsque vous mettez cette image en trois dimensions, vous aussi vous êtes un personnage en trois dimensions; vous êtes plus doux et avez plus de profondeur. Essayez dans un autre contexte, si vous pensez que ça peut être intéressant d'avoir une autre vue en trois dimensions.»

«Euh.» Mack est resté silencieux, réfléchissant quelques instants, puis a souri et a déclaré d'une voix grave et douce : «Ouais. Je pensais à la discussion que j'ai eue avec Annie il y a quelques temps au sujet de ses besoins. Si l'image n'est pas plane, alors, c'est beaucoup plus facile de voir autre chose, d'entrevoir beaucoup d'autres possibilités.»

«Vous pensez donc que cela pourrait être un changement utile pour vous, n'est-ce pas ?»

«Eh bien, je ne suis pas sûr. Si je faisais cela tout le temps, je ne pourrais pas me protéger des autres.» Mack a accompagné cette dernière phrase d'un geste de son bras et de sa main gauche qui signifiait «stop».

«S'il vous manque certaines ressources pour vos relations avec autrui, il vaut mieux que vous gardiez une certaine distance si cela est nécessaire. Mais, si nous vous donnons les ressources nécessaires, vous pourrez vous ouvrir à autrui et gérer ces relations. Ce n'est pas une situation tout blanc ou tout noir. Vous aurez toujours la possibilité de garder vos distances à l'égard de quelqu'un, si cela est nécessaire. Nous n'ôtons jamais aucun choix déjà existant chez quelqu'un, mais nous en ajoutons de nouveaux. De plus, nous ne provoquerons aucun changement tant que vous n'êtes pas sûr de réellement le vouloir.»

«Eh bien, ça semble intéressant. Allons-y, je suis partant.»

Créer un nouveau «soi» plein de ressources.

«Maintenant, fermez les yeux, et prenez le temps de construire une image de vous-même telle que vous voudriez être et vous comporter avec cette personne dont vous avez parlé tout à l'heure. Je vais vous faire quelques suggestions parmi lesquelles vous choisirez celle qui vous convient le mieux. Peut-être vous voyez-vous, Mack, avec la capacité de réagir en tant qu'individu en trois dimensions, qui, en même temps, peut obtenir ce qu'il désire pour lui *et* pour les autres. Peut-être désirez-vous le voir capable de réagir à la fois aux aspects positifs et négatifs. Ce Mack, présent dans cette image, ne se contente pas de juger les gens, bons ou mauvais, mais sait reconnaître en chacun d'eux leurs qualités positives et négatives avec toutes les nuances possibles.»...

Mack a fait plusieurs fois des mouvements de sa main gauche, de la gauche vers la droite, en même temps qu'il hochait la tête en déclarant : «Nuances des couleurs.»

«Exactement. Ainsi, il sera facile à Mack, celui qui est en face de vous, de mesurer ses réactions. Aussi bien lorsqu'il fait connaissance avec quelqu'un qu'il apprécie que lorsqu'il s'agit d'une personne avec qui il préfère garder une certaine distance... Cela lui donnera également la capacité de mieux comprendre les autres et facilitera ses relations avec autrui.... Vous désirez peut-être également lui attribuer la faculté de pouvoir décider à quel moment il veut se sentir proche de quelqu'un ou s'en éloigner et d'agir en conséquence. Il peut apprécier l'intimité (Mack esquisse un large sourire.) Mais il peut également décider des limites de cette intimité (Mack acquiesce de la tête) sans oublier toutes les nuances possibles entre ces deux possibilités.»...

Mack a dit, en levant les yeux : «Parfait. Mais il me semble, qu'il me manque quelque chose. C'est la sécurité; quelque chose qui me sécurise.» Mack fait un geste avec ses deux mains comme s'il décrivait un bouclier devant sa poitrine.

«Vous protéger de quoi, vous sentir physiquement en sécurité ?»

«Mais non, je n'ai aucun problème avec ça. C'est vous qui m'enlevez la protection que je me suis forgée.»

«Vous disposez toujours de tous vos comportements habituels. Nous n'allons rien vous enlever, je n'en ai aucunement l'intention. Je vous suggère seulement d'utiliser autrement ces anciens comportements.»

«De toute façon, ces comportements ne me conviennent plus.»

«Très bien. Vous avez tout de même une idée de ce que signifie pour vous cette notion de sécurité, même si vous ne pouvez l'exprimer par des mots, n'est-ce pas ?» Mack acquiesça. «Fermez à nouveau les yeux et laissez-vous envahir par ce sentiment. Vous savez inconsciemment ce que cela signifie, laissez cette connaissance inconsciente se transformer en une image dans laquelle Mack se sent en sécurité. Vous n'avez même pas besoin de savoir exactement comment il réussit à se sentir protégé, ni quels sont ses choix. Contentez-vous seulement de reconnaître, lorsque vous le regardez, qu'il possède cette qualité qui lui permet de se sentir en sécurité, d'être protégé autant qu'un être humain peut l'être. Et je crois qu'il va se sentir beaucoup plus en sécurité que ne l'était l'ancien Mack car ce sera cette fois un sentiment beaucoup plus solide... Où en est-il, là-bas, dans cette image ?»

Mack a ouvert les yeux, regardé en l'air, pensif pendant un instant, puis a souri. «C'est assez.» dit-il en se tapant les cuisses pour marquer sa satisfaction.

«Lorsque vous le regardez, *savez-vous* qu'il est en sécurité ?»

«Oui, et il a beaucoup d'autres choses aussi» a ajouté Mack en faisant un signe de la tête et en souriant.

«Est-ce que vous aimez ce personnage-là ?» Mack acquiesça rapidement. «Regardez-le bien attentivement, êtes-vous d'accord pour devenir lui ?» Mack a regardé avec minutie cette image de lui-même et je continuai à parler. «Car si vous avez quelque chose à objecter, nous pouvons le changer; cette personne dans l'image va-t-elle être capable de gérer les différentes situations que vous allez vivre d'une manière positive; sera-t-elle capable de retirer les leçons de ses erreurs et d'évoluer ?»...

«Oui, ça y est, tout est là.» Une fois de plus, il se frappa les cuisses avec enthousiasme.

Relier la nouvelle image de soi à l'ancien problème.

Maintenant que Mack possède une image de lui-même parée des ressources désirées, je suis tout à fait en mesure de permettre la jonction entre son «problème» et la «solution». Puisque je sais que l'aspect *tridimensionnel* et la *proximité* des images sont des facteurs importants pour lui, je vais les utiliser.

«Fermez à nouveau les yeux et observez bien cette image, ainsi, votre inconscient va pouvoir la mémoriser minutieusement. puis, laissez-la de côté, sous la protection de votre mémoire... Revenez alors à l'image du début de la séance, représentant cette personne avec qui vous avez eu une expérience négative. Regardez-la de près, en deux dimensions... Maintenant, très loin de vous et en deux dimensions, regardez cette image de vous-même que vous venez juste de mémoriser...

«Inversez maintenant rapidement ces images de place. Au fur et à mesure que l'image de cette autre personne va disparaître dans le lointain, elle va devenir tridimensionnelle. En même temps, l'image de vous-même va se rapprocher et apparaître en trois dimensions.» Pendant cette partie de l'exercice, ses épaules et sa tête se sont légèrement redressées et il a souri.

«Très bien. Maintenant, faites le vide dans votre esprit et refaites la même chose au moins cinq fois. A chaque fois que vous avez terminé, effacez votre écran mental et accélérez l'exercice.» Mack sourit et respire profondément à chaque fois qu'il recommence.

«Bien, maintenant, vous voyez cette personne qui vous mettait mal à l'aise, n'est-ce pas ?»

«Oui, c'est vrai, c'était avant.» répondit-il en souriant.

Mack venait juste de réagir de façon positive à l'égard de cette même image qui, auparavant, le mettait mal à l'aise; cette attitude confirme qu'à présent, il a intégré un nouveau comportement qui deviendra automatique.

«Pensons à présent aux autres personnes avec qui vous avez eu des difficultés relationnelles par le passé et mettez à l'épreuve cette nouvelle technique que vous venez d'apprendre pour vérifier si vous l'avez bien intégrée dans son ensemble.»

Mack pense à quelqu'un d'autre, puis il éclate de rire : «Pas de problèmes !»

«Maintenant, imaginez qu'une de ces personnes se comporte de façon tout à fait détestable à l'avenir.» Une fois encore, Mack eut un grand éclat de rire. Cette séance a duré environ vingt minutes.

Les conséquences pour Mack.

Dans les semaines qui ont suivi cette séance de travail, Mack a pu remarquer combien il se transformait et cela lui convenait tout à fait. Il a même vendu sa moto qui pourtant était une acquisition qu'il chérissait réellement en déclarant : «Je n'en ai plus du tout besoin.» Il s'est également rendu compte qu'il lui fallait vivre une expérience plus approfondie, lui procurant la certitude d'une sécurité personnelle et émotionnelle. Dans son enfance, lorsque Mack rencontrait des difficultés, car il était en désaccord avec les autres, cela se terminait soit par des actes de violence physique, soit par la fin de la relation en question; il n'avait *aucune* expérience personnelle d'une relation intime qui aurait pu survivre à une dispute ou à un désaccord. Pourtant, il savait, par l'exemple d'autres personnes, que cela était possible. Mack se mit alors à créer intentionnellement toute une série de petites disputes au sein de son couple car il voulait vérifier que leur amour pouvait survivre à une période difficile. Cette expérience lui a permis de vivre une sensation très forte de sécurité personnelle, expérience dont il avait besoin pour compléter et achever son travail thérapeutique. Mack déclara plus tard : «Maintenant, je me sens tout à fait à l'aise et j'appréhende le monde sans aucune difficulté et sous un nouveau jour.» C'était pour nous une excellente nouvelle. Mack venait de trouver le chemin qui pouvait le mener à franchir les étapes suivantes de sa vie.

Depuis, il s'est écoulé presque deux années; Mack travaille à présent comme conseiller auprès de personnes dépendantes de la drogue ou de l'alcool. Lors d'une récente conversation, Mack rapporta un incident qui apportait la preuve de ses nouvelles attitudes.

«Quelque chose s'est produit il y a peu de temps et je me suis aperçu alors que je n'étais plus la même personne. Un type est rentré dans mon bureau, complètement «bourré de cocaïne». Il risquait de perdre le contrôle de lui-même à chaque instant. Le tribunal l'avait assigné à vingt six heures de thérapie et de rééducation mais il n'en était pas encore informé. C'était mon rôle de le faire. Lorsqu'il entendit ce verdict, il perdit complètement le contrôle de lui-même. Il se précipita vers moi prêt à me frapper de ses poings.»

Ma première réaction fut de lui dire : «Tu es un homme mort.» Puis, j'ai pensé : «Ce que je désire en réalité, c'est protéger mon espace.» Ce n'était pas une situation de vie ou de mort. Je plaquai le type sur le sol pour me protéger mais d'une façon tout à fait calme et sereine.

«Est-ce que cette manière de faire était très différente de celle que vous auriez adoptée auparavant ?»

«Oh oui, cela n'a rien à voir ! Avant, j'aurais pris le type et je l'aurais passé par la fenêtre ! Bon, j'exagère un peu, mais, il aurait pris quelques coups. Il y a des années, à peu près la même chose m'est arrivé. Un type m'a menacé de son couteau, et c'est lui qui a été *blessé* quand je l'ai empoigné.»

Créer la violence ou la désamorcer.

Nous avons choisi de présenter le cas de Mack en fournissant de nombreux détails, car il me semble important de comprendre les problèmes que rencontrent très souvent les gens, quand il est question de violence, d'intimité et de sécurité. Gouvernements et hommes politiques savent, depuis de nombreuses années que, pour pousser quelqu'un de normalement constitué, au crime et à la violence, il suffit de lui démontrer que son ennemi n'a rien d'humain. Toutes les campagnes militaristes qui se sont déroulées pendant les guerres ont toujours décrit l'ennemi sans relief, sans vie, ou bien comme une sorte d'animal déshumanisé pltôt que comme une personne. Le même processus se déclenche à un niveau individuel. Lorsque Mack voyait quelqu'un comme un personnage en carton sans relief, c'était facile pour lui de lui «éclater la tête» selon son expression. Mais, lorsqu'il a commencé à voir les autres comme des êtres humains en trois dimensions, sa réaction est devenue plus humaine et moins superficielle. Il était beaucoup moins enclin à faire appel à la violence, tout d'abord parce qu'il n'éprouvait plus les mêmes sensations et puis aussi parce qu'il disposait de nouveaux choix.

Certaines personnes sont violentes, car elles ont appris que seule la violence convient dans certaines situations : c'est un comportement conditionné. Mais, beaucoup de gens deviennent violents parce qu'ils n'ont pas d'autres solutions. Ils n'ont plus de choix. Pensez à certains moments où vous avez été violent ou proche de cet état-là. Avez-vous choisi la violence parmi d'autres possibilités ? Ou vous-êtes vous senti acculé sans autre choix possible, frustré de constater qu'aucune autre attitude n'ait été efficace ?

Les gens deviennent violents parce qu'ils ont épuisé tous les choix possibles et ils se sentent frustrés et impuissants. Lorsque la société se trouve dans cette situation face à la gestion de ses problèmes de violence, elle préconise et instaure un système qui renforce le mécanisme de punition, de contrôle, de répression et remplit ses prisons. Tout cela fait croître la sensation d'impuissance chez la personne violente, qui, de ce fait, manifeste encore plus de violence. La solution à la violence ne réside pas dans une violence encore plus exacerbée. Il faut, au contraire, apprendre qu'il existe différentes manières positives de penser et de se comporter. A un niveau individuel, on peut apprendre à se représenter les autres dans une perspective tridimensionnelle, acquérir de nouvelles ressources personnelles pour se sentir émotionnellement en sécurité et apprendre à gérer l'intimité, la proximité et jouer avec ces notions sans difficulté. Tous ces modes de fonctionnement peuvent transformer beaucoup de choses. Mack en est une parfaite illustration.

19 Les lignes du temps.

Toutes les langues estiment le temps de façon particulière : la notion de passé, de présent et de futur. Dans certaines cultures, le temps est considéré comme une série de cycles : la naissance, la mort, la renaissance, etc. En anglais, le temps est souvent conçu comme une «ligne» et lorsque dans les livres d'histoire il y a des références aux évènements, ils apparaissent comme tracés sur une ligne représentant le fil du temps.

On s'est aperçu que certaines personnes sont plus «orientées» vers le passé, d'autres «vers le futur» et d'autres «vers le présent». Ces différentes orientations dans le temps constituent parfois la base de qualités exceptionnelles, mais elles peuvent également être la source de sérieux problèmes. Vous connaissez peut-être quelqu'un qui est toujours préoccupé par son passé; certaines personnes n'élaborent jamais de projets d'avenir, d'autres, au contraire, se projettent toujours dans l'avenir : elles ne savent pas ou peu apprécier le moment présent. Nous nous sommes beaucoup interrogés sur la question, «cela ne serait-il pas bien si nous pouvions trouver comment les cartes internes des gens les orientent dans le temps et si nous pouvions trouver les moyens de changer cette orientation?» A cette époque, nous ne pouvions nous rendre compte des vastes répercussions que pourraient avoir nos explorations.

La découverte «des lignes du temps» personnelles.

Nous avons fait une découverte tout à fait passionnante : nous avons constaté que chacun possède son propre mode intérieur de coder le temps. Inconsciemment, nous sommes tous en mesure de situer un évènement, comme faisant partie intégrante de notre passé, de notre présent ou de notre futur. Mais nous avons été fascinés de découvrir comment chacun code le temps car cela influence considérablement notre manière de réagir et notre manière d'être -ce que l'on appelle généralement la «personnalité».

Pour Cathy, dont nous parlons dans ce chapitre, comprendre et changer son codage interne du temps a été la clé qui lui a permis d'effectuer de nombreux autres changements dans sa vie. En changeant sa ligne du temps, nous avons aidé Judy à surmonter la situation conflictuelle due à la liaison de son mari. Pour Ruth, ajouter un futur lui a permis de formuler des objectifs et de se sentir motivée pour les accomplir. Vous-même, en lisant ce chapitre, vous pourrez aussi commencer à comprendre comment *vous* codez le temps ; vous vous rendrez compte de l'efficacité de votre manière de coder le temps, ou si celle-ci nécessite des améliorations. Vous vous apercevrez combien les systèmes de codage du temps constituent une clé qui permet de dévoiler certains «secrets» de notre personnalité.

Trouver votre manière de coder le temps.

Comment faites-vous la différence entre le passé et le futur ? Ce n'est pas une question philosophique, mais tout à fait pratique. Lorsque j'analyse ma journée ou mon planning de la semaine, il me faut disposer de certains éléments et, surtout, je sais quelles tâches je n'ai pas encore accomplies. Mon cerveau a besoin de savoir que ces tâches se situent dans le futur et non dans le passé. Bien sûr, il nous arrive de temps à autre de confondre les codes. Vous est-il jamais arrivé d'être convaincu que vous avez, par exemple, écrit à tel ami ou que vous lui avez déjà parlé, alors que ce n'est pas du tout le cas ? Vous comprendrez comment cette confusion peut apparaître, plus loin dans ce chapitre.

Mais avant de continuer, je vous propose de faire mentalement l'expérience suivante. Pensez au moment où vous vous êtes réveillé hier, puis pensez au moment où vous vous réveillerez demain. Pensez à ces deux expériences *en même temps*. *Comment* pouvez-vous distinguer les deux ? Comment savez-vous que l'une se situe dans le passé et l'autre dans l'avenir ?

Presque tout le monde imagine ou ressent ces événements dans deux endroits très différents de son espace personnel. Si vous pensez en images, vous verrez peut-être une image sur votre gauche et l'autre sur votre droite. L'une sera plus haute ou plus basse, plus proche ou plus lointaine que l'autre; ou bien vous verrez une image devant vous et l'autre derrière vous. Même si, consciemment, vous ne voyez rien, peut-être aurez-vous la sensation que l'évènement d'hier et l'évènement de demain se situent à deux endroits différents ?...

Maintenant, imaginez que vous vous êtes réveillé il y a une semaine et que vous vous réveillerez dans une semaine. Maintenant vous imaginerez quatre évènements différents qui se sont déroulés à des moments différents. Vous ne vous souvenez probablement pas comment vous vous êtes réveillé, il y a une semaine et cela n'a vraiment pas d'importance. Vous savez que cela s'est produit et vous savez également que, dans une semaine, cela se reproduira encore. Vous avez seulement la sensation de *où* se situent ces évènements.

Comme vous prenez conscience de *où* vous avez la sensation de ces évènements, vous commencez à comprendre ce que nous entendons par «codage du temps». La localisation est une des façons dont votre cerveau code les évènements. En les imaginant dans des lieux différents, votre cerveau sait exactement où ils se situent : dans le passé, le présent ou le futur. Vous pouvez continuer à imaginer le moment où vous vous êtes réveillé cinq ans plus tôt et le moment où vous vous réveillerez dans cinq ans et repérer où ces moments se situent pour vous.

Parfois, il est plus facile de repérer son propre codage du temps, lorsque l'on est assisté d'une personne formée à cette pratique, car celle-ci peut noter toutes les indications non verbales : là où vous regardez et là où vous faites des gestes. Toutefois vous pouvez aussi apprendre beaucoup par vous-même.

Une fois que vous avez repéré l'emplacement : il y a cinq ans, il y a un an, hier, maintenant, demain, dans une semaine, dans un an, dans cinq ans, vous pouvez continuer. Laissez à présent tous les autres évènements de votre passé ou de votre avenir «remplir» votre ligne du temps. Il vous sera peut-être plus facile d'avoir une «sensation» correspondant à votre passé tout entier, c'est-à-dire à la série d'évènements qui a constitué votre expérience - plutôt que de voir tous ces évènements consciemment. Il en est de même pour votre avenir. Vous pouvez avoir la sensation que votre avenir va dans une direction particulière, même si vous ne savez pas exactement laquelle.

Beaucoup de gens imaginent leur passé comme un chemin qui se dessine sur leur gauche, le présent devant eux, et l'avenir s'étire sur leur droite. Pour d'autres, c'est l'inverse. Pour d'autres encore, le passé est représenté comme une sorte de tunnel qui se trouve derrière eux, tandis que l'avenir s'élance devant. Il existe une infinité de manières d'organiser le temps, et il n'y en a aucune qui soit *la meilleure*. Certains visualisent des lignes très droites, d'autres voient des tunnels, des courbes, des arcs ou une spirale. Bien que chaque manière d'organiser le temps comporte des avantages et des inconvénients, certaines sont plus problématiques. En changeant votre manière de coder le temps, vous pouvez résoudre certains problèmes, faciliter l'exécution de tâches ou vous pouvez rendre plus naturelles certaines expériences que vous désirez vivre.

Maintenant, vous êtes peut-être prêt à franchir une autre étape dans la découverte de votre codage du temps. Quelle est la taille des évènements inscrits dans votre passé ? Est-elle la même lorsqu'il s'agit d'un événement survenu il y a très longtemps, comparé à celle d'un évènement plus récent ? Si vous n'êtes pas sûr, imaginez. Voyez-vous votre passé en couleur ou en noir et blanc ? S'agit-il d'une série de diapositives ou de films ? Est-ce que vous vous voyez dans votre passé ou voyez-vous seulement ce que vous voyiez à l'époque ? Si vous parvenez à avoir une image consciente, est-elle très nette ou plutôt floue ?

Maintenant, faites la même chose pour le futur. De quelle taille est-il ? Est-il en couleur ? Vous voyez-vous vous-même ? Est-ce net ou flou ?

Comparez les deux et remarquez en quoi votre passé et votre futur sont différents. Votre passé se situe peut-être à un emplacement différent et apparaît peut-être de façon plus nette ?

Beaucoup de gens voient l'avenir d'une façon plus floue et voient de nombreuses branches dans leur avenir. Ce sont des données qui indiquent l'incertitude sur ce qui va se produire.

A présent que vous êtes familiarisé avec le fonctionnement de votre ligne du temps; il vous sera plus facile de comprendre le changement de codage de ligne du temps pour les autres. La manière dont vous codez le temps a un impact si important sur ce que vous êtes que certains changements décrits dans ce chapitre pourront sans doute vous intéresser et vous être utiles.

Utilisez les découvertes : construire une ligne du futur.

Ruth a tendance à ne jamais faire de projets. Elle vit dans le présent. En général, elle croque la vie avec enthousiasme, mais parfois, elle a l'impression que sa vie n'a aucune direction. «Je n'ai aucun objectif et, parfois, je pense que ce serait mieux si j'en avais. En général, je profite bien de la vie, mais ces derniers temps, je me sentais déprimée et je ne sais pas vers qui me tourner. J'ai l'impression que je n'ai envie de rien.» nous confia Ruth.

J'explorai rapidement la ligne de temps de Ruth. Comme je le supposais, Ruth a une longue ligne du temps «passé» formant une ligne droite, à sa gauche. Son présent se situe droit devant elle, mais elle n'a pratiquement pas de futur. Lorsqu'elle décrivit son futur, Ruth dit : «Il a l'air petit et gris et il s'arrête à environ une trentaine de centimètres de moi sur ma droite. Il n'y a rien qui le compose réellement.»

L'absence de futur ne lui donnait aucune direction, la mettait dans l'impossibilité d'élaborer des projets et d'aspirer à quoi que ce soit. Tant que son présent était agréable, cela avait peu d'importance. Mais, lorsque son présent devenait plus déprimant, le problème apparaissait dans toute sa gravité. La solution était, de toute évidence, de l'aider à se construire un futur.

«Vous savez, Ruth, la plupart des gens ont une représentation intérieure du futur, comme vous, vous avez une représentation du passé. Bien sûr, la représentation du futur est souvent beaucoup plus vague, beaucoup moins précise car personne ne peut savoir avec exactitude ce que sera l'avenir. Mais, lorsque nous avons une représentation du futur, cela nous permet d'obtenir ce que nous désirons, en l'occurrence une direction, quelque chose vers lequel on tend. C'est ce que vous désirez, n'est-ce pas ? Trouver ce qui est important pour vous et définir où vous allez.»

Avant de commencer, je voulais vérifier que Ruth n'avait aucune objection à se construire un futur car auparavant, elle avait dit : *«je suis incapable* d'avoir envie de quoi que ce soit.» En fait, Ruth avait une objection dont elle n'était pas consciente. Lorsque elle avait douze ans, sa mère a été tuée dans un accident de voiture. Cela a été catastrophique pour Ruth; tout son avenir a été détruit, anéanti; elle avait tiré la conclusion suivante : elle ne pouvait jamais compter sur quoi que ce soit. «En regardant en arrière, je vois que j'ai tout simplement effacé mon avenir intérieur et que je n'ai jamais voulu en reconstruire un. A ce moment-là, j'ai effectivement commencé à ne vivre que l'instant présent. Bien sûr, à cette époque, je ne savais pas ce que j'étais en train de faire. J'ai agi du mieux que j'ai pu.»

«Et c'est quelque chose de très important, surtout pour une fillette de douze ans car à cette époque vous avez compris que vous pouviez compter uniquement sur le présent,» lui répondis-je de manière approbatrice, validant ainsi l'intention positive qui l'avait alors inconsciemment animée. «Quel type d'avenir pouvez-vous construire maintenant, sur lequel vous puissiez réellement compter ? Quel avenir pouvez-vous construire que rien ne pourra vous enlever, quoi qu'il arrive, et qui ira dans le sens de la direction que vous désirez avoir ?»

Je lui proposai différentes possibilités sur la manière de faire pour qu'elle ne puisse plus s'effondrer à nouveau. «Je suppose que vous désirez découvrir comment il est possible de vivre la perspective d'un avenir, d'élaborer des projets même si vous ne savez pas exactement de quoi sera fait cet avenir. Visualisez simplement un chemin, une direction, qui vous indique que vous *avez* un avenir, même si vous ne pouvez savoir exactement ce qui se produira. N'imaginez pas quelque chose de trop spécifique sur votre ligne du futur. Evitez d'imaginer «Je vais me marier l'année prochaine» car vous n'en savez absolument rien. Mais, vous pouvez inclure vos valeurs personnelles dans votre futur, y placer les images *des expériences que vous souhaitez voir accomplir dans votre vie*. Vous pouvez placer sur votre ligne du futur tout ce que vous désirez voir se réaliser, qu'il s'agisse de créer des relations proches et étroites avec les gens, de trouver votre manière d'apporter votre contribution au monde. La santé, le bien être ou de multiples autres choses. Essayez d'avoir la sensation que, quoi qu'il arrive, vous trouverez une manière de réaliser toutes ces choses.» Après avoir placé toutes ses valeurs sur sa ligne du temps, Ruth a éprouvé un plus grand sentiment de sécurité, car elle venait de construire de nombreux chemins ou voies possibles pour l'avenir. Elle a acquis ainsi le sentiment qu'il y aurait toujours pour elle une route à prendre, même si une autre se trouvait bloquée.

Six mois plus tard, Ruth était tout à fait satisfaite de la direction que prenait sa vie et éprouvait une sensation de bien-être tout à fait remarquable : «Bien sûr, il y a encore des moments où je n'ai pas vraiment le moral, mais je ne suis jamais autant déprimée que par le passé.» Nous vivons tous des «jours difficiles»; mais les considérer comme faisant partie du flot d'événements conduisant vers quelque chose de positif, nous permet de les vivre beaucoup plus facilement. Ruth avait également décidé de reprendre une formation dans un domaine technique qui l'intéressait beaucoup. «Maintenant, je travaille pour l'avenir. C'est vraiment quelque chose que je n'aurais jamais fait auparavant.»

Mettre le passé à sa place et développer un futur.

Une transformation complète de la ligne du temps constitue souvent une source de bienfaits innombrables. Pour Cathy, par exemple, ce changement a été la clé qui lui a permis de procéder à d'autres changements dans sa vie.

Cathy est venue me voir lors d'un séminaire, me demandant de travailler avec elle sur sa ligne du temps. Comme elle avait participé à une formation de base sur la ligne du temps, elle savait déjà que son codage du temps s'organisait *à l'inverse* du schéma habituel.

La plupart des gens regardent sur la gauche lorsqu'ils visualisent des souvenirs d'ordre visuel, sur la droite lorsqu'ils construisent des images internes d'objets qu'ils n'ont pas vus auparavant. C'est un phénomène inhérent à la structure du cerveau (voir annexe 1). Bien que certaines personnes fonctionnent à l'opposé, la plupart des gens voient leur passé du même côté que les souvenirs visuels. L'avenir restant chose à bâtir, la ligne du temps correspondante se trouve généralement du même côté du cerveau que les images créées.

Chez Cathy, c'est l'inverse. Elle voit son *passé* à l'endroit où elle *construit* ses images, et son *futur* se trouve où sont également stockés chez elle les *souvenirs visuels*. Cela signifie qu'elle utilise la partie de son cerveau qui est spécialisée dans les *souvenirs* pour imaginer son *futur,* tandis qu'elle utilise la partie de son cerveau qui sert à construire les choses pour organiser son *passé*.

Sans avoir d'idée précise des résultats, Cathy pensait qu'il lui serait très bénéfique de transformer sa ligne de temps actuelle d'après le schéma «normal». A mon avis, elle avait tout à fait raison, car la plupart des gens sont beaucoup plus satisfaits d'avoir une ligne du futur située au même endroit que les images visuelles construites.

Tout d'abord, je vérifiai l'emplacement de sa ligne de temps. Effectivement, elle était à l'opposé de la plupart des gens. Puis, je cherchai à en déterminer les caractéristiques. Son passé, compact, se situait très nettement devant elle, avec une légère orientation sur la droite, alors que son futur dérivait sur sa gauche. «Cette ligne du futur n'est pas très consistante. Je n'ai pas réellement de futur» révéla Cathy.

J'avais déjà rencontré des cas comme celui-ci et je ne m'en étonnai donc point. Les gens dont le futur se situe à l'emplacement de leurs souvenirs n'ont pas beaucoup de futur, ou bien leur futur paraît très figé et ressemble davantage aux lignes du passé de la plupart des gens.

Je suis toujours très prudent lorsqu'il s'agit de changer la ligne du temps d'un individu, car notre manière d'organiser nos souvenirs constitue la base de notre sens de la réalité. Je tenais à préserver les avantages de son système actuel. «Tout d'abord, je souhaite que *vous* réalisiez à quoi ressemble votre ligne du temps actuelle. Si, après en avoir expérimenté une différente, vous préférez la garder, vous pourrez la remettre exactement comme elle est. Vous pourrez, dans certains contextes, utiliser la nouvelle structure et, pour d'autres, conserver votre ancienne ligne.»

Bien que les lignes du temps des gens aient un impact considérable sur leur vie, il est étonnant de constater combien il est facile de les modifier. Le principe est simple : il s'agit de demander à quelqu'un d'imaginer quelle est différente et de voir comment cela change son expérience -en particulier les situations problématiques. Les qualités et les compétences d'un individu sont souvent la conséquence de sa ligne du temps; il est donc extrêmement important de les préserver quand on réalise des changements.

Je lui demandai d'inverser sa ligne de temps de la gauche vers la droite et de remarquer ce qui se produisait. Au début, son futur apparaissait de façon très étrange et cela l'inquiétait. «C'est drôle. Ce n'est plus une ligne : cela part dans plein de directions différentes.» Je lui dis qu'il s'agissait probablement d'un excellent choix. Son inconscient avait automatiquement trouvé la manière de lui montrer que l'avenir n'est pas figé mais qu'il est, au contraire, riche de nombreuses possibilités. En réalité, c'est la manière dont beaucoup de gens organisent leur futur.

En entendant ces commentaires, Cathy se détendit et reprit ses observations. «Tout à coup, mon futur est tout en couleur. C'est très intéressant !»

J'étais heureuse de l'entendre parler de ce changement de perceptions. Un futur en couleur est certes beaucoup plus attirant qu'un futur sombre et triste.

Comme sa ligne du futur était courte auparavant, je voulais m'assurer qu'elle se prolongeait maintenant loin dans le temps. «Observez jusqu'où va votre futur et quelle est son étendue.»...

«Il s'est étiré plus loin dès que je l'ai changé de côté; maintenant, il est en pleine expansion.»

«Très bien, poursuivez dans ce sens et laissez-le inconsciemment s'étirer d'une façon utile et adéquate pour vous.»

Puis, je lui ai demandé de vérifier sa ligne du passé. Cathy a déclaré : «J'ai l'impression qu'il se cherche. Il ondule, se déplace, essaye de trouver la place qui lui convient.»

A ce stade, Cathy préférait de loin cet avenir et son passé semblait en train de se mettre en place. Je lui ai suggéré de laisser son passé se modifier, elle pourrait ainsi savoir avec plus de données ce qui serait le mieux pour elle.

A ce moment, Cathy n'avait pas conscience des objections qui pourrait survenir concernant sa nouvelle organisation du temps, mais plus tard dans la soirée, une objection prit forme. «J'avais la nausée et c'est comme si quelque chose n'allait pas à propos de mon passé. C'est comme s'il voulait retourner là où il avait toujours été, j'ai alors vérifié ce qui se passait et je lui ai demandé quelle était l'intention positive qui justifiait son désir.» Cathy était habituée à utiliser cette technique qui permet de retrouver les intentions positives inconscientes. Il s'agit d'une méthode très courante en P.N.L. qu'elle avait déjà pratiquée lors de ses différentes et précédentes formations. (Voir chapitre 8 - Intentions positives).

Ce dialogue interne lui permit de découvrir pourquoi sa ligne du temps était ainsi organisée, à l'opposé de la structure la plus commune. Depuis sa naissance, Cathy avait vécu toute une longue série de problèmes de santé. Elle avait souffert de nombreuses maladies qui échappaient au diagnostic des médecins, certaines très graves de type cancéreux.

«Cela faisait réellement partie de mon histoire et je me considérais comme une personne malade. Toutes les maladies ou tous les accidents que j'ai eus (ou dont je me souviens) ont tous porté sur le côté droit de mon corps et je crois que c'était très important de conserver, au même endroit à la fois, le passé et les maladies. Inconsciemment, si mon futur s'était trouvé à droite, du même côté que les maladies, cela aurait signifié que j'aurais toujours été malade à l'avenir et bien sûr ce n'est pas ce que je veux. La nuit dernière, j'ai pris conscience qu'il était temps que je m'affirme en tant que personne en bonne santé et que toutes ces maladies appartenaient au passé. Dès que j'ai réalisé cela, ma nouvelle ligne du temps s'est installée et je me suis sentie beaucoup mieux.» Maintenant que son objection avait été prise en compte, Cathy était satisfaite de sa nouvelle ligne du temps.

Les résultats.

Trois mois plus tard, j'ai téléphoné à Cathy pour prendre de ses nouvelles et savoir quels étaient les résultats du changement de sa ligne du temps.

«Je voulais justement vous écrire. Le travail que nous avons fait ensemble a eu des répercussions extraordinaires pour moi. Cela s'est manifesté dans tous les domaines de ma vie. C'était vraiment quelque chose de global. J'en ai parlé à beaucoup de gens autour de moi car cela a réellement changé ma vie.»

Par la suite, Cathy nous a envoyé une lettre plus détaillée :

«Depuis que j'ai commencé à étudier la P.N.L., j'ai beaucoup travaillé sur les questions de santé à cause du cancer et des nombreuses autres maladies de mon enfance. Cela m'a beaucoup aidée mais j'avais l'impression qu'il me «manquait quelque chose». J'ai aussi essayé d'éclaircir les questions professionnelles qui avaient atteint un point critique et également certains problèmes relationnels. Rétrospectivement, j'avais toutes ces difficultés parce que je ne pouvais pas voir de futur. Maintenant, tout est clair, littéralement clair. Je vois des chemins, des objectifs, des choix et je résous les problèmes. Le passé semble beaucoup plus loin et il est à sa juste place.

D'autres choses sont différentes aussi. Avant, j'évitais les choses dont je ne voulais pas, cela était négatif pour moi. Par exemple, j'avais un travail que je n'ai jamais aimé et je me demandais toujours comment le quitter. Il en était de même pour mes relations. J'avais l'habitude de penser à ce qu'il fallait éviter et maintenant je m'oriente vers ce que je veux. Je dirais qu'une partie de moi s'est arrêtée ou est morte lorsque j'ai eu le cancer. Je pense que c'est à ce moment-là que mon futur s'est arrêté. Le médecin me remit entre les mains le dossier médical et il m'informa du diagnostic et me donna ses idées quant au traitement qui comportait le remodelage de la partie droite de mon visage.

«J'ai conscience de la manière dont cela a également changé la façon dont je code les choses dans mon esprit. Avant, je vivais beaucoup dans le passé. Les choses qui s'étaient produites des années auparavant paraissaient aussi proches que les événements de la veille. C'était comme si le passé était juste au-dessus de ma tête. Il y avait un amalgame constant entre les expériences positives et négatives.

«J'avais essayé moi-même de transformer ma ligne de temps mais elle reprenait sa place initiale immédiatement. C'est à ce moment-là que vous êtes intervenu. Aujourd'hui, j'ai une ligne du futur qui se déploie dans de nombreuses directions; c'est très positif. Ce changement a permis au passé de retrouver la place qui lui est due : dans le passé. J'ai le sentiment, maintenant, que mon esprit s'organise d'une manière sensée. Ma ligne de temps est plus longue maintenant, je peux parfaitement distinguer le passé, le présent et le futur.

«Changer ma ligne de temps a été le point essentiel. J'avais déjà réussi à résoudre le traumatisme lié au cancer et à d'autres choses. Mais à présent, grâce à ce travail avec vous, beaucoup de choses se sont réglées.»

J'étais heureux de la nature spectaculaire des changements de Cathy. Je savais également que tout le travail qu'elle avait fait précédemment avec d'autres méthodes de P.N.L. l'avait préparée à ce profond changement. Si elle n'avait pas fait tout ce travail auparavant, j'aurais dû utiliser plusieurs autres méthodes pour régler les traumatismes de son passé, *avant* de l'aider à changer sa ligne du temps.

Si quelqu'un avait changé définitivement la ligne du temps de Cathy avant qu'elle ne soit convaincue d'être en bonne santé, cela aurait pu la rendre à nouveau malade en mettant la maladie dans son futur.

Cet exemple démontre combien il est important de manipuler cette technique avec prudence et intelligence. Les professionnels bien entraînés à la P.N.L. peuvent reconnaître ce type de problème et le gérer de façon efficace.

Les lignes de temps inversées.

Généralement, lorsqu'un individu a sa ligne du temps inversée par rapport à ses mouvements oculaires, comme c'était le cas pour Cathy, cela génère de nombreuses limitations. Ainsi, par exemple, le futur reste peu développé et semble figé. Lorsque c'est le cas, nous proposons aux patients de procéder à un essai afin de voir si une nouvelle orientation de leur ligne du temps leur conviendrait et si aucune objection n'apparaît. Une ligne de temps inversée peut être la cause de difficultés d'apprentissage, exemple illustré plus loin dans ce chapitre. Jusqu'à présent, je n'ai rencontré qu'une seule personne qui désirait garder sa ligne de temps inversée. En effet, cette personne avait formulé une objection écologique qu'il m'était impossible de traiter, je laissai donc sa ligne de temps intacte.

Le changement de ma ligne de temps sera-t-il bénéfique ?

Vous vous demandez peut être comment savoir si un tel changement va vous aider à mieux réaliser vos objectifs de vie. Certaines personnes sont tout à fait satisfaites de la façon dont elles organisent leur temps. Pour d'autres, des changements importants ou subtils s'avèrent très bénéfiques. Nous vous proposons ci-après quelques éléments clés qui indiquent combien certains changements de ligne du temps sont utiles. La meilleure façon de s'en assurer est, bien sûr, de faire soi-même l'expérience en essayant un autre codage du temps pour déterminer s'il vous convient mieux.

La ligne de temps futur.

Les éléments suivants sont des indices de ce dont vous pouvez bénéficier si vous changez votre manière de coder le futur.

1. Avoir des difficultés à planifier le futur. Votre planning à court ou long terme est-il inefficace ? Les événements vous surprennent-ils toujours et n'y êtes vous pas préparé ?

2. Manquer d'objectifs ou de direction. Est-ce que vous vous préoccupez seulement de vivre l'instant présent ? Avez-vous peu d'idées sur la direction à suivre ? Certaines personnes sont tout à fait heureuses dans cet état, d'autres désirent trouver une manière de réagir plus responsable.

3. Les personnes de votre entourage se plaignent-elles de votre incapacité à prévoir les choses ou de votre manque d'objectifs ou de direction ? Parfois, une personne sans futur ne remarque pas les difficultés que cela génère, mais les autres, oui.

4. Avez-vous des difficultés à vous motiver ? Dans le chapitre XV, nous décrivons plusieurs techniques qui permettent de se motiver de façon plus efficace; celles-ci fonctionnent bien mieux si vous avez également une ligne du futur attirante.

5. Avez-vous été déprimé ? Parfois, la dépression résulte d'un manque d'objectifs à réaliser.

6. Vous est-il difficile d'adopter un mode de vie qui vous est bénéfique ? Par exemple, faire du sport régulièrement, perdre du poids, arrêter de fumer, etc. Les personnes qui ont des problèmes d'alcool ou de drogue trouveront souvent des effets très positifs si elles ont une ligne du temps futur beaucoup plus attirante.

Comment changer votre futur.

Si vous avez l'intention de changer votre manière de coder votre futur, voilà comment procéder.

Tout d'abord, observez comment votre futur est codé aujourd'hui. Où le voyez-vous ? Chez la plupart des gens, le futur s'agence sur une ligne ou un chemin qui se dirige dans une direction particulière. Est-il grand, lumineux, en couleur ? Ou est-ce une ligne sombre, triste, petite, localisée derrière vous, etc ? Si votre futur est très petit, court et localisé à un endroit à peine visible, vous n'êtes certainement pas très réceptif à vos désirs et à vos besoins futurs. Les personnes avec ce type de futur ont souvent des difficultés à perdre du poids, à se maintenir en bonne santé ou à faire de l'exercice; il leur est également difficile d'élaborer des projets, de fixer des objectifs et de les atteindre.

Si vous désirez orienter votre vie et vos comportements davantage vers le futur, la première étape consiste à changer votre manière de le percevoir, comme nous avons appris à Ruth à le faire. Voici les étapes :

1. Premièrement, dites-vous bien qu'il ne s'agit que d'une expérience. Vous allez essayer une autre manière de voir le futur. Mais si tout votre être ou une partie de vous-même s'y oppose, sachez qu'à tout moment, vous pourrez replacer votre ligne de temps comme elle était initialement.

2. Maintenant, essayez différentes manières de voir votre futur et découvrez celle qui vous convient le mieux. S'il se trouvait derrière vous, déplacez-le sur le côté, autour de vous, jusqu'à ce qu'il se situe devant vous. Jouez avec lui en le plaçant plus haut ou plus bas, jusqu'à ce que vous ayez l'impression qu'il est à la «bonne place». En général, *plus votre futur est grand, lumineux, devant vous, plus vous serez orienté vers l'avenir.*

Soyez réceptif à toute objection qui peut se manifester; par exemple : est-ce que vous visualisez des catastrophes à éviter dans votre avenir ? Si c'est le cas, il est important de les transformer en événements positifs de manière à ce que vous soyez à l'aise face à la vision de *ce vers quoi vous tendez*, au lieu de voir des choses que vous souhaitez éviter.

Avez-vous une vision de votre futur assez lumineuse et colorée pour qu'il vous attire ? Les personnes qui se plaignent d'avoir un futur «triste et sombre» aspirent en réalité à très peu de choses. Lorsque quelqu'un déclare : « Mon avenir semble lumineux».Il se réfère directement à une expérience interne. Si vous envisagez votre avenir sous un éclairage lumineux, il deviendra beaucoup plus attirant tant que vous focalisez votre attention sur ce que vous *désirez* et non sur ce que vous rejetez.

Si votre ligne du futur est courte, laissez-la grandir afin de vous donner la sensation d'un plus long futur. Vous imaginerez peut-être un réseau d'embranchements qui vous indiquent que vous avez beaucoup de choix. Ou bien, vous imaginerez la direction générale que vous allez suivre et vous placerez quelques représentations de vos valeurs sur cette ligne au lieu de certains événements particuliers.

Les valeurs peuvent être représentées littéralement ou sous forme de symboles. Si vous désirez avoir des relations chaleureuses et intimes dans votre futur, vous pouvez voir des gens dans cette intimité sur votre ligne du futur. Ou bien, vous pouvez voir un rayon de chaleur, une lumière blanche ou toute autre image abstraite qui signifie pour vous une relation proche et intime. Si votre ligne du temps est petite, laissez-la s'agrandir afin d'expérimenter, en le regardant maintenant, l'impact d'un futur plus riche. Ce changement favorise la motivation pour réaliser nos objectifs.

Vous pouvez aussi vouloir la rendre plus colorée, plus en relief ou lui ajouter des étincelles de lumière. Autorisez-vous à expérimenter ce qui vous convient le mieux.

3. Quand vous avez terminé toute cette expérimentation, notez quelle structure de ligne de temps vous plaît le plus. Avec cette nouvelle ligne du temps, imaginez une journée de votre vie quotidienne. Cela vous permet-il d'être davantage la personne que vous souhaitez être ? Si c'est le cas, imaginez que vous vous couchez le soir et que vous vous réveillez le lendemain avec cette nouvelle ligne du temps, automatiquement présente et observez ce qui se passe.

Si vous constatez qu'elle ne vous convient pas plus que votre ancienne ligne du temps, laissez l'ancienne se remettre en place et reprenez le cours normal de vos activités.

Tout au long de cette procédure, nous avons surtout mis l'accent sur la construction d'un futur pour quelqu'un qui n'en avait pas beaucoup. Cependant, certaines personnes sont «trop» axées sur leur avenir. Elles sont tellement préoccupées par leur avenir qu'elles ne vivent pas du tout le présent. A quoi bon vous évertuer à planifier votre avenir si vous êtes incapable de l'apprécier lorsque ce futur devient présent ! Et pourtant, cela arrive fréquemment.

Dans le cas d'une personne trop orientée vers l'avenir, il convient de lui apprendre à relativiser l'importance accordée à l'avenir, tout au moins dans certains contextes. On peut ainsi déplacer la ligne du futur sur le côté, la réduire, lui ôter de ses couleurs, etc. Il peut être également utile de séparer le passé et le futur de manière à laisser davantage de place au présent (Voir le paragraphe ci-après «créer un présent»).

Un changement dans le passé.

Beaucoup de gens ont grandement bénéficié d'avoir changé leur manière de coder leur passé. Voici quelques indications pour déterminer si vous pourrez aussi en bénéficier.

1. Etes-vous tracassé par votre passé ? Passez-vous beaucoup de temps à ruminer les événements de votre passé au lieu de vous consacrer à vos activités présentes ?

2. Constatez-vous fréquemment que des souvenirs désagréables envahissent vos pensées ?

3. Votre entourage s'adresse-t-il souvent à vous en ces termes : «C'est du passé, c'est terminé. Intéresse -toi plutôt à ce qui se passe aujourd'hui.»

4. N'avez-vous aucun ou peu de souvenirs des événements passés ? Lorsque quelqu'un vous interroge sur le passé, est-ce pour vous très difficile de vous remémorer ce qui s'est produit ?

5. Vous contentez-vous de répéter sans cesse des choses que vous avez faites auparavant ? Désirez-vous ajouter davantage de choix, de richesses et de variétés à votre vie ?

6. Répétez-vous sans cesse les mêmes erreurs au lieu d'en tirer les leçons ?

Si vous répondez par l'affirmative à l'un des six points mentionnés, alors vous tirerez profit en changeant votre manière de coder le passé.

Changer votre passé.

Si vous pensez que vous êtes trop préoccupé par le passé, vérifiez où il se trouve et comment vous l'imaginez aujourd'hui. Est-il localisé devant vous ? Est-il plus gros, plus rayonnant, plus coloré que votre futur ? Chez les personnes préoccupées par leur passé, le passé se trouve sur un emplacement si proéminent *qu'elles ne voient pratiquement que cela.* Les étapes suivantes vont vous permettre de découvrir quelles modifications de votre ligne du passé vous conviendront le mieux.

1. D'abord, sachez que tous les changements que vous pouvez effectuer sont uniquement temporaires. Cela vous permet d'expérimenter en toute liberté différentes manières d'organiser le temps. Si vous constatez qu'une nouvelle ligne du temps ne vous convient pas, vous êtes entièrement libre de réinstaller votre ancienne ligne.

2. Si votre ligne du passé se trouve juste devant vous, essayez de la déplacer légèrement sur un côté ou sur l'autre. Quel côté semble le mieux convenir ? Pour la plupart des gens, le côté gauche est plus agréable. Pour d'autres, au contraire,

c'est le côté droit. Cela dépend de la structure de votre cerveau. (Voir annexe 1).

3. Notez les sensations que vous éprouvez en ayant le passé éloigné de vous, sur le côté au lieu d'être en face de vous. S'il est grand, vous pouvez avoir envie de le rétrécir. Cela vous convient-il mieux ainsi ? Imaginez une journée de votre vie quotidienne avec cette nouvelle ligne du passé. Est-ce à présent plus facile pour vous de distinguer nettement ce que vous avez à faire dans le présent et de définir vos objectifs futurs ? Si nécessaire, vous pouvez également déplacer votre futur en face de vous.

4. Peut-être souhaitez-vous envisager votre ligne du passé comme quelque chose de souple - presque comme si elle était sur une sorte de pivot qui vous permette de l'éloigner ou de la placer derrière vous quand vous faites une chose pour laquelle le passé n'est pas nécessaire ou de la mettre devant vous quand vous voulez vous souvenir facilement des évènements passés.

5. La dernière étape consiste à évaluer si la nouvelle disposition de votre ligne du passé est plus efficace que la précédente. *Il n'existe aucun agencement du temps qui soit «juste», chacun comporte des avantages et des inconvénients. Chacun de nous doit trouver l'agencement qui lui convient le mieux* et doit apprendre à l'adapter aux différentes circonstances de la vie.

Si vous avez des réticences à essayer un nouvel agencement de votre ligne du temps, replacez celle-ci simplement à l'endroit où elle se trouvait. Dans ce cas, il est peut-être conseillé de faire appel à une personne formée à ce type de travail pour vous aider à traiter les objections et à explorer des solutions de remplacement qui vous permettront d'atteindre vos objectifs. *Si vous n'êtes pas sûr de préférer le nouvel agencement de votre ligne du temps, replacez celle-ci comme elle était.*

Si vous décidez d'adopter le nouvel agencement de votre ligne du temps, informez votre inconscient que cette nouvelle ligne du temps va continuer à s'ajuster, à s'adapter de manière à être la plus efficace possible tout au long de la journée. Intérieurement, vous pouvez dire : «Si une partie de moi-même découvre une objection à l'égard de ce nouvel agencement, s'il te plaît donne-moi un signal qu'un agencement supplémentaire est nécessaire.»

6. Posez-vous la question suivante : «Y a -t'il des moments où je désirerais fonctionner encore avec mon ancienne ligne de temps ?» Peut-être, y a t'il des moments où vous aimez vous retrouver avec des vieux amis de lycée pour vous raconter vos souvenirs d'antan. Posez-vous alors la question suivante : «A quel moment l'ancien agencement de ma ligne du temps est-il encore le meilleur pour moi ?» Et ainsi, vous pouvez le conserver dans les contextes où il convient le mieux.

Avez-vous des difficultés à vous rappeler le passé ?

Certaines personnes ont des difficultés à se rappeler leur passé ou n'ont pas l'impression que le passé peut être une ressource positive sur laquelle elles peuvent s'appuyer. Si vous voulez vérifier qu'un changement de votre ligne de temps sera bénéfique pour vous, faites l'exercice précédent, des étapes une à six en substituant les étapes deux et trois décrites, ci-après :

2. Votre passé se situe probablement dans un endroit où vous ne pouvez pas le voir ou bien il est difficilement visible. Peut-être est-il derrière vous, très loin, ou tellement dispersé qu'il est facile de l'ignorer. Par exemple, les évènements survenus hier se situent peut-être à plusieurs mètres de vous, les évènements datant d'une semaine à plusieurs centaines de mètres, etc.

3. Déplacez votre passé à un endroit où vous pouvez le voir plus facilement. Installez-le davantage devant vous, rapprochez-le ou agrandissez-le, etc. Si vous êtes réticent à cette expérience, n'insistez pas et attendez de trouver quelqu'un d'entraîné à ces méthodes pour vous aider. Chez certaines personnes, le passé se trouve «derrière elles», car de nombreux événements désagréables se sont produits dans leur passé, et elles préfèrent ne pas devoir regarder ces événements pour ne pas y penser. Si tel est le cas, reportez vous au chapitre 7 pour traiter les souvenirs déplaisants *avant* de travailler sur votre ligne du passé. La première étape consiste pour vous à transformer ces expériences traumatisantes en ressources; ensuite, vous pourrez plus facilement accéder à votre passé tout entier.

Si vous parvenez facilement à déplacer votre ligne du passé, déplacez-la à un endroit où vous pourrez la voir. Si elle était derrière vous, laissez-la tourner autour de vous, jusqu'à ce qu'elle devienne visible. Peut-être désirez-vous la laisser sur le côté, hors de votre champ de vision mais tout en pouvant garder un oeil dessus. Si votre passé est si dispersé que vous ne pouvez le voir, essayez de le rassembler, de le rapprocher. En gardant la même séquence, laissez tous vos souvenirs se rapprocher les uns des autres. Au contraire, si votre passé est trop compact, dispersez-le légèrement. Vous pouvez également faire d'autres expériences.

Après avoir franchi ces étapes, vous pouvez passer aux étapes 4 et 5 décrites précédemment. Vous constaterez probablement que vous désirez, pour certaines situations, conserver l'ancienne configuration de votre ligne du temps. Essayez tout simplement la nouvelle et l'ancienne structure appliquée à des domaines importants de votre vie et observez laquelle fonctionne le mieux. N'oubliez pas que si vous changez d'avis, vous pouvez toujours remettre votre ligne du temps comme elle était.

Reconquérir le présent.

Adam pense toujours soit au passé, soit au futur, mais ne sait pas apprécier *l'instant présent*. Il est très intelligent et compétent et souhaite apporter à sa vie une autre dimension en apprenant à apprécier davantage le présent.

Durant l'exploration de sa ligne de temps, nous avons remarqué que son futur et son passé forment un «V», comme chez la plupart des gens. Mais, au lieu d'avoir la ligne du passé sur la gauche et celle du futur sur la droite, chez lui, passé et futur se rejoignent en un point situé juste en face de lui. Le passé est directement lié au futur : il n'y a aucune place pour le présent.

Je lui ai demandé de faire l'expérience suivante : séparer sa ligne du temps de manière à ce que le passé et le futur soit séparés par son corps, permettant ainsi au présent d'avoir un peu de place. Pendant cet exercice, son corps a commencé à se mouvoir légèrement et Adam s'est mis à rougir.

«C'est intéressant, je suis plus conscient de mon corps lorsque ma ligne de temps est séparée.»

«Oui. A présent, vous avez créé de l'espace pour *vous* dans le *présent*, c'est une partie intégrante de votre ligne de temps. Elle ne se limite plus seulement au passé et au futur.» Ce nouvel agencement plaisait à Adam. Je me suis assuré qu'il avait toujours le même accès à son passé et à son futur pour pouvoir gérer les informations aussi facilement qu'il le faisait auparavant.

Avant ce changement, Adam était dans l'impossibilité d'apprécier le présent : il pensait toujours à ce qui *s'était* passé ou à ce qui *allait* se passer. En séparant votre ligne du passé et du futur, vous pouvez reconquérir le présent. Vous pouvez également faire l'expérience d'une ligne du temps souple pour pouvoir, lorsque vous le désirez, vous concentrer davantage sur le présent; c'est comme si vous pouviez jouer, en quelque sorte, avec votre passé et votre futur, les déplacer à votre gré.

Accepter «de se lancer» !

Ici, la motivation positive a un rôle à jouer comme nous le décrivons dans le chapitre XV. En outre, la configuration de la ligne du temps d'un individu peut aussi avoir un impact important.

Chez certaines personnes, la ligne du temps est constituée d'un passé qui se dessine comme un chemin rectiligne derrière elles et leur futur se dirige droit devant elles. Si la vôtre n'est pas organisée de la même façon, vous pouvez vouloir au moins l'essayer pour savoir ce que cela fait. Ce type de configuration engendre une grande motivation par : «vous êtes tellement focalisés sur votre futur immédiat que c'est votre seule préoccupation». Vous êtes positionné sur votre ligne du temps en direction du futur. Si celui-ci, placé en face de vous, est très grand, rayonnant et en mouvement, il renforce vos motivations. C'est une configuration très utile et aux effets remarquables lorsque l'on souhaite se concentrer sur l'accomplissement IMMEDIAT de certaines tâches. Si cette configuration ne vous est pas familière, nous vous suggérons de l'expérimenter quelque peu. Elle pourrait vous aider à développer une plus grande motivation dans certaines situations, à vous concentrer davantage et à ne pas vous laisser distraire.

Comme pour toute structure, on peut relever certains inconvénients. Les personnes qui ont cette configuration peuvent aussi être fortement motivées à manger ce gâteau, à boire une bière ou à prendre cette drogue à cause du plaisir immédiat que cela leur apporte. Si vous imaginez *toujours* le passé comme se trouvant derrière vous et le futur droit devant vous, vous risquez de répéter les erreur passées. il est vrai que tout ce que vous avez fait auparavant se trouve *derrière vous* : vous ne pouvez pas le voir. Par ailleurs, si votre futur éloigné est à une grande distance de votre futur immédiat, vous ne pouvez le voir non plus. Avec ce type de configuration, on est souvent dans l'incapacité de prendre en compte les erreurs du passé et d'envisager les conséquences pour un avenir plus lointain.

Pour rééquilibrer cette ligne du temps, on peut rendre le futur lointain plus grand, plus brillant et plus coloré que le futur immédiat. Lorsque vous êtes tenté de consommer confiseries, alcool ou drogues, portez votre attention sur les évènements plus lointains afin de développer une conscience plus grande des conséquences à venir de vos actes. En visualisant l'excès de poids, les maux de tête, la crise de foie et les malaises intérieurs dus à des sensations de repli sur soi dont vous risquez de souffrir, vous réussirez très facilement à vous motiver pour refuser tout ce qui peut nuire à la qualité de votre vie.

Vous vous sentirez, au contraire, animé d'un sentiment plus grand pour les activités qui en amélioreront la qualité.

Si votre ligne du futur se trouve directement devant vous et votre passé derrière vous, nous vous suggérons d'essayer une des variations de la configuration en «V» décrite précédemment. Déplacez votre passé sur votre gauche et votre futur sur votre droite pour former un angle de manière à ce que vous puissiez voir les deux lignes en même temps. Certaines personnes préfèrent la configuration inverse. S'il vous est difficile de déplacer votre ligne du temps, laissez-la en place et tournez votre *corps* jusqu'à ce que votre ligne du temps se déplace de gauche à droite. Observez où et quand cette configuration peut être utile. Elle vous permet de disposer de nombreuses informations en même temps. Cela doit être très appréciable quand il s'agit de faire des projets, de planifier, de prendre des décisions ou de garder une certaine stabilité pendant une période de temps donnée.

En principe, chacun peut observer *quand* et *où* certaines configurations de sa ligne du temps lui sont bénéfiques et développer ainsi une certaine flexibilité pour adapter sa notion du temps aux différentes situations de sa vie.

Confondre passé et futur.

Ray, avocat, participait à un séminaire. Il nous a demandé de l'aider à changer sa ligne du temps. «Mon passé et mon futur vont tous les deux droit devant moi, presque sur la même ligne, sur une période de six semaines dans le passé et dans le futur. Puis,la ligne se divise en deux branches : une à gauche, une à droite en forme de «Y». Je voudrais que vous m'aidiez à mieux différencier le passé et le futur. Parfois, je ne sais plus ce qui appartient au passé. J'aurais également besoin d'être plus motivé.»

Nous nous sommes aperçus que la configuration de sa ligne du temps présentait un avantage primordial pour lui qu'il nous fallait préserver.

«Je voudrais pouvoir remarquer les erreurs que j'ai commises de manière à les éviter par la suite.»

Grâce à son passé immédiat, situé en face de lui, Ray peut facilement remarquer les erreurs de son passé. Il code ensuite ces expériences en les assombrissant, puis il fait sauter les images des erreurs qu'il a commises directement sur sa ligne du futur. Il n'a aucune difficulté à «transvaser» les images d'une ligne sur l'autre puisqu'elles sont toutes les deux pratiquement juxtaposées.

En travaillant avec Ray, nous avons rapidement trouvé un moyen pour qu'il distingue plus clairement son passé de son futur, tout en préservant sa manière de prendre en compte les erreurs et de les éviter. En fait, le nouvel agencement lui a permis de réaliser cette intention positive -beaucoup plus efficacement.

«Ray, votre ligne du temps représente un «Y». Essayez de laisser la fourche du Y venir de plus en plus prés de vous de manière à obtenir un «V», la partie gauche représentant votre passé et la partie droite votre futur.».. (Ray hocha la tête). «Maintenant, faites une marque sur vos erreurs passées, tout simplement, en les entourant d'un trait lumineux, de manière à les identifier comme des occasions d'apprendre.» Puis, je lui suggérai de transformer l'erreur qu'il souhaitait éviter en un film *de ce qu'il* voulait faire et de mettre ce film sur sa ligne du futur à la place de l'erreur à éviter.

Après quelques instants de réflexion, Ray a déclaré : «Oui, je peux le faire, mais j'ai l'impression que mes lignes du temps souhaitent revenir à leur emplacement initial.»

«Très bien. Au lieu de déplacer ce que vous voulez, directement, de votre passé à votre futur, essayez de procéder différemment. Choisissez une erreur passée, faites un film de ce que vous voulez faire à la place, déplacez-le sur votre ligne du passé *en passant par votre corps* jusqu'à votre futur, en lui permettant ainsi de se placer à l'endroit approprié. A chaque fois que vous procèderez ainsi, votre futur se présentera beaucoup mieux, car vous projeterez quelque chose que vous désirez et non plus quelque chose que vous désirez éviter.»

Après ce travail, sa ligne du temps s'est stabilisée avec la nouvelle configuration en forme de «V» et Ray en était satisfait. Je lui suggérai de renouveler l'expérience avec d'autres «occasions d'apprendre» et de permettre ainsi à son futur de se remplir de choses *à réaliser* et non plus de choses à éviter. Il est en général *beaucoup* plus facile de se motiver lorsque l'on pense à ce que l'on désire *faire*, plutôt qu'aux choses que l'on a pas envie de faire.

Pour Judy, le problème est le même : ses deux lignes sont juxtaposées mais sur une durée beaucoup plus longue. Avant de se séparer, son passé et son futur coïncident sur une période de six mois. Le passé à gauche et le futur à droite. Judy a expliqué que lorsqu'elle change quelque chose dans sa vie, qu'il s'agisse d'un déménagement, d'un nouveau travail, elle n'a l'impression d'avoir accompli ce changement que lorsque six mois se sont écoulés.

Elle vient juste de vivre une période de crise car son mari a eu une aventure. Après qu'il lui ait renouvelé son engagement envers elle et qu'elle lui ait pardonné, Judy se sent encore déprimée et préoccupée. Elle a déclaré :

«C'est toujours comme ça; même lorsque quelque chose est réglé, je suis déprimée pendant six mois, puis cela va mieux après.»

Elle était ravie d'apprendre comment sa ligne du temps se structurait, car elle pouvait enfin comprendre ce qui l'avait intriguée pendant des années. En séparant passé immédiat et futur, elle se sentait mieux dès que les problèmes étaient résolus, et non plus six mois plus tard. Elle pouvait alors affirmer que le passé *était effectivement révolu.*

Difficultés d'apprentissage.

Une ligne du temps absente, inversée ou mal structurée peut parfois être à l'origine de difficultés d'apprentissage. C'est le cas, par exemple de Michèle, dyslexique, qui a du mal à se rappeler les évènements. Si elle regarde un film, elle ne peut en assembler toutes les parties. De même, il lui est impossible de lire car elle ne se souvient pas de ce qu'elle vient juste de lire. Elle a eu de nombreuses blessures à la tête lorsqu'elle était enfant ou adolescente; les médecins avaient donc émis l'hypothèse que ses problèmes de dyslexie résultaient de ses blessures cérébrales. Ne pouvant exercer aucune activité qui demande de la mémoire, elle est devenue masseuse professionnelle.

Par chance, Michèle est allée voir un praticien P.N.L. qui avait l'habitude de travailler sur les lignes du temps. Ils découvrirent qu'elle n'en avait pas et ils travaillèrent ensemble pour en créer une, avec le passé, le présent et le futur assemblés en forme de «U».

A partir de ce moment-là, beaucoup de choses ont changé pour Michèle. Elle pouvait immédiatement lire un paragraphe, s'en souvenir, chose qu'elle aurait été auparavant incapable de faire. Le praticien avait également noté que Michèle avait subi une série de traumatismes entre l'âge de cinq ans et treize ans et il utilisa d'autres protocoles de P.N.L. pour l'aider à les résoudre. (voir chapitre 7). Michèle put, dès lors, constater que sa dyslexie avait déjà disparu dans de nombreuses situations. Il lui était encore, malgré tout, impossible de taper à la machine car elle avait appris cette technique alors qu'elle était dyslexique, en ayant une ligne du temps Michèle avait, en effet, besoin de réapprendre à taper d'une manière normale. Elle y parvint et travaille maintenant dans la PAO. Grâce à l'acquisition de cette ligne du temps, sa vie s'est réellement transformée, à tel point que Michèle décida de retourner à l'école pour suivre des cours d'ingénierie, ce qu'elle n'aurait jamais osé faire auparavant quand elle avait des «difficultés d'apprentissage».

Je l'appelai pour recueillir son témoignage et découvrir comment, auparavant, elle avait organisé son temps. Son récit confirma ce que le praticien m'avait communiqué, mais j'en appris davantage. Contrairement aux séquences d'événements communes chez la plupart d'entre nous, Michèle décrivit la notion du temps qu'elle avait auparavant comme «une masse d'algues marines». «C'était comme si j'avais devant moi des étendues d'algues marines qui provenaient du plus profond de l'océan. Vous savez, ces algues qui ont ces sortes de cosses qui flottent à la surface ? Et là, se trouvaient mon passé, mon présent et mon futur.»

«Est-ce qu'elles se distinguaient nettement, les unes contenant le passé, les autres le futur ?» demandai-je.

«Non, il n'y avait aucune organisation. Tout était mêlé, comme dans une sorte de bric-à-brac. Il était difficile pour moi de me souvenir de quoi que ce soit car, justement, rien n'était séparé. Je devais toujours rechercher des souvenirs, je ne pouvais me rappeler ce que j'avais dit aux gens ou ce que j'avais fait la veille. A présent, tout a complètement changé. Je me souviens parfaitement des choses. Il y a aussi un point très important : Maintenant, j'entends mieux les gens et je comprends mieux ce qu'ils disent. Je peux écrire, lire et j'apprécie de regarder des films.»

«Comme je continuais de discuter avec Michèle, j'ai pu constater que son futur se dirigeait maintenant sur sa gauche et son passé sur sa droite. C'est une structure inverse à la configuration la plus communément répandue. Je voulais donc vérifier si cela lui convenait ou non. «Comment avez -vous décidé de placer votre futur sur votre *gauche* et votre passé sur votre *droite* ?» demandai-je.

«Quand j'ai fait le changement sur ma ligne du temps, j'ai placé en quelque sorte toutes ces algues sur une même ligne. Et j'ai laissé faire les choses. Le passé est allé à droite et le futur à gauche.»

«Voudriez-vous savoir s'il n'existe pas une meilleure configuration pour vous ?»

«Oh oui, bien sûr.»

Comme il m'était impossible de vérifier les mouvements oculaires de Michèle par téléphone, pour vérifier si effectivement elle fonctionnait dans un système inverse, je lui proposai d'expérimenter une ligne de temps inverse et de tester si cela lui convenait mieux. Je lui donnai soigneusement certaines instructions sur la manière de procéder et j'ajoutai : « Observez tout simplement ce qui se passe.»

«Mon futur est beaucoup plus brillant à présent, c'est comme une grande lumière blanche, je l'aime mieux ainsi, et mon passé me semble moins lourd. Il est également devenu plus petit qu'avant.»

«Imaginez maintenant que cette nouvelle ligne du temps va vous accompagner pendant toute la semaine prochaine et expérimentez ce qui se passe. Avez-vous des objections ? Avez vous une idée sur la manière de changer cette ligne du temps pour l'améliorer ? Y a-t-il des situations dans votre vie où votre ancienne ligne du temps fonctionnerait mieux ?»

«Non. J'ai la réponse à votre dernière question,» répondit Michèle très rapidement. Michèle remarqua également qu'il y avait, sur sa ligne du passé, une anomalie qu'elle désirait corriger.

«Mon cerveau préfère cette ligne du temps. La première fois que j'ai eu une ligne du temps, j'ai eu la sensation que mon cerveau renaissait. Maintenant, je sens que je peux y accéder. C'est un immense changement. Tout mon cerveau se sent relié à présent... Je ressens également cette transformation dans mon corps. Mon côté gauche et mon côté droit se sentent reliés également. C'est comme si enfin, ils recevaient correctement les informations dont ils ont besoin. J'ai l'impression que mon cerveau est tout blanc à l'intérieur.»

Nous avons effectué d'autres tests pour nous assurer que cette nouvelle ligne du temps était écologique pour Michèle et je lui communiquai mon numéro de téléphone au cas où elle aurait besoin de mon aide.

Quelque temps plus tard, je repris contact avec Michèle. Elle me dit qu'elle avait fait d'autres changements sur sa ligne du temps. Pour s'assurer que sa nouvelle ligne du temps ne reprendrait pas son ancienne place, elle en avait rempli l'espace de lumière blanche. Dans ce climat de sécurité, elle pouvait aisément laisser sa ligne du temps être beaucoup plus flexible et expérimenter une ligne du temps qui pouvait aller de l'arrière vers l'avant et qui lui convenait mieux.

L'expérience de Michèle illustre combien il peut être utile de procéder à toute une série de changement de sa ligne du temps. L'idéal est de permettre une flexibilité suffisamment grande pour pouvoir adapter différentes configurations des lignes du temps selon les circonstances de la vie.

Enfant, Rex avait également été catalogué parmi les dyslexiques. Bien qu'il ait réussi dans de nombreux domaines, il avait toujours des problèmes pour distinguer la gauche de la droite et ne savait jamais de quel côté tourner un robinet. Sa ligne du temps était inversée. Je lui proposai donc de faire l'expérience de transposer sa ligne du temps d'après l'orientation habituelle. Quelques mois plus tard, Rex déclara :

«Grâce au travail que nous avons fait sur la ligne du temps, j'apprécie maintenant réellement mon futur en pleine expansion ! Je distingue à présent très bien la gauche de la droite et je sais automatiquement de quel côté tourner un robinet.»

Les clés d'une personnalité unique.

Depuis que nous avons découvert les codages des lignes du temps, nous avons été fascinés de constater combien nos propres lignes influencent notre personnalité. Au début, nous nous demandions si les gens ne les créaient pas de toutes pièces. Mais, il devint évident que, lorsque quelqu'un expérimentait l'organisation du temps d'une autre personne, il devenait littéralement très différent. Le monde lui apparaissait sous un autre jour et il réagissait différemment. Ces codages du temps étaient subjectivement réels et d'un grand impact. Voici quelques exemples remarquables qui illustrent ce phénomène.

Mark, un thérapeute, a d'abord découvert les lignes du temps dans notre livre *Change your mind - and keep the change.* Après avoir lu le chapitre consacré aux lignes du temps, il a décidé de travailler sur la ligne du temps avec tous ses patients de la semaine. Il rapporte que, sur une trentaine de patients, tous ont eu une amélioration notable, mais deux d'entre eux changèrent radicalement en ajustant leur ligne de temps. Plusieurs cas furent particulièrement intéressants.

Une femme souffrait de dépression, elle avait la sensation que quelque chose la tenait par le dos. Elle avait l'impression d'être alourdie, tirée vers le bas et elle n'avançait pas dans sa vie. Sa ligne du futur était droit devant elle et son passé derrière elle. Mais, il y avait quelque chose de tout à fait inhabituel : à trente centimètres derrière elle, son passé s'abaissait jusqu'à toucher le sol. Lorsqu'elle releva son passé de manière à ce qu'il ne «traîne» plus au sol, elle se sentit beaucoup mieux et put avancer dans sa vie. Son passé l'avait littéralement «tenue par le dos». Nous sommes toujours étonnés qu'un si simple changement dans la façon de penser d'une personne puisse faire une si grande différence dans sa vie, mais nous avons été convaincus par bien d'autres exemples.

Voici le cas d'un homme qui avait consulté des thérapeutes réputés et qui, bien qu'il soit quelqu'un d'intelligent et compétent, n'avait pu réussir à résoudre ses troubles de personnalité. Sa ligne de temps avait un passé, en couleur, très grand, tout à fait visible, situé sur sa gauche. Par contre, son futur était composé d'une série de diapositives de la taille d'un timbre-poste, situées à environ cinquante centimètres les unes des autres. Il était clair qu'un tel futur n'était pas très attrayant. En développant son futur en un grand film d'évènements reliés les uns aux autres, nous avons réussi à rééquilibrer harmonieusement sa ligne du temps. Ses amis commencèrent à lui demander ce qu'il lui était arrivé pour qu'il soit si différent.

La valeur d'une ligne du temps inhabituelle.

Nous avons déjà souligné qu'il n'y a pas une ligne du temps qui soit la meilleure. Certaines configurations inhabituelles de ligne du temps fonctionnent très bien chez certaines personnes et sont la base de leurs compétences et de leurs qualités spécifiques. Prenons l'exemple de Tom : sa ligne du futur représente un chemin qui se dirige devant lui. Nous lui avons demandé s'il était toujours focalisé sur son futur immédiat, car nous pensions qu'il ne pouvait voir que cela. Tom a répondu : «Non, mon futur se compose d'une série de diapositives transparentes, en couleur. Lorsque je pense à quelque chose qui doit se produire plus loin dans le temps, il me suffit d'agrandir ces diapositives, de les rapprocher pour pouvoir mieux voir *à travers* elles dans un futur éloigné.» L'image correspondant à son futur immédiat *colorait* littéralement son futur plus lointain. Cela lui procurait un sens de la continuité qui lui donnait une capacité exceptionnelle à planifier les tâches les unes après les autres.

Chez un autre patient, la ligne du temps allait du sol au plafond par une ligne verticale. Lorsque je lui ai demandé d'expérimenter une ligne du temps *horizontale*, comme c'est le cas chez la plupart des gens, cela ne lui a pas plu du tout. Bien qu'il ne pût définir clairement les avantages que sa ligne personnelle lui procurait, il savait qu'il préférait sa ligne du temps verticale.

Si votre ligne du temps est unique, posez-vous la question suivante : «Quelles sont les avantages de cette configuration ?» Si chacun avait exactement la même configuration de ligne du temps, nous aurions tous les mêmes forces et les mêmes faiblesses. L'infinie variété de se représenter le temps est le fondement de la diversité des talents et des personnalités originales.

Nous avons commencé à travailler sur la ligne du temps depuis 1984 et, sans cesse, nous découvrons de nouvelles façons tout à fait intéressantes d'organiser le temps. Nous vous invitons à participer, vous aussi, à cette découverte incessante. Si vous désirez en apprendre davantage sur les lignes du temps, nous vous proposons de lire les deux premiers chapitres de notre précédent ouvrage : *Change your mind - and keep the change.*

20 Mobiliser votre capacité naturelle à guérir

Quelques semaines après la naissance de notre premier enfant, je commençai à avoir des douleurs au sein gauche. Tout d'abord, je ne me suis pas du tout inquiétée, pensant que cette petite protubérance douloureuse s'en irait d'elle-même. Mais tel ne fut pas le cas; bientôt les douleurs s'accentuèrent et une tâche rouge apparut. Puis la fièvre monta très vite. Je consultai un médecin. Celui-ci diagnostiqua une infection et me prescrivit des antibiotiques. En l'espace de vingt-quatre heures, la fièvre disparut et la grosseur au sein en fit autant quelques jours plus tard.

Durant les années qui suivirent, ce scénario se renouvela très souvent. J'ai allaité notre premier enfant pendant seize mois et, régulièrement, cette grosseur au sein a reparu, avec cette tâche rouge sur la peau suivie d'une forte fièvre et d'un traitement d'antibiotiques. Je n'aimais pas prendre des antibiotiques car, dans la mesure du possible, j'essaye d'éviter les médicaments, pourtant, dans ce cas-là, c'était nécessaire. Chaque fois que survenait une infection, la même séquence se reproduisait. Je connaissais et identifiais très facilement les premiers signes annonciateurs de l'infection; aussitôt, je m'allongeais et je me mettais des compresses chaudes, «espérant» que mon corps saurait se guérir par lui-même, afin de ne pas avoir recours une nouvelle fois aux antibiotiques.

J'essayais d'appliquer la «pensée positive» pour encourager mon corps à se guérir. Mais, chaque fois, les symptômes s'aggravaient; je tenais quelques jours, espérant toujours que ma fièvre diminuerait d'elle-même, persévérant avec les compresses et les boissons chaudes. Mais, lorsque la fièvre persistait trop longtemps avec des températures très élevées, je m'inquiétais sérieusement et consultais un médecin dont la prescription s'avérait toujours efficace.

J'ai, alors, découvert que, dans ma famille, les femmes avaient un passé pathologique d'infection des seins. Un certain nombre de facteurs physiologiques semble fragiliser certaines femmes. Néanmoins, je voulais retrouver une meilleure santé et, surtout, être capable de me guérir moi-même. Car chaque fois que j'avais un traitement d'antibiotiques pendant dix jours, notre bébé avait une digestion plus difficile et ses selles étaient suspectes. Les antibiotiques qu'il recevait à travers mon lait avaient des effets beaucoup plus forts sur son corps fragile. D'après les différentes recherches sur l'excès d'antibiotiques, j'étais convaincue que ce traitement administré aussi régulièrement était néfaste pour l'enfant.

A la naissance de notre deuxième enfant, la même expérience se reproduisit. C'était même pire puisque je prenais des antibiotiques encore plus souvent. Lorsque je regardai mon agenda personnel, je fus horrifiée de constater que j'en avais pris pratiquement tous les jours. Je voulais à tout prix trouver le moyen de guérir de cette infection sans avoir à faire appel aux médicaments; j'ai donc essayé toutes les techniques de P.N.L. que je connaissais. Alitée et souffrante, j'ai essayé sans succès, hélas, de nombreuses méthodes décrites dans ce livre.

Nouvelle découverte.

Finalement, tandis que les symptômes familiers s'étaient manifestés à nouveau et que j'étais au lit «espérant» guérir comme d'habitude, j'expérimentai quelque chose d'autre. Ce que j'expérimentai, ce jour-là, a, depuis, aidé de nombreuses personnes à recouvrer leur santé très rapidement.

Tout d'abord, je me suis posé la question suivante : « Comment est-ce que j'envisage ce qui va m'arriver ?» Je savais que *j'espérais* guérir sans avoir besoin de médicaments, mais qu'est-ce que j'imaginais réellement par cette idée de guérison ? Je me voyais, au lit, malade. C'était une image fixe, en noir et blanc, mais le photographe l'avait légèrement grisée. Je la voyais sur ma gauche. «Rien d'étonnant ! Voilà pourquoi je n'ai pas réussi à me sentir mieux.» Même si, consciemment, je désirais très fort guérir, inconsciemment, je me voyais *malade*.

Puis, je continuai : «Dans quel cas est-ce que je sais que mon corps va se guérir automatiquement ? Dans quelles circonstances est-ce que je peux compter sur mon corps pour se guérir seul sans que j'intervienne ?» J'imaginai tout d'abord une légère écorchure ou une coupure. Si j'ai une coupure, je sais que la blessure va guérir d'elle-même au bout de quelques jours. Pour un rhume ou une grippe, plus proches de l'infection au sein, puisqu'ils affectent le corps entier plus qu'une coupure ou une écorchure, je sais ce qui me permet de guérir : me reposer et laisser mon corps faire le travail tout seul.

Utiliser ma capacité naturelle à guérir.

Lorsque je me visualisais en train de guérir d'un rhume, je me voyais dans un film, sur ma droite. Tout d'abord, je me voyais alitée et, petit à petit, je reprenais des forces et je retrouvais la santé. Le film défilait en accéléré, aussi, dans mon esprit, je me voyais souffrante au lit, puis en l'espace de quelques secondes, sur pied en pleine santé.

J'étais intriguée de savoir ce qui se passerait si je pensais à mon infection comme je pensais «au rhume». Nous avions déjà travaillé avec de nombreuses autres méthodes de P.N.L. mettant en oeuvre les *codages du cerveau* en matière de croyances (voir chapitre 3). Je pris la diapositive où je visualisais ma maladie, je la déplaçai à l'endroit où se situait le film dans lequel je me voyais guérir automatiquement du rhume et je construisis un film similaire où je me voyais en train de guérir de mon infection. La reproduction était identique : la même taille, les mêmes couleurs, la même rapidité des mouvements et le même emplacement. En procédant à cet exercice, mon corps en ressentit immédiatement les effets. Certes, je n'étais pas encore au mieux de ma forme, mais j'avais le sentiment que *je guérirais bientôt.*

Afin de bien ancrer le changement, je construisis un autre exemple dans lequel je guérissais d'un autre cas d'infection au sein et je le plaçai dans mon passé. Je construisis le film exactement comme les autres expériences de mon passé et je l'inscrivis sur ma ligne du passé. Dès lors, je me sentis beaucoup mieux. J'avais la sensation très nette que je pourrais me guérir sans médicaments. Même si je savais que cette expérience était façonnée de toutes pièces, mon corps la ressentait comme *réelle*. «Puisque je l'avais déjà fait, je serais capable de le refaire.»

Je continuai à m'appliquer des compresses chaudes et j'observai ce qui se produisait. La température redevint normale, sans atteindre les pics précédents. La grosseur sur le sein et la tâche rouge disparurent progressivement le lendemain et le surlendemain. J'étais ravie de ne pas avoir besoin d'antibiotiques !

Suite à cette expérience, je n'ai plus jamais eu besoin d'y recourir pour les infections de ce type, ni pendant la durée totale de l'allaitement de mon deuxième enfant, ni du troisième. Le schéma de ces infections était tellement évident, répétitif et régulier, que je pouvais constater, sans aucune hésitation, que quelque chose avait réellement changé. C'était comme si mon corps savait maintenant comment remédier immédiatement à ces infections, pratiquement même avant leur apparition. A partir de cette date-là, même les symptômes préliminaires de l'infection se sont estompés très rapidement. Pendant les deux années et demie qui suivirent, durant lesquelles j'ai allaité, les symptômes ne sont apparus que deux fois et disparurent sans provoquer de fièvre. Une seule fois, pendant les vacances, j'ai eu une forte fièvre. J'avais des antibiotiques avec moi au cas où j'en aurais eu besoin. Mais la fièvre est redescendue très vite. C'était un changement vraiment appréciable, comparativement aux expériences précédentes. Les choses avaient réellement changé et le schéma qui avait entraîné ces infections répétitives s'était transformé.

Une méthode pour retrouver la santé.

Au vu des résultats remarquables que j'avais obtenus, nous avons souhaité guider d'autres personnes dans ce processus de guérison (1). Nous voulions vérifier que cette méthode serait efficace pour d'autres patients même s'il

(1) La méthode présentée dans ce chapitre ne doit pas être considérée comme un traitement dont le but serait d'éliminer toute maladie spécifique ou dysfonctionnement physiologique. Elle propose une technique générale de sauvegarde de la santé tout en respectant les maladies. Les exemples que nous proposons sont le fruit d'expériences personnelles et sont le témoignage d'individus ayant appliqué cette méthode

s'agissait d'autres types de problèmes. Etant donné la rapidité de la méthode, il est évident qu'il n'y a rien à perdre à l'appliquer puisque nous la proposons en *complément* au traitement médical et *non pas* en remplacement. Depuis, de nombreuses personnes ont pu tester son efficacité pour des problèmes assez graves. Nous vous en proposons plusieurs exemples.

Eric et l'arthrite.

Eric souffre d'arthrite. Les articulations de ses doigts sont particulièrement douloureuses. Il a déjà réduit un grand nombre de ses activités physiques devenues insupportables à cause de la douleur. Lors d'un séminaire, il s'est porté volontaire pour la démonstration.

Je lui ai demandé de penser à une maladie semblable à son arthrite et dont il savait qu'il pouvait guérir automatiquement. Il pensa à une entorse au poignet. Il se représentait son poignet en train de guérir comme une zone dans laquelle le sang affluait, apportant avec lui tous les éléments de guérison. Cette zone de guérison était plus colorée, plus grande et plus brillante que les zones alentour. Je l'ai ensuite guidé pour l'aider à recoder son arthrite exactement de la même manière qu'il avait codé la guérison de son entorse au poignet. Il construisit une image de son arthrite identique à celle de l'entorse. Dès qu'il l'eut fait, ses mains sont devenues plus rosées. Une fois le processus terminé, Eric a déclaré : «J'aimerais vous dire ce qui se passe en ce moment. L'une après l'autre, chaque articulation est devenue très chaude et très douloureuse, puis la douleur a complètement disparu. Heureusement que cela ne se produit pas en même temps pour chaque articulation car ce serait très pénible.» Le processus enclenché se poursuivit pendant la semaine suivante, travaillant une articulation après l'autre avec les mêmes manifestations de douleur soudaine et les sensations de chaleur suivies de la disparition complète de la souffrance.

Ses symptômes avaient pratiquement disparu lorsque sa femme fut tuée dans un accident de voiture. Ce choc fut terrible et les symptômes d'arthrite réapparurent immédiatement. Deux semaines plus tard, Eric participa à l'un de nos séminaires sur le processus de résolution du deuil (voir chapitre 11). Une fois le deuil accompli et l'épreuve surmontée, tout avait définitivement disparu.

April et ses douleurs dorsales chroniques.

April est venue me trouver lors d'une conférence nationale sur la santé et le bien-être au cours de laquelle je présentais cette méthode et elle me demanda si je voulais bien l'aider.

«Pendant tout le week-end, j'ai essayé de vous éviter - et en même temps, j'avais très envie d'avoir un contact avec vous - car j'ai nourri tellement d'espoirs auparavant, tous anéantis, que je ne veux pas être à nouveau déçue. Il y a beaucoup de raisons à cela. Pendant des années, j'ai souffert de douleurs chroniques, j'ai subi sept opérations et j'ai fait quatre fausses couches.»

A ce moment-là, je ne cherchai pas tous les détails de son histoire puisque je ne disposais que de quinze minutes, aussi me fallait-t'il agir vite. «Cela semble très important pour vous de ne pas alimenter trop d'espoirs. Et ce n'est effectivement pas nécessaire pour ce travail. Peu importe ce que vous pensez ou espérez consciemment. Nous pouvons changer la manière dont votre cerveau se représente ces faits en une guérison automatique. Si cela marche, tant mieux; si cela ne marche pas, tant pis. Vous verrez bien ce qui se passera. Si la méthode vous permet de guérir votre dos, la guérison s'effectuera d'elle-même. Il n'est pas nécessaire d'espérer quoi que ce soit; je vous propose de ne *rien espérer*.» Après ces propos, je vis qu'April se sentait soulagée car ses épaules se relâchèrent.

Je devais réajuster quelque peu la méthode pour l'adapter à elle. April ne trouva tout d'abord aucun exemple similaire où elle s'était guérie par elle-même. Une coupure ou une simple ampoule était trop anodin comparé à la gravité de son problème. «J'ai eu de nombreuses opérations et des douleurs en haut et en bas de la colonne vertébrale, à l'estomac également. Les dégâts sont importants», expliqua-t-elle.

Je lui demandai de choisir juste une petite partie d'elle-même qu'elle souhaitait voir guérir pour que l'exemple ressemble plus à celui d'une coupure. Cela s'avéra efficace. April choisit une partie de son dos qui avait subi de nombreuses opérations. Nous avons découvert comment transformer l'image inconsciente qu'April avait de cette partie de son dos pour qu'elle se la représente comme une coupure en train de guérir. A cette image qu'elle mit en trois dimensions, elle ajouta une lumière blanche. Une fois l'exercice terminé, je lui proposai d'étendre le même codage à toutes les autres parties de son corps qui avaient besoin de guérir : «Faites comme si vous aviez de nombreuses coupures à des endroits différents afin que chacune guérissent d'elle-même.» April sentit un léger mieux, mais il manquait toujours quelque chose car ses sensations n'étaient pas les mêmes pour son dos ou pour son estomac que pour une simple coupure. Finalement, je lui proposai de déplacer l'image d'une coupure se guérissant automatiquement dans une partie de son estomac, puis dans toute la zone de l'estomac et du dos. Pendant cet exercice, tout son corps fut saisi de frémissements qui lui donnèrent «la chair de poule» et son visage s'empourpra. De toute évidence, un changement important était en train de s'effectuer. Son regard exprimait nettement le bouleversement que provoquait en elle cette expérience.

Je lui proposai ensuite de se construire un souvenir où elle *aurait déjà guéri* par le passé d'un problème similaire. Elle me répondit qu'elle en était incapable à cause du chagrin dû aux fausses couches qu'elle avait faites. Comme je disposai de peu de temps, pour se détacher de ces événements, je lui suggérai de se procurer notre cassette vidéo «faire le deuil» (voir annexe 2) puis de terminer le processus de guérison toute seule. Bien entendu, je lui proposai mon aide au cas où elle en aurait besoin. Deux semaines plus tard, je la contactai pour prendre de ses nouvelles. Elle voulait justement m'envoyer une lettre pour m'informer des résultats obtenus. Elle avait l'air enthousiaste. «Je suis tellement contente ! Lorsque nous avons travaillé ensemble, j'ai eu la chair de poule et aussitôt la douleur a disparu. Ensuite, j'ai regardé votre cassette vidéo sur le deuil et cela m'a beaucoup aidée. J'en ai parlé à mon père et, au fur à mesure que je lui racontais les différentes étapes, j'ai été à nouveau envahie par la chair de poule. Je sais que je suis en train de guérir.»

Je voulais avoir quelques informations supplémentaires sur son histoire. Voilà ce que j'ai appris. Elle avait un problème congénital au dos que l'on découvrit seulement à l'âge de vingt et un an. Suite aux douleurs chroniques, on lui fit subir un myélogramme. Elle avait également une maladie dégénérescente des disques vertébraux et une légère déformation de la colonne vertébrale. Elle avait subi sept interventions chirurgicales, plusieurs laminectomies et on lui avait installé un dispositif de stimulation de la colonne. Après la première opération en 1971, la plaie resta ouverte pendant un an et demi. «Lorsque j'ai été enfin remise, j'avais toujours autant de douleurs. J n'éprouvais aucun soulagement. Je souffrais encore davantage à cause de cette opération, des tissus meurtris et des cicatrices. J'ai ensuite essayé plusieurs méthodes pour me débarrasser de ces douleurs.» C'est ainsi qu'elle se fit implanter ce dispositif de stimulation de la colonne vertébrale à l'hôpital Johns Hopkins. Cet appareil était censé réduire ses douleurs chroniques, mais cela ne marcha pas et créa, au contraire, davantage de problèmes : chocs électriques, troubles de la vessie et douleurs des muscles vaginaux. Le dispositif pouvait être allumé ou éteint à partir d'une source électrique extérieure et puisque c'était la source de tant de problèmes, April décida de ne plus s'en servir.

«Pendant les deux ou trois années suivantes, j'ai pris des médicaments et j'en suis devenue dépendante. Je suis retournée à la clinique Johns Hopkins où j'ai fait du biofeedback dans le cadre d'un programme de sevrage des médicaments. Un an plus tard, j'ai commencé à avoir des problèmes d'estomac. On me confirma que l'ulcération provenait des traitements analgésiques que j'avais pris. On m'enleva la moitié de l'estomac, puis j'ai fait une série de fausses couches. On m'a dit alors que c'était dû à mes problèmes de dos. Mais, j'ai finalement réussi à mener à terme ma grossesse et j'ai eu un enfant en pleine santé et un deuxième un peu plus tard.»

«Les douleurs chroniques ont disparu pendant plusieurs années. J'avais mal seulement lorsque je faisais des choses fatigantes comme par exemple, tondre la pelouse. Puis, j'ai eu à nouveau des douleurs et je me suis dit que cette fois-ci, j'allais essayer une autre démarche. C'est à ce moment que nous nous sommes rencontrées. La méthode est efficace et je prends davantage soin de moi. Cela a été un soulagement émotionnel très réconfortant. J'ai immédiatement remarqué une différence très nette du degré de souffrance. Les douleurs ont disparu dès que j'ai eu la chair de poule. Ce qui est formidable dans ce travail, c'est de savoir que, désormais, je sais que je peux contrôler ce qui se passe et que je dispose d'outils adéquats pour le faire.»

Peter et son cancer de la peau.

Peter participait à un séminaire où j'enseignais le protocole d'auto-guérison. Peter souffrait d'un cancer de la peau localisé sur le nez apparu environ deux mois auparavant. La tumeur mesurait environ trois millimètres de diamètre et devenait de plus en plus grosse. En 1983, il avait déjà eu une première tumeur cancéreuse sur la peau puis une deuxième quelques années plus tard; c'était donc un problème qu'il connaissait. La première fois, il avait cru qu'il s'agissait d'un grain de beauté un peu curieux. Mais cette grosseur devenait plus importante, le démangeait et selon son expression : «J'avais des sensations de picotement à l'intérieur et j'avais l'impression que cela se propageait.» Peter consulta son médecin qui diagnostiqua un cancer. Il l'informa des différents traitements possibles : opération chirurgicale ou crème à la cortisone. Le médecin lui recommanda tout d'abord d'essayer la crème à la cortisone et, si cela ne marchait pas, de recourir à la chirurgie. La crème a été efficace et, au bout de six mois, cette grosseur cancéreuse était guérie. Quelque temps plus tard, Peter utilisa cette même méthode pour soigner une deuxième grosseur cancéreuse.

Lorsque, pour la troisième fois, Peter constata l'apparition de la tumeur sur le nez, il eut la même sensation «horrible» qu'il avait eue auparavant et il décida d'avoir recours rapidement au traitement pour s'en débarrasser. Cependant, il s'avéra que, cette fois-ci, ce traitement ne fut d'aucune efficacité. Peter faisait partie de l'assistance lorsque je fis la démonstration du protocole d'autoguérison sur un autre participant. Peter ne se contenta pas d'observer la démonstration, mais il pratiqua sur lui-même les instructions que je donnais, puis n'y pensa plus. Par la suite, il me dit : «Je n'en attendais rien.»

Deux semaines après ce séminaire, sa femme a été la première à remarquer que quelque chose avait changé. «Ma femme prit ma tête, me regarda de profil puis dit : «C'est en train de tomber !», je lui ai répondu : «N'y touche pas» et effectivement c'est tombé deux jours après ! Maintenant, c'est complètement parti !» expliqua Peter.

Je lui ai demandé comment il avait visualisé son cancer pendant le séminaire : « J'ai imaginé que c'était très chaud. Je le voyais recouvert d'un bandage qui maintenait la chaleur à l'intérieur.»

Ted et le Sida.

Ted, un de nos participants, est atteint du virus du Sida. Il ne considère pas ce diagnostic comme une condamnation à mort, il cherche au contraire les moyens d'améliorer sa santé et sa vie. Fort de cette motivation à surmonter le Sida, il a employé tous les moyens pour guérir. Il a eu recours à de nombreuses méthodes décrites dans cet ouvrage qui l'aidèrent à réduire le stress et à accroître son bien-être personnel. Nous approuvons sa démarche et nous l'avons encouragé dans ses efforts. Lorsque nous travaillons avec des patients confrontés à une situation semblable, nous leur promettons seulement d'améliorer la qualité de leur vie, pas de la prolonger. Néanmoins, il existe de nombreux exemples de cas de rémission complète de maladies dites en phase terminale et il semble que les changements d'ordre psychologique jouent un rôle important. L'ouvrage de Bernie SIEGEL intitulé *Amour, Médecine et Miracles* (1) présente une série d'exemples impressionnants de guérisons ainsi qu'une synthèse de preuves scientifiques confirmant les liens entre l'àspect physiologique et psychologique qui rendent ces guérisons possibles.

Si une personne est vraiment en bonne santé, elle peut être en mesure de gérer ses tensions, sa nervosité, sa colère et un certain déséquilibre à l'aide de différents moyens. Mais, lorsqu'il s'agit de se remettre d'une maladie grave, il est nécessaire de faire le point sur sa vie de manière à ce que le corps dispose de ressources maximales pour se guérir. Dans cette perspective, Ted a employé de nombreuses méthodes de PNL.

Entre autres, il a appliqué la méthode décrite dans ce chapitre pour coder le Sida comme s'il s'agissait d'un rhume. Il voulait que son corps réagisse au Sida comme à quelque chose dont il pourrait automatiquement guérir. Aucun d'entre nous ne savait si cela était possible ou non, mais Ted avait tout à gagner à tenter l'expérience.

Un an plus tard, Ted refit le test du Sida, le test des anticorps était positif, mais le test du virus, négatif. Le laboratoire n'avait pu cultiver le virus à partir de son sang. Ted en conclut que son corps avait réussi à créer une immunité contre le Sida. Il disposait à présent d'anticorps contre le virus comme il avait des anticorps contre la grippe. De toute façon, le virus avait disparu. «Mes médecins n'arrivaient pas à le croire; ils me demandèrent de renouveler les examens dans un autre laboratoire. Les résultats furent identiques et les médecins ne parvenaient toujours pas à croire que c'était possible. Maintenant, je suis l'objet d'un intérêt médical intense».

Dans le magazine *Science* (2), un article montre que les chercheurs ont constaté que le cas de Ted n'est pas unique. Sur mille cas étudiés dans l'hôpital Johns Hopkins, quatre personnes montrent la même évolution avec disparition vraisemblable du virus.

Nous ne savons pas exactement ce qui s'est passé d'un point de vue physiologique pour Ted, mais, nous sommes certains que ces changements sont étroitement liés au travail thérapeutique effectué. Aujourd'hui, Ted est en parfaite santé et ne présente plus aucun symptôme (voir post-scriptum à la fin du chapitre).

S'ouvrir à l'autoguérison.

A un moment ou à un autre de notre vie, nous désirons tous accroître notre capacité de guérir. La méthode décrite dans ce chapitre vous permet de mobiliser votre propre capacité de guérison.

Il est certain que cette méthode *ne peut tout* guérir. Elle prend peu de temps et elle ne vous demande de changer vos croyances ou d'adopter un style de vie spécial. Si vous rencontrez des difficultés à pratiquer la méthode seul, n'hésitez pas à demander de l'aide à des personnes qualifiées et entraînées à cette méthode de PNL.

Au début, les gens ne trouvent pas d'exemple de problèmes dont ils peuvent souffrir, car ils «partent du principe» qu'aucune guérison n'est possible. Si c'est le cas, le processus d'autoguérison peut être particulièrement approprié. Puisque vous croyez fermement que telle maladie ou telle blessure ne peut se guérir d'elle-même, si vous changez votre manière de penser, vous obtiendrez des résultats tout à fait extraordinaires. Lors d'un séminaire, quelqu'un m'a dit : «Je ne peux pas appliquer ce processus à mon arthrite, car on ne peut rien y faire.» Puis, il se rendit compte qu'il *pensait* à son arthrite comme à une maladie nécessairement vouée à s'aggraver. Son intérêt pour la méthode se manifesta lorsqu'il prit conscience des résultats éventuels s'il parvenait à modifier son mode de pensée inconscient.

Nous avons enregistré d'excellents résultats auprès de patients qui ont appliqué ce protocole sur des problèmes très variés. Vous venez de lire quelques exemples qui démontrent que nous sommes capables de mobiliser notre faculté d'autoguérison. Chaque année, le nombre d'exemples augmente. Bien sûr, plus la maladie est grave, plus grands sont les bénéfices possibles.

L'utilisation des ressources médicales.

Assurez-vous que vous recevez les soins médicaux appropriés. Lorsque je suis malade, je veux obtenir *toutes* les informations qui me permettent de savoir ce qui se passe réellement en moi. Dans certains cas, une solution médicale simple peut être beaucoup plus profitable que de tenter de faire quelque chose dans notre esprit. En revanche, il y a des cas où la médecine n'offre que des médicaments «dangereux» ou des solutions chirurgicales sans garantir le résultat. Dans ces situations, vous n'avez rien à perdre et tout à gagner à essayer d'autres approches, à condition, bien sûr, de ne pas exclure les solutions médicales. J'ai appliqué cette méthode pour mon infection au sein, sachant que j'aurais recours aux antibiotiques s'il n'y avait aucun résultat. Même si l'on opte pour une solution médicale traditionnelle, telle que la chirurgie, l'application de ce protocole peut aider les patients à accélérer leur guérison.

Dans son ouvrage *Amour, Médecine et Miracles* (1), Bernie SIEGEL propose de nombreux «trucs» pour aider à établir une relation respectueuse et bénéfique entre médecins et patients. Je pose toujours énormément de questions aux médecins pour recueillir le maximum d'informations. «Que sait-on de cette maladie ?» «Dans quelle mesure vos résultats d'analyse sont-ils fiables ?» «Quels types de traitements sont recommandés ?» «Quels sont les bienfaits et les risques de ce traitement ?» «Quels sont les risques et les bienfaits au cas où je n'applique pas ce traitement ?» Dans le cas d'une problématique grave, il peut être opportun de consulter un autre médecin.

Je considère mon médecin comme un conseiller de premier ordre qui possède une connaissance approfondie des maladies. Mais je n'oublie pas que mon corps m'appartient et je suis consciente que les connaissances médicales changent avec le temps. Ce que l'on considère aujourd'hui comme vrai, laissera demain la place à de nouvelles et meilleures conceptions sur la manière de recouvrer et maintenir la santé. En 1956, Steve souffrait d'un ulcère gastrique ouvert. Le traitement préconisé à l'époque est reconnu aujourd'hui comme un facteur d'*aggravation* de l'ulcère ! On a, depuis peu, découvert que les ulcères sont provoqués par une bactérie et peuvent donc être traités avec des antibiotiques.

Nos médecins font de leur mieux avec les connaissances actuelles. Nous pouvons prendre des décisions sages en conciliant ces données médicales avec la connaissance que nous avons de nous-même et de notre corps. Nous respecterons d'autant plus les médecins si nous n'attendons pas d'eux qu'ils soient des dieux omniscients. Lorsque j'ai dû prendre des décisions contraires à l'avis du médecin, j'agissais en toute conscience et j'étais prête à en assumer la responsabilité quelles que soient les conséquences. Les deux ouvrages de Norman COUSINS proposent un excellent modèle pour que vous participiez intelligemment à votre traitement et à votre guérison.

Protocole d'auto-guérison.

Cette méthode vous guide à travers un processus qui montre à votre cerveau comment coder une blessure ou une maladie pour une guérison automatique. Bien qu'il n'y ait aucune garantie de guérison, la plupart des gens ont constaté une amélioration très nette de leur état de santé. Actuellement, nous ne sommes pas en mesure d'expliquer entièrement le mécanisme physiologique à travers lequel ce processus stimule une réaction de guérison chez la plupart des gens. Il semble qu'il permet de créer des messages inconscients de guérison auxquels notre corps répond vingt quatre heures sur vingt quatre. Ces messages ne sont pas des «suggestions subliminales» d'ordre général ni des méthodes de changement global; au contraire, ils sont tout particulièrement adaptés au mode de fonctionnement de *notre* cerveau. Dès que ces messages sont en place, ils constituent les éléments clés qui permettent aux gens de vivre des guérisons spectaculaires de maladies dites «incurables», là où d'autres personnes souffrant des mêmes maladies n'ont pu guérir.

Etape 1. Identifiez ce que vous désirez guérir automatiquement. Cela peut être soit une maladie, soit une blessure.

Etape 2. Fixez les preuves qui vous permettront de savoir quand vous serez guéri ou quand le processus de guérison sera en train d'agir. Posez-vous les questions suivantes : «Une fois la guérison accomplie, qu'est-ce qui sera différent dans mon expérience ?» «Quels signes prouveront que le processus de guérison est en train de s'accomplir ?» «Une fois guéri, quels changements verrai-je ou sentirai-je ?»

Etape 3. Trouvez une expérience personnelle d'autoguérison automatique. Pensez à une maladie semblable à celle que vous désirez guérir et dont vous savez que votre corps se guérit automatiquement, tout seul. Choisissez quelque chose qui se guérit quoi que vous fassiez - quelque chose que vous ne pouvez pas empêcher de guérir. Les exemples les plus courants sont : coupures, écorchures, ampoules, foulures légères, rhume ou légère grippe. Nous avons tous fait l'expérience de ces petits maux et nous savons qu'ils se guérissent automatiquement. Choisissez quelque chose qui vous semble se rapprocher du problème que vous désirez guérir.

Etape 4. Imaginez votre expérience d'autoguérison automatique en train de se produire MAINTENANT. «Si vous aviez une coupure (ou autre chose que vous avez choisi à l'étape 3), à l'instant même, vous sauriez parfaitement que cette blessure se guérira automatiquement, n'est-ce pas ?» Observez comment vous imaginez la coupure si vous l'aviez maintenant sachant qu'elle se guérira d'elle-même.

Etape 5. Identifiez les différences de codage entre votre expérience d'autoguérison (issue de l'étape 4) et votre maladie ou votre blessure (issue de l'étape 1). Comment voyez-vous chacune d'entre elles ? En quoi diffèrent-elles ?

Commencez par noter *où* vous les voyez. Lorsque vous pensez à votre maladie qui ne se guérit pas, que voyez-vous dans votre esprit et où le voyez-vous ? Est-ce en face de vous ? Sur votre corps ? Ou sur le côté ?

Posez-vous les mêmes questions à l'égard de l'expérience d'autoguérison (étape 4). Lorsque vous imaginez avoir une blessure à l'instant même, où voyez-vous cette image ? La plupart des gens la voit dans un endroit *différent*. Voyez-vous une de ces expériences *sur votre corps* alors que l'autre se trouve en face de vous, dans l'espace ? Par exemple, vous verrez peut-être l'image d'une blessure en train de se cicatriser *juste sur votre main*, alors que vous verrez la blessure non cicatrisée comme si elle était dans *une image de vous-même en face de vous.*

Vérifiez également toutes les autres différences de codage. Observez si l'une est en couleur, l'autre en noir et blanc. S'agit-il d'une diapositive ou d'un film ? L'une est-elle plus grande ou plus proche ? Observez comment votre esprit en identifie une comme quelque chose qui se guérira automatiquement et l'autre comme quelque chose qui ne se guérira pas.

Dans votre expérience d'autoguérison, la zone de guérison *se distingue-t-elle des zones voisines* ? Chez de nombreuses personnes, la zone de guérison est plus grande, plus colorée, vivante, lumineuse, bref elle porte *les signes de la guérison*. Il est important de noter ces observations, car elles traduisent la manière dont votre cerveau sait que telle zone de votre corps nécessite une attention particulière.

Vous pouvez noter par écrit la façon dont vous vous représentez l'expérience de guérison pour être sûr de vous en souvenir.

Etape 6. Transformez maintenant votre expérience de «non guérison» en une expérience d'autoguérison automatique. A présent, codez votre blessure ou maladie de la manière dont votre cerveau a déjà codé votre autoguérison. Cela veut dire que vous allez rendre votre expérience de «non-guérison» *semblable à l'expérience de guérison.* Faites-vous une image de votre blessure ou de votre maladie en utilisant les codes qu'utilise votre cerveau dans le cas d'une guérison automatique. Servez-vous des informations obtenues à l'étape 5.

Si votre expérience de non guérison était une diapositive de la maladie ou un film montrant la situation s'aggraver, changez-la d'abord en une image *de la situation s'améliorant, en la rendant semblable à celle de votre expérience d'autoguérison.* Puis, déplacez-la au même endroit que l'expérience d'autoguérison. Voici comment procéder :

Si vous voyez votre expérience de guérison automatique sur votre corps à l'endroit approprié, visualisez l'expérience de non guérison sur votre corps à l'endroit où le problème se trouve. En d'autres termes, si vous voyez une blessure dans votre main en cours de guérison et si vous désirez guérir votre colonne vertébrale, imaginez votre colonne en train de guérir comme si vous la voyiez exactement à l'endroit où elle est dans le dos.

Si vous voyez votre blessure en train de guérir dans une image de vous-même, devant vous, visualisez votre colonne vertébrale en train de guérir dans une image de vous-même, devant vous et au même endroit. Certaines personnes voient les deux : l'image de la guérison se situe *sur* leur corps et en même temps en face d'eux.

Puis, rendez-les deux images semblables. Si votre expérience de guérison comporte un halo lumineux autour du point à guérir ou si elle est colorée, modifiez votre expérience de «non guérison» de cette manière. En faisant cela, vous indiquez à votre esprit et à votre corps qu'ils doivent déclencher le processus de guérison automatique pour votre maladie ou votre blessure.

Etape 7. Vérifiez que votre maladie est codée pour une autoguérison automatique. Observez à nouveau votre expérience d'autoguérison et remarquez comment vous voyez *à présent* votre maladie. Les deux expériences sont-elles identiques ? Le cas échéant, notez ce qui est encore différent et faites disparaître les différences.

Une fois l'expérience de non-guérison codée pour la guérison, beaucoup de gens notent des changements immédiats et significatifs dans la manière de ressentir la blessure ou la maladie. C'est un signe que le changement s'est effectivement produit à un niveau physiologique. L'image de votre maladie ou de votre blessure vous semble-t-elle à présent aussi réelle et attrayante que votre expérience d'autoguérison ? Le cas échéant, notez à nouveau en quoi les deux expériences diffèrent et rendez-les identiques.

Chez la plupart des gens, *la manière de voir* la maladie est un facteur déterminant; observez également ce que vous *entendez* en vous-même ou ce que vous vous dites. Si votre expérience d'autoguérison est accompagnée d'une voix ou d'un son, assurez-vous de créer la même voix en provenance du même endroit pour la maladie ou la blessure que vous désirez soigner.

Etape 8. Localisez votre ligne du passé. Construisez un exemple de guérison automatique et placez-le sur votre ligne du passé. Vous trouverez des informations pour déterminer votre ligne du temps dans le chapitre précédent. En quelques minutes, grâce à l'aide d'un praticien de PNL confirmé, vous pourrez trouver votre ligne du temps.

Construisez un exemple où votre corps *s'est déjà rétabli d'une maladie ou d'une blessure du même type,* puis placez cette expérience dans votre passé. Assurez-vous de la parfaite ressemblance de ce souvenir «entièrement fabriqué» avec tous vos autres souvenirs du passé de manière à ce qu'il soit le plus réel possible. Comme la plupart de nos croyances sur ce qui est réel et possible, sont basées sur ce qui nous est arrivé dans le passé, cette étape renforce l'impact et l'efficacité de la méthode.

Ces huit étapes suffisent la plupart du temps pour permettre à la guérison de se faire d'elle-même; ces étapes réorientent votre corps vers la guérison à des niveaux conscients et profondément inconscients. Mais il est parfois nécessaire de compléter le processus par deux autres étapes. Il n'y a rien à perdre et beaucoup à gagner à prendre le temps de les faire.

Etape 9. Respectez l'écologie personnelle : vérifiez l'existence d'objections à la guérison. Fermez les yeux et observez ce qui se passe en vous. Demandez-vous : «Y a-t-il une partie en moi qui s'oppose au processus *automatique de guérison ?»*

Si la réponse est négative, passez à l'étape suivante.

Si la réponse est affirmative, reportez-vous aux méthodes décrites au chapitre 8 pour répondre à ces objections et vous permettre de guérir. Apprendre à déchiffrer avec bienveillance et précision les signes qui se manifestent en vous est un atout considérable pour toutes les circonstances de la vie.

Les objections se manifestent généralement quand une partie de vous se rend compte que si vous alliez mieux d'emblée, vous perdriez quelque chose d'important pour vous. Une maladie particulière ou une série de maladies exprime peut-être quelque chose d'utile et d'important dans votre vie. Certaines théories psychologiques parlent de «bénéfices secondaires» : c'est une manière détournée de mettre en valeur quelque chose qui nous est cher et que l'on souhaite à tout prix préserver. Une maladie ou une blessure peut permettre d'obtenir l'amour et l'attention des autres ou répondre à des objectifs importants. Si c'est le cas, il est nécessaire d'identifier d'autres moyens d'atteindre ces objectifs pour supprimer la nécessité de la maladie.

Vérifiez avec soin certaines objections si :

1) vous êtes gravement malade;

2) vous êtes malade depuis longtemps et vous avez dû vous adapter à un mode de vie différent à cause de cette maladie;

3) votre maladie atteint considérablement la vie de votre entourage.

Etape 10 : accédez à votre sagesse intérieure pour favoriser le processus de guérison.

Retirez-vous en vous-même et demandez à votre inconscient : «Y a-t'il quelque chose que je puisse faire pour favoriser mon autoguérison ?» Attendez que se manifestent des images, des sentiments ou des pensées. Il est étonnant de constater les merveilleux conseils que nous pouvons nous offrir lorsque nous savons demander et écouter. Parfois, nous recevons en réponse les mêmes conseils que ceux que nous donne notre entourage. Mais lorsque nous les recevons de nous-mêmes, nous avons davantage confiance et nous sommes plus prêts à les suivre.

Tout particulièrement, vérifiez si des *changements dans votre mode de vie pourraient favoriser le processus de guérison*. Si vous vivez de manière équilibrée, votre corps dispose de tous les moyens nécessaires pour se guérir. Demandez : «Y a-t'il des suggestions de mon moi intérieur concernant mon mode de vie, mes habitudes alimentaires, professionnelles, mes activités sportives ou de loisir ?» Parfois «les règles habituellement conseillées» aux gens ayant une maladie particulière ne vous conviendront peut-être pas. Votre moi intérieur inconscient sait souvent tout cela avant que vous en ayez vous-même conscience.

Dans les cas de maladies graves, il est nécessaire de faire cette étape chaque jour ou chaque semaine jusqu'à ce que la guérison soit complète. Certains jours, vous ne recevrez peut-être aucun conseil ou seulement : «poursuivez ce que vous faites déjà.» D'autres jours, votre moi intérieur vous communiquera des informations importantes.

Cette étape vous permet de vous assurer que votre mode de vie encourage le processus de guérison. Si votre alimentation n'est pas équilibrée, si vous ne dormez pas assez ou travaillez trop, l'autoguérison sera beaucoup plus difficile. Lorsque vous avez une coupure, vous la protégez de la poussière et vous attendez qu'elle guérisse. Vous la maintenez propre en y mettant un pansement. De la même manière, en prenant bien soin de vous, vous permettez aux maladies et aux blessures de guérir plus rapidement. Parfois, l'application de cette méthode suscite la motivation de développer les modes de vie qui encouragent le processus de guérison. Vous aurez alors un plus grand désir d'écouter vos besoins, maintenant que vous savez que votre corps est en train de guérir.

Vous pourrez également développer de meilleures aptitudes à répondre aux difficultés de la vie puisque vous ferez appel à vos ressources plutôt qu'au stress. Par exemple, prenez cinq minutes pour fermer les yeux et pour vous relaxer plusieurs fois par jour, cela vous permettra de guérir plus facilement. Même lorsque les circonstances sont difficiles, en changeant votre manière de *réagir* aux situations, vous pouvez réduire considérablement le stress. De nombreuses méthodes décrites dans cet ouvrage vous seront utiles pour cela.

La maladie : une réponse aux besoins et aux désirs personnels.

Lorsque j'ai demandé à Earl de rendre sa maladie semblable à la guérison automatique, il a froncé les sourcils et a dit : «Quand j'essaye, tout mon corps se raidit et j'entends une voix qui dit NON.»

Lorsque nous avons exploré ses objections, il a découvert que la maladie était pour lui le seul moyen à sa disposition pour satisfaire ses besoins et ses désirs. Enfant, on lui avait appris que, pour être quelqu'un de bien, il était important de «rendre service aux autres». Par conséquent, Earl a toujours eu de grandes difficultés à dire «non» aux autres; il s'est toujours senti mal à l'aise en faisant les choses pour lui. Earl est très souvent tombé malade et, à travers ce processus, il a appris que la maladie était un moyen efficace pour lui de dire «non». Earl était pris dans un conflit entre son désir de satisfaire ses propres besoins et son désir de faire plaisir aux autres. Tout d'abord, je lui ai proposé la technique de résolution des conflits présentée au chapitre 13. Puis, je mis en pratique le recadrage en six étapes, protocole décrit au chapitre 8, afin de l'aider à découvrir d'autres choix, à satisfaire ses désirs personnels afin qu'il n'ait plus besoin d'être malade.

Sally, qui assistait à un de nos séminaires, avait été malade pendant une grande partie de sa vie. Elle pensait qu'elle avait simplement un problème de santé auquel elle ne pouvait remédier. Quand une partie d'elle-même s'opposa à sa guérison; elle apprit que le fait de devenir malade exprimait un besoin de son corps : ralentir son rythme de vie. Sally avait toujours besoin d'être très active et occupée à mille choses; elle aimait «que les choses soient faites» et ne prêtait aucunement attention aux signaux que lui envoyait son corps quand elle était fatiguée. C'est comme si son corps savait d'avance qu'elle ne réagirait pas à ces signaux, qu'elle ne se reposerait pas tant qu'elle ne tomberait pas malade. Dès que Sally prit conscience de la nécessité de répondre aux «signaux d'alarme précurseurs» de son corps, elle ne tomba presque plus malade.

«Le désir de mort».

Certains spécialistes de la maladie et de la guérison parlent de «désir de mort». Certaines personnes *désirent* mourir et ce «désir» provoque une maladie fatale. Ce mode de penser ne permet guère de leur trouver des solutions. Car, même lorsqu'une partie en elles «désire mourir», la mort n'est jamais une fin en soi. En général, ces personnes veulent mourir parce qu'elles sont fatiguées de se battre et la mort leur paraît la seule issue possible. *En réalité*, elles aspirent à trouver une meilleure façon de vivre, mais elles ont cessé d'y croire ou même de chercher.

Carole me raconta qu'elle avait dû subir de nombreuses opérations chirurgicales pour des problèmes multiples. Elle souffrait toujours de nombreuses maladies et passait une grande partie de son temps dans les hôpitaux. Son teint était livide et elle paraissait vraiment malade. Nous avons pratiqué le recadrage en six étapes (chapitre 8) et nous avons découvert qu'une partie d'elle-même souhaitait effectivement mourir. Je demandai à cette partie quelle était son intention positive. La réponse fut la suivante : «Je désire la paix pour Carole.» La mort était, en l'occurrence, le seul moyen que cette partie d'elle-même connaissait pour lui permettre d'obtenir la paix. Le recadrage en six étapes lui a permis de trouver d'autres choix pour atteindre cet objectif sans avoir besoin de mourir.

La maladie : un moyen d'entretenir de bonnes relations.

Parfois, la maladie joue un rôle positif dans nos relations avec les autres. Les enfants apprennent que c'est un moyen efficace et sûr de recevoir amour et affection de leurs parents. Recevoir amour et affection est très important, surtout pour les jeunes enfants et la plupart des gens feront tout ce qu'ils peuvent pour les avoir.

Cela ne signifie pas qu'il faut cesser d'en donner lorsque les enfants sont malades. Bien au contraire, si votre enfant est souvent malade, assurez-vous que, lorsqu'il est *en bonne santé,* vous lui en offrez *encore davantage.* Veillez à entretenir des relations positives avec votre enfant quand vous êtes tous les deux en bonne santé.

Vous pouvez également vous assurer que les autres enfants en bonne santé dans votre famille sont comblés d'attention.

Il arrive parfois que les enfants perçoivent le message suivant : «Il faut être malade pour recevoir l'amour des autres.» Si vous remarquez que vous avez appris, de vos expériences antérieures, à vous servir de la maladie comme un moyen d'obtenir de l'amour et de l'attention, vous avez appris quelque chose d'important. Découvrez quelle est l'intention positive et vous pourrez trouver d'autres choix. Nous ne disons jamais aux gens de rompre ce fonctionnement; nous les aidons plutôt *à trouver des moyens plus satisfaisants de* recevoir amour et affection.

Il est facile de considérer uniquement les aspects *négatifs* de ces exemples. Certaines personnes pensent : «Je ne devrais pas rechercher l'amour et l'affection de cette façon» et essayent de mettre un terme à ce comportement. D'autres considèrent comme une insulte cette manière d'agir et la rejettent. Il est important de prendre conscience que ces parties de nous-mêmes sont utiles et positives. Chacun désire être aimé et qu'on lui accorde de l'attention. Il s'agit seulement de trouver de «meilleurs» moyens d'y parvenir.

Les objections qui se manifestent à retardement.

Malgré toute l'attention que vous pouvez porter à vos objections, certaines se manifestent après coup. Deux semaines après la séance de travail avec Jennie, celle-ci nous a appelés : elle allait plus mal. Après les séances de travail, Jennie avait cessé de prendre le «Tylenol», persuadée qu'elle n'en avait plus besoin, mais ensuite, ses douleurs s'amplifièrent. Finalement, elle reprit un traitement intensif de Tylenol (un comprimé toutes les quatre heures) pour diminuer la douleur mais elle ne pouvait toujours pas soulever certains objets. Ses symptômes s'étaient réellement aggravés.

Je lui dis : «Ce type d'aggravation provient généralement d'objections intérieures. Vu votre réaction fulgurante, c'est une partie importante de vous-même qui exprime clairement qu'elle désire la guérison mais qu'elle n'y est pas encore prête.»

Je la questionnai afin de trouver quelles étaient ses objections. Voici la réponse obtenue : «J'ai toujours eu l'impression que je n'étais pas assez bien. Je ne suis pas aussi bien que ma soeur. Ma mère me l'a toujours dit pendant mon enfance et c'était vrai. Ma soeur est mon aînée de dix-huit mois. Elle a donc pu faire plein de choses avant moi. Elle a de l'arthrite à présent, elle est très déformée et souffre beaucoup. J'ai eu aussi une maladie semblable mais les symptômes étaient moins forts que les siens. Je pensais : « Je ne mérite pas d'avoir mieux qu'elle.» Cela paraît bizarre mais je me suis toujours sentie coupable de ne pas avoir autant de douleurs qu'elle. Je ne l'ai dit à personne car je ne n'aurais pas pu l'assumer. Un an après, j'ai eu moi aussi de l'arthrite.»

Cette révélation était une croyance importante sur laquelle nous pouvions travailler. Je lui ai demandé comment elle savait *aujourd'hui* qu'elle n'était pas assez bien. Jennie a répondu : «J'entends des voix qui me disent «tu n'es pas assez bien, tu n'es pas assez bien !»

«Chez un jeune enfant, cette croyance est chargée de significations. En réalité, votre intelligence vous a permis de vous rendre compte que votre soeur aînée avait beaucoup plus de capacités que vous. Bien sûr, à cette époque-là, vous ne pouviez pas savoir que tout cela était dû à la différence d'âge. Je voudrais que vous retourniez à cette époque avec cette compréhension de la situation. Observez les choses sous cet angle-là. Que se passe-t-il ?»

J'entends toujours : «Tu n'es pas assez bien.»

«Bon. Retournez à cette époque et faites une expérience tout à fait différente. Vous étiez la cadette et votre mère n'a pas su vous aider à comprendre d'une manière *positive* cette sensation d'être toujours derrière votre soeur aînée.»

«C'est le moins qu'on puisse dire !»

«Faites à présent l'expérience d'être l'aînée. Vous saisirez l'occasion de découvrir les perspectives d'un aîné car vous aurez dix-huit mois de plus que votre soeur. Laissez-vous remonter dans le temps jusqu'à votre naissance. Vous grandissez et quand vous avez dix-huit mois, un nouveau bébé arrive dans la maison : c'est votre jeune soeur; observez ce qui se passe, ce que vous éprouvez, vous qui êtes capable de toujours tout faire en premier. Vous êtes la première à savoir marcher, la première à parler, la première à vous blesser, la première à courir, bref, la première à faire beaucoup de choses. Sur un plan conscient, vous allez pouvoir enregistrer certains aspects de cette expérience et votre inconscient lui apportera une richesse et une profondeur dont vous n'avez pas le temps de prendre conscience.»

«Je n'y arrive pas. Tout est embrouillé» répondit Jennie.

«Quelle est votre objection ?»

«C'est comme si j'allais me perdre. C'est comme si je perdais ma manière d'attribuer un sens aux choses.»

Cette affirmation montrait que Jennie pourrait apprendre beaucoup du nouveau processus que nous allions mettre en place et il me fallait trouver un moyen de le mettre en oeuvre pour qu'elle se sente en sécurité. «Très bien. Et c'est important. A présent, prenez cette manière de penser et d'appréhender les choses et placez-la de côté dans un endroit sûr et protégé. Vous pourrez la récupérer ensuite, si vous le désirez, lorsque nous aurons terminé.»

«D'accord», répondit Jennie avec satisfaction.

«Vous pouvez maintenant être un bébé et grandir de cette façon. Notez les perspectives et les croyances différentes que vous bâtissez sur vous-même en grandissant ainsi.»

«Je n'y arrive toujours pas vraiment. Je me vois dans le corps de ma soeur aînée et je la vois dans mon corps. Je n'arrive pas à être moi-même.»

Je pensais que l'expérience de Jennie serait beaucoup plus puissante si elle la vivait comme si c'était *elle*; aussi, je cherchai ce qui lui permettrait de le faire. «Très bien, alors, au lieu de procéder ainsi, laissez votre soeur à l'âge qu'elle avait et, au lieu de prendre sa place, imaginez que vous avez dix-huit mois de plus qu'elle. Vous êtes née dix-huit mois avant elle.» Ce simple changement lui permit de suivre les instructions. Une partie importante de la PNL consiste à trouver le moyen d'adapter les protocoles pour que chaque individu puisse les faire facilement, en sécurité et avec efficacité.

En fin de compte, Jennie adopta des croyances et des perspectives très différentes : «Je sais que je peux faire certaines choses. C'est comme si je pouvais dire : «je peux le faire».

«Maintenant, trouvez ce qui a de la valeur pour vous dans votre ancienne perspective et ajoutez-le à cette nouvelle expérience. Car un second enfant apprend des choses importantes. Faites en sorte que toutes ces expériences réunies consolident et renforcent le sentiment que vous avez de vos capacités... Maintenant, pensez à vous. Etes-vous aussi bien que les autres ?»

«Oui», répondit-elle calmement.

«Méritez-vous d'avoir certaines choses ?» Je posai cette question car, auparavant, Jennie avait déclaré qu'elle ne *méritait pas* d'être mieux que sa soeur.

«Je ne sais pas, je ne sais toujours pas si je mérite les choses.»

Je lui expliquai qu'il était effectivement difficile de décider qui mérite quoi dans ce monde. Personnellement, je pense même qu'il est impossible de le savoir. Beaucoup de gens travaillent dur et sont des gens très bien, mais ils vivent dans des pays du tiers monde et ne reçoivent pas grand chose en échange. D'autres ont tout mais, d'après mes valeurs, ils ne le méritent pas ou ne savent pas s'en servir à bon escient. Je suis persuadée qu'il n'y a aucun intérêt à tenter de savoir qui mérite quoi. J'inclus toujours les autres dans la réalisation de mes objectifs et des résultats à obtenir. Lorsque le but est atteint pour moi, c'est aussi au bénéfice des autres. Par exemple, mon souhait est d'être de plus en plus compétente en pratiquant la PNL. Plus je m'améliore, plus les autres en retirent aussi des bienfaits. Il ne s'agit donc pas de ce que je mérite; il s'agit de trouver les moyens de bénéficier davantage des choses auxquelles j'aspire; plus cela m'est profitable et plus les personnes de mon entourage en bénéficieront aussi.

Ce point de vue trouva un écho en Jennie. Elle était prête à supprimer le terme «mérite» de son langage intérieur.

Je vérifiai une fois de plus qu'elle se sentait bien en tant que personne. Cet aspect semblait être pris en compte.

«Avez-vous d'autres objections ? Vérifiez bien en vous si c'est le cas.»

«Si je guéris, il faudra que j'abandonne certaines choses. J'ai un autocollant sur ma voiture qui dit que je suis handicapée. Certains jours, je me sens mieux que d'autres. Je me souviens, un jour, j'avais plutôt bonne mine. Je suis sortie de ma voiture et quelqu'un m'a dit : «Vous n'avez pas du tout l'air handicapée.» En mon for intérieur je pensai : «Je ne devrais pas avoir aussi bonne mine.» Intellectuellement, je sais que je n'ai pas besoin d'avoir plus mauvaise mine, mais c'est cela qui me vint à l'esprit.»

Jennie reconnut que ses pensées étaient quelque peu étranges. Mais il arrive souvent que l'on prenne de telles décisions avec des raisons similaires. Parfois, nous nous accrochons à des symptômes ou à des sensations négatives parce qu'une partie de nous pense que nous perdrions quelque chose si notre état s'améliorait. Heureusement, Jennie avait la sagesse de reconnaître ses réactions «bizarres», nous pouvions donc travailler dessus.

Au fur et à mesure qu'elle parlait, Jennie avait déjà commencé à organiser sa propre expérience différemment. Porter à la conscience certaines vieilles croyances permet de les réviser. Parfois, on se rend compte que ces croyances sont devenues caduques. Mais, à d'autres moments, il en faut davantage pour changer une croyance comme cela a été le cas pour la nouvelle objection de Jennie.

«Je ne veux pas perdre d'argent. Je perçois une allocation à cause de mon invalidité. Si je guérissais, je perdrais sans doute cette aide. J'aime la sécurité que me procure cette allocation et c'est important pour mon enfant.»

«Combien touchez-vous ?»

«Deux cents dollars par mois.»

«Et vous n'y auriez plus droit si vous recouvriez la santé ?»

«C'est probable.»

«Bon, cela représente deux cents dollars par mois. Demandez à cette partie en vous qui désire la sécurité que lui procure cette allocation d'imaginer si c'est réellement possible de la perdre ou bien si le sentiment de sécurité ne serait pas plus fort si vous étiez en parfaite santé. Car vous ne pourriez pas perdre cet argent avant d'être capable d'en gagner *davantage*.»

«Oh oui, bien sûr, je comprends.»

«Est-ce que c'est clair également pour cette partie de vous ? Est-ce que cette idée lui plaît ?» Je voulais m'assurer que je donnais satisfaction à sa logique *émotionnelle* et que je ne répondais pas seulement aux exigences de son mode de penser conscient.

«Oui», répondit Jennie d'une voix qui traduisait son consentement.

«D'autres objections ?»

«Eh bien, je reçois aussi une allocation d'invalidité d'un montant annuel de douze mille dollars. Au début, ils ne voulaient pas me l'accorder parce que les symptômes n'étaient pas assez forts mais ensuite, comme j'ai eu de l'arthrite, j'ai eu droit à cette allocation. A ce moment-là, je détestais le travail que je faisais et c'était une bonne solution pour ne plus avoir à travailler et pour toucher de l'argent. Et si ma santé s'améliore, je ne pourrai peut-être pas continuer à bénéficier de cette pension.»

«Et vous perdriez vos avantages ?»

«Eh bien non. Ça c'est le côté ridicule, à vrai dire, je ne les perdrais pas. Une fois que vous bénéficiez de ces avantages, ils sont acquis pour la vie. Si je gagnais plus d'argent, bien sûr, mon allocation serait réduite d'un tiers du montant gagné. Si je gagnais neuf mille dollars, ma pension serait réduite de trois mille dollars.»

«*Donc, vous garderiez deux* tiers de vos revenus.» J'attirai à nouveau son attention sur ce qu'elle *gagnerait* plutôt que sur ce qu'elle perdrait.

«Oui.»

«Alors, assurez-vous que cette partie de vous a bien compris : si votre santé s'améliore, vous pourrez gagner *plus* d'argent. Si, actuellement, c'est pratique de recevoir cette allocation d'invalidité, ce sera encore mieux si vous gagnez plus d'argent, n'est-ce pas ?» Je lui proposai ces nouvelles manières d'appréhender la situation, sur un mode ironique; j'attendis ses réactions pour savoir si, effectivement, cela lui convenait. Je suis toujours à l'écoute d'une réaction *complète* qui me permet de savoir que j'ai satisfait la logique émotionnelle du patient. Il est assez facile de «convaincre» quelqu'un au niveau conscient, mais, généralement, ce n'est pas cette partie-là qui a besoin d'être convaincue.

«Oui», répondit-elle en riant.

«Je vous propose de prendre tout votre temps et de réfléchir à ce que vous allez faire avec votre pension. Vous avez de nombreux choix. Je ne sais pas ce qui sera le mieux pour vous, mais, si j'étais à votre place, je prendrais vraiment le temps d'explorer ce que je désire faire pour gagner ma vie et pour acquérir les compétences nécessaires.

«Je vous conseille également de vous accorder du temps une fois que vous serez en meilleure santé pour faire le point sur toutes ces choses-là. Comme vous avez été handicapée pendant longtemps, je pense que c'est effectivement une bonne chose pour vous de ne rien précipiter et d'être sûre d'être en bonne santé. Réfléchissez-y de la manière qui vous convient le mieux. Si j'étais à votre place, je prendrais en compte plusieurs choses. Je pourrais garder l'argent de la pension et, quand je gagnerais plus que nécessaire, je l'utiliserais pour des oeuvres de charité, peut-être que je m'en servirais pour aider quelqu'un dans le besoin à gagner son autonomie. Ou je pourrais également décider que je n'en ai pas vraiment besoin parce que j'ai une bonne situation financière et je pourrais rendre cet argent.

«Avez-vous à présent le sentiment que vous pourrez trouver des moyens plus satisfaisants pour gagner votre vie ?»

«Oh oui.»

Jennie était séduite par l'idée de disposer de nombreux choix et, surtout, de prendre le temps de les définir. Elle n'était pas acculée devant l'urgence de prendre des décisions.

«D'autres objections ?» Demandai-je.

«Eh bien c'est un peu idiot mais je voulais marquer des points contre mon ex-mari. Avec cette invalidité, j'ai gagné; j'ai gagné une pension alimentaire pour mon enfant. Ça a été une bataille judiciaire très longue et cela a coûté beaucoup d'argent pour la remporter, mais finalement, j'ai gagné.»

«Demandez à cette partie intérieure qui désire gagner : «Comment vas-tu gagner *davantage* en étant complètement rétablie ?» «Qu'allez-vous gagner de plus précieux en étant en bonne santé ?» Car alors, vous gagnerez quelque chose qui est bien plus important que ce que vous avez gagné jusqu'à présent.»

«C'est vrai», répondit Jennie en souriant.

«Cette partie de vous-même apprécie-t-elle cette idée ?»

«Oui.»

«Demandez-vous : «Y a-t'il encore d'autres objections qui s'opposent au processus automatique de guérison ?»

«Je me sens paisible. Tout semble parfait.»

«Très bien. Vous venez certainement de faire la preuve qu'une partie de vous sait comment influencer rapidement votre état de santé. Si votre état peut s'aggraver rapidement, il peut également s'améliorer très vite. Cette partie de vous sait exactement comment procéder.»

Jennie éclata de rire.

«Je ne sais pas si nous avons pris en compte *toutes* les objections à présent ou s'il risque d'en resurgir d'autres avec le temps. Si cela doit être le cas, votre inconscient souhaite peut-être disposer de meilleurs moyens de vous signaler ce qui se passe et d'attirer votre attention, au lieu de se manifester en aggravant votre état. Il pourrait peut-être se manifester dans une petite articulation et provoquer un petit pincement. Juste assez pour attirer votre attention et vous faire savoir que vous devez prendre le temps de vous retirer en vous-même pour découvrir l'objection qui s'exprime et trouver un moyen d'y répondre.»

Dans les semaines qui suivirent, Jennie se rendit compte d'une autre objection : sa maladie lui avait procuré un moyen d'échapper au contrôle de son ex-mari. Elle était très contente de faire cette découverte car elle constata qu'il s'agissait d'un schéma familial. Son fils, adolescent, s'était déjà servi de la maladie comme un moyen d'éviter d'être contrôlé par autrui. Sa prise de conscience lui permit d'aider son fils à trouver d'autres moyens de garder le contrôle de sa vie.

Jennie n'espère pas guérir complètement tout de suite, mais elle se considère sur le chemin qui l'amènera à un plus grand bien-être physique *et* émotionnel. Bien que l'essentiel de mon travail avec elle puisse apparaître comme une simple conversation, en réalité, il démontre que l'utilisation judicieuse du langage permet de changer les croyances.

Remarques complémentaires.

Si le processus de guérison se produit facilement et complètement en s'étalant dans le temps, il peut s'avérer utile d'identifier une série de signaux qui vous indiquent sa progression. Ne vous basez pas sur l'hypothèse selon laquelle une maladie grave demande longtemps pour guérir. Je vous suggère d'accorder à votre corps le temps nécessaire pour parvenir à une guérison complète. Vous n'avez pas besoin de faire pression sur votre corps, ni dans un sens, ni dans l'autre. *Votre sagesse intérieure saura quelle est la meilleure planification pour que votre guérison soit la plus complète.*

Notez les résultats et agissez en fonction.

Vous venez de coder votre maladie en vue d'une guérison automatique et vous avez vérifié soigneusement s'il y a des objections. A présent, laissez faire votre corps, car il sait ce qu'il doit faire et comment le faire. Vous constaterez des résultats immédiats ou progressifs.

Il se peut qu'une aggravation des symptômes se manifeste immédiatement après l'application de cette méthode (ce phénomène se produit rarement). Si cela était le cas, nous vous conseillons d'envisager de faire appel à votre médecin.

Quand j'ai fait cela moi-même sur mon infection au sein, je me suis reposée et j'ai observé attentivement la réaction de mon corps. *Si* ma fièvre s'était dangereusement élevée, je m'étais préparée à suivre immédiatement la prescription d'antibiotiques. Je savais que je pouvais compter dessus comme solution de rechange. Cependant comme ma fièvre ne monta que légèrement et qu'ensuite elle revint à la normale, je n'eus pas besoin d'assistance médicale.

Lorsque la maladie se stabilise et qu'elle s'aggrave dès l'application de ce processus d'autoguérison, reprenez l'étape 9 du protocole et recherchez quelle objection fait obstacle à la guérison. Il peut, par ailleurs, s'agir d'un processus naturel d'évolution de la maladie. C'est le cas, par exemple, pour la grippe qui s'aggrave avant l'amélioration.

Parfois, aucun changement n'est apparent pendant une certaine période. Cela signifie peut-être que votre corps est en train de guérir et a seulement besoin de plus de temps pour en manifester les signes extérieurs. Chez certaines personnes, la guérison se produit très rapidement, chez d'autres, il faut plus de temps. Il est important de laisser votre corps se guérir de la façon qui lui convient le mieux. Posez-vous la question suivante : «Quels seront les premiers signes de ma guérison ?» La réponse donnée par votre moi intérieur vous permettra d'avoir un repère tout au long du processus.

Il est possible qu'une des étapes du processus doive être approfondie pour que le changement physiologique vers la guérison s'opère. Vérifiez si c'est le cas *en imaginant maintenant votre maladie ou votre blessure.* Est-ce que vous l'imaginez de la même façon que vous imaginez votre expérience automatique d'autoguérison ? Ressentez-vous les mêmes sensations positives ? Assurez-vous également que vous disposez d'un exemple de maladie *que vous avez guérie* dans le passé.

Il est également possible que cette méthode ne convienne pas pour le type de maladie dont vous souffrez. A ce point, nous n'avons aucune idée de tout ce qu'on peut réaliser en changeant notre manière de penser. Chaque année, de nouvelles recherches font apparaître des possibilités nouvelles. Néanmoins, il y a probablement des choses que nous ne pourrons jamais guérir. Dans le cas de l'amputation d'une jambe, par exemple, le processus ne va, en aucun cas, permettre la croissance d'une nouvelle jambe ! Aussi, nous vous recommandons d'être ouvert au processus de guérison sans pour autant vous fixer là-dessus.

En revanche, si vous constatez des améliorations rapides, remerciez en vous-même votre capacité naturelle de guérir et la sagesse de votre corps. Assurez-vous également de garder les habitudes de vie qui permettront au processus de guérison de se poursuivre et qui éviteront toute réapparition de la maladie.

Comment utiliser l'information de votre médecin.

Le corps médical doit respecter une certaine déontologie et informer les patients de tous les aspects négatifs qui peuvent survenir dans le cas d'une maladie et les informer des évolutions possibles. Il est cependant important de distinguer entre information et opinion. Si un médecin déclare : «Quatre personnes sur cinq atteintes de cette maladie meurent en l'espace de deux mois.» Il s'agit d'une statistique, d'une information. En revanche, s'il annonce : *«vous* allez mourir d'ici deux mois.» Il s'agit d'une *opinion*. Vous n'avez aucune raison particulière de ne pas être cette cinquième personne survivant à la maladie ! Si votre médecin vous prédit que votre situation risque de s'aggraver, qu'il vous reste six mois à vivre, c'est le moment d'être sceptique.

Il faut également prendre en compte la *manière* dont les médecins communiquent les informations. Si votre médecin dit : «Quand vous prendrez ce médicament, *vous aurez* probablement des douleurs à l'estomac dans les dix minutes qui suivent». Il vous prévient de ces désagréments comme s'il était certain *que vous les vivrez.* En entendant de tels propos, nous commençons à visualiser, à ressentir (parfois de façon olfactive) ce qui va nous arriver; c'est notre manière de comprendre ce que le médecin nous dit. Mais, en imaginant que cela va nous arriver, nous rendons la chose beaucoup plus susceptible de se produire. Les médecins qui ont suivi notre formation utilisent d'autres termes. Ils parlent des effets secondaires comme quelque chose de susceptible d'arriver à «quelqu'un» plutôt que comme quelque chose qui vous arrivera à vous.

Imaginez les effets secondaires désagréables dont le médecin a parlé, comme s'ils arrivent à *quelqu'un d'autre.* Je peux imaginer «quelqu'un d'autre» en train d'avoir la nausée devant moi. Je peux alors comprendre ce que dit mon docteur sans me programmer pour le problème.

Affirmations.

Certaines personnes préconisent la formulation d'affirmations positives pour améliorer la santé. Affirmer par exemple : «Les choses vont de mieux en mieux» ne sera généralement pas d'une grande efficacité car cela reste superficiel et ne permet pas une transformation profonde. En cherchant à effacer ou à dissimuler une expérience désagréable par une expérience positive, on risque de refouler encore plus profondément la négative.

Avec la PNL, nous *transformons* directement l'expérience négative en quelque chose de positif. La démarche est souvent facilitée si l'on trouve les intentions positives de l'expérience négative. Lorsque nous parvenons à cette *transformation* en quelque chose de positif, cela perdure. Il n'est alors plus besoin de se répéter constamment des affirmations positives.

En outre, la plupart des affirmations sont beaucoup trop générales. Pour qu'une suggestion soit efficace, elle doit être reliée à votre vécu. Voici quelques exemples :

«Comme vous savez que la légère sensation de picotement qui se manifeste fait partie intégrante du processus naturel de guérison, vous êtes de plus en plus à l'aise et détendu lorsqu'il se produit. Votre corps vous signale ainsi qu'il poursuit ce processus pour vous permettre de retrouver une bonne santé.»

«Les élancements et l'enflure indiquent que votre corps envoie du sang à l'endroit de votre coupure, avec tous les éléments nécessaires à la guérison en éliminant les déchets. Votre blessure peut alors guérir plus vite.»

«Votre corps réagit par une poussée de fièvre importante; c'est sa manière de combattre l'infection et de vous permettre de guérir.»

«Je laisse du temps à mon corps pour se guérir complètement maintenant;

cela m'aidera à parvenir à l'accomplissement de mes autres objectifs. Je me repose aujourd'hui; cela me permettra d'avoir plus d'énergie plus tard.»

Chez beaucoup de personnes, l'apparition de la maladie provoque une telle inquiétude quant aux conséquences dramatiques qu'elle pourrait engendrer, qu'elle crée des tensions musculaires et augmente les autres facteurs de stress. Au contraire, en associant les symptômes et les sensations éprouvées à une issue positive, vous permettez une plus grande détente et le processus naturel de guérison a ainsi beaucoup plus de chances de se produire.

Toute autosuggestion doit également être adaptée à chaque individu. Chacun est plus sensible à certains mots ou phrases qui résonnent en lui de façon positive; d'autres mots, au contraire, provoquent doute et malaise. L'autosuggestion doit être minutieusement étudiée pour obtenir un impact positif maximum.

Le ton de la voix joue également un rôle très important, parfois plus que les mots eux-mêmes. Essayez de vous dire : «Je vais être en meilleure santé» d'une voix aiguë, stridente avec un ton ascendant à la fin de la phrase. Remarquez l'effet que cela provoque ! Le ton de la voix et le rythme doivent être «congruents» et convaincants pour vous.

Autoguérison et chirurgie.

En cas d'opération indispensable, utilisez le processus d'autoguérison pour vous y préparer et ensuite pour favoriser le rétablissement. Certains redoutent ces opérations perçues comme une violence «sournoise» dans leur corps. En transformant cette image de façon positive - comme la réparation nécessaire de quelque chose qui a été endommagé - vous pouvez rallier toutes vos réactions à un résultat positif.

Pour accélérer la guérison en cas d'intervention chirurgicale, vous pouvez également prononcer des affirmations positives. Une amie qui devait subir une hystérectomie nous demanda conseil. Je lui suggérai de créer dans son esprit des images de guérison et de prononcer des paroles qui présupposent la guérison.

Les recherches ont démontré que les gens éprouvent une certaine sensibilité à ce qu'ils entendent lorsqu'ils sont inconscients pendant une anesthésie. Je lui proposai d'être accompagnée par quelqu'un, dans la salle d'opération, pour s'assurer que le chirurgien, l'anesthésiste et les autres ne diraient que des choses positives sur elle pendant l'opération. Je lui expliquai que certains de nos stagiaires, anesthésistes, pratiquaient cette méthode d'affirmations positives de guérison, au moment de l'anesthésie et juste avant le réveil. Ils nous ont raconté que le personnel hospitalier trouvait leurs patients différents : en effet, ceux-ci se montraient plus coopératifs et guérissaient plus vite.

Cette amie rencontra l'anesthésiste avant l'opération et lui demanda de jouer ce rôle. Cette expérience l'intéressa et il se prêta au jeu. Notre amie se remit de son opération en des temps records à la surprise du corps médical, étonné à la fois de la guérison rapide et de l'absence de toute douleur.

Si le processus d'autoguérison fonctionne, dois-je me sentir coupable d'avoir laissé la maladie s'installer ?

On confond souvent la *cause* avec le *remède*. On pense souvent à tort que si l'on peut se guérir en changeant sa façon de penser, cela signifie que le mode de penser *est à l'origine* de la maladie. Ce n'est pas aussi simple. Si un enfant tombe d'un arbre et se casse une jambe, nous ne réparons pas la jambe cassée en remettant l'enfant dans l'arbre, cela serait complètement idiot. Le docteur peut décider de mettre un plâtre pour remédier au problème, ce qui n'a rien à voir avec la cause. Etre capable de guérir quelque chose avec notre esprit ne veut pas dire que c'est notre esprit qui a causé la maladie, pas plus que le plâtre de l'enfant a causé la fracture de la jambe.

De plus, entretenir des sentiments de culpabilité *n'aide absolument pas* le processus de guérison. Ce qui est efficace, c'est d'encourager la guérison et d'observer les réactions de notre corps. La méthode décrite dans ce chapitre nous offre quelque chose de nouveau, de puissant que nous pouvons utiliser pour favoriser notre propre guérison quelle que soit la cause de la maladie. La plupart des maladies ont probablement des origines multiples. Parfois, il s'agit d'une «prédisposition» génétique à la la maladie. L'environnement joue également un rôle important : la pollution, les additifs alimentaires, les blessures ou les maladies passées. Le stress résultant d'une vie difficile peut être également un facteur à considérer. Si nous codons notre maladie vers son aggravation et non vers sa guérison, nous contribuons à l'aggraver.

Acquérir le «comment» de la guérison.

L'important est de faire tout votre possible pour coder votre maladie vers la guérison de votre corps sans autre intervention. Si je prends ma conception de la guérison et que je vous l'impose en rêve éveillé, elle vous plaira ou non. Mais si je prends le temps de déterminer comment cela fonctionnera pour vous, lorsque votre cerveau sera codé dans ce sens, la guérison se manifestera, les conséquences du codage dureront. Le processus se déclenchera par lui-même sans que vous ayez à intervenir consciemment. Vous n'aurez pas besoin de passer du temps à méditer ou à faire des affirmations positives parce que la façon dont vous concevez la guérison sera présente tout le temps.

Récemment, j'ai assisté à un séminaire animé par un auteur fort réputé qui encourage les gens à transformer leur vie pour guérir leur corps. C'était un conseil merveilleux et, à l'écouter, on se sentait très motivé. J'étais assise au milieu de l'assistance parmi des gens qui souffraient de très graves maladies. Tous écoutaient attentivement, espérant trouver quelque chose qu'ils pourraient utiliser pour guérir. Finalement, quelqu'un s'est levé et a dit : «C'était très intéressant de vous écouter parler sur la manière de s'aimer, d'abandonner tous les vieux ressentiments, etc. J'ai vraiment besoin de savoir comment le faire.» L'animateur n'avait rien à proposer, il continuait à lire des lettres et des témoignages de patients, du type : «j'ai appris à m'aimer et à aimer les autres et maintenant, je suis en bonne santé.»

A ce séminaire, malheureusement, personne n'a appris «le comment» de la guérison. Rien n'a été enseigné *sur la manière* d'apprendre soi-même à s'aimer ou à aimer les autres. La PNL donne des méthodes qui permettent cet apprentissage. Ce livre propose précisément certaines manières de mieux y parvenir.

Les recherches confirment l'influence de l'esprit sur le corps.

Dans le domaine de la psycho-neuro-immunologie, des découvertes ont montré comment notre pensée influence notre santé et notre bien-être. Nous avons déjà abordé succinctement la question à la fin du chapitre 5. Auparavant, on considérait l'esprit et le corps comme deux entités distinctes. Aujourd'hui, on sait que notre système nerveux central (le siège de la pensée, de la mémoire et des émotions) communique directement et quotidiennement avec notre système immunitaire et endocrinien grâce à des neurotransmetteurs et à des substances biochimiques. Les chercheurs établissent, petit à petit, la manière dont notre état d'esprit influence notre état de santé à un niveau moléculaire. Un article récemment paru (5) propose une synthèse de toutes ces découvertes.

Dès 1964, une étude avait démontré le lien existant entre les conflits émotionnels et l'apparition et le développement d'arthrite rhumatismale. Au cours de cette étude, on constata que des femmes qui étaient émotionnellement en bonne santé, échappaient à la maladie alors qu'elles avaient des prédispositions génétiques.

Plus récemment, d'autres chercheurs ont identifié les connections nerveuses qui circulent entre le système nerveux central et communiquent directement avec deux organes majeurs du système immunitaire : le thymus et la rate. D'autres recherches ont révélé que certaines cellules cérébrales communiquent directement avec les cellules du système immunitaire grâce à des neuropeptides et que d'autres cellules cérébrales réagissent en fonction de l'état du système immunitaire.

Dans une autre étude, on a mesuré l'impact du stress sur le système immunitaire d'étudiants en médecine. Ces étudiants ont manifesté une baisse significative du fonctionnement immunitaire avant et pendant la période de leurs examens.

On dispose, aujourd'hui, de plus en plus de connaissances sur les mécanismes physiologiques reliés à nos pensées, nos émotions et notre état physique. Alors que les scientifiques poursuivent leurs études sur les mécanismes physiologiques qui interagissent entre le cerveau et le corps, la PNL poursuit ses recherches pour identifier exactement quels types de *pensées subjectives* produit un impact utile sur le corps.

Les scientifiques reconnaissent le rôle de la sagesse intérieure.

Robert ADER a démontré que le système immunitaire peut agir comme un organe sensoriel inconscient, collectant les informations qui aident le corps à se réguler. On donna à des rats, dont le système immunitaire est hyperactif, de l'eau sucrée à laquelle on avait ajouté un produit chimique très désagréable qui provoque la nausée mais qui détruit en même temps le système immunitaire. La plupart des rats ne boirait pas cette boisson à cause de la nausée qu'elle provoque. Les rats de l'expérience ont continué à boire de l'eau. ADER fit le commentaire suivant : «Les animaux savent ce qui est «bon» pour eux. Les signaux produits par le système immunitaire sont lus par le système nerveux central» (5).

Ce type de recherches commence à poser les fondements de ce que beaucoup ont déjà expérimenté grâce aux méthodes décrites dans ce chapitre. Si nous avons le moyen de savoir ce qui est bon pour nous, c'est que nos systèmes sensoriels inconscients, tel que le système immunitaire, ont rassemblé les informations nécessaires. Nous pouvons apprendre à devenir conscients de cette sagesse intérieure en portant davantage attention aux messages subtils que notre corps nous envoie sans cesse.

Les recherches scientifiques offrent des explications plus objectives sur la manière dont notre pensée peut influencer notre état de santé. Parallèlement, la méthode automatique d'autoguérison vous propose une manière concrète de travailler sur vos pensées pour influencer positivement votre santé.

Références

1. *Amour, Médecine et Miracles,* de Bernie SIEGEL.

2. «Losing Aids Antibodies», de Deborah M. BARNES. *Science,* 10 Juin 1988, p. 1407.

3. *Anatomy of an Illness,* de Norman COUSINS.

4. *The Healing Heart,* de Norman COUSINS.

5. «A Molecular Code Links Emotions, Mind and Health», Stephen S. HALL, *Smithsonian,* Juillet, 1989, pages 62-71.

* * *

Additif (1992) :

Ted (ce patient touché par le virus du SIDA) est resté en contact avec nous et a malheureusement développé le virus et la maladie dont il est mort en 1991. Il est impossible de savoir si le travail psychologique effectué lui a permis ou non de prolonger sa vie. Les amis qui l'accompagnèrent pendant les derniers jours ont dit qu'il envisageait la mort avec paix et tranquillité, qu'il était habité d'une sorte de grâce et de dignité qui les avaient profondément émus.

Nous recevons régulièrement des témoignages de patients qui ont fait l'expérience de cette méthode. Ainsi, le cas d'un homme atteint d'une pneumonie très grave qui avait duré plus de neuf mois; aucun antibiotique ou traitement ne semblait avoir eu de résultats. Après l'utilisation de ce protocole, il nous annonça qu'il s'était rétabli en trois jours.

Une femme qui, à la suite d'un accident de voiture, souffrait de douleurs lombaires, des hanches et des jambes, s'était mise à boiter. Son docteur lui avait dit qu'elle devrait subir une opération du dos pour éviter de perdre entièrement l'usage de ses jambes. Elle appliqua la méthode décrite dans ce chapitre et elle eut des résultats : les douleurs disparurent et elle retrouva l'usage de ses jambes. A la demande de son médecin, elle subit des examens médicaux qui confirmèrent qu'elle n'avait plus besoin d'opération.

21 Savoir ce que vous voulez

Le chapitre précédent rapporte de nombreux exemples de personnes qui, grâce à la PNL ont réussi à obtenir ce qu'elles désiraient réellement. Il est également important de savoir ce que vous voulez *et* d'être sûr que cela en vaut la peine pour être entièrement satisfait du résultat. La série de questions proposée ci-après peut vous aider à déterminer vos objectifs personnels, ceux qui vous tiennent à coeur et qui correspondent à la personne que vous désirez être.

Etape 1. Définir un objectif.

Tout d'abord demandez-vous : *«Qu'est-ce que je veux ?»* Définissez un objectif ou un désir. Si vous pensez à plusieurs objectifs, se ressemblent-ils ? Par exemple, si vous souhaitez vous motiver à faire le ménage chez vous, terminer vos rapports dans les délais impartis ou achever une tâche, dans tout cela il est question de *motivation*. Si vos objectifs sont différents, choisissez en un pour commencer.

La PNL a découvert que la manière *dont on se représente ses objectifs joue un rôle très important*. Leur réalisation peut devenir quelque chose d'extrêmement *facile* ou d'impossible selon la manière dont vous vous la représentez. Les questions suivantes vous permettront de vous assurer que vous vous représentez vos objectifs d'une manière qui vous permette de les atteindre facilement.

Test A. *Assurez-vous que votre objectif est défini en termes de «ce que je désire» et non de «ce que je ne désire pas»*. Par exemple : «Je veux que mon enfant cesse de pleurnicher» ou bien «Je veux cesser de me sentir mal quand mes projets échouent» ou «Je ne veux pas manger autant entre chaque repas» sont l'expression de ce que je ne *désire pas*.

Vous pouvez facilement transformer ces affirmations et exprimer *au contraire ce que vous désirez.* «Je veux que mon enfant exprime ce qu'il désire d'une voix agréable.» «Lorsque mes projets échouent, je désire saisir cette occasion comme un défi.» «Je veux manger seulement des fruits entre chaque repas et avoir trois repas complets et équilibrés, par jour.» Lorsque l'on pense à quelque chose que *l'on ne veut pas* ou que l'on veut éviter, on le provoque souvent dans sa vie car on concentre son esprit là-dessus. En changeant votre mode de pensée pour exprimer ce que vous désirez, vous effectuez un changement simple qui peut faire une énorme différence.

Test B. *Assurez-vous que votre objectif est défini de façon à ce que vous puissiez l'atteindre, peu importe ce que font les autres.* Si vos objectifs requièrent d'autres personnes pour que le changement s'effectue, même si ces changements sont une bonne idée, cela vous met dans une position de vulnérabilité et d'impuissance. Vous n'obtiendrez ce que vous désirez que lorsque les autres auront changé leur comportement. Bien que nous ayons tous certaines exigences à l'égard des autres, il est important *que nous soyons capables d'atteindre nos objectifs, quel que soit le comportement d'autrui*.

Au premier abord, cela peut sembler impossible. Examinons quelques exemples. Si votre objectif est : «Je veux que mon mari cesse de me critiquer.» Ce n'est pas sous votre contrôle puisque cela demande à votre mari de changer. Si vous posez ce désir comme votre objectif principal, vous vous placez dans une position de vulnérabilité.

«Que puis-je faire, que puis-je vivre qui me permette d'obtenir ce que je désire, quel que soit le comportement de mon mari ?» Peut-être s'agit-il de trouver une meilleure estime de vous-même malgré les critiques de votre époux. Peut-être désirez-vous réagir de façon plus sereine face à ses critiques ou être capable de faire la part des choses et de distinguer les critiques acceptables des autres. (Voir chapitre 6). Cette attitude me donne plus de force car je peux obtenir ce que je désire même si mon mari poursuit ses critiques.

Prenons un autre exemple : «Ma petite amie vient de rompre et je désire qu'elle revienne.» Comme je n'ai aucun contrôle sur sa décision, je peux me poser la question suivante : «Quelles seraient les conséquences de son retour ?» Cette relation était peut-être la plus intéressante que j'aie jamais vécue. Elle m'a permis de développer mon sens de l'humour, j'aimais sa présence chaleureuse et je me sentais valorisé.

A présent, je dispose d'une liste d'objectifs qui sont sous mon contrôle. Je peux trouver d'autres manières de développer mon sens de l'humour. Je peux également apprendre à développer des relations humaines plus chaleureuses et trouver d'autres manières de me sentir valorisé. Je peux faire tout ça, que ma petite amie revienne ou non.

Etape 2. Comment savoir que l'objectif est atteint.

«*Comment saurez-vous que votre objectif est atteint ?*» Certaines personnes n'ont aucun moyen de savoir si elles ont atteint leurs objectifs. Cela signifie qu'elles n'éprouvent jamais la sensation de satisfaction qui en découle. Elles n'ont aucun moyen de mesurer si leur comportement quotidien les rapproche ou les éloigne de leurs objectifs. Par exemple, mon objectif pourrait être «Je veux mieux réussir.» Si je ne définis pas ce que j'entends par réussir, je pourrai passer ma vie à tenter de le faire sans jamais éprouver de satisfaction même si j'ai accompli une grande oeuvre. Faire sourire quelqu'un, trouver un travail ou n'importe quoi d'autre de précis peut être pour vous le «succès».

Test. *Est-ce que la preuve est en rapport étroit avec l'objectif ?* Assurez-vous que les signes qui vous prouvent que vous avez atteint votre objectif sont réalistes et justes. Mon objectif est d'être un professeur efficace. Si j'ai été efficace, je me sens bien à la fin de la journée. Avoir cette sensation est certes agréable mais cela ne signifie pas que je suis un bon professeur. Par contre, si je constate que mes élèves progressent, s'appliquent davantage et réussissent mieux leur travail, je dispose alors d'une meilleure preuve de ma réussite.

Autre exemple. Mon but est d'être un parent efficace et j'ai la sensation d'être un bon parent lorsque mes enfants me disent que ce que je fais est bien. Une fois de plus, cette preuve est loin d'être suffisante. Si je désire que mes enfants me disent que je suis quelqu'un de formidable, je risque de devenir trop laxiste et de ne pas leur donner, à long terme, une éducation qui leur soit bénéfique. Pour vérifier si j'ai atteint mon objectif, il est préférable d'observer les progrès et le développement de mes enfants.

Etape 3. Choisissez où, quand et avec qui vous désirez atteindre votre objectif.

Il est également très important de réfléchir à quel moment vous désirez atteindre votre objectif. Par exemple, si vous désirez «avoir confiance», désirez-vous avoir confiance *tout le temps ?* Voulez-vous vous sentir en confiance si vous pilotez un avion alors que vous n'avez aucune formation ? Désirez-vous avoir confiance si vous marchez sur une corde raide à plus de trente mètres au-dessus du sol alors que vous êtes incapable de le faire ? Il est probable que non. Où, quand et en qui désirez-vous avoir confiance ? Peut-être uniquement lorsque vous possédez les compétences et les connaissances nécessaires qui vous permettent d'avoir confiance en vous, à juste titre. Lorsque vous n'avez pas ces compétences, vous préférez sans doute poser un autre objectif : être prudent, curieux ou capable de tirer les leçons de vos erreurs.

Vous pourrez atteindre beaucoup plus facilement votre objectif si vous définissez clairement où et quand il doit se réaliser.

Quand une personne essaie d'avoir confiance sans avoir les compétences nécessaires, généralement, elle va à l'échec.

Test. Soyez précis : *«Qu'est-ce que vous verrez, entendrez ou sentirez qui vous fera savoir que c'est le moment de réaliser votre objectif ?* Par exemple : «Lorsque je vois mon mari faire telle chose, je souhaite ressentir de la compassion à son égard.»

Etape 4. Vérifiez les obstacles.

«Quels obstacles vous empêchent de réaliser votre objectif ?» S'il n'y en a aucun, passez directement à l'étape 5. Cependant, s'il existe un conflit entre un autre objectif et celui que vous désirez atteindre, trouvez le moyen de pouvoir les accomplir *tous les deux*. Souvent, deux objectifs paraissent s'opposer, mais peuvent

en réalité, être complémentaires. Sinon, on peut également les planifier pour qu'ils ne soient plus en conflit. Voir les chapitres 8 et 13 pour les méthodes de résolution des conflits intérieurs.

*Etape 5. **Trouvez les ressources existantes.***

«De quelles ressources disposez-vous pour vous aider à atteindre votre objectif ?» Vous souhaitez retrouver une certaine estime de vous-même : observez à quel moment vous éprouvez déjà ce sentiment car l'information vous sera utile pour mieux atteindre cet objectif. Votre objectif est de pouvoir parler en public : demandez-vous ce que vous êtes déjà en mesure de faire. Vous pouvez probablement déjà parler, vous tenir face à une assemblée, etc. En prenant conscience de ce que vous êtes déjà capable de faire, vous vous positionnez de façon positive dans le sens de cette réalisation et vous créez ainsi une base solide pour acquérir les compétences supplémentaires nécessaires.

*Etape 6. **Ressources supplémentaires.***

«De quelles autres ressources ou compétences avez-vous besoin pour atteindre votre objectif ?» Lorsque l'on connaît les ressources dont on dispose déjà, il est plus facile de définir les compétences qui manquent. Par exemple, vous avez peut-être besoin d'avoir davantage confiance en vous lorsque vous êtes observé quand vous parlez en public. Peut-être avez-vous besoin d'un moyen pour garder le fil conducteur de ce que vous avez l'intention de dire ou pour pouvoir répondre à l'auditoire plus chaleureusement, etc.

*Etape 7. **Elaborez un plan.***

«Comment allez-vous atteindre votre objectif ?» «Quelle sera votre première étape ?» Certains objectifs très simples peuvent être atteints immédiatement, d'autres au contraire, exigent de franchir certaines étapes dans le temps.

Test A. Assurez-vous que la première étape soit précise et réalisable. Si votre objectif est «Je veux peser soixante kilos», posez-vous la question suivante «Quelle va être la première étape ?». «Que puis-je faire maintenant dans cette direction et quels signes vont me montrer que je suis effectivement sur la bonne voie ?» C'est ce que nous appelons le «découpage». Lorsque l'objectif est très ambitieux ou paraît difficile à atteindre, il est préférable de le «découper» en plusieurs étapes pour qu'il soit gérable et facile à atteindre.

Test B. Le simple fait d'avoir examiné chacune des étapes proposées dans ce questionnaire a peut-être suffi à vous aider à définir clairement ce dont vous avez besoin pour atteindre votre objectif. Dans votre plan d'action, vous pouvez utiliser certaines méthodes décrites dans cet ouvrage. Mais si, après avoir franchi toutes les étapes précédentes, vous n'arrivez pas à avoir une idée précise de votre objectif, reportez-vous au paragraphe suivant, il vous sera utile.

Que désirez-vous VRAIMENT ?

Parfois, nous nous fixons des objectifs qui ont peu de chance de se concrétiser.

Par exemple, ne jamais faire d'erreur, souhaiter être complimenté ou aimé de tous. D'autres désirent être les meilleurs dans tel sport ou devenir les plus riches du monde.

Même s'il est possible d'atteindre ces objectifs, les efforts et les sacrifices exigés sont tels qu'ils n'en valent pas la peine. Beaucoup de gens ne sont toujours pas satisfaits même lorsqu'ils réussissent à atteindre ce type d'objectif car, en réalité, ils n'ont pas fait ce qu'ils avaient *réellement* envie de faire. En définissant clairement ce que nous désirons, nous adoptons une attitude plus flexible qui nous permet d'atteindre nos objectifs beaucoup plus facilement.

Si nos objectifs sont trop irréalistes, ne nous contentons pas de les abandonner. Au contraire, essayons de découvrir le «but du but». Posons-nous la question suivante : «*A quoi cet objectif va-t-il me servir ?*» ou «*Où va-t-il me mener ?*» Cela nous permet de déterminer d'autres objectifs, peut-être plus fondamentaux, de plus grande valeur et d'aller vers eux plus directement.

Frank aspire à la reconnaissance des autres. C'est un désir très fort chez lui, mais, jusqu'à présent, il n'y est guère parvenu. Il est effectivement important, pour la plupart d'entre nous, d'avoir de bonnes relations avec autrui. Mais Frank aspire à cette reconnaissance pour pouvoir se sentir bien dans sa peau. Il s'est focalisé sur la réalisation de cet objectif. Mais, l'objectif sous-jacent est «de se sentir bien dans sa peau». Frank ne s'est pas rendu compte qu'il s'agit de deux objectifs différents. Il est, en fait, plus facile d'être reconnu et accepté par les autres lorsque l'on se sent soi-même bien dans sa peau. En remplaçant «obtenir la reconnaissance des autres» par «prendre conscience de ma propre valeur» nous rendons l'objectif plus facile à atteindre et plus proche de l'essentiel.

Les gens célèbres, vedettes de cinéma, chanteurs ou autres doivent faire de gros efforts et parfois des compromis personnels pour gagner leur célébrité parce qu'ils pensent pouvoir ainsi obtenir ce qu'ils désirent. Pourtant, ces vedettes ne semblent pas être les personnes les plus heureuses dans notre société. La gloire ne leur permet pas d'obtenir ce qu'elles désirent *vraiment*. Les gens attirés et motivés par le gain, le pouvoir, la gloire, la célébrité... *croient* que la réalisation de ces objectifs leur permettra de s'épanouir, d'être reconnus, aimés et de trouver un sens à leur vie. Lorsqu'on identifie ces objectifs de base, on peut trouver des moyens beaucoup plus directs de les réaliser sans être obligé de faire l'effort et les sacrifices pour atteindre un objectif qui peut se révéler d'aucune utilité.

Si vous désirez trouver tel type de travail, la réalisation de cet objectif peut vous permettre d'accomplir d'autres objectifs personnels. Vous désirez ce travail parce qu'il est agréable mais aussi parce qu'il vous permet peut-être de réaliser quelque chose d'important pour vous : acquérir une indépendance financière ou fréquenter certains milieux. «Le but du but» peut être de continuer à apprendre ou d'être créatif. Il existe de nombreux types de métiers, très différents, qui permettent de s'épanouir, de trouver son indépendance financière, de faire preuve de créativité, quel que soit votre «but du but».

Vous désirez être joueur professionnel de basket mais vous ne mesurez qu'un mètre soixante. C'est un obstacle important pour devenir un bon joueur de basket. Posez-vous la question suivante : «Devenir joueur de basket, qu'est-ce que cela va m'apporter ?» Vous vous rendrez peut-être compte que vous désirez trouver un emploi où vous êtes respecté, qui vous permette de gagner beaucoup d'argent. Il existe des milliers d'autres possibilités, où vous n'avez pas besoin de mesurer deux mètres. Lorsque vous vous concentrez sur ce que vous désirez *vraiment*, vous vous rendez compte que vous avez beaucoup plus de chance de succès.

Vous pouvez approfondir votre réflexion. «Quelles conséquences positives auront pour moi l'argent et le respect obtenus ?» «Quel est mon désir profond ?» «Que signifie pour moi, gagner argent et respect ?» Bien sûr, chacun désire gagner suffisamment d'argent pour mener une vie satisfaisante, confortable et chacun veut être respecté. Cependant, quand des objectifs tels que l'argent et le succès prennent toute la place dans la vie de quelqu'un, c'est généralement parce que cette personne pense que l'argent et le succès sont des moyens d'obtenir quelque chose de plus essentiel. En nous demandant : «qu'est-ce que cela va m'apporter ?» Nous trouvons souvent le désir d'être aimé, de se sentir utile, reconnu, d'être protégé, de se sentir bien. Vu l'importance de tels objectifs, il est préférable de les aborder de façon beaucoup plus directe.

Parfois, vous devez réitérer votre question pour définir le véritable objectif : «Qu'est-ce que cela va vraiment m'apporter ?» Par exemple, tel emploi va vous permettre de réussir. Réussir est peut-être pour vous le moyen d'être respecté. En affinant encore, l'objectif d'être respecté par les autres pourrait être de se sentir bien dans sa peau.

Tel emploi peut également être le moyen pour vous d'éviter de prendre certaines responsabilités. «Je veux juste faire ce que l'on me dit de faire.» L'intention positive peut être de se «sentir en sécurité». «Si je ne dois pas prendre de décision, je me sens en sécurité.» Lorsque nous avons découvert quel est l'objectif clé de la sécurité ou de se sentir bien dans sa peau, nous disposons d'une plus grande flexibilité pour le réaliser. Il se pourrait que nous soyons plus en sécurité si nous prenons des décisions. Il se pourrait que nous nous sentions bien dans notre peau plus facilement sans avoir d'abord à essayer d'obtenir le respect des autres. Lorsqu'on a identifié ce que l'on désire réellement, on est beaucoup plus prêt à l'obtenir. Prenez maintenant l'un de vos objectifs et posez-vous la question suivante : *«Quelles seront les conséquences positives pour moi lorsque j'aurai atteint cet objectif ?»* Prenez le temps de réfléchir et de creuser la question de façon approfondie pour définir ce qui est vraiment important pour vous.

Séances individuelles et ateliers.

Si vous ne parvenez pas à explorer seul ce que vous désirez réellement, vous pouvez vous adresser à un praticien de PNL qui vous aidera à découvrir ce que vous voulez et la manière d'y arriver. Il peut être plus facile d'être guidé par une personne expérimentée et formée à ces méthodes. Les avis sont partagés : certains réussissent parfaitement à travailler seuls, d'autres préfèrent être accompagnés dans leur démarche. Vous pouvez participer à un séminaire pendant lequel vous pourrez bénéficier de l'assistance de l'animateur et des autres participants ou travailler en séances individuelles. Chacun réagit différemment ; la PNL offre à chacun la possibilité de choisir l'une ou l'autre façon de travailler.

Il y a de nombreuses subtilités pour bien pratiquer la PNL et un praticien compétent sera capable d'adapter les protocoles au cas particulier de chacun. Si vous avez l'intention de participer à un atelier ou de faire des séances individuelles, nous vous proposons quelques lignes directrices pour que vous profitiez au maximum de votre investissement en temps et en argent. La PNL n'a pas de critères universels et la qualité du travail varie considérablement selon les personnes et d'un institut à l'autre. Voici quelques moyens de rassembler des informations avant de vous engager :

Séances individuelles.

1. **Votre thérapeute passe-t-il beaucoup de temps à rassembler des informations sur vos problèmes du passé ?** Certes, c'est une démarche qui peut être utile, mais il n'est pas nécessaire d'y consacrer beaucoup de temps car l'examen de vos déboires passés mène rarement à des solutions. Ce qui conduit vers la solution est de trouver comment vous ou d'autres personnes avez résolu des difficultés similaires. Un praticien de PNL efficace consacrera beaucoup plus de temps à rassembler des informations concernant vos objectifs positifs, vos capacités et vos ressources personnelles.

2. **Avez-vous l'impression que vous vous approchez de votre objectif ?** Certains objectifs sont atteints en une seule séance; d'autres nécessitent davantage de temps. Dans ce cas, le patient expérimente un mouvement dans la direction de l'objectif à atteindre pendant les deux ou trois premières séances. Si vous ne remarquez rien de semblable, adressez-vous peut-être à un autre thérapeute. Car même s'il s'agit d'une personne compétente, elle peut avoir oublié quelque chose ou bien votre objectif peut être hors de son champ d'expérience. Avoir la sensation d'avancer vers vos objectifs est le seul critère important à prendre en compte.

3. **Votre thérapeute insiste-t-il sur vos dysfonctionnements, au lieu de vous aider à réaliser les changements désirés ?** Si c'est le cas, nous vous conseillons de vous adresser à quelqu'un d'autre. Les diagnostics ne sont pas des solutions : ils ne vous permettent pas de savoir quoi faire pour vous aider à réaliser vos objectifs.

4. **Apprenez à distinguer entre le fait de vous sentir bien et compris par le thérapeute et le fait de voir les choses changer dans votre vie.** Bien sûr, vous pouvez avoir les deux avec votre thérapeute. Mais, certaines personnes, aussi chaleureuses et merveilleuses soient-elles, ne disposent pas nécessairement des compétences pour vous aider à obtenir les résultats escomptés. Dans ce cas-là, nous vous conseillons de vous adresser à quelqu'un d'autre.

Séminaires.

Si votre préférence se porte vers le choix d'un séminaire ou d'un atelier, voici quelques recommandations pour vous aider à choisir un bon formateur :

1. **Etablissez un bon contact avec le formateur.** Demandez à le rencontrer pour un entretien préalable ou regardez une cassette vidéo de ce qu'il a fait. Cela vous permettra d'avoir une première impression. Ayez confiance et fiez-vous davantage à votre première impression plutôt qu'aux brochures, citations, certificats ou diplômes.

2. **Efficacité et persévérance.** Le formateur a-t-il des références, une expérience conséquente en matière de séminaires ? Les praticiens qui ont, à la fois, intégrité personnelle et compétences (et pas seulement un certain charisme) obtiennent des résultats qui satisfont les participants.

3. **Informations/démonstrations.** On reconnaît une bonne formation lorsqu'il y a des *démonstrations* réelles des méthodes enseignées et pas seulement une description des méthodes et des résultats.

4. **Exercices.** Après les démonstrations, le formateur vous permet-il de pratiquer vous aussi des exercices soigneusement conçus pour mettre immédiatement en oeuvre les compétences à acquérir ? L'observation et la pratique sont les qualités qui vous permettront d'intégrer les nouvelles compétences.

5. **Preuves.** Apprenez-vous à distinguer si ce que vous avez appris est efficace ? Un bon formateur doit vous apprendre à observer et à écouter les signes non verbaux.

6. **Intégrité personnelle.** Le formateur agit-il d'une façon «congruente» avec ce qu'il enseigne ? Voici quelques qualités que nous recherchons chez les formateurs :

a. Un formateur efficace présupposera que chacun peut apprendre : il importe seulement de trouver le moyen qui permettra à chacun d'apprendre plus facilement. Si un formateur agit comme un gourou qui cherche à vous épater et à vous exploiter, méfiez-vous. On ne retire en général pas grand chose de ce genre de formations (même si parfois, elles paraissent beaucoup plus impressionnantes !)

b. Un bon formateur respectera et prendra en compte les questions et les objections des participants.

c. Un bon formateur tiendra les promesses faites aux participants.

d. Un formateur efficace reconnaîtra facilement ses erreurs et acceptera volontiers les suggestions proposées pour améliorer la formation.

7. **Compétences.** C'est un aspect difficile à détecter avant d'avoir fait plusieurs formations en PNL, mais il est très important. Néanmoins, vous pouvez vérifier les points suivants : Le formateur est-il en mesure de *démontrer* qu'il obtient des résultats ? *Observez*-vous des modifications non verbales chez le patient qui sert à la démonstration ? Remarquez-vous une amélioration de vos compétences ou bien le formateur se contente-t-il de dire :

«Votre inconscient intègre ces choses-là.» Ou : «*Aujourd'hui,* vous vous sentez confus, mais dans six mois, vous verrez la différence.»

Portez toute votre attention sur les résultats que vous pouvez observer.

8. Sens de l'humour. L'humour est un bon moyen de faciliter l'apprentissage : l'humour communicatif, rire avec les autres ou rire de la condition humaine *mais pas* aux dépends des autres. Si vous trouvez un formateur qui possède cette qualité en plus de celles mentionnées précédemment, alors, vous pouvez en toute confiance vous adresser à lui et vous en serez satisfait.

Postface

Dans cet ouvrage, nous vous avons présenté quelques exemples de changements personnels rapides démontrant les possibilités qu'offre la PNL. Nous avons également décrit certaines méthodes utilisées pour recueillir les informations utiles au travail thérapeutique et nécessaires pour guider le patient vers les changements désirés. Nous espérons avoir donné aux lecteurs un aperçu suffisant et global de la richesse et de la profondeur de la PNL. Contrairement à bon nombre de méthodes dites nouvelles, mais très superficielles, la PNL s'appuie sur un ensemble de concepts et de méthodes qui permettent de comprendre et de changer l'expérience humaine. C'est le commencement d'une véritable science de l'esprit.

Comme nous l'avons décrit dans les différents exemples cités, nous pouvons effectivement traiter certains problèmes très rapidement dès l'instant où nous avons identifié comment se déroule la problématique. Néanmoins, l'identification de sa structure peut nécessiter un certain temps. C'est pourquoi, pour obtenir un résultat, il est parfois indispensable de procéder à différents changements préalables, comme cela a été illustré dans certains cas que vous nous avons présentés.

Le "seul" problème d'un excès de poids peut impliquer de travailler sur différents aspects : une meilleure image de soi, la pratique de la stratégie naturelle pour garder la ligne, la motivation et la prise de décision, résoudre une réaction phobique suite à des traumatismes de l'enfance, apprendre à mieux réagir socialement et à acquérir des compétences nécessaires pour faire face aux situations de la vie. En travaillant sur un de ces aspects, on ne parvient à résoudre qu'une partie du problème.

En plus de savoir *quoi* faire, la *façon* dont nous le faisons est également importante. La manière dont nous donnons nos instructions au patient est primordiale : nos expressions non verbales, nos gestes, la congruence, le ton de la voix, son rythme, etc, sont des composants essentiels pour que les mots induisent l'expérience attirante qui conduit au changement. L'artiste qui a en tête un magnifique sujet et qui sait exactement quelles couleurs il désire utiliser pour créer l'effet escompté, a aussi besoin des compétences nécessaires pour coucher les couleurs sur la toile.

De même, le violon est un instrument simple, mais en jouer avec dextérité et virtuosité exige beaucoup de temps et de pratique. Aussi, si vous désirez apprendre comment pratiquer la PNL en thérapie avec des patients, la lecture d'ouvrages de référence est loin d'être suffisante ; nous espérons que vous comprenez la nécessité, comme pour le violoniste, d'une pratique rigoureuse et guidée par une personne qualifiée qui vous permettra de gagner un temps précieux. Un bon professeur de violon peut vous montrer en quelques secondes comment ajuster l'instrument pour en améliorer la sonorité, ce qui pourrait vous prendre des années avant de le découvrir par vous-même. Les cas décrits dans cet ouvrage, pareils à une partition de musique, retracent seulement les grandes lignes de ce qui peut être réalisé. La réalisation proprement dite nécessite souvent beaucoup de pratique et un savoir-faire qu'il est difficile de résumer en quelques mots.

Par ailleurs, nous avons remarqué que nous obtenons généralement des résultats plus rapides avec des personnes ayant assisté à certains de nos séminaires. Elles disposent d'une expérience de base que l'on peut facilement mettre à profit pour les aider à atteindre leurs objectifs et elles ont moins de croyances "limitantes" qui font obstacle. Au fur et à mesure qu'elles découvrent comment leur cerveau fonctionne, elles développent davantage de ressources et de facultés mentales pour résoudre leurs problèmes et parvenir aux changements désirés.

Il nous arrive néanmoins de "buter" sur certains cas. Cela est vrai pour tous les domaines de la connaissance. Lorsqu'une méthode ne fonctionne pas, cela montre le point d'évolution à découvrir, là où il est nécessaire de créer de nouveaux modes d'intervention et de développer une nouvelle compréhension. C'est ce qui nous a stimulé pour développer de nouvelles méthodes. Il y a tellement de choses que nous pouvons faire aujourd'hui et qui étaient impossibles il y a un an. Au moment où vous lirez ce livre, d'autres découvertes auront été faites.

En conclusion, nous souhaitons attirer tout particulièrement votre attention sur un point sans cesse mis en évidence dans tous les cas traités. C'est en donnant aux gens des choix supplémentaires au niveau de leurs perceptions, réactions, comportements et modes de penser qu'ils deviennent plus compétents et plus humains et non pas quand on leur ôte des choix ou que ceux-ci se trouvent inhibés.

Depuis des millénaires, les différentes sociétés ont eu recours à la répression, aux punitions, à l'emprisonnement et à d'autres formes de contraintes pour prévenir des types de comportement répréhensibles en réduisant les choix offerts à leur population. La contrainte exprime toujours l'incapacité d'apporter aux gens de meilleures solutions. Parfois cet échec traduit que les objectifs de la société sont dépourvus d'humanité et doivent être changés. Même si ces objectifs sont justes, les systèmes de socialisation et d'éducation présentent probablement des lacunes si les gens doivent adopter les comportements désirés sous la contrainte. En enseignant d'autres choix efficaces (et comment y penser quand on a l'impression d'avoir épuisé tous les moyens en notre possession), on oeuvre pour une vie plus heureuse et épanouie. Lorsqu'on dispose de choix, on n'a pas besoin d'être contrôlé, car on sait comment obtenir ce dont on a besoin sans nuire à autrui.

Toutes les méthodes illustrées ici viennent s'ajouter à nos facultés et à nos capacités intérieures. Cette sensation intérieure de grandir nous rend plus sensibles, augmente nos ressources, nos capacités à réagir et notre créativité dans nos relations avec autrui.

De nombreux spécialistes affirment que nous n'utilisons qu'une infime partie de notre cerveau, de 5 à 15% seulement. La question n'est pas tant la quantité de notre cerveau utilisée, mais la *manière* dont nous nous servons de ce faible pourcentage. Quel que soit notre point de vue, le cerveau reste incontestablement un univers inexploré, riche de ressources inestimables encore si peu exploitées. La PNL peut vous aider à explorer davantage votre cerveau et ses richesses pour mieux réaliser les objectifs de votre vie.

Certaines personnes qui utilisent la PNL ont déjà beaucoup de qualité et le sentiment de leur valeur, elles utilisent la PNL pour se développer encore davantage; d'autres ont eu des débuts douloureux et souhaitent réorienter leur vie dans une direction plus positive grâce à la PNL. Un peu plus d'un an après une première formation, une femme nous a écrit :

"Quand je suis venue à cette formation de praticien, j'avais perdu beaucoup d'espoirs dans la vie. J'étais incapable de gérer la souffrance qui m'accablait et j'étais sur le point d'abandonner. J'ai traversé des périodes de transformation rapides et importantes, et finalement j'ai réussi à bâtir de nouvelles fondations grâce à ma force intérieure. Tout au long de l'année, j'ai participé à un maximum de formations de PNL et j'ai tellement grandi que parfois je me sens dépassée. Chez mes patients, j'ai constaté des changements spectaculaires dans leur vie et maintenant je sais que j'ai mon rôle à jouer. Le travail que vous proposez a bouleversé ma vie et l'a énormément enrichie. Merci, merci mille fois."

Nous éprouvons également une gratitude infinie à l'égard de la PNL et sommes heureux de la faire partager aux autres. La PNL nous a permis d'ouvrir des portes dont nous ne soupçonnions même pas l'existence. Lorsque nous nous heurtons à une situation devant laquelle nous ne savons comment nous comporter, la PNL, grâce à son mode d'appréhension des problématiques et à son application, constitue une base solide pour découvrir de nouvelles solutions.

Nous espérons que ce livre vous a ouvert des portes sur ce que la vie peut vous offrir et comment y parvenir. Nous vous souhaitons bonne chance dans cette merveilleuse aventure.

Steve et Connirae ANDREAS.

Annexe I
Mouvements oculaires

Alors que la plupart des gens considèrent en un seul bloc les mécanismes intérieurs de traitement de l'information qu'ils appellent "penser", Richard BANDLER et John GRINDER ont procédé à leur division en fonction des différents modes sensoriels. Lorsque nous traitons une information en notre for intérieur, nous pouvons le faire sur différents modes : visuel (la vue), auditif (l'ouïe), kinesthésique (le toucher), olfactif (l'odorat) ou gustatif (le goût). En lisant le mot "cirque", vous connaissez sa signification soit en voyant des images du chapiteau, des animaux, des trapézistes; soit en entendant la musique du cirque; soit en ayant la sensation des sièges inconfortables, de l'enfant assis sur vos genoux ou l'exaltation du spectacle; soit en sentant l'odeur et le goût des pop-corns et de la barbe à papa. La signification d'un mot peut être perçue par n'importe lequel de ces cinq canaux sensoriels ou par la combinaison de plusieurs d'entre eux.

BANDLER et GRINDER ont observé que l'on bouge ses yeux dans des directions systématiques, en fonction du type de pensée qui est sollicité. Ces mouvements oculaires caractérisent les différents systèmes de représentation. Le schéma ci-après indique le mode de fonctionnement des mouvements oculaires de la plupart des gens. Un petit pourcentage d'individus (environ 5%) fonctionne de façon inverse, c'est-à-dire qu'ils bougent leurs yeux selon un schéma opposé.

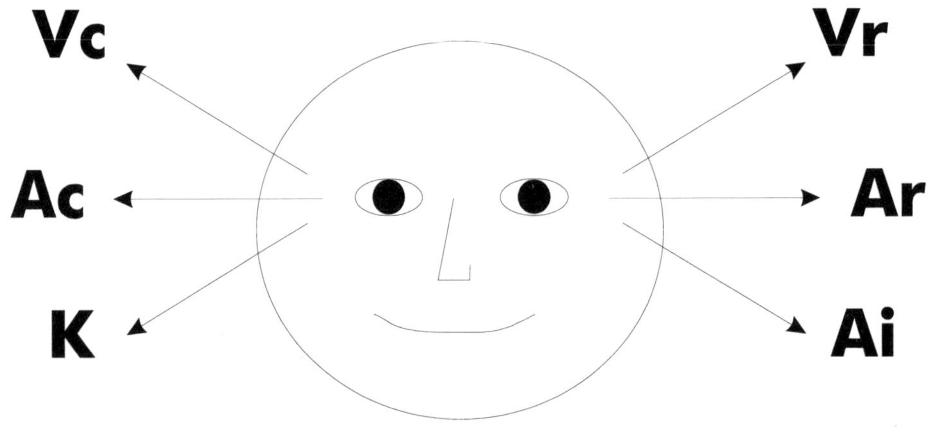

Le schéma est facilement utilisable si vous le superposez sur le visage de quelqu'un, vous pouvez ainsi repérer les mouvements oculaires en fonction de la direction du regard.

V r : Visuel remémoré : voir des images de choses déjà vues auparavant, de la même manière. Type de questions à poser pour mettre en évidence ce processus : "De quelle couleur sont les yeux de votre mère?", "Comment est votre manteau?"

V c : Visuel construit : voir des images de choses jamais vues auparavant ou les voir de façon différente d' auparavant. Type de questions à poser pour mettre en évidence ce processus : "A quoi ressemble un hippopotame orange avec des pois violets?"

A r : Auditif remémoré : se souvenir de sons déjà entendus. Type de questions à poser pour mettre en évidence ce processus : "Quel bruit fait votre réveil?"

A c : Auditif construit : entendre des sons inconnus. Type de questions à poser pour mettre en évidence ce processus : "A quoi ressemblerait le son d'applaudissements se transformant en chants d'oiseaux?", "Quel serait le son de votre voix un octave plus bas?"

A i : Auditif interne : dialogue interne. Type de questions à poser pour mettre en évidence ce processus : "Pouvez-vous dire quelque chose que vous vous dites souvent?"

K : Kinesthésique: ressentir des émotions, des sensations tactiles (sens du toucher) ou proprioceptives (percevoir les mouvements musculaires). Type de questions pour mettre en évidence ce processus : "Que ressentez-vous quand vous êtes heureux ?", "Quelles sensations éprouvez-vous au contact d'une pomme de pin?", "La course à pied vous procure-t-elle des sensations?"

Annexe II
Cassettes Audio et Video

A plusieus reprises, il est fait allusion dans cet ouvrage à des cassettes vidéo ou audio qui sont les enregistrements de certains cas cliniques présentés dans les différents chapitres.

Il est possible de se les procurer.

Ces cassettes sont bien entendu en américain et la liste complète peut être obtenue auprès de :

NLP Comprehensive
4895 Riverbend Road,
Ste. A
BOULDER,
CO 80301
USA
tél. int.+ (1) 303 442 1102
fax int.+ (1) 303 442 0609

Annexe III
Séminaires et formations

Les formations en programmation neuro-linguistique peuvent se subdiviser en deux types :
- les formations de "culture générale" où un certain nombre de connaissances PNL sont présentées aux stagiaires.
- les formations "certifiantes" qui obéissent à des critères spécifiques et dont l'objectif est l'utilisation de la PNL dans un contexte professionnel.

La PNL ayant des applications dans des contextes très variés, chaque institut de formation peut avoir un domaine d'application spécifique.

Au delà de son activité d'édition, LA TEMPÉRANCE est un organisme de formation, spécialisé dans les formations en PNL appliquée à la psychothérapie, au changement et au développement personnel. De plus LA TEMPÉRANCE applique la PNL au traitement des dépendances (alcoolisme, toxicomanie, etc) à partir de recherches spécifiques dans ce domaine.

Outre les formations en "PNL Classique" et "PNL et Dépendances", LA TEMPÉRANCE organise différents séminaires de développement personnel et de relation d'aide, en rapport avec les articles parus dans la revue (voir page 263).

Pour tout renseignement :

LA TEMPÉRANCE
Boite Postale 12
Combre
F 63250 CHABRELOCHE
FRANCE
tél. int + (04)73.94.27.76
fax int + (04)73.94.27.14

Livres déjà parus

«L'alcool, toi, moi et les autres»
D'Elisabeth FRIT
Préfacé par Maguy LEBRUN, ce livre est d'une grande ouverture spirituelle.

La première partie autobiographique, qui met en évidence les "empreintes" que vivent les enfants de personnes alcooliques permet de comprendre le phénomène de dissociation (ou "clivage") qui est à l'origine du mécanisme de compulsion (répété souvent comme une "fatalité" de génération en génération).

La deuxième partie apporte des solutions concrètes. Sont notamment présentées les recherches en PNL (efficaces aussi pour la boulimie, l'anorexie et d'autres dépendances), appliquées en Alcoologie avec des résultats rapides et durables. C'est un livre d'espoir et de solidarité qui, partant de problèmes d'identité pose la question de la "Mission".

De nombreuses adresses utiles.

A lire, à offrir.

Marieke ou panser les blessures
Pierre POIGNANT

Récit d'un père dont la petite fille a été gravement brûlée. **Guide sur les traitements des brûlures et des cicatrices** (médecine classique et médecine naturelle). D'autre part, ce livre pose des questions essentielles concernant l'hospitalisation et **le libre choix thérapeutique**. Il en concerne chacun de nous, que l'on soit "soignant", patient ou parent.

Vous pouvez vous procurer les livres et la revue, en écrivant directement à :
LA TEMPÉRANCE
Boite Postale 12
Combre
F 63250 CHABRELOCHE
FRANCE
tél. int + (04)73.94.27.76
fax int + (04)73.94.27.14

Présentation de La Tempérance.

La Tempérance est une Association loi 1901 crée à la parution du livre d'Elisabeth FRIT : *"L'Alcool, toi, moi et les Autres"* (voir présentation des livres).

Elle a pour but :

- De donner aux personnes qui le souhaitent les moyens d'atteindre leurs objectifs de réalisation personnelle en trouvant des réponses aux problèmes psychologiques qui entravent leur évolution spirituelle.
- D'apporter des réponses concrètes au problème de l'alcoolisme et notamment de faire connaître la conception nouvelle qu'offrent la **PNL et l'Hypnose** en matière de dépendances (alcool, drogue, etc).
- De poursuivre nos recherches et notre pratique thérapeutique avec des méthodes favorisant la transformation et la guérison, dans le cadre de séminiares ou en accompagnement individuel.

Revue Trimestrielle :

Nous publions une revue trimestrielle LA TEMPERANCE ou "Les chemins de guérison".

Elle comporte **des "rubriques suivies"** :

- PNL, PNL et Dépendances.
- Guérison et Santé.
- Communication.
- Créativité.
- Spiritualité, accompagement des mourants...

Des dossiers spécifiques : en rapport avec l'évolution personnelle et le cheminement intérieur pour une plus grande ouverture aux autres.

Stages et Formations :

Nous organisons des **stages et des formations** en PNL, PNL et Dépendances, des stages de développement personnel et de relation d'aide.

Centre de guérison "LES 7 SOMMETS"

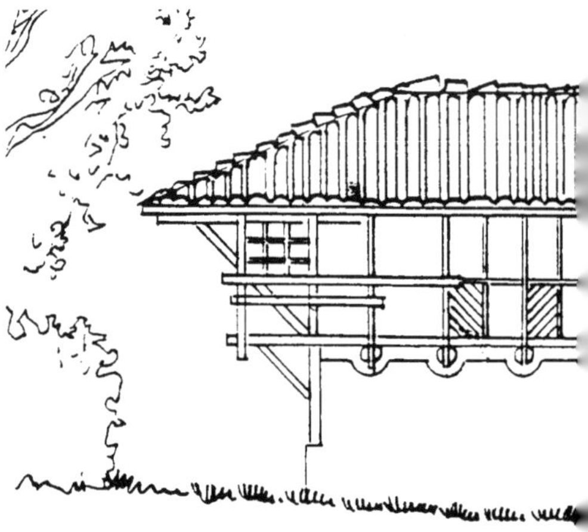

Ce centre résidentiel, situé à 750m d'altitude, en pleine nature sur une colline dans les monts du Forez, est un lieu d'accueil, de développement personnel, de stages et de formations.

- Vous pouvez venir y suivre un séminaire ou une formation.
- Vous pouvez venir vous "ressourcer" (une vidéothèque et une bibliothèque sont à votre disposition).
- Vous pouvez venir (téléphonez à l'avance) en séjour de développement personnel individualisé : pour résoudre un problème personnel, préciser des objectifs de changement ou favoriser la guérison d'une maladie en prenant en compte les liens "Coeur/Corps/Esprit".
- Vous pouvez venir pour régler votre dépendance à l'alcool (ou à la nourriture) en séminaire, ou en accompagnement individuel.

Durant ces séjours, votre entourage peut vous accompagner pour un séjour vacances : à proximité, chemins de randonnée, VTT, ski, plan d'eau, tennis, Centre équestre, églises romanes, volcans et sources d'Auvergne, coutellerie et "route des Métiers"...

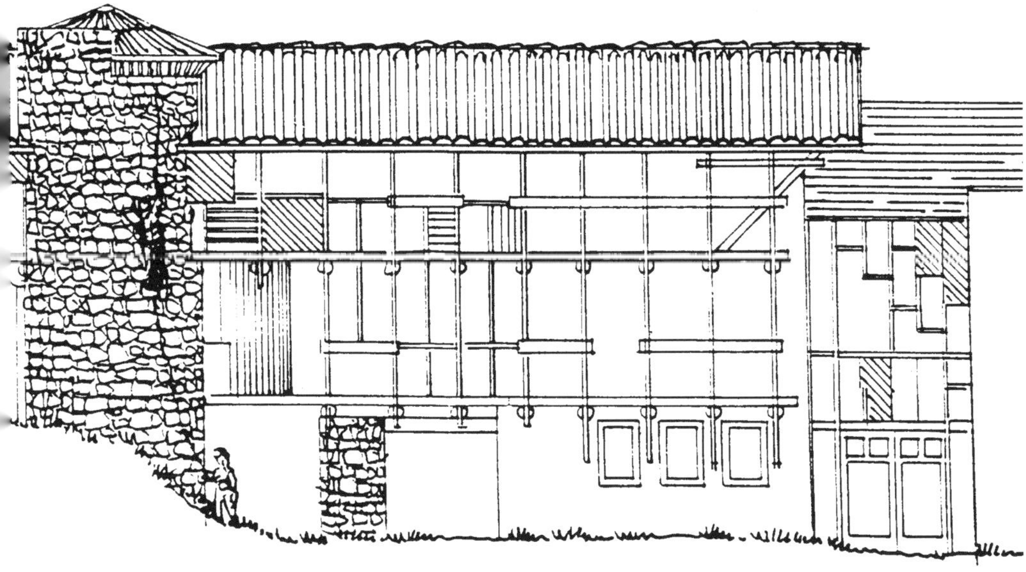

"LES 7 SOMMETS"
Boite Postale 12
Combre
F 63250 CHABRELOCHE
FRANCE
tél. int + (04)73.94.27.76
fax int + (04)73.94.27.14

Index

ACHEVÉ D'IMPRIMER
SUR LES PRESSES DE
L'IMPRIMERIE CHIRAT
42540 ST-JUST-LA-PENDUE
EN JUILLET 1996
DÉPÔT LÉGAL 1996 N° 2557

IMPRIMÉ EN FRANCE